suhrkamp taschenbuch
wissenschaft 2429

50 Jahre suhrkamp taschenbuch wissenschaft
Jubiläumsprogramm

Aleida Assmann ist eine der renommiertesten deutschen Kulturwissenschaftlerinnen, die vor allem durch ihre Arbeiten zum kulturellen Gedächtnis internationale Bekanntheit erlangt hat. *Im Dickicht der Zeichen* versammelt nun ihre wichtigsten Aufsätze zu Fragen der Hermeneutik, der Semiotik und des Lesens, von denen einige, wie etwa ihre Untersuchung zum Verhältnis von Hodegetik, Hermeneutik und Dekonstruktion, bereits einen Klassikerstatus erreicht haben. Der Band bietet auf diesem Weg auch eine konzentrierte Einführung in alle Aspekte von Assmanns Forschung und Werk.

Aleida Assmann ist seit 1993 Professorin für Anglistik und Allgemeine Literaturwissenschaft an der Universität Konstanz und lehrte u. a. in Yale, Princeton, Chicago und Wien. Für ihre Arbeiten hat Assmann zahlreiche Auszeichnungen erhalten, u. a. den Max-Planck-Forschungspreis, den Ernst-Robert-Curtius-Preis und den Balzan-Preis. 2018 erhielt sie zusammen mit Jan Assmann den Friedenspreis des Deutschen Buchhandels. Im Suhrkamp Verlag ist erschienen: *Positionen der Kulturanthropologie* (stw 1724, hg. zusammen mit Ulrich Gaier, Gisela Trommsdorff und Karolina Jeftic).

Aleida Assmann

Im Dickicht der Zeichen

Suhrkamp

Den Freunden Tilman Borsche
und Jochen Hörisch

Klimaneutral
Druckprodukt
ClimatePartner.com/14438-2110-1001

2. Auflage 2023

Erste Auflage 2023
suhrkamp taschenbuch wissenschaft 2429

Umschlaggestaltung: Hanzer Liccini, Berlin
Druck und Bindung: C. H. Beck, Nördlingen
Printed in Germany
ISBN 978-3-518-30029-9

www.suhrkamp.de

Inhalt

III. Schriftbildlichkeit

IV. Wilde Leser

V. Metamorphosen des Lesens

Vorwort

Meine Studien zum Konzept der unmittelbaren Signifikation und der wilden Semiose, die im Umfeld meiner Dissertation entstanden, waren bislang im Stadium verstreuter Aufsätze stecken geblieben. Dem mahnenden Impuls von Freunden und der Unterstützung des Suhrkamp Verlags ist es zu verdanken, dass das Verstreute noch einmal aufgesammelt, aktualisiert und grundlegend überarbeitet wurde. Damit ist das auf der Strecke gebliebene Buch nun doch noch – zeitversetzt – zustande gekommen. Es geht zurück auf geistesgeschichtliche Impulse der Warburg-Schule und verbindet diese mit Konzepten der Semiotik und den Fragen einer neuen Medienwissenschaft. Dabei geht es nicht nur um ein kurioses Kapitel aus dem Archiv historischer Kulturwissenschaft, sondern um eine allgemeinere Studie über Gebrauch, Herstellung und Deutung von Zeichen in wechselnden historischen und kulturellen Kontexten. Das Buch versteht sich als ein Beitrag zur kulturwissenschaftlichen Grundlagenforschung, wobei neben Themen wie Mythos, Gedächtnis oder Erzählung auch der Arbeit an den Zeichen ein besonderer Platz gebührt.

Mein Dank geht an alle, die mich bei dieser Redaktions- und Umschreibungsarbeit motiviert und unterstützt haben: zunächst der engere Kreis der Anstifter, zu dem Jan Assmann, Michael Frank und Janine Firges gehören. Jan Assmann hat mich beim Zusammenstellen von Bildvorlagen geduldig beraten und mir beim Einscannen geholfen. Besonders dankbar bin ich Ines Detmers für ihren umfassenden Einsatz in der Phase der Endredaktion, der vom Konstanzer Exzellenzcluster ›Kulturelle Grundlagen der Integration‹ finanziell unterstützt wurde. Ihr aktives Mitdenken, ihre konstruktive Kritik und detailgenaue Sorgfalt haben mir und den Lesern manche Fehler und Unstimmigkeiten erspart. Ferner bin ich dem Kompetenzteam Eva Mendez und Romina Heimburger zu großem Dank verpflichtet, die bei der Digitalisierung, Literaturrecherche und Formatierung des Textes die mühsame und kleinteilige Arbeit zuverlässig und zügig bewältigt haben. Ohne diese vielfältige Unterstützung hätte ich kaum das Ziel im Auge behalten und das Vertrauen gehabt, dass aus dem Dickicht der Texte wirklich ein neues Buch entstehen kann. Als einem entscheidenden Partner dieses Projekts habe ich Philipp Hölzing vom Suhrkamp Verlag zu danken, der die Idee dieses Buches von Anfang an rundherum positiv aufgenommen und mich mit seiner Erfahrung und seinem Sachverstand zuverlässig unterstützt hat.

Dieses Buch ist Tilman Borsche und Jochen Hörisch gewidmet, mit denen mich eine langjährige Freundschaft und ein gemeinsames Interesse an Hermes, am Spurenlesen und der Deutung von Zeichen verbindet. Es sind mehr Ideen und Anregungen von ihnen in dieses Buch eingegangen, als ich hätte dokumentieren können.

Konstanz, im März 2014 *Aleida Assmann*

1. Einleitung: Der lange Blick und die wilde Semiose

> Jeden Augenblick einer totalen Betrachtung ausgeliefert, jeden Augenblick durch eine totale Betrachtung bewahrt.
>
> Brigitte Kronauer, *Rita Münster*

Historischer Rückblick

1966 war das Jahr, in dem ich Abitur gemacht habe und mein Studium begann. Die Studienjahre in Heidelberg und Tübingen fielen in die bewegte Zeit der K-Gruppen und Vollversammlungen, der Marx-Lektüre in kleinen Gruppen sowie der Protestaktionen, Transparente und Demonstrationen auf Straßen und öffentlichen Plätzen. Man rebellierte gegen den Staat, den man als faschistisch erkannte, und demaskierte die braunen Biographien der Eltern und Professoren. Das Thema Nationalsozialismus war für mich damals allerdings kein neues Thema. Es war im Elternhaus ebenso präsent wie in der Schule, die von einem Opfer des 20. Juli gegründet war und sowohl von den Töchtern Speer als auch von den Töchtern von Haeften besucht wurde. Hinzu kam, dass das 68er-Reizklima an der Universität für mich immer wieder durch Grabungsaufenthalte in Oberägypten unterbrochen wurde, die mich zwangen, meinen historischen Radius um einige Jahrtausende auszudehnen.

Auch an der Universität gab es neben Marx noch Weiteres zu entdecken. 1964 waren gerade zwei wichtige Studien der Warburg-Schule erschienen: Frances Yates, *Giordano Bruno and the Hermetic Tradition* und von Klibansky, Panofsky und Saxl die Studie über *Saturn und Melancholie.* 1966 folgte ein weiteres wichtiges Buch von Frances Yates über die Gedächtniskunst. Zehn Jahre später hatte ich die Gelegenheit, mit dieser ehrwürdigen Autorin in ihrem Arbeitszimmer im Londoner Warburg Institute über ihr neues Buch über die Aufklärung der Rosenkreuzer zu sprechen.[1] Diese gelehr-

1 Raymond Klibansky u. a., *Saturn und Melancholie. Studien zur Geschichte der Naturphilosophie und Medizin, der Religion und der Kunst*, Frankfurt/M. 1992 [1964]; Frances Yates, *Giordano Bruno and the Hermetic Tradition*, Chicago, London 1964;

ten Studien, die vergessene Traditionen innerhalb der westlichen Kulturgeschichte freilegten und neue Zugänge zur Renaissance und Aufklärung eröffneten, haben mich damals sehr fasziniert. Es zeichneten sich in ihnen die Umrisse einer historischen Kulturwissenschaft ab, in der neue Fragen nach der Logik von Zeichen, der kulturellen Konstruktion von Bedeutung und der Lesbarkeit der Welt gestellt werden konnten. In meiner Dissertation über *Die Legitimität der Fiktion* (1980) bin ich in diesem Sinne zwei Formen des Lesens nachgegangen, die heute kaum noch zusammengesehen werden: der Lektüre der Welt und der Lektüre von Büchern.[2]

Weitere bedeutende Studien zu dieser historischen Kulturwissenschaft im Niemandsland zwischen Literatur, Kunst, Geschichte und Philosophie folgten in den 1980er und 1990er Jahren. In einem großartigen Streifzug vom Alten Testament bis zum genetischen Code ist Hans Blumenberg der Frage nach der *Lesbarkeit der Welt* (1981) nachgegangen. Im Mittelpunkt dieses Werks steht die Metapher von der Welt als Buch, die Blumenberg anhand kosmischer und menschlicher, heiliger und technischer Zeichensysteme untersucht hat. Ein Jahrzehnt später rekonstruierte Umberto Eco in seinem Buch *Die Suche nach der vollkommenen Sprache* (1994) ein weiteres vergessenes Kapitel europäischer Kulturgeschichte. Es handelt von dem Menschheitstraum, nach der babylonischen Sprachverwirrung zu einer globalen Einheitssprache zurückzukehren, die entweder wieder freigelegt oder aber neu erfunden werden muss. Diese Untersuchung führte ihn von biblischen und kabbalistischen Quellen über Dante und die Rosenkreuzer bis zum modernen Esperanto.[3]

Die größte Wirkung für die Verbreitung dieser Fragestellungen hatte jedoch ein Buch von Michel Foucault. Bereits 1966 erschien die französische Ausgabe von *Les Mots et les Choses,* acht Jahre später folgte die deutsche Taschenbuchausgabe unter dem Titel *Die Ord-*

dies., *Gedächtnis und Erinnern. Mnemonik von Aristoteles bis Shakespeare*, Berlin [7]2012 [1966]; dies., *Aufklärung im Zeichen des Rosenkreuzes*, Stuttgart 1975 [1972].

2 Aleida Assmann, *Die Legitimität der Fiktion. Ein Beitrag zur Geschichte der literarischen Kommunikation*, München 1980.

3 Hans Blumenberg, *Die Lesbarkeit der Welt*, Frankfurt/M. 1981; Umberto Eco, *Die Suche nach der vollkommenen Sprache*, übers. v. Burkhart Kroeber, München 1994 [1993]. Ein Buch von Maurice Olender zu diesem Thema ist fünf Jahre vorher erschienen: *Die Sprachen des Paradieses. Religion, Philologie und Rassentheorie im 19. Jahrhundert*, übers. v. Peter D. Krumme, Frankfurt/M., New York 1995 [1989].

nung der Dinge. Dieses Buch stellte den neuen Typ einer Archäologie der Humanwissenschaften vor. Weitgehend unabhängig von der Geistesgeschichte der Warburg-Tradition besichtigte Foucault vernachlässigte Gebiete der Kulturgeschichte und näherte sich ihnen mit neuen Konzepten. Dazu gehörte der Begriff ›Diskurs‹. Dieser ermöglichte es, sprachliche Kommunikation weder ausschließlich vom Standpunkt der sprechenden Individuen her zu denken noch im Gegensatz dazu unter dem Gesichtspunkt rein formaler Strukturen, sondern – als Angebot eines neuen dritten Weges – »vom Standpunkt der Regeln, die nur durch die Existenz eines solchen Diskurses ins Spiel kommen«.[4] Auf diese Weise versuchte Foucault, hinter dem Rücken der Beteiligten die für eine Epoche verbindliche ›Epistemologie‹ zu rekonstruieren, die sich aus der grandiosen Zusammenschau unterschiedlicher Fachdiskurse wie Naturgeschichte, Ökonomie, Grammatik und Dichtung ergab. Im Zeitalter der französischen Klassik (1650-1789) differenzierten sich diese Diskurse aus und gewannen dabei einen zunehmend spezialisierten und professionalisierten Charakter. Foucault setzte diese Modernisierungsbewegung, die er als eine parallel laufende Dynamik in den unterschiedlichen Diskursen nachzeichnete, von einem ›vormodernen‹ Denkstil ab, der allenthalben auf *Ähnlichkeiten* ausgerichtet war und Wissen in einem proliferierenden System von Analogien und Korrespondenzen produzierte.[5]

Foucaults Blick auf die Kulturgeschichte als Wissensgeschichte hat einen tiefen Eindruck auf die Leser gemacht und ist fest in den Köpfen verankert. Der durch sein Buch verbreitete Wissensstand lässt sich folgendermaßen zusammenfassen: Die Episteme des 16. Jahrhunderts beruhte auf einem Prinzip der Ähnlichkeiten, das die Welt durchwaltete, in der sich der Mensch als ihr Teil und Gegenüber aufgehoben wusste. Alles Wissen ging von der Prämisse aus, dass sich die Ordnung der Welt und der Zeichen in Korrespondenzen, Analogien und Sympathien ausdrückte und sich das verborgene Innere dabei auf der Oberfläche der Dinge manifes-

4 Michel Foucault, *Die Ordnung der Dinge. Eine Archäologie der Humanwissenschaften*, Frankfurt/M. 1974, S. 15.

5 Auf Foucaults Klassiker ist Agamben mehr als vier Jahrzehnte später noch einmal in einer philosophischen Anamnese zurückgekommen: Giorgio Agamben, *Signatura rerum. Zur Methode*, aus dem Italienischen von Anton Schütz, Frankfurt/M. 2009.

tierte. Im geschlossenen System der Ähnlichkeiten, so Foucault, erschöpften sich die internen Verweise und Bedeutungen bald in der »unendlichen Anhäufung von Bestätigungen«.[6] Diese Episteme des 16. Jahrhunderts wurde deshalb von der des 17. Jahrhunderts ersetzt, die sich aus dem Karussell tautologischer Zeichen löste und die substantiellen Bande zwischen Welt und Sprache durchschnitt. Auf diese Weise konnte erstmals ein Abstand von der Welt gewonnen werden, der empirische Entdeckungen ermöglichte und einen neuen Wissenshorizont öffnete.

Foucaults Beschreibung des Ähnlichkeitsparadigmas ist eindrucksvoll und nachhaltig wirksam, sie bedarf aber auch einiger Differenzierungen. Da ist *erstens die Frage der Datierung.* Das Ende dieser Episteme war keineswegs um 1600 besiegelt, sondern kennzeichnet das Denken bis weit ins 17. Jahrhundert, wie bereits an den Publikationsdaten der Foucaultschen Quellen leicht abzulesen ist. Diese Autoren waren keine marginalen Nachzügler; viele von ihnen hatten überhaupt erst im 17. Jahrhundert ihre historische Konjunktur. Ebenso gilt, dass bestimmte Voraussetzungen dieses Denkstils lange vor dem 16. Jahrhundert entwickelt wurden. Dazu gehört die Vorstellung von den Zwei Büchern Gottes, einem Buch der Offenbarung und einem Buch der Natur, die von einem Mönch des 12. Jahrhunderts entwickelt und in der Renaissance mit neuplatonischem Gedankengut angereichert wurde. In seinem Buch *The Discarded Image* hat der Mediävist C. S. Lewis das Paradigma der Ähnlichkeit aus noch früheren mittelalterlichen Quellen rekonstruiert.[7]

Zweitens die Frage der Geltung. Es ist zu betonen, dass das Paradigma der Ähnlichkeit nie allgemein oder offiziell anerkannt war, sondern stets im Widerstreit mit anderen Denktraditionen stand. Es kreuzte sich in diesem Zeitraum der Denkstil der Ähnlichkeit mit einem Denkstil der Unähnlichkeit, der nicht erst eine moderne Errungenschaft ist, sondern seinerseits auf eine lange Tradition zurückgeht. Die Episteme der Unähnlichkeit basierte wiederum auf zwei Denktraditionen, die gewissermaßen die Hauptarterien der abendländischen Kultur bildeten: dem Platonismus und der jüdisch-christlichen Überlieferung. In beiden Fällen haben wir es

6 Foucault, *Ordnung der Dinge*, S. 61.

7 C. S. Lewis, *The Discarded Image. An Introduction to Medieval and Renaissance Literature*, Cambridge/UK 1964.

mit einer Zwei-Welten-Theorie zu tun, die von einer radikalen Opposition zwischen der geschaffenen und der gefallenen Welt beziehungsweise der manifesten Welt und der Welt der Ideen bestimmt ist. Hier spiegelt sich nicht das Eine im Anderen, hier gibt es keine kosmischen Ähnlichkeiten und verborgenen Zusammenhänge, sondern überall Trennung und Differenz. Die hebräische Bibel erzählt nicht zufällig von einer Reihe von Katastrophen wie dem Sündenfall, dem Turmbau zu Babel und der Sintflut, die die Erfahrung des Bruchs unterstreichen und die Welt als moralisch gefallen und kosmisch entzaubert darstellen. Auch die Sprache ist in einer solchen Welt gefallen, zwischen Bezeichnendem und Bezeichnetem bestehen keine natürlichen Bande. Vor diesem Hintergrund erscheint das Paradigma der Ähnlichkeit, das Foucault als flächendeckenden Denkstil des 16. Jahrhunderts herausgearbeitet hat, eher als die Ausnahme denn die Regel. Es wurde erst in dem Maße möglich, wie der Platonismus von neuplatonischem Gedankengut erfasst wurde und sich das Christentum der Welt wieder affirmativ annäherte und dadurch ›kosmisierte‹.

Drittens die Frage der Wirkungsgeschichte. Foucaults Darstellung gerät in die Spurrillen einer linearen Geschichtsschreibung, die durch markante Einschnitte und irreversible Schwellen organisiert ist. Der Kern seines Narrativs ist die Dichotomie ›vormodern/modern‹, die sich dann in der abrupten Ersetzung blockartiger epistemischer Konfigurationen ausprägt. Als bewusstseinsbildender Faktor im Kulturerbe ist das Ähnlichkeitsparadigma aber nicht schlagartig mit der Wende zum 17. Jahrhundert außer Kraft gesetzt worden.[8] Eine breitere Wirkungsgeschichte dieser Zeichenlogik umfasst daher Überlieferungen, die längere Zeiträume übergreifen, Wiederaufnahmen, Verwandlungen und das Nebeneinander widersprüchlicher Denkstile.

Mit den Aufsätzen des vorliegenden Buches möchte ich das Ähnlichkeitsparadigma, das Foucault unter dem Label ›vormodern‹ zusammengefasst und historisch abgehakt hat, noch einmal aufgreifen und in einen etwas anderen, kultursemiotischen Kontext stellen. Im Zentrum soll dabei die grundsätzlichere Frage stehen, wie Zeichenstrukturen, kulturelle Semantik und Welterfahrung in-

8 Ich zitiere hier einen Satz aus meiner Dissertation: A. Assmann, *Die Legitimität der Fiktion*, S. 73 f.

einandergreifen. In dieser Erweiterung der Fragestellung wird das Ähnlichkeitsparadigma als eine von verschiedenen Möglichkeiten begriffen, die Welt lesbar zu machen. Es zeigt sich dabei auch, dass die Lesbarkeit der Welt einem tiefen menschlichen Wunsch und Bedürfnis entspricht, das nicht ein für alle Mal mit der Moderne begraben wurde, sondern eine kontinuierliche Energie des Denkens und Schaffens darstellt, die sich in immer neuen Manifestationen äußert.

Foucault hat seine Darstellung der Epistemologie im Umbruch zur Neuzeit selbst als »unabgeschlossen« bezeichnet und eigens zu Revisionen, Ergänzungen und zum Weiterdenken aufgefordert.[9] Als einen solchen Anstoß zum Weiterdenken verstehe ich die Unterscheidung zwischen ›mittelbarer‹ und ›unmittelbarer Signifikation‹, die ich in meiner Dissertation vorgeschlagen habe.[10] Die Begriffe verweisen auf zwei unterschiedliche Zeichenlogiken und Grundhaltungen des Weltverhältnisses, die die abendländische Kultur durchziehen. *Mittelbare Signifikation* steht für eine Kultur, die auf der Prämisse der Arbitrarität der Zeichen errichtet ist, die im Abendland eine lange Tradition von Platon über das christliche Mittelalter bis in die Moderne hat. *Unmittelbare Signifikation* beruht dagegen auf dem von Foucault untersuchten Ähnlichkeitsparadigma, das im 16. und 17. Jahrhundert seinen europäischen Höhepunkt erreichte und als eine neoplatonisch-synkretistische Gegen- und Nebenströmung zum christlich-platonischen Mainstream angesehen werden kann. Mit der Einrichtung der Royal Society 1660 in London und anderer Akademien in Europa, die eine neue Form wissenschaftlicher Naturforschung in Gang setzten, war die Denktradition der unmittelbaren Signifikation zwar diskreditiert, jedoch keineswegs gänzlich außer Kraft gesetzt. Sie überlebte in periodischen Wiederentdeckungen und kreativen Verwandlungen bis ins 20. Jahrhundert. Das Ähnlichkeitsparadigma, das für die Erforschung der Natur unbrauchbar geworden und ausgemustert worden war, hatte, wie wir noch genauer feststellen werden, der Kunst, aber auch der Psychologie und Philosophie noch einiges zu bieten.

9 Foucault, *Ordnung der Dinge*, S. 12.

10 A. Assmann, *Die Legitimität der Fiktion*, S. 57-78. Der Romanist Thomas Greene hat mit einer ähnlichen Unterscheidung gearbeitet. Greene sprach von ›konjunktiven‹ und ›disjunktiven Zeichen‹. Thomas Greene, *Poetry, Signs, and Magic*, Cranbury NJ 2005, S. 29-42 (Übers. A. A.).

In der modernen Zeichentheorie, die auf Charles S. Peirce zurückgeht, wird das Zeichen als eine dreistellige Relation begriffen. Es verknüpft einen *Signifikanten* (die materielle Form des Zeichens) mit einem *Signifikat* (der semantischen Bedeutung) und diese wiederum mit einem *Referenten* (einem realweltlichen Gegenstand). Während die Verbindung zwischen Signifikant und Signifikat durch einen Code geregelt ist, der rein linguistischer oder zeichentheoretischer Art ist, regelt die Verbindung zu einem Referenten die Einlassung des Zeichensystems in die Außenwelt und damit in praktisches Handeln und Verstehen. Mit der Referenz öffnet sich der Rahmen realweltlicher Erfahrungen und Bezüge, der über die ›Weltabkürzungskunst‹ der Zeichen ansprechbar und kommunizierbar wird. Es gibt Gattungen von Zeichen, die den Referenzbezug explizit einklammern (wie die Fiktionen), und solche, die abstrakte und transzendente Einheiten an die Stelle des realweltlichen Bezugs setzen (wie philosophische und theologische Diskurse). So oder so sind Zeichen nicht leerer Schall und Rauch, vielmehr wird ihnen innerhalb bestimmter kultureller Rahmen die konstruktive Kraft zugesprochen, Welten zu erschaffen und Dinge nicht nur zu benennen und zu ordnen, sondern auch zu erfinden, zu beschwören, herzustellen und nicht zuletzt: zu bewerten.

Angesichts dieser die Welt modellierenden, die Wirklichkeit vorstrukturierenden und die Wahrnehmung bewertenden Kraft der Zeichen gewinnen gerade auch historische Zeichentheorien und -praktiken eine neue Bedeutung. Da Menschen nicht unmittelbar in der Welt, sondern immer schon in einer durch selbstgemachte Zeichen organisierten kulturellen Umwelt leben, ist es für ein Verständnis historischer Epochen entscheidend, etwas über die innerhalb dieser Epoche geltenden Zeichenlogiken zu wissen, zumal diese Zeichenlogiken niemals unumstritten, sondern stets Gegenstand von Deutungskämpfen und sozialen Konflikten sind. Diese semiotische Metaebene in den Texten und Diskursen freizulegen und dabei die stets kontroversen, umkämpften und zum Teil auch Institutionen sprengenden Ordnungen der Zeichen sichtbar zu machen ist das Anliegen dieses Buches.

»Wahnwitzige, Poeten und Verliebte / Bestehn aus Einbildung.« Was diesen von Shakespeare zusammengefasssten Dreien gemeinsam ist, ist ein anderer Blick auf die Welt. Dem schizophrenen, ästhetischen, erotischen Blick ist die Welt neu, anders, fremd, beängstigend, faszinierend, unselbstverständlich. Indem er durch die Routine des Gewöhnlichen und die ewige Wiederkehr des Bekannten hindurchdringt, wird er der Dinge auf neue Weise ansichtig. Diese Worte stammen aus Shakespeares *Sommernachtstraum* und sind dem athenischen König Theseus in den Mund gelegt, der sich entschlossen gegen Traumbilder, Liebeswahn, Fabeleien wappnet und dem »brausende[n] Gehirn [...] bildungsreicher Phantasie« mit seiner kühlen männlichen Vernunft begegnet.[11] In der Einbildung sieht er die Quelle einer Irrationalität, die den klaren Blick auf die Dinge verstellt und die Sinne mit Trugbildern täuscht.

Unsere leicht erhitzbare Phantasie, so Theseus, macht uns immer wieder ein X für ein U vor. Im Dunkeln, wenn ein diffuses Unbehagen zur beklemmenden Angst wird, sieht man überall bedrohliche Gestalten: »Und in der Nacht, wenn uns ein Graun befällt, / Wie leicht, dass man den Busch für einen Bären hält!«[12] Der erregte Blick projiziert Bilder in die Welt, die der kühle Verstand dort niemals erkennen würde. Shakespeare hat in den berühmten Worten des Theseus die Unterschiede zwischen dem Verrückten, dem Liebenden und dem Dichter absichtsvoll nivelliert, um sie alle als Virtuosen *wilder Semiose* auszuweisen. Wilde Semiose ist das weite Feld, das sich zwischen den Polen des Pathologischen und des Kreativen ausdehnt. Die drei genannten Außenseiter verbindet, dass sie sich von den gesellschaftlich sanktionierten Standards der Zeichenlogik freimachen, aus unterschiedlicher Motivation neue Verbindungen und Bedeutungen entdecken und damit immer neue Ähnlichkeiten offenbaren. Im Gegensatz zu Shakespeares Theseus verließen sich die romantischen Dichter auf die Einbildungskraft als ihre wichtigste Ressource. Eichendorff sprach vom »Geisterblick«, der »den verborgenen Zusammenhang des Entle-

11 William Shakespeare, *Ein Sommernachtstraum*, V, 1, in: Hans Matter (Hg.), *Shakespeares dramatische Werke*, übers. v. August Wilhelm von Schlegel und Ludwig Tieck, Basel 1953, Bd. 5, S. 3-70, hier S. 57.

12 Shakespeare, *Sommernachtstraum*, V, 1, S. 58.

genen blitzartig aufdeckt, als ob sich das Unerhöhrte von selbst verstünde«.[13]

Aus einer anderen Perspektive hat der Psychoanalytiker Jacques Lacan das Phänomen der Schizophrenie als Auseinanderbrechen der Signifikantenkette beschrieben. Indem sowohl die syntagmatische Verbindung der Zeichen untereinander als auch die Beziehung zwischen dem Signifikanten und dem, was er bezeichnet (dem Signifikat), zerreißt, zerfällt, wie es ein anderer Dichter ausgedrückt hat, »alles in Teile, die Teile wieder in Teile«.[14] Diese Fragmentierung der Zeichenordnung macht sie als Medium zwischenmenschlicher Kommunikation unbrauchbar, dafür gewinnt sie aber in besonderen Augenblicken ein neues Gewicht und eine neue Gegenwart. Dem Schizophrenen (wie dem Künstler, dem Liebenden, und man kann noch hinzufügen: dem Mystiker) wird der Gegenstand der Betrachtung *prä-sent*, das heißt, er wird aufdringlich und bleibt vor seinen Sinnen stehen. Solche Umperspektivierungen, die mit plötzlichen Einblicken und Durchblicken verbunden sind, haben, wie Frederick Jameson betont, eine stark affizierende Wirkung: »Derart vereinzelt, überwältigt die Gegenwart das Subjekt plötzlich mit unvorstellbarer Vitalität: Eine überwältigende Materialität der Wahrnehmung kommt auf, die wirkungsvoll die Macht des sprachlich-materiellen oder genauer des buchstäblichen Signifikanten in seiner Vereinzelung in Szene setzt.«[15] Was unterscheidet den Zeichenmodus der wilden Semiose von anderen Zeichenpraktiken? Um das genauer herausarbeiten zu können, müssen wir uns zunächst einige allgemeine Grundlagen der Logik von Zeichenprozessen in Erinnerung rufen.

Beginnen wir mit einer Definition von Umberto Eco. Dieser Se-

13 Joseph von Eichendorff, »Geschichte der poetischen Literatur Detuschlands«, in: Gerhart Baumann, Siegfried Grosse (Hg.), *Joseph von Eichendorff. Neue Gesamtausgabe der Werke und Schriften in vier Bänden*, Stuttgart 1958, Bd. IV, S. 9-420, hier S. 334.

14 Hugo von Hofmannsthal, »Ein Brief«, in: Herbert Steiner (Hg.), *Hugo von Hofmannsthal. Gesammelte Werke in Einzelausgaben. Prosa II*, Frankfurt/M. 1959 [zuerst erschienen in *Der Tag*, Berlin 1902], S. 7-20, hier S. 12. Vgl. das Kapitel »Hofmannthals Chandos-Brief und die Hieroglyphen der Moderne« in diesem Band, S. 149-170.

15 Frederick Jameson, »Postmoderne. Zur Logik der Kultur im Spätkapitalismus«, in: Andreas Huyssen, Klaus R. Scherpe (Hg.), *Postmoderne. Zeichen eines kulturellen Wandels*, Reinbek 1997, S. 45-102, hier S. 72.

miotiker definiert den Zeichencode als »ein Signifikationssystem, das eine Korrelation zwischen gegenwärtigen und abwesenden Entitäten herstellt«.[16] Genauer besehen enthält dieses universale semiotische Gesetz gleich zwei Grundsätze: Es besagt nicht nur, dass zwischen einem Anwesenden und einem Abwesenden eine Verbindung hergestellt werden kann, sondern auch, dass das Anwesende verschwinden muss, damit das Abwesende zur Erscheinung gelangen kann. Zur Logik des Zeichens gehört also obendrein, dass sie ein *gegenseitiges Ausschlussverhältnis von Anwesendem und Abwesendem* herstellt. Damit ein Zeichen in seiner Bedeutung wahrgenommen werden kann, muss es zugleich materiell verschwinden.

Dieses Fortschreiten vom gegenwärtigen Zeichen zur abwesenden Bedeutung ist kulturell tief verankert, durch Übung habitualisiert und deshalb ein gedankenschneller, ja automatischer Reflex. Er ist in Tiefen eingeschliffen, die vom Bewusstsein nicht erhellt und deshalb auch normalerweise nicht gestört werden. Das gegenseitige Ausschlussverhältnis von Abwesendem und Anwesendem setzt Zeichen voraus, die transparent sind und den Blick auf etwas anderes als sie selbst freigeben. Die Aufgabe der Zeichen ist also paradox; sie müssen etwas zeigen und sich gleichzeitig auch wieder entziehen: »Ein Symbol, das uns zugleich auch als Objekt interessiert, ist ablenkend. Je steriler und gleichgültiger das Symbol, desto stärker seine semantische Potenz. Kleine Geräusche sind die idealen Mittler für Begriffe, denn sie geben uns nichts als ihre Bedeutung.«[17] Je expressiver, aufmerksamkeitsheischender und sinnlicher ein Zeichen, desto geringer ist seine Möglichkeit, präzise semantische Inhalte zu transportieren.

Gewiss bleibt die Materialität eine irreduzible Bedingung für jedes Zeichen, noch bis hin zur (Im-)Materialität der elektronischen Impulse digitaler Codes. Materialität ist dabei immer beides: Substanz der Zeichen und ihre Begrenzung. Wo die Dinge gegenwärtig sind, gibt es keine Zeichen, und umgekehrt. Deshalb setzt die Kunst, mit Zeichen umzugehen, die Fähigkeit voraus, die Welt auf Abstand zu halten. »Wie könnte das Bild eines Pferdes ein ›wahres Bild‹ sein, ohne ein falsches Pferd zu sein?«, hat Augustin, der

16 Umberto Eco, *Semiotik. Entwurf einer Theorie der Zeichen*, München 1987, S. 20.

17 Susanne K. Langer, *Philosophy in a New Key. A Study in the Symbolism of Reason, Rite, Art*, Cambridge/Mass. 1951, S. 61 (Übers. A. A.).

große Zeichentheoretiker der Spätantike, gefragt.[18] Zum Zeichen, also zur Währungseinheit zwischenmenschlicher Verständigung, wird das Pferd erst, wenn man sich von seiner dampfenden und stampfenden Gegenwart befreit. Zeichenkompetenz erfordert eine sichere Umschaltkompetenz zwischen Repräsentationen und Objekten. Repräsentationen haben Zeichencharakter, Objekte nicht. Ein Pferd kann man anschauen, es reiten, striegeln und füttern, aber man wird sich nicht fragen, was es bedeutet oder wofür es steht. Diese Fragen ergeben sich erst, wenn das Pferd in ein symbolisches Universum eintritt, wie in Martin Walsers Erzählung *Ein fliehendes Pferd* oder in einem Bild wie Picassos *Guernica*.

Abb. 1: Bildausschnitt aus Pablo Picassos *Guernica* (1937)

18 »Unde vera pictura esset, si falsus equus non esset?«, und Augustin fügt noch hinzu: »Wie zeigte sich im Spiegel ein wahres Bild des Menschen, wenn der Mensch nicht Täuschung wäre?« (Aurelius Augustinus, *Selbstgespräche. Zweites Buch*, in: Harald Fuchs, Hanspeter Müller (Hg.), *Augustinus, Aurelius. Werke. Bd. 2: Selbstgespräche über Gott und die Unsterblichkeit der Seele. Lateinisch und deutsch*, Zürich 1954, S. 116-201, hier S. 157). Vgl. Joachim Küpper, »Mimesis und Fiktion in Literatur, Bildender Kunst und Musik«, in: *Zeitschrift für Ästhetik und Allgemeine Kunstwissenschaft* 53/2 (2008), S. 169-190, hier S. 173.

Die Kultur bietet Orientierungshilfen an, die diese ontische Differenz markieren und uns signalisieren, wo das Universum der Dinge aufhört und das Universum der Zeichen beginnt. Der Vorhang, der die Bühne, der Rahmen, der das Bild, der leere Raum, der die Seite umschließt, sind Beispiele für hochformalisierte Grenzen zwischen zeichenhafter und gegenständlicher Welt. Es ist ein Anliegen der Gegenwartskunst, Rahmenbrüche zu erzeugen, um diese klaren Demarkationslinien zu durchkreuzen und immer wieder zu verschieben. Ein Readymade wie Marcel Duchamps Urinal oder das hölzerne Trockengestell für Flaschen, das er ins Museum stellte, hat einen symbolischen Kurzschluss erzeugt, weil hier plötzlich Ding und Zeichen zusammenfielen. Solche Verwirrungen und Irritationen sind das erklärte Ziel bestimmter künstlerischer Strategien. In der Lebenswelt und alltäglichen Interaktion dagegen gilt die Grenze zwischen den Zeichen und den Gegenständen in aller Regel als gesichert, selbstverständlich und nicht weiter hinterfragbar.[19]

Von dem Hintergrund dieser Zeichenlogik, die auf sicheren Rahmenbedingungen beruht und eine klare Trennung zwischen Zeichen und Objekten voraussetzt, heben sich die Zeichenprozesse markant ab, die in diesem Buch analysiert werden. Da sie den genannten Spielregeln *nicht* folgen, handelt es sich von der semiotischen Normalitätserwartung aus gesehen um exotische, obsolete, künstlerische, ästhetische, pathologische Verfahren, die hier unter dem Sammelbegriff der wilden Semiose zusammengefasst werden. Wilde Semiose bringt die Grundpfeiler der etablierten Zeichenordnung zum Einsturz, indem sie auf die Materialität des Zeichens ausgerichtet ist und die Präsenz der durch die Zeichen auf Distanz gehaltenen Welt wiederherstellt. In jedem Fall erzeugt sie Störungen und Unordnung im bestehenden Beziehungssystem der Konventionen und Assoziationen. Sie stellt neue, unmittelbare Bedeutung her, sie unterläuft, verzerrt, vervielfältigt, sprengt die vorgegebenen Raster der Sinnbildung.

Menschen haben immer schon den kulturell vorgegebenen Symbolraum der künstlich durch Sprache, Bilder, Texte, Aufführungen und Rituale gesetzten Zeichen überschritten. Ohne die Fähigkeit, auch bestimmte Erscheinungen der Umwelt zeichenhaft zu lesen, könnten Menschen nicht überleben. Was ihnen an Ins-

19 Erving Goffman, *Rahmenanalyse. Ein Versuch über die Organisation von Alltagserfahrungen*, Frankfurt/M. 1977 [1974].

tinktsicherheit abgeht, müssen sie durch Merkvermögen in Gestalt geschärfter Wahrnehmung und permanenter Deutungsbereitschaft wettmachen. Sie sind angewiesen auf die ständige und schnelle Entzifferung von Signalen zur Weltorientierung, zur Kenntnis ihrer Umwelt, zur Einschätzung von Gefahren. Carlo Ginzburg hat den Modus des Spurenlesens »den vielleicht ältesten Gestus in der Geschichte des menschlichen Intellekts« genannt.[20] Seit den Tagen der Jäger und Sammler hat sich das Indizien-Lesen in ganz unterschiedlichen Bereichen bewährt: beim Wahrsager, der aus den Eingeweiden des Opfertiers bevorstehendes Heil und Unheil liest, beim Heiler, der an den Symptomen die Krankheit abliest, beim Physiognomen, der aus Gesichtszügen oder Handschrift die verborgenen Merkmale eines Charakters liest, beim Kunsthistoriker, der an der Pinselführung die Signatur des Malers abliest, beim Detektiv, der an scheinbar belanglosen Details am Tatort die Geschichte eines Verbrechens abliest, beim Psychoanalytiker, der am unwillkürlichen Versprechern und Traumbildern einen verdrängten Komplex abliest. In all diesen Fällen handelt es sich um ein induktives Verfahren, das von unscheinbaren, aber empirisch sichtbaren Anzeichen zu bedeutungsvollen, aber verborgenen Inhalten vorstößt. Die Entzifferung folgt dabei einer Grammatik der Zuordnung, die in einem pragmatisch klar begrenzten Interessenhorizont die Wahrnehmung fokussiert und daraus Schlussfolgerungen ableitet.

Die verschiedenen Techniken des Anzeichenlesens lassen sich unter Carlo Ginzburgs Begriff des ›Indizienparadigmas‹ zusammenfassen. In einem spezifischen Ausschnitt erscheint die Welt als Text, der in diesem Fall nicht in Schrift und Buchstaben, sondern in konkreten Erscheinungen codiert ist. Für das Lesen selbst macht das aber keinen Unterschied: ebenso wie die Buchstaben-Signifikanten werden die gegenständlichen Signifikanten transzendiert und überwunden, sobald die richtige Deutung erreicht ist. Schriftzeichen und Anzeichen sind in gleicher Weise Vehikel, die ausschließlich dazu bestimmt sind, den Intellekt auf die rechte Fährte zu setzen; ist dieser erst einmal am Ziel angekommen, haben die Spuren und Anzeichen ihr Recht verloren.

Diesem Modus des transzendierenden Lesens soll im Folgenden

20 Carlo Ginzburg, *Spurensicherung. Die Wissenschaft auf der Suche nach sich selbst*, Berlin 1983, S. 72.

ein anderer Zeichenmodus gegenübergestellt werden. Denn neben dem schnellen und schlauen Blick durch die Oberfläche gibt es auch den langen faszinierten Blick, der sich von der Dichte der Oberfläche anziehen lässt und nicht so leicht abzulösen vermag. Dieser anderen Form der Lektüre ist bisher weniger Aufmerksamkeit geschenkt worden. Am naheliegendsten ist es nämlich, sie im Sinne von Shakespeares Theseus als irrationale Abweichung und Gefährdung des ›normalen‹ Lese- und Deutungsverhaltens zu bestimmen. Man kann in ihr aber auch eine eigenständige Form der Wahrnehmung und einen besonderen Modus der Kognition sehen, der jedem Individuum grundsätzlich zugänglich ist.

Im Folgenden soll also die Rede sein vom »langen kontemplativen Blick, dem Menschen und Dinge sich erst entfalten«, weil in ihm – so Adorno – »der Drang zum Objekt«[21] ebenso wie zum Sinn gebrochen, umgebogen ist. Das lässt sich am Beispiel des Schrift-Lesens veranschaulichen. Der flüssige und behände Duktus wird gehemmt, ja unter Umständen ganz zum Stillstand gebracht, wenn die Buchstaben als resistente Materialität in Erscheinung treten. ›Schauen‹ (*gazing*) beginnt mit einer gesteigerten Aufmerksamkeit auf das Zeichen selbst. Es setzt nicht nur als flüchtiger Impuls einen Verstehensprozess in Gang, sondern haftet an der Oberfläche des Zeichens. Die russischen Formalisten haben mit Begriffen wie ›Verfremdung‹ (Viktor Sklovskij) und ›foregrounding‹ (Roman Jakobson) den proto-ästhetischen Charakter dieser Wahrnehmungsform herausgearbeitet. Sie haben gezeigt, dass das, was als habitualisierte Wahrnehmungsform für Literatur und Kunst gilt, sich auch im Alltag einstellen kann, wenn sich die Aufmerksamkeit nicht auf die Botschaft, sondern auch auf ihr Medium selbst richtet.

Die Steigerung der Sichtbarkeit des ästhetischen Zeichens wird durch künstlerische Verfahren wie Schönheit und handwerkliche Vollkommenheit erreicht. Beispiele dafür sind die virtuose Kalligraphie der Chinesen,[22] die illuminierten Codices klösterlicher Skriptorien und die Arabesken der Romantik. Der Text wird durch die künstlerische Gestaltung selbst zu einem Bild, das den Betrachter in Bann schlägt und ihm nicht gestattet, kurzerhand auf den

21 Theodor W. Adorno, *Minima Moralia*, Frankfurt/M. 1994, S. 111.

22 Lothar Ledderose, *Mi Fu and the Classical Traditon of Chinese Calligraphy*, Princeton 1979.

Punkt oder zur Sache zu kommen. Durch Farben und Formen, Ornament und Illustration, aber auch durch den Abdruck expressiver Persönlichkeit wird der Blick verlängert. Dem eiligen Drang zum abstrahierten Inhalt tritt die Verdichtung und Materialisierung des Textes als ein Veto entgegen. Durch die Annäherung von Buchstaben an Bilder verändern sich die Wahrnehmungsformen. Mit der Verdichtung des Zeichens verwandelt sich das dahingleitende und dabei flüchtig die Oberfläche abtastende Lesen in den kontemplativen Akt des Schauens.

Die Modalitäten des Lesens und Schauens lassen sich in drei Punkten voneinander unterscheiden:

Erstens: *Lesen ist ein referentielles Verfahren.* Es bewegt sich vom materiellen Signifikanten zum immateriellen Signifikat, wobei der Erstere dem Letzteren im gedankenschnellen Prozess des Verstehens zum Opfer fällt. Die Präzision des vermittelten Inhalts hängt wesentlich an dieser kategorialen Differenz zwischen Ausdrucks- und Inhaltsebene. *Schauen* richtet sich dagegen auf ein kompaktes Zeichen, das sich nicht in Signifikant und Signifikat auflösen lässt. Diese Fusion ist verantwortlich für Unübersetzbarkeit, Nicht-Mitteilbarkeit und unerschöpfliche Vieldeutigkeit.

Zweitens: *Lesen ist ein transitorisches Verfahren.* Es erfordert die schnelle Bewegung des Intellekts vom Buchstaben zum Geist, vom Besonderen zum Allgemeinen, von der Oberfläche zur Tiefe. Die Kraft des Verstandes zeigt sich in der Geschwindigkeit, mit der man sich vom einen zum anderen bewegt. *Schauen* ist anhaltende Aufmerksamkeit in einem doppelten Sinne, weil hier der Blick sowohl zum Halten als auch zum Verweilen gebracht wird. Er haftet am Objekt und kehrt zu ihm mit unvermindertem Staunen zurück.

Drittens: *Lesen ist ein transitives Verfahren.* Je minimaler die Ablenkungen durch die Materialität des Zeichens, desto gesicherter die Konzentration. Vom unaffizierten, objektiven Beobachter darf man die verlässlichste Deutung erwarten. *Schauen* ist dagegen ein Akt, der auf den Beobachter zurückschlägt. Er affiziert das Subjekt und verändert es im Zuge der Kontemplation.

Diese Gegenüberstellung von Lesen und Schauen macht darauf aufmerksam, dass es noch einen anderen Umgang mit Zeichen gibt als jenen, welcher für zwischenmenschliche Kommunikation und allgemeine Weltorientierung unerlässlich ist. Dieser andere Modus bezeugt eine Bereitschaft, sich an Zeichen auszuliefern und auch jenseits der Texte Botschaften zu empfangen, die weit über ein pragmatisches Interesse hinausgehen.

Der rote Faden, der die folgenden Kapitel durchzieht, ist die Frage nach den Zeichen als kultureller Grundlage unserer Weltkonstruktion. Der Mensch ist ein *animal symbolicum*, das sich in einem Reich selbstgeschaffener Zeichen einrichtet und seine Orientierung aus diesen Zeichen empfängt. Er ist aber auch ein *homo interpres*, der Zeichen liest und deutet, wo er selbst gar keine hinterlassen hat. Nicht nur Sprache, Gesten, Texte und Bilder öffnen grandiose Deutungsspielräume, auch die Natur, die Welt, die soziale Umwelt oder die Großstadt kann zu einem Feld der Deutungskunst und des Deutungswahns werden. Der Umgang mit Zeichen organisiert das menschliche Weltverhältnis zwischen Entzauberung und Wiederverzauberung, zwischen der Verbannung von Bildern und ihrer Wiederkehr, zwischen einem kontrollierenden und einem affizierten Modus.

Im ersten Teil dieses Buches werden semiotische Grundfragen diskutiert. Dabei wird das Zeichen in seiner Doppelstruktur vorgestellt und als eine Klammer über ein Bezeichnendes und ein Bezeichnetes analysiert. Darüber hinaus wird eine Vielfalt konkreter Zeichentypen vorgestellt, die sich über die etablierten Codes der Bilder und Texte hinaus auf die Sprache der Dinge und die Deutung der Welt ausdehnen. Im zweiten Teil steht der Schlüsselbegriff der Hieroglyphen im Mittelpunkt, der mit dem Begriff der Signaturen eng verwandt ist, wie er im 16. und 17. Jahrhundert entwickelt wurde. Während man von den Hieroglyphen annahm, dass sie als geheimnisvolle Zeichen zur Niederlegung und Tradierung arkaner Weisheit erfunden wurden, sind Signaturen Naturerscheinungen und realweltliche Zusammenhänge, die sich einem deutenden Blick als lesbare Zeichen mit einer konkreten Botschaft erweisen. Die Faszinationsgeschichte der Hieroglyphen beruht auf produktiven Missverständnissen, die von der Renaissance bis in die Moderne unter veränderten medialen Bedingungen die abendländische Imagination nachhaltig beflügelt haben. Der dritte Teil nimmt noch einmal den Faden der historischen Mediengeschichte auf und untersucht die Vorgeschichte und Grundlagen der Alphabetschrift, die sich nicht ein für alle Mal von den Bildern losgesagt und emanzipiert hat, sondern immer wieder in ikonische Zeichen umkippen kann und dabei den durchstoßenden Blick in ein starrenden Blick verwandelt. Der vierte Teil handelt von Figuren, die die Welt als Text lesen; neben Adam als erstem Weltleser im Paradies sind dies in der Moderne die wilden Leserinnen, die ihre Romanlektüre auf die sie umgebende Welt projizieren, aber auch Leser, die sich ohne die Deutungshilfe von Analytikern und Therapeuten selbst zum Gegenstand der Lektüre werden, um das Kryptogramm ihres Lebenstextes zu entziffern. Weitere Weltleser sind die Flaneure der Großstadt, in deren Blick, wie Franz Hessel sich ausgedrückt hat, die Bilder ihrer Umwelt zu »lauter gleichberechtigten Buchstaben werden, die zusammen Worte, Sätze und Seiten eines immer neuen Buches ergeben«.[23] Am Beispiel von Romanen von Paul Auster und Jonathan Safran Foer werden diese thematischen Linien bis in die Gegenwartsliteratur ausgezogen. Der fünfte und letzte Teil, »Metamorphosen der Hermeneutik«, steht im Zeichen des Hermes, des Patrons der Hermeneutik und ihrer Schriftgelehrten. Hier wird die Frage nach dem Umgang mit Zeichen auf den Horizont der professionellen Exegeten eingeschränkt, in deren Tradition auch meine Disziplin der Literaturwissenschaft steht. In der kulturhistorischen Perspektive, die das letzte Kapitel eröffnet, werden neuere Strömungen und aktuelle Kontroversen in den Zusammenhang einer längeren Deutungsgeschichte gestellt, deren vielfältige Praktiken annähernd zwei Jahrtausende übergreifen.

23 Franz Hessel, *Ein Flaneur in Berlin*, Berlin 1984, S. 145. Vgl. das Kapitel »Leser der Großstadt« in diesem Band, S. 273-288.

I. Zeichenstruktur und Zeichentypen

2. Die Welt als Text

> […] und der Wind hat versucht, mir was zuzuflüstern,
> ich konnte aber nicht verstehen, was er meinte.
>
> Mark Twain, *Huckleberry Finn*

Weltverhältnisse

Menschen erschließen sich ihre Umwelt nicht nur durch Werkzeuge, sondern auch durch Zeichen. Neben ihrer technischen sind sie auch mit einer deutenden (hermeneutischen) Kompetenz ausgerüstet, die sie dazu befähigt, die Welt nicht nur zu bearbeiten und zu verändern, sondern auch zu verstehen. Diese Kompetenz geht weit über die Fähigkeit hinaus, Sprachen zu generieren und sich mit Zeichen zu verständigen. Sie schließt nämlich die Bereitschaft ein, auch dort Zeichen zu empfangen, wo kein Mensch welche hinterlassen hat. Neben dem *homo faber* gibt es den *homo interpres*, den deutenden Menschen, der wie Huck Finn in dem vorangestellten Motto Impulse aus seiner Umwelt aufnimmt und als Zeichen empfängt, auch wenn er sie nicht verstehen kann. Bevor wir hier näher auf diese Bereitschaft eingehen, die Welt als Text zu lesen und damit Erscheinungen der Welt nicht nur wahr- und hinzunehmen, sondern auch als zeichenhaft zu erkennen und auf sie mit Deutungsversuchen zu reagieren, müssen wir zunächst einem Einwand begegnen, der sich an dieser Stelle einstellen könnte. Er geht von der Prämisse aus, dass seit der Neuzeit die Welt ein für alle Mal verstummt ist und dass es sich bei der Einstellung zur ›Welt als Text‹ als ein deviantes, vormodernes und somit obsoletes Phänomen handelt. Jene Welt, die es zu deuten, zu entziffern, zu verstehen gilt, gehört nach dieser Argumentation einer vorwissenschaftlichen, archaischen Denkart an. Der neuzeitliche Mensch zeichnet sich demnach dadurch aus, dass er gelernt hat, keine Sinnansprüche an seine Umwelt mehr zu stellen. Die Umwelt ist für ihn kein Buch, in dem aufs Geratewohl gelesen werden kann. Voraussetzung der Neuzeit ist die wissenschaftlich technische Zivilisation, die auf Erklären der Welt und nicht mehr auf Verstehen eingestellt ist. Galilei behauptete bereits, dass das Buch der Natur in geometrischen Figuren geschrieben sei, die modernen Naturwissenschaften finden es in Formeln codiert, in jedem Fall bleibt es aber einem direkten verstehenden Zugang verschlossen. Im Wirkungsbereich von Naturwissenschaft und Technik ist die Natur vergleichgültigt, versachlicht, entzaubert – und das heißt auch: semiotisch neutralisiert – worden. Mit anderen Worten: Seit der Entdeckung empirisch nachprüfbarer Naturgesetze hat die Welt ihre Zeichenkraft verloren; im selben Zuge ist sie für den Menschen sicherer, kalkulierbarer, aber eben auch stummer geworden. Zur neuen Sicherheit gehörte auch die Abschaffung der Zeichen und Wunder, die als Botschaften gedeutet wurden und die Menschen in der Unruhe permanenter Merkbereitschaft hielten.

Diese gravierende epochale Schwelle, die ja auch Foucault zwischen dem 16. und 17. Jahrhundert ansetzt, soll hier nicht geleugnet oder heruntergespielt werden. Es soll aber zu bedenken gegeben werden, dass noch kein Datum der Wissenschaftsgeschichte es vermocht hat, den Menschen radikal umzubauen und ihn in seinen Dispositionen konsequent zu verändern. Deshalb erinnerte Erich Rothacker immer wieder daran, dass die Wissenschaft »die menschliche Lebenspraxis und das dieser korrelate Weltbild keineswegs verdrängt« habe. Man müsse, meinte er, »zwischen praktisch ›gelebten‹ Welten und theoretisch erkannten streng unterscheiden«.[1] Die »gelebte Welt« ist für Rothacker nach wie vor durch ein subjektnahes »Vitalverständnis« und menschliche Anteilnahme geprägt. Rothacker beruft sich dabei auf den Begriff der Umwelt, wie er von dem Biologen Jakob von Uexküll bestimmt worden ist, der darunter einen artspezifischen, auf das Überleben eines bestimmten Organismus zugeschnittenen Funktionskreis versteht. Während die Umwelt des Tiers durch biologische Notwendigkeit definiert ist, ist der menschliche Lebensraum wesentlich durch Repräsentationen, Zeichen und Deutungsbereitschaft geprägt. Deshalb lebt der Mensch niemals in einer neutralen physikalisch-chemischen Totalwirklichkeit, sondern immer schon in der jeweiligen semiotischen

1 Erich Rothacker, *Probleme der Kultur-Anthropologie*, Bonn 1948, S. 165 f.: »Die ganze Welt aber, in der wir praktisch leben und wirken, einschließlich natürlich der politischen, wirtschaftlichen, religiösen, künstlerischen Lebensbetätigungen, bewegt sich in ›Lebenskategorien‹, deren Inbegriff als ›vorwissenschaftliches Weltbild‹ dringend expliciter Behandlung bedarf und eines der zahlreichen, kaum angeschnittenen Themen der ›philosophischen Anthropologie‹ darstellt.«

Sphäre kulturell erschlossener Welten. Jurij Lotman führte dafür später den wichtigen Begriff der ›Semiosphäre‹ ein.[2]

Die Umwelt des Menschen als eine kulturell geprägte Semiosphäre unterliegt historischen Wandlungen, zu der auch tiefgreifende Einschnitte wie die Anfänge moderner Naturwissenschaft und Technik gehören. Diese gehören seither wesentlich zu den Formen der Welterschließung, doch haben sie die Geschichte des *homo interpres* nicht beendet. Seine Bereitschaft, nicht nur mit seinesgleichen zu kommunizieren, sondern jenseits dieses Austauschs auch ein Gespräch mit der Welt und den Dingen zu unterhalten, gehört zur ältesten Erbschaft der Menschen. Es handelt sich dabei aber keineswegs nur um eine archaische Erbschaft und ein Überbleibsel aus der Urzeit menschlicher Evolution, sondern um eine anthropologische Grunddisposition, die über kulturelle Schranken und historischen Wandel hinweg in jedem Menschen wieder aktiv werden kann.

Dafür sollen hier zwei Beispiele angeführt werden. Ein moderner Denker wie Karl Jaspers hat dieser diffusen menschlichen Deutungsbereitschaft einen wichtigen Platz in seiner Existenz-Philosophie eingeraumt. Er sprach davon, dass sich der Mensch einer »unerschöpflichen Physiognomik allen Daseins« gegenübersieht, wo »alle Dinge [...] gleichsam zu sprechen« scheinen. Diese verrätselten Zeichen nannte Jaspers »die Chiffrenschrift der Existenz«.[3] Obwohl diese Geheimzeichen nie vollständig entzifferbar sind, traute er den Individuen zu, in ihnen Zeichen der Transzendenz, des Absoluten, des Anderen ahnungsvoll zu lesen. Voraussetzung für diese Deutungsbereitschaft war für Jaspers ein Weltverhältnis, in dem sich der Mensch als Teil eines Ganzen, Größeren, ihn Umgreifenden und möglicherweise auch Tragenden erfährt.

Zwei Generationen nach Jaspers hat der Soziologe Hartmut Rosa die Frage nach unterschiedlichen Weltverhältnissen wieder in die Diskussion zurückgeholt. Rosa weicht dabei von der üblichen Praxis der meisten Geschichtsdarstellungen ab, die den Eintritt in die Moderne chronologisch auf die Epochenschwelle von 1770 bis 1800 datieren sowie diese Schwelle obendrein kanonisieren

2 Vgl. Jurij Lotman, *Die Innenwelt des Denkens. Eine semiotische Theorie der Kultur*, Berlin 2010, S. 163-292 sowie Albrecht Koschorke, *Wahrheit und Erfindung. Grundzüge einer allgemeinen Erzähltheorie*, Frankfurt/M. 2012, S. 116-128.

3 Karl Jaspers, *Philosophie*, Berlin, Göttingen u.a. 1973, S. 798.

und alles, was von der neuen Norm abweicht, als obsolet, abwegig oder irrational einstufen. Anstatt von einer einzigen historischen Schwelle auszugehen, die die Vormoderne von der Moderne trennt, erscheint es angemessener, mit Rosa unterschiedliche Stile menschlicher Weltverhältnisse zu unterscheiden, die sich nicht so einfach chronologisch verrechnen lassen. Er benennt verschiedene epistemische Stile, die in der Moderne durchaus nebeneinander existieren:

- das Weltverhältnis der *Autonomie*, das den Menschen ganz auf sich selbst stellt und ihn damit zugleich als selbstbestimmt und selbstverantwortlich der Welt gegenüberstellt,
- das Weltverhältnis der *Entfremdung*, das den Menschen als wesentlich passiv und leidend sieht, weil es ihn als ausgesetzt in einer kalten, stummen, indifferenten oder feindlichen Welt konzipiert, und
- das Weltverhältnis der *Resonanz*, das den Menschen in eine Welt stellt, die auf die Erfahrungen, Stimmungen und Bedürfnisse des Subjekts ›antwortet‹.

Rosa identifiziert ›Entfremdung‹ und ›Resonanz‹ als konträre, aber auch komplementäre Schlüsselkategorien moderner Weltbeziehungen. Er zieht das Weltverhältnis der Resonanz dem der Entfremdung vor und empfiehlt es gleichzeitig als ›gelingend‹: »Gelingende Weltbeziehungen sind solche, in denen die Welt den handelnden Subjekten als ein antwortendes, atmendes, tragendes, in manchen Momenten sogar wohlwollendes, entgegenkommendes oder ›gütiges‹ ›Resonanzsystem‹ erscheint.«[4]

Anders als Rosa geht es mir hier weniger um eine Kunst des guten und gelingenden Lebens als um den konstitutiven Zusammenhang von kulturellen Zeichenstrukturen, anthropologischer Deutungsbereitschaft und historischem Weltverhältnis. Während die Weltverhältnisse der Autonomie und Entfremdung mit der Grundhaltung der instrumentellen Weltbemächtigung einhergehen und mit dem anthropologischen Typus des *homo faber* verbunden sind, gehört zum Resonanzsystem der *homo interpres*, der von der Welt durch Zeichen angesprochene und sie deutende Mensch. Resonanzeffekte lassen sich, wie ich im Folgenden zeigen möchte, nicht

4 Hartmut Rosa, *Weltbeziehungen im Zeitalter der Beschleunigung. Umrisse einer neuen Gesellschaftskritik*, Frankfurt/M. 2012, S. 9.

nur (wie bei Rosa) im Rahmen einer neuen Soziologie, sondern gerade auch im Rahmen einer historischen Semiotik beschreiben.

Sechs Zeichentypen

Worin genau bestehen diese Begabungen des *homo interpres*, der sich nicht auf Texte beschränkt, sondern dem die Welt selbst zum Text wird und der auf die ›Sprache der Dinge‹ antwortet? Die Möglichkeiten, im unstrukturierten Feld physischer und materieller Erscheinungen Bedeutungen zu entdecken und Botschaften zu empfangen, variieren in einem weiten Feld zwischen spontanen Intuitionen und einer elaborierten erlernbaren Kunst, zwischen diffuser Weltfrömmigkeit und luzider Situationsanalyse, zwischen esoterischer Sinnsuche und gesteigerter Andacht zum Unbedeutenden.[5] Im Folgenden sollen sechs Zeichentypen vorgestellt werden, die die Welt in Text verwandeln: Anzeichen, physiognomische Zeichen, Vorzeichen, Offenbarungen, Embleme und Hieroglyphen.

Anzeichen

In diesem Falle ist der Signifikant eine sinnliche Wahrnehmung, das Signifikat etwas Abwesendes, aber gleichwohl sinnlich Wahrnehmbares. Das klassische Beispiel hierfür ist der Rauch oder Brandgeruch, der das Feuer anzeigt, ehe es noch zum Ausbruch gekommen ist oder ehe man es zu Gesicht bekommt. Es gibt hier weder Sprecher noch Adressaten, sondern nur den durch das Geschehen betroffenen Beobachter. Dieser reagiert auf das Zeichen mit einer Folgehandlung, nachdem er sich (oder anderen) die sinnliche Wahrnehmung in eine Information und diese in eine Botschaft übersetzt hat. Nach der für diesen Zeichentyp verbindlichen Regel zeigt ein Sichtbares ein Noch-nicht- oder Nicht-mehr-Sichtbares an, zum Beispiel die Spur das Wild, die Wolken das Gewitter,

5 Roland Kany, *Mnemosyne als Programm. Geschichte, Erinnerung und die Andacht zum Unbedeutenden im Werk von Usener, Warburg und Benjamin*, Tübingen 1987. Den drei in diesem Band untersuchten Denkern ist der Versuch gemeinsam, Erkenntnisse durch Versenkung in das scheinbar abseitige Detail zu gewinnen – in dem nach einem Diktum Warburgs der liebe Gott steckt – und gleichzeitig den Blick für umfassende geschichtsphilosophische Zusammenhänge freizuhalten.

die Fingerabdrücke den Täter. Beide Zeichenkomponenten werden nach dem Schema »Wenn x, dann y« miteinander verknüpft. Diese Verknüpfungsform des Induktionsschlusses beruht auf gehärteten Erfahrungsmustern. Ohne diese an wiederholten Kausalzusammenhängen geschulte empirische Vernunft, die sie aus der schieren Gegenwart heraushebt und in einen durch Erinnerung und Erwartung gedehnten Handlungsraum stellt, wären Menschen nicht überlebensfähig. Wie bereits erwähnt, hat Carlo Ginzburg das Anzeichenlesen deshalb den vermutlich ältesten Gestus des menschlichen Intellekts genannt.[6]

Das Lesen von Rauch und Feuer stützt sich auf Erfahrungsmuster, die Bestandteil allgemeinen Weltwissens sind. Der gesicherte Induktionsschluss gewinnt dabei die Stabilität eines generalisierten Codes. Es haben sich in der Kulturgeschichte verschiedene Formen des Anzeichen-Lesens ausdifferenziert, die demgegenüber voraussetzungsvoll und hochspezialisiert sind. Der diagnostische Blick des Arztes zum Beispiel, der ein pathogenes Symptom (= einen Signifikanten) identifiziert, wo das ungeschulte Auge nur eine Rötung wahrnimmt, verfügt über eine spezialisierte, systematisch elaborierte Zeichenkompetenz. Ähnliches gilt für die Deutungskompetenz des Detektivs. Seine Fähigkeit, Spuren zu entdecken und zu lesen geht weit über die allgemeinen Grundlagen induktiver Semiotik hinaus.[7] Diesem virtuosen, auf sowohl breiteste als auch präzise Merkfähigkeit trainierten Intellekt haben Kriminalerzählungen wie die von Edgar Allan Poe und Arthur Conan Doyle ein Denkmal gesetzt. Für den Detektiv gibt es am Tatort keine Nebensachen, alles ist ein potentielles Zeichen. Die Deutungskunst des Detektivs unterscheidet sich von der des Arztes dadurch, dass er kein Handbuch besitzt, welches ihm sagt, was er als Zeichen zu nehmen und wie er es zu lesen hat. Er liest nicht gemäß einer situationsunabhängigen ›Signifikation‹, sondern gemäß einer auf kontingente Kontexte bezogenen ›Indikation‹.[8] Der Blick des medizinischen Diagnostikers ist zukunftsgerichtet; er findet die

6 Ginzburg, *Spurensicherung*, S. 72.

7 Einschlägige Aufsätze zu diesem Thema finden sich in: Sybille Krämer u. a. (Hg.), *Spur. Spurenlesen als Orientierungstechnik und Wissenskunst*, Frankfurt/M. 2007.

8 Roland Posner, »Kultur als Zeichensystem. Zur semiotischen Explikation kulturwissenschaftlicher Grundbegriffe«, in: Aleida Assmann, Dietrich Harth (Hg.), *Kultur als Lebenswelt und Monument*, Frankfurt/M. 1991, S. 37-74, hier S. 43.

Bedeutung seiner Zeichen in einem Lexikon festgelegter Zuordnungen von Erscheinungen und Bedeutungen und versucht, durch Gegenmaßnahmen auf den zu erwartenden Verlauf der Krankheit eine heilende Wirkung auszuüben. Der Blick des Detektivs ist rückwärts gerichtet; er ermittelt nach einem Verbrechen, indem er auf der Basis einer Fülle von Zeichen die signifikanten Stützpunkte einer kohärenten Geschichte ermittelt, die beansprucht, den Tathergang empirisch zu rekonstruieren.

Die Grundhaltung dieses Anzeichen-Lesens ist das Misstrauen. Das Interesse, durch induktive Kombinatorik hinter die Oberfläche der Erscheinungen zu gelangen, ist motiviert durch den Drang, die Umwelt sicherer zu machen. Die potenzielle Gefahr der Krankheit und das Rätsel des Verbrechens werden zur Herausforderung für einen Interpreten, der durch Herstellung von Zusammenhängen die Zukunft antizipiert und die Vergangenheit aufklärt. Durch das vom Misstrauen geleitete Anzeichen-Lesen ist der Mensch gezielt reaktionsfähig und seine Umwelt um ein gutes Stück kalkulierbarer und orientierungssicherer geworden.

Physiognomische Zeichen

Es gibt auch eine nichtempirische Variante des Indizienparadigmas, die ich hier als ›physiognomisches Lesen‹ bezeichnen möchte. In diesem Falle steht etwas Äußeres für etwas Inneres, eine manifeste Erscheinung für etwas (permanent) Verborgenes. Signifikant und Signifikat haben dabei nicht denselben empirischen Evidenzgrad. Denn nicht um eine pragmatische Absicherung von Handlungen geht es hier, sondern um ein tieferes Eindringen in das Wesen der Dinge.[9] Da dieses innere Wesen niemals unmittelbar geschaut werden kann, ist man darauf angewiesen, es an seinen äußeren Manifestationen abzulesen. Eine in der Welt und im Menschen verborgene Kraft – man mag sie Schicksal, Wirkungskraft (*virtus*), Seele, Charakter oder das Unbewusste nennen – gibt sich in diesem Fall

9 Man denke etwa an die Vorstöße von Ludwig Klages, der das semiotische Unternehmen einer Charakterkunde an einem Beispiel verdeutlicht. Von der »Beschaffenheit der Wüste« sprechen heißt, sie anhand eines möglichst vollständigen Katalogs von Eigenschaften zu bestimmen; vom »Charakter der Wüste« sprechen heißt dagegen, ein individuelles Wesen »herauszufühlen« (Ludwig Klages, *Grundlagen der Charakterkunde*, Bonn 1951 [1926], S. 2; 5).

freiwillig oder unfreiwillig, aber immer nur indirekt durch Handlinien, Körperbau und Gesichtszüge sowie durch auffälligere und unauffälligere Erscheinungen, Handlungen und Verlautbarungen zu erkennen.

Physiognomisches Lesen ist in Misskredit geraten, weil es zu Formen der Fixierung und Stigmatisierung führen kann. Ganze Menschengruppen wurden durch physiognomisches Lesen unter Verdacht gestellt, nach dem Schema: wer dünne Waden oder rote Haare hat, von dem ist Schlimmes zu befürchten, oder wer angewachsene Ohrläppchen hat, ist ein notorischer Lügner und Betrüger. Gegen solche Formen der Diskriminierung und des Vorurteils hat sich der Aufklärer Lichtenberg in aller Schärfe gewandt. »Wenn die Physiognomik das wird, was Lavater von ihr erwartet«, schrieb er im Erscheinungsjahr von dessen *Sämtlichen Werken* (1777), »so wird man die Kinder aufhängen, ehe sie die Taten getan haben, die den Galgen verdienen.«[10] Dieses stigmatisierende Lesen, zu dem auch rassistische Stereotype gehören, bedient sich eines festen Katalogs kulturell standardisierter Zeichen, die in der populären Imagination als Vorurteile weit verbreitet sind und über Generationen weitergegeben werden.

Die Physiognomik ist jedoch auch ein spekulatives Deutungsverfahren, das innere Eigenschaften und Anlagen eines Menschen aufdecken soll. Bis vor kurzem galt noch die verbindliche Norm, dass man bei einer Bewerbung einen handschriftlichen Lebenslauf mit einzureichen hatte. Firmen hatten zertifizierte Graphologen eingestellt, die sich auf die Kunst des Deutens von Handschriften verstanden. Die Bewertungen dieser Zeichenspezialisten flossen dann bei der Stellenvergabe in die Entscheidungen des Arbeitgebers mit ein. Sehr viel älter noch als die Kunst des Handschriftlesens ist die Kunst des Handlesens, die Chiromantie, die seit der Antike praktiziert wird. Während es sich dabei auch um eine Praxis der Zukunftsvorhersage handelt, ist die Hand ebenso wie das Gesicht, die Totenmaske und neuerdings das Gehirn als ›charakteristischer‹ Abdruck der spezifischen Individualität einer Person gedeutet worden.

Das physiognomische Lesen fand und findet bis in die Gegenwart immer neue Anwendungsfelder. Einer ihrer Meister war der

10 Zit. nach Hans Blumenberg, *Die Lesbarkeit der Welt,* Frankfurt/M. 1981, S. 202.

in seiner Zeit umstrittene Arzt Paracelsus. Er übertrug das Verfahren auf die Natur und versuchte, die verschlüsselten Signaturen der Pflanzen zu lesen. Aufgrund morphologischer Ähnlichkeiten zwischen Erscheinungen der Pflanze und menschlichen Körperteilen entdeckte er ihre spezifischen »homöopathischen« Heilkräfte. Der genialische Philosoph aus Königsberg Johann Georg Hamann gestand, zeit seines Lebens einen besonderen »Geschmack an Zeichen« gehabt zu haben. Er lebte im Zeitalter der Aufklärung und wusste, dass die Disziplinierung und Professionalisierung des Lesens weit fortgeschritten war, »seitdem Renati Cartesii *Methodus* und B. Joannis Clerici *Ars Critica* das Elementarbuch«[11] wurden. Gleichwohl vermochte er, seine eigene Biographie als eine Folge »symbolischer Handlungen« zu lesen, durch die »unsere Seele ihre unsichtbare Natur zu offenbaren fähig ist, und eine anschauende Erkäntniß ihres würksamen Daseyns außer sich hervorbringt und mittheilet«.[12] Mehr als anderthalb Jahrhunderte später bemühte sich Sigmund Freud, durch Traumerzählungen hindurch ins kollektive Geheimarchiv der Seele vorzustoßen, oder Walter Benjamin, in Nebensächlichkeiten der Sachkultur das verborgene Antlitz einer Epoche zu entdecken. Auch Verfahren der Charakteranalyse und Schicksalsdeutung gehören bis heute zum psychotherapeutischen Angebot.[13]

Vorzeichen

In diesem Falle werden bestimmte Erscheinungen aus dem Interesse heraus gelesen, eine ungewisse Zukunft zu erhellen. Der Zeichen-Leser rückt aus der Position des *Beobachters* in die eines *Empfängers* von Botschaften. Die Grundhaltung der Vorsorge gegen Schicksalsschläge ist hier der Motor der Entzifferung, verbunden

11 Zit. nach Oswald Bayer, *Schöpfung als Anrede. Zu einer Hermeneutik der Schöpfung*, Tübingen 1986, S. 26, Anm. 60.

12 Johann Georg Hamann, *Briefe. Ausgewählt von Arthur Henkel*, Frankfurt/M 1988, S. 115.

13 Benjamins Physiognomik hat die Phantasmagorien des bürgerlichen Traum-Kollektivs zum Gegenstand. Auch er arbeitet an einer indirekten Hermeneutik, die die Entzifferung verschlüsselter Zeichen ermöglicht. Vgl. dazu Norbert Bolz, Bernd Witte (Hg.), *Passagen. Walter Benjamins Urgeschichte des neunzehnten Jahrhunderts*, München 1984, sowie Leopold Szondi, *Schicksalsanalytische Therapie. Ein Lehrbuch der passiven und aktiven analytischen Psychotherapie*, Bern 1963.

mit einem Gefühl der Abhängigkeit von einem unerforschlichen göttlichen Willen, der sich von Mal zu Mal in Zeichen zu erkennen gibt. Es kommt deshalb alles darauf an, diese richtig zu lesen, damit man mit den erforderlichen Anpassungen im Verhalten rechtzeitig reagieren kann.[14] Man denke nur an die biblische Josephsgeschichte, deren Held als Einziger imstande ist, die Träume des Pharaos zu deuten, und dadurch das Land vor einer schweren Hungerkrise bewahrt. Die Angst vor der Zukunft liest nicht nur die Zeichen, sie fordert sie auch ein. Sie ist eine theurgische Kraft, die Gott, die Götter, das Schicksal, die Geschichte und wen auch immer zum Sprechen *zwingt*. Divination ist die uralte Kunst, dieses Sprechen zu provozieren und zu kontrollieren. Aus den Eingeweiden der Opfertiere, dem Vogelflug, den Konstellationen der Gestirne haben in vielen Kulturen Spezialisten die Zukunft gelesen und den Machthabern Entscheidungshilfe geleistet.

Charakteristisch für Vorzeichen ist, dass sie mit dem binären Schema »gut oder schlecht«, »Glück oder Unglück«, »Leben oder Tod« arbeiten. Das tritt in der volkstümlichen Variante der Divination, dem alltäglichen Aberglauben, besonders deutlich zutage: »Schafe zur Rechten, es gibt was zu fechten; Schafe zur Linken, das Glück tut winken.« Das ist das Schema populärer Zeichendeutung, das dem Bedürfnis nach Rückversicherung, nach Leitplanken im alltäglichen Handlungsgemenge entspringt. Im Aberglauben vibriert eine Unsicherheit und Angst, die einen Mechanismus von Rückversicherungen in Gang setzt. Aus der Erfahrung der Blöße, Verletzlichkeit, Ausgeliefertheit menschlicher Existenz wachsen spezifische Merkfähigkeiten und Techniken des Selbstschutzes. Im folgenden Textbeispiel kommt neben dem binären Glück-Unglück-Schema auch das Moment der Selbstmanipulation deutlich zum Ausdruck, das für den Aberglauben charakteristisch ist. Der Held eines Handke-Romans bemerkte zum Beispiel,

> wie er ein weißes Leintuch vor dem Zimmer des Kindes zusammenfaltete. Erschreckt ging er mit dem Leintuch woanders hin. Aus einem Luftballon war über Nacht die Luft entwichen! Er blies ihn rasch wieder auf. Und die Wurst, die das Kind im Bett aß, hieß sicher nicht zufällig *Mort*adella! Er nahm sie ihm sofort weg und vertauschte sie mit einer Knoblauchwurst. Er

14 Stefan M. Maul, *Wahrsagekunst im Alten Orient. Zeichen des Himmels und der Erde*, München 2013.

selber verzehrte eine Birne, und zwar wie nur je ein Sorgloser, mit Putz und Stiel. Nun mußte doch alles wieder im Gleichgewicht sein? Um gegen das nächste schlimme Zeichen etwas im voraus zu tun, hob er auch noch ein Buch vom Boden auf und stellte es ganz gerade in das Regal. – Als er dann an einer Zahncremetube drückte, die er schon leer geglaubt hatte, und etwas herauskam, war Keuschnig gerührt, wie ihm die Dinge jetzt halfen.[15]

Angst ist ein starker Bilder- und Zeichengenerator. Sie erzeugt eine paranoide Welt, in der alle Dinge zu Agenten der Bedrohung und Verfolgung werden. Goethes »Erlkönig« ist eine Fallstudie dieses febrilen Zustandes, in dem die vertraute Umwelt durch eine fremde, feindliche Welt in Besitz genommen wird. Auch Goethes Gedicht »Willkommen und Abschied« beginnt mit einem Ritt durch die Dunkelheit:

> Schon stand im Nebelkleid die Eiche
> ein aufgetürmter Riese da
> und Finsternis aus dem Gesträuche
> mit hundert schwarzen Augen sah. […]
> Die Nacht schuf tausend Ungeheuer,
> doch frisch und fröhlich war mein Mut […].[16]

Auch hier ist die Verwandlung der nebligen Eiche in einen mächtigen Riesen nicht das Werk der Dunkelheit, sondern der Angst, die durch die erwartungsfrohe Euphorie des Liebenden allerdings zurückgedrängt werden kann. In einem Essay über eine Erzählung Hofmannsthals, das Märchen der 672. Nacht, hat Brigitte Kronauer eindringlich beschrieben, was unter einem »Angstkosmos« zu verstehen ist. Hier wird eine paranoide Kette von Signifikanten geknüpft, in der der Held sich selber fesselt und schließlich stranguliert: »Die Welt, in die er eintritt, ist voller Anspielungen, besteht aus nichts anderem als den Verlauf seiner Affäre betreibenden Signalen. Alles bezieht sich. Die Wirklichkeit ist frei von Zufällen und wunderbar folgerichtig, wie es das doch nur in der Literatur gibt. […] Nichts geschieht von ungefähr, alles erwartet ihn: Er nimmt nur wahr, was er benötigt.«[17]

15 Peter Handke, *Die Stunde der wahren Empfindung*, Frankfurt 1978, S. 118 f.

16 Johann Wolfgang von Goethe, »Willkommen und Abschied. Spätere Fassung«, in: Erich Trunz (Hg.), *Goethes Werke. Hamburger Ausgabe in 14 Bänden.* Bd. I: *Gedichte und Epen I*, München 1989, S. 28-30, hier S. 28.

17 Brigitte Kronauer, *Aufsätze zur Literatur*, Stuttgart 1987, S. 35 f. Die psychia-

In Vorzeichen kann der Mensch die Willensregungen verborgener Mächte ablauschen, vorausgesetzt, er weiß ihre Botschaft zu entschlüsseln. Direkter als Vorzeichen sprechen Offenbarungen einen göttlichen Willen aus. Ihre vernehmlichste Artikulation finden sie in ›Zeichen und Wundern‹, Ausnahmeereignissen, die den gewohnten und natürlichen Lauf der Dinge sprengen. Das Alte Testament, das die Geschichte der Offenbarungen an das Volk Israel dokumentiert, enthält neben der direkten Rede als Selbstoffenbarung Gottes viele Beispiele einer nicht-verbalen Sprache Gottes wie den Regenbogen als Zeichen des neuen Bundes mit Noah, das Manna-Wunder als Zeichen der Kraft und Treue zum hungernden Volk im Exil, die Rhizinus-Staude für Jona als Parabel für den Wert der Kreatur.

Weder in der platonischen noch in der jüdisch-christlichen Tradition galt die Natur von sich aus als offenbarungsfähig. Diese Erweiterung wurde erst möglich, als neben der Heiligen Schrift auch die geschaffene Welt als Trägerin göttlicher Offenbarung anerkannt wurde. Göttliche Botschaften lagen demnach in zwei Paralleltexten vor, die beide als Offenbarungsträger zur Auslegung anstanden. In der Lehre von den zwei Büchern Gottes, der Bibel und der Natur, wird die ganze Welt zum Text, der aufmerksamer Lektüre bedarf. Wer nur recht zu hören versteht, kann auch in alltäglichen Erscheinungen göttliche Botschaften vernehmen.

Hamann hat diesen Zeichentyp präzis definiert, als er die Schöpfung »eine Rede (Gottes) an die Kreatur durch die Kreatur« nannte.[18] Der Mensch ist den anderen Geschöpfen darin überlegen, dass er zum Gesprächspartner Gottes avanciert, obwohl er ihnen als Mit-Geschöpf verwandt bleibt. Dieses Doppelverhältnis von Überlegenheit und Gleichheit ist für die Zeichenhaftigkeit der Welt wichtig; zum einen begründet sie die hermeneutische Fähigkeit als ein anthropozentrisches Privileg, das eine klare Rangordnung herstellt, zum anderen motiviert sie die kreatürliche Ver-

trische Diagnose für diesen Zustand lautet ›sensitiver Beziehungswahn‹ (Ernst Kretschmer, *Körperbau und Charakter,* Berlin 1921).

18 Johann Georg Hamann, »Kreuzzüge des Philologen«, in: Josef Nadler (Hg.), *Sämtliche Werke. Bd. II: Schriften über Philosophie/Philologie/Kritik*, Wien 1950, S. 113-240, hier S. 198.

wandtschaft in einer Gleichnisrede, die Menschenwelt und Natur in einem Verhältnis gegenseitiger Spiegelung zeigt. Luther gehörte zu denen, die bestrebt waren, »wiederum zu erlangen die Erkenntnis der Kreaturen, die wir verloren haben durch Adams Fall«. Wir aber, so betonte er in einer Tischrede, »beginnen von Gottes Gnade, seine herrlichen Werke und Wunder auch aus den Blümlein zu erkennen, wenn wir bedenken, wie allmächtig und gütig Gott ist«. In einer seiner Predigten sagte er: »Schafe, Kühe, Bäume, wenn sie blühen, sprechen: ›Hephethah‹ [›tu dich auf!‹].«[19] Der Status dieser Gleichnisrede blieb allerdings kontrovers. Wenn wir Luther glauben dürfen, besaß Erasmus ebenso viel hermeneutisches Verständnis für die Kreatur wie die Kuh für das neue Scheunentor.

Die offene Grundhaltung gegenüber dieser Form der göttlichen Offenbarung ist der persönliche Glaube. Er setzt eine individuelle Energie in Bewegung, die die Zeichen der jeweiligen Umwelt als göttlichen Machterweis, aber auch als Warnungen und Fingerzeige für die eigene Situation deutet.[20] Dem anglikanischen Bischof Joseph Hall hat man die Fähigkeit nachgesagt, aus allem, was er wahrnahm und was ihm widerfuhr, solche göttlichen Botschaften herauslesen zu können. Seine 140 *Gelegenheitsmeditationen* (1630) bestätigen ihn als Virtuosen jener »Sprache an die Kreatur durch die Kreatur«, von der Hamann sprach. Eine von ihnen trägt die Überschrift »Anläßlich einer Spinne in seinem Fenster« und beginnt mit dem Satz: »Es gibt kein menschliches Laster, das nicht seine Entsprechung im Tierreich hätte.« Nach einer Auflistung von allerlei Raubtieren und Schädlingen bleibt der Blick auf einer konkreten Spinne ruhen:

Sieh dir an, wie schlau dieser kleine Araber sein Zelt aufgespannt hat, um Beute zu machen. Wie aufmerksam er auf einen Passanten wartet. Sobald ihm nur von ferne das Geräusch einer Fliege zu Ohren kommt, eilt er zu

19 Zit. nach Bayer, *Schöpfung als Anrede*, S. 64 f.

20 Offenbarungen können in der Geschichte eines Volkes wie in der eines Individuums gesucht und gefunden werden. Dieses Interesse setzt dann eine Geschichtshermeneutik in Gang, die Erfolge und Katastrophen als Manifestationen eines planenden und lenkenden göttlichen Willens liest. Diese Bereitschaft gilt ebenso für die private protestantische Suche nach biographischen Sinnfiguren wie für die politische Ausbeutung von Zeichen als göttlichen Beglaubigungen, die die Kämpfenden in geschichtliches Recht setzt.

> seiner Tür, und wenn der törichte ahnungslose Reisende nur an den Rand jenes unverdächtigen Bezirks gelangt, so schießt er auch schon auf die erbärmliche Beute los. Nach einigem Kampfe fesselt er ihn fest mit seinen feinen Schlingen und zieht den hilflosen Gefangenen hinter sich her in seine Höhle. [Es folgt die Meditation:] Was ist dies anderes als ein Emblem jener spirituellen Freibeuter, die unseren Seelen auflauern. Sie sind die Spinnen, wir die Fliegen. Sie haben ihre Netze der Sünde ausgelegt, und wenn sie uns gefangen haben, binden sie uns und ziehen uns in die Hölle.[21]

Auf diese ›Meditation‹ folgt die ›Devotion‹, ein kurzes Gebet um himmlischen Beistand in der Not. Aus diesen täglichen Meditationen spricht nicht nur eine Dauerbereitschaft zur Andacht, sondern auch eine exakte und anhaltende Aufmerksamkeit für unscheinbare Nebensachen. Sie sind Beispiele für einen Deutungs-Habitus, in dem Leben und Lesen, biblische Offenbarung und alltägliche Wahrnehmung bruchlos ineinander übergehen.

Embleme

Mit dem Stichwort von der ›Gleichnisrede der Kreatur‹ sind wir auch beim Stichwort ›Emblem‹ angekommen. Das Spinnen-Beispiel von Hall bewegt sich an der Grenze zwischen Offenbarung und Emblem. Wir können diese Grenze terminologisch so bestimmen, dass eine Offenbarung vorliegt, wenn Gott durch ein Bild unmittelbar zum Menschen spricht, und ein Emblem, wenn durch ein prägnantes oder didaktisches Gleichnis ein Mensch einem anderen allgemeine Weisheiten vermittelt. Offenbarungen und Embleme können sich derselben Kreaturen-Sprache bedienen, jedoch codieren Embleme keine Zeichen und Wunder, sondern allgemeine und verallgemeinerbare Erfahrungen oder Einsichten. Sie vermitteln und beziehen sich dabei auf einen Wissensfundus, den man aufgrund seines Anspruchs auf überindividuelle und überzeitliche Geltung kurz als ›Weisheit‹ bezeichnen darf. Ein Emblem ist also eine in die Form bildlicher Rhetorik oder rätselhafter Prägnanz gegossene religiöse oder säkulare Weisheit.

Die Idee dieser neuen Bilder-Schrift geht auf den Mailänder Juristen Andreas Alciati zurück. Als dieser 1531 sein erstes Em-

21 Zit. nach Frank L. Huntley, *Bishop Joseph Hall, 1574-1656. A Biographical and Critical Study*, Cambridge 1979, S. 96 f. (Übers. A. A.).

blembuch publizierte, konnte er noch nicht ahnen, dass er damit eine wahre Woge der Emblembegeisterung auslösen würde, die mehr als ein Jahrhundert andauern sollte. Die Emblemliteratur, die zu einem Renner auf dem europäischen Buchmarkt wurde, montierte unterschiedliche Traditionen wie höfische Heraldik, antike Mythologie, christliche wie humanistische Allegorie und spätantike Hieroglyphik zu einer neuen Einheit zusammen. Der gemeinsame Nenner des populären Produkts war die Bildhaftigkeit diverser Inhalte. Hinter der Renaissancemode des Emblems steht die Faszination, sprachliche Inhalte über Bilder kommunizieren zu können. Mit dieser neuen Bilder-Schrift glaubte man, an eine uralte Kommunikationsform anknüpfen zu können, nämlich an die legendären Hieroglyphen, in denen man die älteste Universalsprache der Menschheit vermutete. In einem Traktat mit dem Titel *De Verborum & Rerum Significatione*, der 1530, ein Jahr vor seinem Emblembuch, in Lyon erschien, schrieb Alicati: »Die Worte bezeichnen, die Dinge werden bezeichnet. Obwohl in gewissem Sinne die Dinge auch selbst bezeichnen mögen, wie die Hieroglyphen von Horapollon und Chaeremon bezeugen.«[22]

Die Inspiration, dass es eine Sprache der Dinge geben könnte, die man in der Welt auffinden und in anschaulichen Beispielen einem interessierten Lesepublikum als Lebensregeln und Weisheitslehren anbieten könnte, kam aus dem alten Ägypten, dessen auf Obelisken und Pylonen sichtbare Geheimzeichen in der Renaissance ein lebhaftes Revival erfuhren. Die Emblembücher setzten diese Inspiration in ein erfolgreiches Geschäftsmodell um, indem Bild und Text in einer engen Weise verknüpft wurden, wie wir sie heute nur noch aus den Comics kennen. Die Emblemata erzählten aber keine Geschichten sondern präsentierten isolierte Sinnbilder. Mit der neu geschaffenen Kombination von Überschrift (*inscriptio*), Bild (*pictura*) und Epigramm (*subscriptio*) erfanden sie nicht nur eine neue Form des Weltlesens, sondern auch eine neue Kommunikationsform.

22 »Verba significant, res significantur tametsi & res quoandoque etiam significient [...].« Zit. nach Moshe Barasch, »Renaissance Hieroglyphics«, in: Aleida Assmann, Jan Assmann (Hg.), *Hieroglyphen. Stationen einer anderen abendländischen Grammatologie*, München 2003, S. 165-190, hier S. 185.

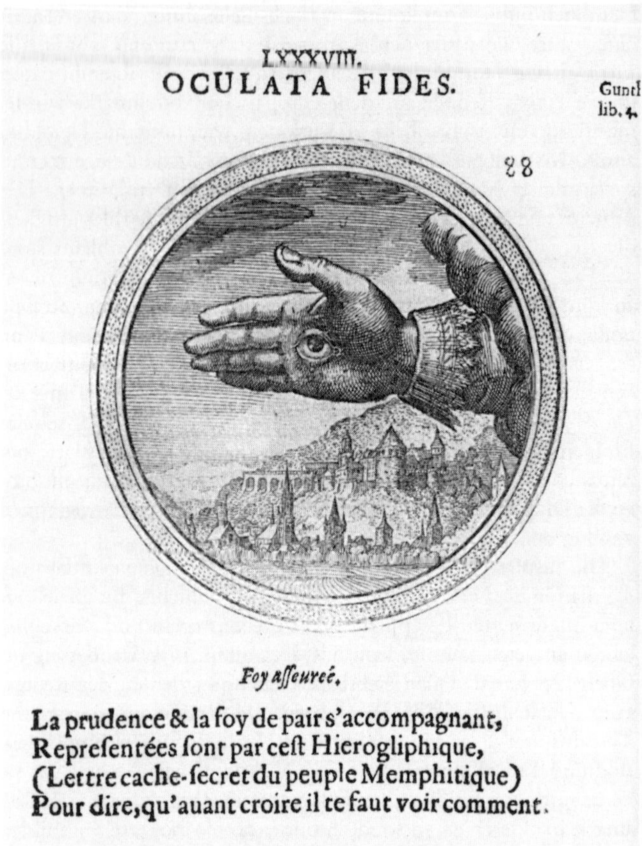

Abb. 2: *Manus oculata* (»sehendes Vertrauen«) aus Julius Wilhelm Zincgref, *Emblematum Ethico-Politicorum Centuria* (1664)

Der Begriff »sehendes Vertrauen« zum Beispiel kann bildlich geschrieben werden, indem man eine ausgestreckte rechte Hand darstellt, in die ein wachsames Auge implantiert ist.[23] Dieses Emblem

23 Julius Wilhelm Zincgref, *Hundert Ethisch-Politische Embleme mit den Kupferstichen des Matthaeus Merian*, Heidelberg 1986 [*Emblematum Ethico-Politicorum Centuria*, Faksimile der Edition Ultima Heidelberg 1664], S. 88. Dazu Arthur

besteht aus drei Komponenten: einer Überschrift »OCULATA FIDES« (Sehendes Vertrauen), einem Bild und einer Unterschrift in gereimter Form:

> Vorsicht und Glaube sollten sich gegenseitig begleiten
> Wie in dieser Hieroglyphe dargestellt,
> (Jener geheime Buchstabe des memphitischen Volkes)
> Um zu sagen: bevor man etwas glaubt, sollte man es vorher prüfen.

Die Pointe des Emblems ist die doppelte Codierung. Sie bringt Schrift und Bild in einen neuen, engen Zusammenhang und hebt dabei die Besonderheiten und Unterschiede beider Medien deutlich hervor. Während die Schrift abstrakt zusammenfassen (Überschrift) und erläuternd erklären kann (Unterschrift), kann das Bild ganz anderes: es besticht durch sinnliche Anschauung, aufmerksamkeitheischende Prägnanz und irritierende Verrätselung. Diese Möglichkeiten des Bildes wurden in der Emblemmode in (vermeintlicher) Fortsetzung der ägyptischen Hieroglyphentradition aktiviert und auf eine Weise ausgereizt, die das Bild nicht zur reinen Illustration verkommen ließ, sondern als einen eigenen Aussagemodus inszenierte. Das starke neue Interesse an einem visuellen Code im neuen Druckzeitalter erklärt der Kunsthistoriker Moshe Barasch mit einer kulturellen Aufwertung des Sehens: »Die Bedeutung des direkten, unmittelbaren Blicks als primäre Form des Wissens und die Würde des Auges als Werkzeug des Wissens waren allgemeine Grundsätze in der Kultur der Renaissance.«[24] Damit verbunden war noch eine weitere, ebenso wichtige Überzeugung, nämlich die von einem inneren Auge des Geistes, das in der Lage ist, in der Vorstellung auch Ideen in sinnlicher Anschauung zu erfassen.

Der emblematische Blick ist gesättigt vom Vertrauen in die Sinnbildlichkeit der Welt, in die unfehlbare Analogie zwischen Mensch und Natur, zwischen sozialem und natürlichem Kosmos. Die Natur, aber auch der Fundus antiker Mythologie und Dichtung wird als ein Text genommen, der das zeitlose Wesen des Menschen, seine Tugenden und Laster, seine Freuden und Leiden, Ängste und Hoffnungen, Kräfte und Gefahren artikuliert. So kann sinnliche

Henkel, »Zu einem Emblem des Julius Wilhelm Zincgref«, in: *Orbis Litterarum* 42 (1987), S. 236-247.

24 Barasch, »Renaissance Hieroglyphics«, S. 169.

Beobachtung nahtlos in moralische Sinndeutung übergehen. Im emblematischen Bilderschatz gehen Erscheinungen der Natur und Eigenschaften des Menschen eine konventionelle, ja sprichwörtliche Verbindung ein. In diesem Lexikon stehen Turteltauben für eheliche Liebe, Lämmer für Sanftmut, Berguhu, Steinaffen oder Käuze für Boshaftigkeit, Hasen für Furchtsamkeit, der Wiedehopf für Melancholie usw.[25] Solche Bilder-Lexika wurden bis ins 19. und 20. Jahrhundert tradiert. Dazu ein Beispiel aus einem Text des amerikanischen Philosophen Ralph Waldo Emerson, der diese Analogien für universal und unveränderlich hielt: »Ein wütender Mann ist ein Löwe, ein listiger Mann ist ein Fuchs, ein zuverlässiger Mann ist ein Felsen, ein gelehrter Mann ist eine Fackel. Ein Lamm steht für Unschuld, eine Schlange für Heimtücke, Blumen drücken zarte Gefühle aus.«[26]

Dieses Inventar an Bildern und fest zugeordneten Bedeutungen ist nie geschlossen. Für den auf die Welt gerichteten emblematischen Blick gibt es kein Ende der sinnhaften Anschauung. Er entdeckt überall die vermenschlichte Natur und den naturalisierten Menschen. Diese Form von Erkenntnis verdichtet sich in Form von Gedächtnisbildern, Faustregeln, moralischen Lektionen. Während die Offenbarungen als direkte Manifestationen eines göttlichen Willens vorwiegend religiösen Charakter haben, haben Embleme einen Bezug zur zeitlosen Ordnung des Kosmos und zu den unveränderlichen Wesenszügen des Menschen. Ihre Wahrheit ist in ewigen Konstanten und in einer Ordnung niedergelegt, wo jedes Ding seinen festen Platz und Rang hat.

25 Dies ist ein kleiner Ausschnitt einer Liste, die sich in einem medizinischen Traktat findet, und zwar bei Oswald Crollius, *De signaturis internis rerum. Die lateinische Editio princeps (1609) und die deutsche Erstübersetzung (1623)*, hg. und eingel. v. Wilhelm Kühlmann und Joachim Telle, Stuttgart 1996, S. 199 ff. In sprichwörtlichen Wendungen wie ›Bienenfleiß‹ hat der Fundus emblematischer Weisheit sein letztes Refugium gefunden.

26 Ralph Waldo Emerson, »Nature«, in: William H. Gilman (Hg.), *Selected Writings of Ralph Waldo Emerson*, New York, Toronto u. a. 1965 [1836], S. 186-226, hier S. 197.

Hieroglyphen

Noch offensichtlicher als der Zusammenhang zwischen Offenbarung und Emblemen ist der Zusammenhang zwischen Emblemen und Hieroglyphen. Die wichtigste Quelle für die abendländische Hieroglyphen-Tradition ist die Schrift des Horapollon über die ägyptischen Hieroglyphen gewesen, die in griechischer Sprache im hellenistischen Ägypten des 4. oder 5. Jahrhunderts n. Chr. entstand. Die Wiederentdeckung dieser Schrift durch die Gelehrten der Renaissance galt damals als eine kulturhistorische Sensation, ähnlich wie die Entdeckung der Büste der Nofretete Anfang des 20. Jahrhunderts. Den altehrwürdigen Ägyptern traute man nämlich zu, dass sie die kompetentesten Welt-Leser gewesen seien und ihr Arkanwissen in den Hieroglyphen verschlüsselt hätten. In ihrer Bilderschrift glaubte man deshalb zur verschütteten Urweisheit zurückgelangen und durch sorgfältiges Studium herausfinden zu können, was die Dinge selbst bezeichnen und die Welt im Innersten zusammenhält. Auch wenn im verschwenderisch reichen Zeichenfundus der Renaissance nur eine verschwindende Anzahl effektiv aus ägyptischen Hieroglyphen hervorgegangen ist, lässt sich doch das Interesse nicht verkennen, die neue Kunst der Emblematik als Fortsetzung jener ehrwürdigen Dingschrift zu verstehen:

> Die Herrlichkeit spürt man an deren alten vrsprüngen vnd herkommen / dan nichts elters ist schier als ebendiese Kunst / dan die Egyptier zweyerley Sprachen gehabt haben / eine gemeine LandSprach vnd darnach ein besondere / die Sacra, dz ist heilig vn geweiht genannt worden ist / dieselbige allein die Priester gelehrnet ynd geköndt haben / welche nit mit Geschrifft vnd Buchstaben / sondern von den Thieren vnd gewechsen / etc. vnd deren Gliedern vn theilen seind Gebildet gewesen.[27]

So rätselhaft und zuweilen auch abstrus oder surreal sich die Embleme dem heutigen Blick auch darstellen mögen: es gibt immer eine verlässliche Zuordnung von Signifikant und Signifikat. Das gilt nicht für die ungleich spekulativere Hieroglyphe, den renommierten Ahnen des Emblems. Denn sie gibt sich nicht als Kondensat einer menschlichen Erfahrung, sondern als Ausdruck

27 Jeremias Held, »Vorrede an den günstigen Leser«, deutsche Übersetzung des *Liber emblematvm* von D. Andreae Alciati, zit. nach Ingrid Hölpel, *Emblem und Sinnbild. Vom Kunstbuch zum Erbauungsbuch*, Frankfurt/M. 1987, S. 71.

einer kosmischen Wahrheit. Diese liegt nun aber keineswegs auf der Hand, und es gibt für sie auch keine populäre Überlieferung. Was der Hieroglyphe an Volkstümlichkeit und Belehrung abgeht, gewinnt sie an Esoterik und Spekulation. Für diese Zeichen gibt es weder einen Sender noch einen Adressaten, sondern nur einen kontemplierenden Beobachter, der nicht nur einzelne Zeichen zu entschlüsseln, sondern hinter den Code des Universums selbst zu gelangen sucht. Motor dieser Entzifferungsart ist eine metaphysische Neugier, die nicht weniger als den gesamten Schöpfungsplan zu Gesicht bekommen will.

Ein Beispiel für eine Hieroglyphe ist die Schlange, die sich in den Schwanz beißt. Sie hat kein Vorbild im Inventar altägyptischer Zeichen, sondern geht direkt auf das Hieroglyphenbuch des Horapollon und die Übersetzung dieses Buchs durch Marsilio Ficino zurück. Dort findet sich folgende Erklärung: »Wenn sie (gemeint sind die altägpytischen Weisen) das Universum darstellen wollten, zeichneten sie eine Schlange, die sich in den Schwanz beißt.« Horapollon fügt hinzu, dass dasselbe Zeichen auch für die Bedeutung ›Ewigkeit‹ eingesetzt wurde.[28]

Dieses Zeichen hat eine überragende Rezeptionsgeschichte erfahren. Die Mischung und Überblendung zwischen der geometrischen Form des Kreises und seinen Bedeutungen wie allumfassend, geschlossen, dauerhaft oder vollkommen mit dem mythisch exotischen Bild der Schlange, die sich in den Schwanz beißt, hat die abendländische Geistesgeschichte nachhaltig fasziniert. Der Uroboros, wie diese Hieroglyphe genannt wird, kann nicht durch eine simple Beischrift, wie wir sie bei den Emblemen kennengelernt haben, erklärt werden. Denn hier handelt es sich nicht um eine verrätselte Weisheit, sondern um den Hinweis auf ein kosmisches und existenzielles Geheimnis: die Einsicht, dass sich Anfang und Ende ineinander verschlingen. Diese Hieroglyphe stellt eine transzendente Idee dar, die nicht durch eine erklärende Legende eingeholt werden kann. Das führt zu einer ganz anderen Konzeption des Bildes. Während die Bilder der Emblemata in landschaftliche Szenen eingebettet sind oder vor einem räumlich differenzierten Hintergrund erscheinen (in Merians Visualisierung von Zincgrefs

28 Horapollon, »1. Wie sie *Ewigkeit* bezeichnen«, in: Heinz Josef Thissen (Hg. und Übers.), *Des Niloten Horapollon Hieroglyphenbuch,* München 2001, S. 2-3, hier S. 3; sowie Horapollon, »2. Wie (sie) *Welt* (bezeichnen)«, in: ebd.

Hieroglyphe ist die Stadt Heidelberg gut zu erkennen), gibt es keine derartigen realweltlichen Einbettungen für die Hieroglyphen, die als im wahrsten Sinn abstrakte Chiffren für sich stehen. Die Komponenten Bild und Schrift, die beim Emblem als getrennte Komponenten zusammenwirken, fallen in der Hieroglyphe zusammen, die eine ›abstrakte‹, weil sprachlich unhintergehbare Autonomie des Bildes verkörpert.

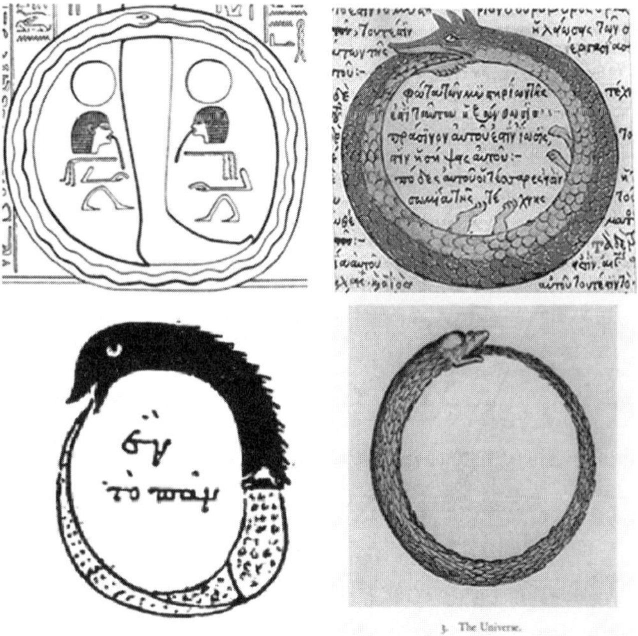

Abb. 3: Darstellungen des Uroboros aus drei Jahrtausenden

Diese geheimnisvollen Hieroglyphen zielen auf einen immanenten Sinn des Kosmos, der Welt, der Natur, die eine spirituelle (hermetische, kabbalistische) Weisheit verschlüsselt. Die Sucher solcher Weisheit richten sich fragend an die Natur, die sie nicht nur nach naturwissenschaftlichen Gesetzen erklären, sondern auch sinnhaft deuten wollen. Unter solchen Voraussetzungen erscheint die Welt als ein arkanes Beziehungsgefüge, das der Entzifferung harrt. Das

Projekt, das in den folgenden Sätzen vorgestellt wird, stammt nicht etwa aus dem 16., sondern aus dem frühen 20. Jahrhundert:

Was ich hier im Sinn habe, hätte ich auch Symbolik, universelle Symbolik nennen können. Denn nicht auf das Ganze, sondern auf die Bedeutung alles einzelnen im Ganzen kommt es mir an. Was das Meer, was das Eisen, was die Ameise, was der Chinese bedeuten, die Idee, die sie repräsentieren, aufzudecken, darauf gehe ich aus. Und insofern ist dieses Unternehmen das erste in seiner Art. Es soll die ganze Welt umspannen und den tieferen Sinn der Dinge bloßzulegen, im eigentlichen Sinne zu erklären trachten.[29]

Der Pionier dieses Projekts, es handelt sich um Otto Weininger, gibt uns noch eine weitere Kostprobe seiner Studien: ihm kam im Frühling 1902

der Gedanke, daß die Tiefsee in einer Beziehung zum Verbrechen stehen müsse. Und daran glaube ich auch heute im allgemeinen festhalten zu können. Die Tiefsee hat keinen Teil am Licht, dem größten Symbole des höchsten Lebens; und so muß auch, was den Aufenthalt dort wählt, lichtscheu, verbrecherisch sein. Die Polypen und Kraken können, wenn sie Symbole sind, jedenfalls nur als Symbole von Bösem betrachtet werden.[30]

Fast noch exotischer als die Antworten mögen uns hier die Fragen anmuten. Das hat seinen Grund darin, dass der moderne Mensch gelernt hat, sich mit dem bloßen Vorhandensein der Dinge abzufinden. Allenfalls mag er noch fragen, warum überhaupt etwas ist (und nicht vielmehr nichts), aber doch kaum, was denn das Einzelne im Ganzen zu bedeuten habe. Das Beispiel Weininger zeigt uns indessen, dass gerade diese reduktionistische und szientifische Form der Weltbetrachtung Widerstand und Suchbewegungen nach einem anderen Welt- und Textverhältnis ausgelöst hat. Eine einschlägige neuere Veröffentlichung zum Thema *Ästhetik der Ähnlichkeit* hat gezeigt, dass es auch im 19. und 20. Jahrhundert viele Künstler und Denker gab, die die Welt weiterhin als bedeutungsvoll und deutungsbedürftig auffassten. Die hieroglyphische Anschauung mündet dabei nicht nur in eine Suche nach natürlichen Zeichen, verbunden mit einem Grundbedürfnis nach kosmischer Sinnhaftigkeit in einem Weltverhältnis der Resonanz, sondern auch in eine Suche nach akosmischer Transzendenz, begründet in

29 Otto Weininger, *Über die letzten Dinge*, München 1980, S. 122.

30 Ebd., S. 124.

einem amimetischen Weltverhältnis der Distanz und der ästhetischen Autonomie.[31]

Zeichenkraft

Die Bereitschaft, Bedeutungen jenseits der sprachlichen Kommunikation zu empfangen und die sinnlichen Erscheinungen der Welt selbst als Text zu lesen, wurde im ersten Teil dieses Kapitels anhand von sechs Zeichentypen vorgestellt. Wie verhalten sich diese verschiedenen Zeichentypen zu einer übergeordneten Theorie der Zeichen? Wie unterscheiden sie sich von anderen Zeichen und Zeichenpraktiken? Um diese Fragen beantworten zu können, müssen wir noch etwas weiter ausholen und grundsätzlicher über Zeichenstrukturen und ›Zeichenkraft‹ nachdenken. Damit kommen wir zugleich auch dem Ziel dieser Studien einen Schritt näher, wie es in der Einleitung zu diesem Band abgesteckt wurde, nämlich den Zusammenhang von Zeichenlogiken, Weltverhältnissen und kulturellen Leitoppositionen genauer herauszuarbeiten.

Was macht überhaupt etwas zu einem Zeichen? Worauf beruht die Zeichenhaftigkeit einer Gestalt, einer Sache, einer Wahrnehmung, eines Ereignisses? In Analogie zum Begriff der ›Gesetzeskraft‹ des autoritativen Wortes möchte ich hier von ›Zeichenkraft‹, der Fähigkeit zur Repräsentation, sprechen. Wie entsteht und worauf beruht aber diese Zeichenkraft? Es gibt unterschiedliche Beziehungen, die eine Sache zu einer anderen unterhalten kann. Nach ihnen lassen sich verschiedene Zeichenlogiken klassifizieren. Ich folge hier zunächst der dreiteiligen Klassifikation von Charles S. Peirce, der die Vielfalt der Zeichen in die Kategorien Index, Ikon und Symbol eingeordnet hat, und möchte sie um drei weitere ergänzen: die performativen, asemantischen und magischen Zeichen. Diese Aufgliederung schließt nicht aus, dass in demselben Signifikanten je nach Wahrnehmungsperspektive eine andere Zeichenlogik dominieren und damit eine andere Zeichenkraft wirken kann. Der Satz »Monika, es zieht!« kann zum Beispiel sowohl als Mitteilung eines Sachverhalts (symbolisches Zeichen), als expressives An-

31 Gerald Funk u. a. (Hg.), *Ästhetik des Ähnlichen. Zur Poetik und Kunstphilosophie der Moderne*, Frankfurt/M. 2001. Ich danke Ines Detmers für diesen wichtigen Hinweis.

zeichen für die Befindlichkeit eines Sprechenden (indexikalisches Zeichen) und als implizite Aufforderung an die Adressatin, das Fenster zu schließen (perfomatives Zeichen), verstanden werden.

Manifestation (indexikalische Zeichen)

Indexikalische Zeichen beruhen auf einer metonymischen Beziehung: sie sind als Wirkungen oder Symptome Teil der Sache, die sie bezeichnen. In diesem Fall wird etwas Unsichtbares durch etwas Sichtbares angezeigt, das aus verschiedenen Gründen der direkten Evidenz in der Gegenwart entzogen ist – sei es, dass es in der Vergangenheit liegt (zum Beispiel das Laktieren als Indiz für stattgehabte Mutterschaft), dass es erst später eintritt (die Gewitterwolke als Indiz für bevorstehendes Unwetter) oder überhaupt unsichtbar ist (die Flecken auf der Haut für einen verborgenen Krankheitsherd im Körper, die Schamröte für emotionelle Erregung). Diese Zeichen wurden auch ›natürliche‹ genannt, weil sie nicht eigens vom Menschen hergestellt werden, sondern sich von selbst einstellen, beziehungsweise ›Universalzeichen‹, weil man annahm, dass sie für alle Menschen dieselben sind. Bei natürlichen Ursache-WirkungsZusammenhängen spricht man in der Regel von Anzeichen, bei somatischen Vorgängen von Symptomen, bei unsinnlichen Subjekten (wie Geist, Geschichte oder Transzendenz) von Objektivationen beziehungsweise Chiffren. Zwei der bisher besprochenen Zeichenmodi (Anzeichen, Vorzeichen) sind diesem Typ der indexikalischen Zeichen zuzuordnen, deren Zeichenkraft in einem direkten Wesens- oder Wirkungszusammenhang mit der bezeichneten Sache begründet ist. Ein absichtlicher Mitteilungswille liegt nur im Fall der Offenbarung vor; bei Anzeichen und Vorzeichen wird er nicht vorausgesetzt, vielmehr ›zeigt sich etwas‹.

Bild (ikonische Zeichen)

Ikonische Zeichen sind Repräsentationen, die als Bilder wirken. Ihre Zeichenhaftigkeit beruht nicht auf einem inneren Kausalzusammenhang von Ursache und Wirkung, sondern auf einer Ähnlichkeit mit der Sache, die sie bezeichnen. Diese Ähnlichkeit, die formale oder metaphorische Qualität haben kann, hat eine spontane Evidenz, ist aber nicht unbedingt eindeutig. Aus der Tatsache, dass jede Abbildung eine Reduktion darstellt, die immer nur einen Teil der Merkmale des Darzustellenden erfasst, ergibt sich die Mehrdeutigkeit abbildender Zeichen. Die Ähnlichkeit ist meist optisch gegeben. Ein Querstrich mit zwei Längsstrichen wird zum Beispiel leicht als ein Tisch erkannt. Ähnlichkeit kann aber auch akustisch wirken. In der E-Mail-Kommunikation stehen Großbuchstaben ikonisch für Schreien als Hinweis für die Erhebung oder ›Vergrößerung‹ der Stimme. Das muss man wissen, denn wer in Großbuchstaben schreibt, verleiht seinen Worten nicht Nachdruck, sondern gilt im Code der ›Netiquette‹ als unhöflich. Im Bereich der Sprachzeichen kann Ähnlichkeit durch lautmalende Zeichen, aber auch durch etymologische Verwandtschaft entstehen. Zwei weitere der genannten Zeichenmodi (Embleme, Hieroglyphen) sind dem Typ der ikonischen Zeichen zuzuordnen. Foucaults Paradigma der Ähnlichkeit erstreckt sich also sowohl auf indexikalische wie auf ikonische Zeichen, beide sind auf ihre Weise ›motiviert‹.

Stellvertretung (symbolische Zeichen)

Symbolische Zeichen (auch ›konventionelle‹, ›willkürliche‹ oder ›arbiträre‹ genannt) gewinnen ihre Zeichenkraft als Stellvertreter. Ihre Verbindung zur Sache, die sie vertreten, ist intransparent und beruht ausschließlich auf einem stabilen Code. Wer diesen Code nicht erlernt hat, dem bleibt die Bedeutung verborgen. Zwischen dem unmotivierten Signifikanten und dem Signifikat bestehen weder Wirkungs- noch Ähnlichkeitsbeziehungen. In scholastischer Terminologie heißen diese Zeichen *signa ad placitum* oder *ex impositione*. Man nahm an, dass sie ihre Zeichenkraft entweder durch einen förmlichen Einsetzungsakt nach dem Modell der Gesetzgebung (*institutio*) oder durch Gewohnheit (*usus*, *consuetudo*, *habitus*) erhalten. Die Semiotik fasst heute beide Modi unter dem Begriff des Codes zusammen. Das Interesse verlagert sich dabei vom Ursprung der Zeichen auf ihre Funktionsweise. Das war die zentrale Erkenntnis der strukturalistischen Forschung, die den Systemcharakter der Sprache entdeckte und damit die Zeichenkraft der symbolischen Zeichen auf ihren differentiellen Wert innerhalb dieses Systems zurückführen konnte. Die symbolischen Zeichen sind aufgrund ihres distinktiven Charakters eindeutig. Sie beruhen auf Reduktion, Abstraktion und Rationalität. Entscheidend für die

Funktionsweise dieser Zeichen sind allein die Qualitäten der signifikanten Differenz und Wiedererkennbarkeit.

Handlungsanweisungen (performative Zeichen)

Eine wichtige Gruppe von Zeichen ist nicht allein auf Vermittlung eines kognitiven Inhalts angelegt, sondern auf die richtige Umsetzung in eine Handlung. Wie die Verkehrszeichen im Stadtverkehr oder die Leitsysteme auf internationalen Flughäfen, aber auch die Warnschilder an Baustellen oder Staatsgrenzen wirken sie wie Gebote und Verbote. Sie haben damit sowohl orientierenden als auch appellativen Charakter. Performativ sind sie durch ihre explizite Ausrichtung auf Handeln und Verhalten. Die Befehlskraft, die in performativen Zeichen wirkt, kann ebenso gut sprachlich wie durch bildliche Zeichen vermittelt werden. Um wirksam zu werden, müssen diese Zeichen in bestimmte kulturelle, rechtliche und situative Kontexte eingebettet sein, die eine Befolgung der jeweiligen Handlungsanweisung wahrscheinlich machen. Die Sprechakttheorie von J. L. Austin und John Searle hat auf den engen Zusammenhang zwischen Sprechen und Handeln in Kommunikationsformen wie zum Beispiel dem Beten, Fluchen, Schwören, Trösten oder Sich-Entschuldigen hingewiesen. Mit solchen performativen Zeichen wird ein Druck auf die Wirklichkeit ausgeübt, der zu einer Veränderung führen soll. An diesem Punkt berühren sich die performativen Zeichen mit den magischen Zeichen.

Entleerung (asemantische Zeichen)

Neben den manifestierenden, den abbildenden, bedeutenden und performativen Zeichen gibt es eine weitere Gruppe, die asemantischen Zeichen. Für die Annahme, dass es sich auch bei den ›Leerzeichen‹ und ›Leerstellen‹, wie man sie nennen könnte, wirklich noch um Zeichen handelt, spricht die Tatsache, dass diese Figuren aufgrund starker Typisierung sofort wiedererkennbar sind und zu einem festen Repertoire gehören wie etwa die arabische Ziffer Null. Den asemantischen Signifikanten ist weder ein Signifikat noch ein Referent zuzuordnen. Als ›Zeichen, die nichts bezeichnen‹ stehen sie am Rande des semiotischen Universums, gehören als Grenzphänomene aber unbedingt zu diesem dazu. Ihre Zeichenkraft verdanken sie der negativen Semiose, der Entleerung. Sie setzen die Anwesenheit semantisch investierter Zeichen voraus, von denen sie sich absetzen. Die Entleerung setzt andere Kräfte frei, vom freien Spiel der Phantasie auf den romanischen Kapitellen bis zur entkoppelten Ästhetik der Arabeske. Ihr bevorzugter Ort sind die Ränder als Grenzbereiche von Bedeutungs- und Bewusstseinsräumen. Auf den Randfeldern der mittelalterlichen Buchmalerei entfalteten monströse Figuren und arabeske Ornamente ein exuberantes Eigenleben, bevor sie den Reinigungsmaßnahmen der Vernunft zum Opfer fielen. In der Neuzeit können wir dabei an Goyas phantastische Gestalten denken, die die träumende Vernunft gebiert. Die griechische Semiotik räumte den Nonsenswörtern noch einen besonderen Platz ein. Besonders wichtig sind die asemantischen Zeichen in der jüdischen Kabbala geworden, die die Signifikanten des biblischen Textes ihrer semantischen, aber eben nicht semiotischen Dimension enthob. Dadurch verwandelte sich der bekannte Text der Bibel in die Signifikantenkette unbekannter, aber wirkmächtiger Gottesnamen.

Vergegenwärtigung (magische Zeichen)

Zwischen den asemantischen und den magischen Zeichen gibt es eine Parallele, die darin besteht, dass beide die Dimension der Signifikate überspringen. Magische Zeichen stellen dafür eine unmittelbare Verbindung zu einem wirkmächtigen, übersinnlichen Adressaten her. Im Zeichentyp der Offenbarung wird der Mensch zum direkten Adressaten einer göttlichen Botschaft. Magie geht in Gegenrichtung dazu vom Menschen aus, der – wie etwa in der Alchemie – mit Hilfe von Zeichenpraktiken eine Veränderung in der Welt hervorbringen möchte. Das magische Zeichen holt eine unsichtbare Potenz in sinnliche Präsenz, um sie der menschlichen Einwirkung zugänglich zu machen beziehungsweise um eine Kommunikation zu ermöglichen oder zu erzwingen. Diese Zeichen, die einen übersinnlichen Kontakt herstellen sollen, müssen ganz besondere Anforderungen erfüllen. Es kann sich im Rahmen von Ritualen zum Beispiel um Masken und Bilder handeln, in denen sich die Adressaten sinnlich verkörpern können. Sie wirken als Lockmittel, die die transzendente Macht zur Vergegenwärtigung zwingen, indem sie ihnen materielle Hüllen für ihre Verkörperung anbieten. Die Annäherung an das Heilige kann aber auch durch eine heilige Sprache geschehen, die als unübersetzbar und unveränderbar gilt. Diese kann deshalb leicht zu einer fremden, semantisch entleerten Sprache werden, die sich von der verständlichen Sprache der Menschen markant unterscheidet. Wie bereits Iamblich betont hat, bedarf die heilige Sprache eines besonderen Schutzes: »Man muss also die altehrwürdigen Gebetsformeln wie heilige Asyle behüten, immer als die gleichen und in gleicher Weise, während man weder irgendetwas von ihnen wegnimmt, noch ihnen irgendetwas von anderswo zusetzt.«[32]

Die Zeichenkraft des magischen Zeichens beruht darauf, dass der Referent dem Zeichen einwohnt; Zeichen und Referent sind – wie im kontroverstheologischen Problem des Abendmahls – durch Konsubstantialität miteinander verbunden. Hugo von St. Victor hat die überschüssige Zeichenkraft des Abendmahls prägnant beschrieben, als er sie auf das Zusammenwirken dreier unterschiedlicher Zeichenlogiken zurückführte. Im Sakrament, so betonte er, haben wir es nicht nur mit Bezeichnung, sondern obendrein auch mit Wirksamkeit zu tun, »derart, dass es
– kraft Institution bezeichnet,
– kraft Ähnlichkeit repräsentiert,
– kraft Heilung verwandelt«.[33]
Wir können seine Analyse noch vervollständigen: symbolische Darstellung durch Stellvertreter (symbolisches Zeichen), Ähnlichkeit durch Mimesis (ikonisches Zeichen), Vergegenwärtigung durch Einwohnung (indexikalisches Zeichen) und Handlung (performatives Zeichen) sowie Verwandlung (magisches Zeichen) – bis auf das asemantische Zeichen sind hier alle möglichen Formen von Zeichenkraft kumuliert und verdichtet.

Im Zentrum der kulturellen Zeichen im Abendland besteht somit das Sakrament des Abendmahls fort als weitverbreitete und anerkannte Form einer magischen Zeichenpraxis. In der russisch-orthodoxen Kirche genießt das Heiligenbild der Ikone heute wie-

32 Iamblich, *Les Mystères d'Égypte*, VII, 5, in: Édouard des Places (Hg.), *Jamblique, Les Mystères d'Égypte*, Paris 1966, S. 38-215, hier S. 194 (Übers. A. A.). Ich danke Jan Assmann für den Hinweis.

33 Hugo von St. Victor, »De sacramentis Christianae fidei«, in: Jacques Paul Migne (Hg.), *Patrologia Latina*, Paris 1844 ff., Bd. 176, 35A; zit. nach Giorgio Agamben, *Signatura rerum. Zur Methode*, Frankfurt/M. 2009, S. 56.

der höchste kulturelle Dignität. Die wichtigsten magischen Zeichen sind das Bild und der Name. Beim magischen Bild kommt es nicht auf Ähnlichkeit, sondern auf Wesensgleichheit an (in englischer Terminologie ausgedrückt: es geht nicht um *icon*, sondern um *idol*). Im Judentum, wo der Bilderkult tabuisiert war, füllte sich dafür der Gottesname mit magischer Energie auf. In der Alltagskultur besteht eine Anzahl von Praktiken fort, die von der Aufklärung als ›abergläubisch‹ diffamiert wurden. Darunter gibt es Restbestände eines magischen Bildzaubers, der sich in der tief verankerten Hemmung zeigt, die Photographie mit dem Gesicht eines nahen Menschen durchzuschneiden.

*

Die Vielfältigkeit der Zeichenkraft und die Persistenz von Zeichentypen zeigt, dass sich der »von der Aufklärung mühsam zurückgedrängte Zeichenbedarf«[34] an der Schwelle der Moderne nicht gänzlich abschaffen ließ und *homo interpres* auch noch im 20. Jahrhundert immer wieder eine Chance gehabt hat. Gewiss ist es richtig, dass sich die Neuzeit bemüht hat, in unserem Bild von der Natur »die vermenschlichten Züge auszumerzen und sie einer objektiven Gesetzlichkeit anheimzugeben«. Sie tat dies, indem sie, wie Simmel es formulierte, »Subjekt und Objekt gegeneinander verselbständigt [hat], damit jedes die ihm eigene Entwicklung reiner und voller fände«.[35] In diesen Sätzen sind die Bedingungen für das Stummwerden der Welt exakt beschrieben. Kehren wir sie um, finden wir in ihnen aber auch den Schlüssel für jegliches Zum-Sprechen-Bringen der Welt. Wir brauchen dafür nur »gegenseitige Verselbständigung« durch »gegenseitige Verschränkung« zu ersetzen, um den *homo interpres* wieder in seine Rechte einzusetzen. In diesem Sinne setzt jede der skizzierten wilden Semiosen ein bestimmtes Quantum menschlicher Anteil- und Interessenahme voraus und damit ein Weltverhältnis der Vermengung von Subjekt und Objekt. »Sobald die Dinge durch Leidenschaften, Schrecken, Erwartungen eine Musterung erhalten, sind sie erklärt, ›verklärt‹,

34 Blumenberg, *Lesbarkeit der Welt*, S. 202.

35 Georg Simmel, »Das Geld in der modernen Kultur«, in: Jürgen Dahme, Otthein Rammstedt (Hg.), *Schriften zur Soziologie*, Frankfurt/M. 1983, S. 78-94, hier S. 78.

menschlich gemacht«, schreibt Brigitte Kronauer.[36] Man mag einwenden: Die Dichter mögen eine besondere Lizenz zu diesem Weltverhältnis haben, sie mögen die Phantasie erregen und tausend Ungeheuer schaffen, aber der aufgeklärte moderne Mensch ist in der Lage, solche Hirngespinste zu durchschauen, und fühlt sich über diesen affizierten Blick ein für alle Mal erhaben. Dem ist entgegenzuhalten: Bereits der Anspruch, die Dinge als Zeichen entziffern, die Welt verstehen zu wollen, ist – unabhängig von aller einfühlenden ›Beseelung‹ – ein Akt der Vermenschlichung der Welt. Interpretieren ist in allen geschilderten Fällen eine Form der Anteilnahme. *Homo interpres* ist ein affizierter Leser: alarmiert durch eine Gefahr, bewegt durch eine Einsicht, getroffen durch ein Signal, angesprochen durch eine Botschaft, belehrt durch ein Gleichnis, fasziniert durch ein Geheimnis. Wo solche Zeichen im Spiel sind, wird Schauen nicht zum Durchschauen und Hören nicht zum Verhören, es gibt auch keine ›objektiven Tatsachen‹, ›absoluten Wahrheiten‹ oder das ›Ding an sich‹, dafür aber jede Menge von Fingerzeigen, Mitteilungen, Rätseln, Evidenzen, die das Handeln und Leben geleiten. Wo immer sich der Mensch diese Empfindlichkeit und Empfänglichkeit bewahrt, wird ihm auch sein Geschmack an Zeichen nicht vergehen.

36 Kronauer, *Aufsätze zur Literatur*, S. 39 f.

3. Außen und Innen – Die Doppelstruktur des Zeichens

> Es gibt keinen Unterschied zwischen dem Offenbarsten und dem Verborgensten, zwischen Anfang und Ende, zwischen der strahlendsten Höhe und dem tiefsten Abgrund, zwischen unendlichem Vermögen und unendlichem Tun.
>
> Giordano Bruno, *Eroici furori*, Argomento II, V

Rufen wir uns nach diesem Überblick über Zeichentypen und Zeichenkraft einige allgemeine Grundzüge der Zeichenpraxis in Erinnerung. Wir können dabei von einem einfachen Grundgesetz ausgehen, welches lautet: *aliquid stat pro aliquo* – etwas steht für etwas anderes. Betrachten wir die Elemente des Satzes im Einzelnen.

Erstens *aliquid*: Irgendetwas Sinnliches, Sinnfälliges kann den Status eines Zeichens erlangen, sofern es nur ausreichend diskret, also aus dem Fluss der Erscheinungen und Wahrnehmungen herausgehoben, klar markiert und damit erinnerlich ist. Zeichen sind im Gegensatz zu Wahrnehmungen auf Wiederholung, und das heißt: auf eindeutige Wiedererkennbarkeit angelegt. Ihr jeweiliges, einmaliges So-Sein verwischt sich unter dieser vordringlichen Anforderung des Gebrauchs.

Zweitens *stat pro*: Etwas kann nur für etwas anderes stehen, wo Bande des Zusammenschlusses geknüpft sind. Diese sind unsichtbar, aber fest. Sie bewirken, dass auf intersubjektiv geregelte und anerkannte Weise das Eine (= Signifikant) für das Andere (= Signifikat) eintreten, es vertreten kann. Verknüpft werden kann auf diese Weise so ziemlich alles: abstrakte Zeichen – zum Beispiel willkürlich konstruierte Laute oder Schriftzeichen – können fest mit realweltlichen Personen, Sachverhalten und Gegenständen vertäut werden, aber auch konkrete Zeichen – wie zum Beispiel die Eingeweide eines Opfertiers – können, wie wir im vorangegangenen Kapitel gesehen haben, auf unsichtbare und noch nicht in die Wirklichkeit eingetretene Schicksale verweisen. Voraussetzung des unerschöpflichen Spiels der Verknüpfungen und Verweise sind die garantierten Regeln des Zusammenhalts, auch Code genannt. Für das Funktionieren der Zeichenpraxis ist die dahinterstehende

Theorie unerheblich: ob der Code mythisch, zum Beispiel in der Schöpfungsordnung fundiert ist, ob er anthropologisch begründet ist, wie Herder annahm, oder aber ob er auf sozialer Übereinkunft beruht, wie Herders Gegenspieler Marquis de Condorcet glaubte. Diese unterschiedlichen Spekulationen ändern nichts an der Grundstruktur des Zeichens, welche voraussetzt, dass ein Etwas ein anderes Etwas mittels fester Zuordnungen vertreten kann.

Drittens *aliquo*: Was für die Klasse der Signifikanten gilt, gilt auch für die Klasse der Signifikate. Sie sind ebenso wenig amorph und flüssig wie die Signifikanten, vielmehr teilen sie mit diesen die Qualität der Diskretheit und Distinktheit. Das Funktionieren eines Codes beruht nämlich darauf, dass es klar abgegrenzte Einheiten gibt, die miteinander verkoppelt werden können. Deshalb ist das Reich der Zeichen auf beiden Seiten strukturiert (*double articulation*). Wer sprechend oder schreibend im Reich der Zeichen kommuniziert, bezieht sich nicht auf idiosynkratische Erfahrungen oder Wahrnehmungen, sondern zunächst auf so genannte »kulturelle Einheiten« (Eco) und damit auf einen Referenzbereich, der immer schon durch intersubjektive Darstellungs- und Deutungskonventionen strukturiert ist.

Zeichen sind großartige Instrumente der Wahrnehmung, Kommunikation und Weltorientierung, weil sie auf einfache Weise zwei unterschiedliche Dinge miteinander verkoppeln – etwas Sinnliches und etwas Unsinnliches, etwas Anwesendes und etwas Abwesendes, etwas Konkretes und etwas Abstraktes. Es ist allein das Zeichen, das diese heterogenen Dimensionen zusammenbringt und in einer zuverlässigen Verbindung zusammenhält.

Die abendländische Semiologie beruht auf einem Zeichenbegriff, der das Bezeichnende und das Bezeichnete über Jahrhunderte hinweg als Dichotomie zwischen einem ›Außen‹ und einem ›Innen‹ thematisierte und unterschiedlichen ontischen Sphären zuordnete. Während Zeichen auf Gegenstände und belebte Wesen verweisen, verweisen diese auf nichts anderes als auf sich selbst. Zeichen wiederum, auch wenn sie gegenständlich sind, dürfen, wenn sie auf etwas anderes verweisen sollen, nicht gleichzeitig auf sich selbst verweisen. Diese kategorische Differenz zwischen Ding und Zeichen ist in der Kulturgeschichte des Abendlands immer wieder mit großer Emphase hervorgehoben worden. »Zeichen und Bezeichnetes sind einander fremd, und ihre Verbindung ist außer ihnen nur in einem Dritten«,[1] schrieb Hegel; und Hölderlin hielt fest: »Das Zeichen an sich selbst (ist) unbedeutend = 0.«[2] Demgegenüber ist die Hieroglyphe ein Zeichen, das auf anderes verweist und zugleich selbstreferentiell ist.

Die Doppelstruktur von Signifikant und Signifikat ist in der abendländischen Kultur in aller Regel als eine Differenz von Außen und Innen aufgefasst und mit der Dichotomie von Materie und Geist metaphorisch gleichgestellt worden. In den barocken Traktaten über Embleme wird die *pictura* mit einem ›Leib‹ verglichen und die Bedeutung, die hinzutreten muss, mit dessen ›Seele‹. Diese anthropologische, am Bild des Menschen gewonnene Dichotomie von Körper und Seele, Sichtbarem und Unsichtbarem, Materiellem und Geistigem bildet eine Leitopposition des Abendlands. Das Zeichen zerfiel auf diese Weise in zwei Hälften, wobei allerdings offenblieb, wie dieses Verhältnis genau zu deuten war: als schroffer Gegensatz, als Ergänzung oder als Durchdringung. Der radikale Gegensatz zwischen ›totem Buchstaben‹ und dem ›Geist, der lebendig macht‹ stammt aus der christlichen Bibelexegese. Aus ihr folgte die Forderung einer anderen, nicht-literalen, also allegorischen Lesart. Im 18. Jahrhundert entstand eine vitalistische Zeichentheorie, in der die Außenseite der Schrift regelmäßig als tot, die in der Tiefe verborgene Innenseite dagegen als ›lebendige Seele‹ beschrieben wurde. Hegels radikaler Gegensatz zwischen dem Außen der Schrift als einer steinerner Pyramide und dem Inneren als lebendiger Seele steht in dieser Zeichentradition. Gegen diese Opposition von Außen und Innen hatte sich schon John Milton zur Wehr gesetzt: Schrift und Bücher seien »nicht vollkommen tote Gegenstände, sondern bergen in sich eine Lebenskraft, die so aktiv ist wie die Seele, aus der sie abstammt«.[3] Er hat die Komponente ›Leben‹ oder ›Geist‹ damit nicht kategorisch ins Jenseits der Schrift

1 Georg Wilhelm Friedrich Hegel, »(Jesus trat nicht lange ...) [Der Geist des Christentums und sein Schicksal]«, in: Werner Hamacher (Hg.), *Der Geist des Christentums. Schriften 1796-1800*, Berlin 1978, S. 420-516, hier S. 463 f.

2 Friedrich Hölderlin, *Die Bedeutung der Tragödien*, in: Dietrich E. Sattler (Hg.), *Friedrich Hölderlin. Sämtliche Werke. Frankfurter Ausgabe*, Basel, Frankfurt/M. 1977, Bd. 14, S. 379-383, hier S. 383.

3 »For Books are not absolutely dead things, but doe contain a potencie of life in them to be as active as that soule was whose progeny they are.« John Milton, *The Divorce Tracts, Areopagitica and of Education*, Menston 1968, S. 280 (Übers. A. A.).

verbannt, sondern in dieser selbst lokalisiert. Luther hat in vielen Bildern um das Verhältnis von Schrift und Sinn gerungen. Ohne die gesprochenen Worte, so schrieb er über die heiligen Sakramente, seien diese »tot und nichtig [...], wie ein Leib ohne Seele, ein Faß ohne Wein, eine Tasche ohne Geld, eine Ankündigung ohne Erfüllung, ein Buchstabe ohne Geist, eine Scheide ohne Messer und dergleichen«.[4] In einer Rede über die Bedeutung der alten Sprachen hat er den Wert des Außen gegenüber dem Innen betont und aufgewertet: »Die Sprachen sind die Scheiden, in denen dies Messer des Geistes steckt (Eph. 6, 17). Sie sind das Schmuckkästchen, in dem man dieses Kleinod besitzt. Sie sind das Gefäß, in dem man diesen Trank fasst. Sie sind die Kammer, in der diese Speise liegt. Und wie das Evangelium selbst zeigt: Sie sind die Körbe, in denen man diese Brote und Fische und Brocken aufbewahrt (Matth. 14, 20).«[5] Außen und Innen, Schmuckkästen und Kleinod, Medium und Botschaft kommen sich hier bereits sehr nahe.

An diese Opposition von Außen und Innen sind in der Geschichte grundsätzliche Basisoppositionen angeknüpft worden, die folgenreiche Wertungen einschlossen und erhebliche Folgen für die abendländische Kulturentwicklung hatten. »Tatsächlich sind binäre Schemata die Grundbausteine jeder stabilisierten kulturellen Semantik«, schreibt Albrecht Koschorke in seinem Buch *Wahrheit und Erfindung*.[6] Über die weitverbreitete Metaphorik von Außen und Innen konnte aus der neutralen Zeichenkonstellation unter der Hand eine Zeichenmetaphysik, ein Weltverhältnis, ja eine Weltanschauung werden. Zunächst ist das Außen als das Anwesende und Sichtbare aufzufassen, dem das Innen als ein Abwesendes und Unsichtbares gegenübersteht. In diese Grundstruktur haben sich weitere Dichotomien eingenistet, die weitreichende Konsequenzen nicht nur für das Zeichen, sondern auch für die Konstruktion der

4 Martin Luther, »Sermon von dem neuen Testament, das ist von der Heiligen Messe«, in: Karin Bornkamm, Gerhard Ebeling (Hg.), *Martin Luther. Ausgewählte Schriften in sechs Bänden. Bd. 2: Erneuerung von Frömmigkeit und Theologie*, Frankfurt/M. 1983, S. 78-114, hier S. 92 f.

5 Martin Luther, »An die Ratsherrn aller Städte deutschen Landes, daß sie christliche Schulen aufrichten und halten sollen«, in: Bornkamm/Ebeling (Hg.), *Martin Luther. Ausgewählte Schriften in sechs Bänden*. Bd. 5: *Kirche, Gottesdienst, Schule*, S. 40-72, hier S. 54.

6 Albrecht Koschorke, *Wahrheit und Erfindung. Grundzüge einer allgemeinen Erzähltheorie*, Frankfurt/M. 2012, S. 21.

Welt hatten. Hier sind einige solcher Basisoppositionen, die das Verstehen orientierten, indem sie zugleich grundlegende metaphysische Voraussetzungen befestigten:

Außen	**Innen**
das Niedrige	das Hohe
das Materielle	das Geistige
die Oberfläche	die Tiefe
das Sinnliche	das Übersinnliche
der Schein	das Sein
der Schatten	die Substanz
Tod	Leben

Angesichts solcher metaphorischer Anreicherungen beginnen die schlichten Grundlagen der Semiotik zu schillern. An diesem Punkt stellt sich die entscheidende Frage, wie das Verhältnis zwischen Außen und Innen im Einzelnen zu interpretieren ist: als Gegensatz oder als Brücke? Die abendländische Semiotik hat über lange Zeit die Option des *Gegensatzes* privilegiert, der die Vorstellung von einer absoluten Intransparenz des Zeichens befestigte und zu einer ›Hermeneutik der Tiefe‹ geführt hat. Dieser Gegensatz zwischen dem Außen des Zeichens und dem Innen des Bezeichneten bestimmte die platonische Zeichentheorie, die sich in der sinnenfeindlich-puritanischen Zeichenordnung noch einmal erhärtet hat. Als eine literarische Veranschaulichung dieser dichotomischen Zeichenpraxis soll hier Shakespeares Motiv der Kästchenwahl im *Kaufmann von Venedig* angeführt werden. Im Zuge einer wachsenden Wertschätzung der Natur und des Kosmos gewann die Option der *Brücke* an Einfluss, die das Zeichen durchsichtig werden ließ und einen barrierefreien Austausch zwischen Subjekt und Welt ermöglichte. Diese Zeichentheorie soll hier unter dem Stichwort ›Hermeneutik der Oberfläche‹ beschrieben und an Goethes »Farbentheologie«[7] illustriert werden. Das Kapitel schließt mit einem Ausblick auf ›Symbol‹ und ›Allegorie‹ als Schlüsselbegriffe einer kosmischen beziehungsweise akosmischen Zeichentheorie.

7 Der Begriff entstammt Albrecht Schönes gleichnamiger Studie *Goethes Farbentheologie*, München 1987. Albrecht Schöne bin ich für das Folgende verpflichtet.

Hermeneutik der Tiefe (Shakespeare und Sokrates)

Kästchenwahl und Augenlust

Das Kästchen ist eine anschauliche Metapher für das Zeichen selbst: in seiner Gestalt bildet es eine dreidimensionale Grenze zwischen Innen und Außen. Zur Sicherung eines Inhalts ist es verschließbar oder verschlossen. Diesen Inhalt macht es unverfügbar, unzugänglich, unantastbar. Es entzieht ihn dem neugierigen Blick und Zugriff des Betrachters. So ist das Kästchen immer beides: Behälter eines kostbaren Schatzes und Bewahrer eines Geheimnisses. Sehen wir uns dazu einige Beispiele an.

In den *Gesta Romanorum*, einem im christlichen Europa des späten Mittelalters verbreiteten Märchen- und Legendenschatz aus dem 14. Jahrhundert, findet sich die Geschichte »Die Prinzessin«, in der die Titelfigur als Braut für einen Königssohn bestimmt ist. Bevor sie dessen Frau werden kann, hat sie jedoch viele Gefahren und Prüfungen zu bestehen. Deren letzte ist die richtige Wahl zwischen verschlossenen Gefäßen.

> [D]er Kaiser [...] ließ [...] drei Gefäße vor sie hinstellen. Das erste war von gediegenem Golde gemacht, ringsherum mit kostbaren Edelsteinen besetzt, aber mit Totengebeinen angefüllt, und darauf stand geschrieben: ›Wer mich wählt, findet, was er verdient.‹ Das zweite Gefäß war aus feinem Silber gemacht, aber mit Erde und Würmern gefüllt, und hatte folgende Aufschrift: ›Wer mich wählt, soll finden, was die Natur begehrt.‹ Das dritte Gefäß endlich war von Blei, aber mit kostbaren Steinen gefüllt, darauf stand geschrieben: ›Wer mich wählt, findet, was Gott für ihn bestimmt hat.‹[8]

Das Motiv der Kästchenwahl, die der Prinzessin als letzte Bewährungsprobe aufgegeben ist, gehört in die Geschichte des Orakelwesens. Wer eine solche Prüfung bestehen will, sollte Divinations-Experte sein. Es geht dabei ja nicht nur um die Alternative richtig/falsch, sondern zugleich auch noch um Gewinn oder Verlust, Heil oder Unheil, Leben oder Tod. Wie die Vorzeichenleser und Traumdeuter muss diese Person in der Lage sein, die Zeichensprache der

8 *Gesta Romanorum. Das älteste Märchen- und Legendenbuch des christlichen Mittelalters*, übers. v. Johann G.T. Graesse, ausgew. und eingel. v. Hermann Hesse, Frankfurt/M. 1978, S. 291-297, hier S. 296.

Dinge zu entschlüsseln und vom Außen auf das Innen zu schließen. Diese Regeln für solche Entschlüsselung liegen keineswegs auf der Hand, sondern verändern sich mit den kulturellen Kontexten. In Platons *Staat* zum Beispiel gibt es eine Passage über die Symbolik und den Wert der Metalle Gold, Silber, Messing und Eisen, die meist nach Reinheitsgraden und Kostbarkeit hierarchisch gestuft werden.[9] In der biblischen Geschichte vom Traum des Königs Nebukadnezar erschien diesem eine Statue mit einem Kopf aus Gold, Armen aus Silber, Rumpf aus Erz, Beinen aus Eisen und Füßen aus Ton. Daniel, der diesen Traum deuten sollte, entzifferte die vier Materialien als vier Weltreiche am Ende der Weltgeschichte: das letzte Imperium steht auf tönernen Füßen und wird durch einen rollenden Stein zu Fall gebracht, der mit der Wiederkunft des Messias gleichgesetzt wird.

All das hätte der Prinzessin bei ihrer Kästchenwahl schwerlich weitergeholfen. Auch auf das Paradigma der Ähnlichkeit, das eine Brücke vom sichtbaren Äußeren zum unsichtbaren Inneren baut, ist hier keinerlei Verlass. Dieser Prüfling musste für eine erfolgreiche Entschlüsselung der grundsätzlich rätselhaften Dingwelt zwei andere hermeneutische Faustregeln beherrschen:

Erstens galt ein strikter Gegensatz zwischen Außen und Innen. Äußerer Glanz lässt auf keinen entsprechenden inneren Wert schließen, dieser findet sich im Gegenteil hinter einer unscheinbaren Fassade.

Zweitens galt der Gegensatz zwischen irdischen und himmlischen Werten. Was in dieser Welt Eindruck macht und zählt, nämlich Schönheit, Ehre, Macht und Geld, das wiegt nichts in der jenseitigen Welt. Dieser Versuchsanordnung liegt eine klare Zwei-Welten-Theorie zugrunde. Die spätmittelalterliche Prüfung der Kästchenwahl testet im Grunde nichts anderes als das Bekenntnis zu dieser Zeichentheorie, die den Abgrund zwischen Innen und Außen bestätigt und damit die Bereitschaft, die Werte der jenseitigen Welt über die Werte dieser Welt zu stellen.

Shakespeare hat dieses Motiv in seinem Drama *Der Kaufmann von Venedig* wiederaufgenommen und dabei auf eine interessante Weise umgebaut. Es ist bezeichnend, dass Sigmund Freud, der Erfinder der modernen Zeichenkunst der Psychoanalyse, diesem Mo-

9 Platon, *Der Staat*, III, 415; V, 459-460, in: Erich Löwenthal (Hg.), *Platon. Sämtliche Werke. Berliner Ausgabe*, Heidelberg 1982, Bd. II, S. 5-407, hier S. 121; 174-177.

tiv bei Shakespeare eine eigene Studie gewidmet hat.[10] Shakespeare übernimmt die drei Kästchen und ihre Materialien, Gold, Silber und Blei, ändert allerdings die Inhalte und Aufschriften. Auch sind die Geschlechter umgekehrt verteilt: Jetzt sind es drei Freier, von denen sich einer des Brautpreises als würdig erweisen soll. Die verrätselnden Aufschriften lauten bei Shakespeare:

> Gold: ›Wer mich erwählt, gewinnt, was mancher Mann begehrt.‹
> Silber: ›Wer mich erwählt, bekommt so viel, als er verdient.‹
> Blei: ›Wer mich erwählt, der gibt und wagt sein Alles dran.‹[11]

Da Portia nicht nur eine schöne junge Frau, sondern obendrein auch noch mit einer üppigen Mitgift ausgestattet ist, machte sich ihr Vater vor seinem Ableben Sorgen um das Schicksal seiner Tochter. Um zu verhindern, dass sie einem Mann zum Opfer fällt, der es allein auf ihr Geld abgesehen hat, hinterließ er ihr die drei Kästchen als Voraussetzung ihrer Gattenwahl. Damit hat er den Wunsch der Tochter auf freie Wahl eingeschränkt und die Freier unter den Druck seiner Prüfung gesetzt. Das Ergebnis, das die Prüfung ans Licht bringen soll, zielt in Shakespeares säkularem Kontext nicht mehr auf den Nachweis christlicher Tugenden, sondern aufrichtiger Liebe. Die Frage ist allerdings: wie kann man diesen Nachweis innerhalb einer klaren Versuchsanordnung überhaupt erbringen? In *König Lear* geht die Liebesprobe, die der Vater seinen drei Töchtern auferlegt, bekanntlich katastrophal aus: die beiden bösen Töchter sind erfolgreich, denn sie verstellen sich und schmeicheln seiner Eitelkeit; die jüngste geht leer aus, weil sie für ihre Aufrichtigkeit keine Worte zur Verfügung hat. Portias Vater ist gewiefter als der alte starrsinnige Lear, er weiß, dass eine solche Probe nur indirekt möglich ist. Um den charakterlichen Unterschied zwischen Eigenliebe oder echter Zuneigung, Stolz oder Hingabe, Geldgier oder sparsamer Genügsamkeit festzustellen, muss er Impulse setzen, die unwillkürlich – hinter den strategischen Verstellungen und Selbstdarstellungen – das ›wahre Wesen‹ der Bewerber

10 Sigmund Freud, »Das Motiv der Kästchenwahl«, in: ders., *Studienausgabe. Bd. X: Bildende Kunst und Literatur*, Frankfurt/M. 1982 [1913], S. 181-193.

11 William Shakespeare, *Der Kaufmann von Venedig*, II, 7, in: Hans Matter (Hg.), *Shakespeares dramatische Werke*, übers. v. August Wilhelm von Schlegel und Ludwig Tieck, Basel 1953, Bd. 5, S. 71-155, hier S. 104.

offenbaren. Dazu verhelfen die Kästchen, die nach stattgehabter Wahl nicht nur ihren vordem verschlossenen Inhalt zeigen, sondern gleichzeitig auch das Innere der Freier offenlegen. Der erste Bewerber wählt Gold und erhält einen Totenkopf. Sein Fehler besteht darin, dass er menschliche Werte mit materiellen Werten gleichsetzt. Der Fehler des zweiten Bewerbers liegt darin, dass er eigene Ehre und Verdienst zur Grundlage seines Schicksals erhebt; sein Lohn ist ein Narrenkopf. Der dritte Bewerber qualifiziert sich in beiden Punkten: seine Missachtung des schönen Scheins lässt ihn siegen, noch ehe er überhaupt zu wählen begonnen hat.

Paradoxerweise wird die Runde des dritten Bewerbers, wo ja der Nachweis von Authentizität und wahrer Liebe erbracht werden soll, auf der Seite der Portia zu einer kalkulierten Inszenierung und auf der Seite Bassanios zu einer theatralischen Darstellung. Dieser verschwendet bei seiner Wahl keinen Gedanken an die Geliebte, sondern hält stattdessen eine flammende Rede, die sehr gut auf jede puritanische Kanzel gepasst hätte. Das Leitmotiv dieser Rede lautet:

> So ist oft äußrer Schein sich selber fremd,
> Die Welt wird immerdar durch Zier berückt.[12]

Die Welt lässt sich von Schmuck, Fassade und schönem Schein täuschen, die Sinnesfreuden sind der Anfang vom Ende, und insbesondere sind die Frauen Abgesandte des Erzverführers Satan, der die Menschen ins Diesseits zu verstricken und vom rechten Weg abzubringen sucht. Diese moralinsäuerliche Predigt beendet der Brautwerber mit dem Fazit:

> So ist denn Zier die trügerische Küste
> Von einer schlimmen See[.][13]

Hier meldet sich die seit Augustins Zeiten verpönte ›Augenlust‹ (*concupiscentia oculorum*) zu Wort, die nur mit ›Augenzucht‹ (*custodia oculorum*) zu bekämpfen ist. Optische Versuchung verlangt nach optischer Askese. Die Blicke müssen im Zaum gehalten werden, damit sie den sinnlichen Reizen des Scheins nicht erliegen.

12 Shakespeare, *Kaufmann von Venedig*, III, 2, S. 117.

13 Shakespeare, *Kaufmann von Venedig*, III, 2, S. 118.

Denn die Augen sind das Einfallstor der Versuchungen und Täuschungen; sie werden gezüchtigt durch eine innere Kontrollinstanz, die im Herzen lokalisiert ist. Während Bassanio nachdenkt, lässt Portia ein Lied anstimmen, um ihn auf die richtige Fährte zu leiten:

> Sagt, woher stammt die Liebeslust?
> Aus den Sinnen, aus der Brust?
> Ist euch ihr Lebenslauf bewußt?
>
> In den Augen erst gehegt,
> Wird Liebeslust durch Schaun gepflegt;
> Stirbt das Kindchen, beigelegt
> In der Wiege, die es trägt.
> Läutet Totenglöckchen ihm;
> Ich beginne: Bim! bim! bim![14]

Durch das Lied hindurch gibt Portia dem favorisierten Bewerber den entscheidenden Fingerzeig: die ersten drei Zeilen des englischen Textes (*bred, head, nourished*) reimen sich auf das gesuchte Metall, um das es hier geht: Blei (*lead*). Das Wort Blei hat zu Shakespeares Zeit eine etwas andere Bedeutung als im Mittelalter, denn inzwischen ist das Blei zusammen mit dem neuen Wertstoff Papier zum Träger der neuesten technischen Revolution geworden. Im Zeitalter des ›print capitalism‹ ist das Blei für Verleger, Drucker und Autoren wahrlich zu ›Gold‹ geworden. Mit der »typographischen Apotheose der Bibel« war dabei eine grundlegende Transformation des Gegenstands Buch verbunden.[15] Die Evangeliare der Ottonen waren in der Tat goldene Schmuckkästchen, die den kostbaren Inhalt der Bibel in einem ebenso kostbaren Behälter aufbewahrten. Diese Aufwertung des Objekts Buch durch den Materialwert des Goldes und seine Vervollkommnung durch aufwendige Handarbeit war im Zeitalter des Buchdrucks obsolet geworden.

14 Shakespeare, *Kaufmann von Venedig*, III, 2, S. 117.

15 Werner H. Kelber, »The History of the Closure of Biblical Texts«, in: ders., *Imprints, Voiceprints, and Footprints of Memory. Collected Essays*, Atlanta 2013, S. 413-440, hier S. 434.

Abb. 4: Evangeliar Heinrichs II., Reichenau
(Anfang des 11. Jahrhunderts)

Mit der Kulturrevolution der Druckerpresse, die auf die Transparenz der Buchstaben setzte, den Text standardisierte und das Buch zu einem gleichartigen Massenprodukt machte, galt eine neue Zeichenlogik. Bassanio ist der Musterschüler, der diese Lektion gelernt hat und sie auch ostentativ kommentiert. Er weiß, dass im Druckzeitalter nicht mehr die Logik der Ähnlichkeit und Teilhabe gilt, sondern die Neutralisierung des Mediums und die Wiederherstellung der Differenz zwischen Außen und Innen.

Durch das Lied mit dem Codewort ›*lead*‹ (Blei) klingt noch etwas an, und das ist das Läuten einer Totenglocke (*fancy's knell*). Was in den Augen empfangen wird und wächst, so der Text des Liedes, muss ersterben, bevor die wahre Liebe zu ihrem Recht kommen kann. In dieser Darstellung werden die Sinne im Allgemeinen und die Augen im Besonderen zur Wiege und zugleich zum Grab irdischer Trugbilder und Täuschungen. Diese Bilder der Phantasie sind Phantasmen, bilden den negativen Gegenpol des Herzens. Hier führt kein Weg vom Außen zum Innen; der Weg zum wahren Innen führt nur über Weltabkehr und radikale Entsagung. Mit Eintritt in die Prüfung der Kästchenwahl muss der leichtsinnige, sinnenfrohe und strategisch denkende Bassanio deshalb in die Rolle eines sauertöpfischen puritanischen Moralpredigers schlüpfen, der gegen die Welt der Erscheinungen, die Verführung der Sinne und in der Gegenwart Portias auch noch in unverhohlen misogyner Manier gegen die Frauen wettert.

In dieser Rolle befindet sich Bassanio noch immer, wenn er schließlich das Bleikästchen öffnet und darin »der schönen Portia Bildnis« entdeckt.[16] Seine Reaktion ist deshalb auch keineswegs: ›Dies Bildnis ist bezaubernd schön‹. Statt dieses ja offensichtlich ikonische Zeichen als Hinweis für die Ähnlichkeit mit der Dargestellten wahrzunehmen, macht er es sich umgekehrt zur Aufgabe, die ontische Differenz zwischen Bild und Urbild, Schatten und Wahrheit zu unterstreichen:

> Doch seht, soweit
> Die Wahrheit meines Lobes diesem Schatten
> Zu nahe tut, da es ihn unterschätzt,
> So weit läßt diesen Schatten hinter sich
> Die Wahrheit selbst zurück.[17]

Bassanio entzieht sich damit der magischen Wirkungsmacht des Bildes, das den Betrachter in seinen Bann zieht. Die hohe Kunst des Malers, den er in der Sprache der Renaissance einen Halbgott (*demigod*) nennt, wird von Bassanio zunächst durchaus anerkannt,

16 Shakespeare, *Kaufmann von Venedig*, III, 2, S. 118.
17 Shakespeare, *Kaufmann von Venedig*, III, 2, S. 119.

doch beim Anblick der gemalten Haare kippt die Begeisterung um in Panik. Der affizierte Betrachter muss sich einmal mehr gegen den gefährlichen Reiz des Bildes mit der ikonoklastischen und misogynen Rhetorik des Puritaners, wappnen:

> Der Maler spielte hier in ihrem Haar,
> Die Spinne wob ein Netz, der Männer Herzen
> Zu fangen wie die Mück im Spinngeweb.[18]

Das Bildnis ist zwar bezaubernd schön, aber gerade deshalb ist es auch ein Idol. Darum muss Bassanio dem täuschenden Schein in dieser Liebesprüfung noch ein letztes Mal mannhaft widerstehen.

Shakespeare hat in der Szene der Kästchenwahl ein Paradox inszeniert: das ›Liebeswerben‹ des Bassanio gipfelt in einer Verteufelung der Sinne und einer Absage an die diesseitige Welt, die auch vor misogynen Tönen nicht zurückschreckt. Diese ›Liebesszene‹ ist in Shakespeares Werk eine prägnante Ausnahme, denn wo sonst, wenn nicht in den Augen, entsteht die überwältigende Kraft der Liebe? Sei es zwischen Romeo und Julia, sei es zwischen Miranda und Ferdinand – die klassische Liebe geht durch die Augen und entzündet dort das Feuer des Eros. Dieser Weg ist zwischen Portia und Bassanio durch den abwesenden Vater blockiert, der die beiden zwingt, bei der Liebeswerbung von diesem Zündstoff nicht nur abzusehen, sondern sich ihm auch noch explizit entgegenzustellen. Die Liebenden erfüllen bei der Kästchenwahl aber nicht nur das Protokoll des abwesenden Vaters, sie übertreiben es auch noch in einer Weise, die die Widersprüche und Paradoxien frühneuzeitlicher Zeichenpraktiken ausstellt. Während Bassanio in dieser Wahl sein Glück macht, erteilt uns Shakespeare gleichzeitig eine hermeneutische Lektion über die Differenz zwischen Signifikant und Signifikat und den Abgrund zwischen Außen und Innen.

Die Silenenstatuen des Alkibiades

Eine Variante des Kästchenmotivs sind die Silenenstatuen, die Alkibiades im *Symposion* als Beispiel heranzieht. Vor Shakespeare und der mittelalterlichen Legende hat Platon die Doppelstruktur des

18 Shakespeare, *Kaufmann von Venedig*, III, 2, S. 118.

Zeichens als einen Dualismus gefasst. Außen und Innen, Signifikant und Signifikat werden von ihm in weitestmöglichen Abstand zueinander versetzt. Das eine ist vom anderen durch einen tiefen Graben getrennt. Alkibiades, der sich vorgenommen hat, das besondere Charisma des Sokrates zu beschreiben, kündigte dies so an:

> Indem ich den Sokrates zu loben versuche, ihr Männer, will ich dies vermittelst eines Gleichnisses tun. Ich behaupte nämlich, daß er (gemeint ist Sokrates) ganz ähnlich jenen Silenen sei, welche man in den Werkstätten der Bildhauer findet, so wie diese Künstler sie mit Mirtenpfeifen oder Flöten darzustellen pflegen: wenn man sie aber nach beiden Seiten hin auseinandernimmt, dann zeigt es sich, daß sie Götterbilder einschließen.[19]

Alkibiades behauptet, dass niemand von den Anwesenden »diesen Mann wirklich kennt«. Den Grund für die Unzugänglichkeit des Sokrates sieht er in der Unmöglichkeit, bei ihm vom Äußeren auf das Innere zu schließen. Bei Sokrates, so stellt Alkibiades fest, führen alle Zeichen und Anzeichen ständig ins Leere: Er spielt den Verliebten und ist doch nicht verliebt, er gibt sich unwissend und ist es doch nicht. Ist dies, so fährt Alkibiades fort,

> nun nicht ganz silenenhaft? Wenigstens ist dies durchaus nur die äußere Hülle an ihm, gerade wie jene geschnitzten Silenen; wenn man ihn aber öffnet, so glaubt ihr es gar nicht, meine Tischgenossen, von wie großer Besonnenheit sein Inneres voll ist. [...] Ironie und Verstellung übt er sein ganzes Leben hindurch gegen alle Menschen und treibt mit ihnen sein Spiel. Ob daher irgend ein anderer, wenn er Ernst macht und sein Inneres aufschließt, die in ihm verborgenen Götterbilder erblickt hat, weiß ich nicht; aber ich habe sie gesehen.[20]

Dieselbe Verzerrung zwischen Außen und Innen kennzeichne, so Alkibiades, ebenso wie die Person auch die Reden des Sokrates:

> Denn höre jemand nur die Reden des Sokrates an, so werden sie ihm zuerst sehr lächerlich vorkommen; in solche Ausdrücke und Bezeichnungen hüllen sie sich äußerlich ein, wie das Fell eines neckischen Satyrs. [...] Wenn man sie aber erschlossen sieht und in ihr Inneres hineindringt, dann wird

19 Platon, *Das Gastmahl*, in: Löwenthal (Hg.), *Sämtliche Werke*, Bd. I, S. 657-727, hier S. 716.

20 Platon, *Gastmahl*, S. 718.

man zunächst finden, daß sie allein unter allen Reden einen wahrhaften Inhalt haben.[21]

Sokrates selbst bringt das Prinzip solcher Hermeneutik auf den Punkt: »Beginnt doch das Auge des Geistes erst dann scharfblickend zu werden, wenn das des Leibes seine Schärfe zu verlieren anfängt«,[22] ein Zustand, so fügt er hinzu, von dem Alkibiades allerdings noch weit entfernt sei.

Mit diesem Grundsatz waren die Weichen der abendländischen Hermeneutik auf zwei Jahrtausende gestellt. Im gemeinsamen Prinzip der Tiefenhermeneutik trafen sich antiker Platonismus und patristisches Christentum. Allem Äußeren begegnete man, wo nicht gleich mit tiefem Misstrauen, so doch mit Geringschätzung; wer Wahres zu erkunden trachtete, durfte sich nicht mit der Einkleidung zufriedengeben. Die Außenseite galt als trügerischer Schein; *ta phainomena* waren meilenweit von *ta onta* entfernt. Das Auge des Leibes musste geschlossen werden, bevor das Auge des Geistes etwas zu sehen bekam.

Die Geltungsmacht der Tiefenhermeneutik feierte in der Renaissance noch einmal Triumphe,[23] wurde aber auch schon grundsätzlich in Frage gestellt. Das Dokument, das diese hermeneutische Epoche ausläutet, ist Rabelais' Roman *Gargantua und Pantagruel* (1532-1552). Im Prolog geht der Autor auf die Silenenstatuen des Alkibiades ein, die äußerlich von grotesker Gestalt seien, im »Innern aber enthielten sie köstliche Drogen wie Balsam, Ambra, Kardamom, Moschus, Zibet oder edle Steine und andere kostbare Dinge«.[24]

21 Platon, *Gastmahl*, S. 725.

22 Platon, *Gastmahl*, S. 721.

23 Die Silenenstatuen wurden dabei zu einem Emblem des Emblems; ein Emblembuch des Jacob Cats trägt den Titel *Silenus Alcibiadis, sive Proteus* (Middelburg 1618). *Divina in occulto* – dieses Prinzip verhüllender, geheimnisvoller Schreibweise, das die Renaissance faszinierte, findet sich als Unterschrift unter einem Bild Silens in Pierio Valerianos *Hieroglyphica*, Basel 1556, VI, fol. 48 v. Pico empfahl für den Umgang mit Philosophen und ihrer silenischen Art eine besondere Form von Aufmerksamkeit. Hier dürfe man den Ohren nicht trauen, vielmehr »mußt du dich von den Sinnen abwenden, mußt in dich selbst zurückkehren, mußt in das Innere deiner Seele und in die Tiefen deines Geistes dringen« (zit. nach Edgar Wind, *Heidnische Mysterien in der Renaissance*, Frankfurt/M. 1984, S. 200).

24 Zit. nach Gerhart Schröder, »Weisheit und Gelächter. Zum Begriff der Weis-

Rabelais führt die Parallele ein, um den Leser seines Romans auf das Missverhältnis zwischen den Überschriften seiner Kapitel und deren Inhalt vorzubereiten. Man solle sich vom Aushängeschild müßiger oder närrischer Titel (wie »Saufmagen«, »Erbsen mit Speck cum commento« und dergleichen) nicht in die Irre führen lassen, sondern müsse darauf gefasst sein, mit Nachdenkenswertem konfrontiert zu werden. »Alsbald werdet ihr erfahren, daß die darin enthaltene Droge viel wertvoller ist, als die Büchse es versprach, das heißt, daß die darin behandelten Dinge in Wahrheit gar nicht so närrisch sind, wie der Titel es vermuten ließ.«[25]

Kaum hat er dem Leser aber zu verstehen gegeben, dass er bei seinem Text vom Außen nicht aufs Innen schließen dürfe, stellt er auch schon klar, dass auch diese hermeneutische Regel in eine Sackgasse führt. Der Aufforderung, scheinbar närrische Dinge »in höherem Sinne zu deuten«, folgt die Verhöhnung einer Hermeneutik der Tiefe. Der Leser, der hofft, »einen ganz besonderen Geschmack heraus[zu]finden, eine Geheimnislehre, [...] grundtiefe Geheimnisse und schauerliche Mysterien«, wird (mit einem anderen von Platon entlehnten Bild) mit einem Hund verglichen, der einen Knochen zermalmt, um das innere Mark auszusaugen. Rabelais jedoch lässt keinen Zweifel an der Absurdität solcher Schnüffelei nach allegorischem Tiefsinn: »Glaubt ihr wirklich«, so fragt er seine Leser, »daß Homer, als er seine Ilias und Odyssee dichtete, an all die Allegorien dachte, die Plutarch, Heraklides Ponticos, Eustathios, Phornutus und Politian, der jene alle wiederum ausbeutete, da hineinkalfatert haben?«[26]

Der Abstand zwischen dem, was das Auge des Leibes, und dem, was das Auge des Geistes zu sehen bekommt, ist hier offensichtlich überdehnt worden. Die allegorischen Konstruktionen haben ihre Plausibilität verloren. Solch esoterischer Hokuspokus kann sich im Zeitalter des Buchdrucks, in dem die Leser selbst Zugang zu Texten erhalten, nicht mehr blicken lassen. An die Stelle der Tiefenhermeneutik tritt die kompakte Materialität des Buches mit seinem Vorwort, seinen Kapiteleinteilungen, seinen Überschriften und seinen vielen, nunmehr in beweglichen Lettern gesetzten Buchstaben.

heit in der frühen Neuzeit«, in: Aleida Assmann (Hg.), *Weisheit*, München 1991, S. 501-512, hier S. 504.

25 Zit. nach Schröder, »Weisheit und Gelächter«, S. 504.

26 Zit. nach Schröder, »Weisheit und Gelächter«, S. 505.

Freigesetzt von stabilen, vorgängigen Sinnmustern, fügen sich die Zeichen in ein offenes Spiel der Kombinatorik. Das ist bei Rabelais die Geburtsstunde des modernen Romans.

Hermeneutik der Oberfläche (Goethe und Nietzsche)

Physiognomik

Mit dem Silenenstatuen-Gleichnis des Alkibiades tat sich eine Diskrepanz zwischen Außen und Innen auf, die eine Tiefenhermeneutik begründete und bei der das wertlose Äußere durchdringen und verwerfen musste, wer an das kostbare Innen herankommen wollte. Diese Hermeneutik hatte Erasmus in den *Adagia* unter dem Stichwort »Sileni Alcibiadis« noch einmal befestigt, als er schrieb:

> So ist das Bedeutendste stets das Unscheinbarste. Ein Baum schmeichelt dem Auge durch Blüten und Blätter und stellt seinen gewaltigen Stamm zur Schau: doch das Samenkorn, von dem diese ihre Kraft haben, was für ein kleines und verborgenes Ding ist es doch. [...] Gold und Edelsteine hat die Natur in den Tiefen der Erde verborgen. [...] Was im Menschen am göttlichsten und unsterblichsten ist, ist der Wahrnehmung entzogen.[27]

Dass das Kostbare der Wahrnehmung unbedingt entzogen sei, bezweifelten indessen jene Zeitgenossen des Erasmus, die sich für eine physiognomische Betrachtungsweise einsetzten. Diese setzte nämlich voraus, dass es eine sichere Brücke gibt, die vom Außen zum Innen führt. Die Physiognomik ist nach ihren Anfängen im paganen Divinationswesen und in der antiken Medizin im 16. und 17. Jahrhundert von jenen Ärzten und Naturphilosophen wieder zu Ehren gebracht worden, die sich dem scholastischen Nominalismus aristotelischer Lehrbücher widersetzten. Dabei handelt es sich um eine Hermeneutik, die sich unmittelbar auf Naturdinge richtet. Ihr Ziel besteht darin, einen gesicherten Weg vom Außen zum Innen abzustecken. Dafür musste man von den willkürlichen Nomenklaturen der Dinge wegkommen und ihre bedeutungsvollen Signaturen erkennen. Unter Signaturen verstanden die Physiogno-

27 Zit. nach Wind, *Heidnische Mysterien*, S. 254.

miker bestimmte Merkmale einer Pflanze, die über deren innere Wirkungskräfte Auskunft geben.

Aus der Vorrede an den Leser zu Oswaldus Crollius' Schrift *Von den innerlichen Signaturen oder Zeichen aller Dinge* (1623) erfahren wir, worum es in der Heilpflanzenkunde geht. Es geht darum, »der Kräuter verborgene Gaben auß der Anschawung jhrer eusserlichen Gestallt [zu] erkennen«. Weiter heißt es:

»[...] (sintemal die Namen der Kräuter keine Kräffte haben [...] sind demnach die Cörper selbst zu examiniern / [...])«. Deshalb muss man »vngeacht der blossen vnd leeren Namen / den Dingen selbst auß dem Grund der Warheit tieff vnd fleissig nachsinnen« beziehungsweise »die offenbahre Fußstapffen welche den Geheimnussen der Natur von Gott gleichsamb eingetruckt / anschawn«.[28]

Dieses physiognomische Verfahren wird folgendermaßen begründet:

Jn allen eusserlichen Dingen ist das Hauß mehr nicht / dann die Wohnung der jnnerlichen inwohnenden Kräffte / welche dem Menschlichen Cörper von Gott dem HERREN als eine Seele eingegossen. [...] Eben auff solche Weise reden auch die Kräuter einen *Medicum* der sie von jnnen recht anschawet auff Magische Weise durch ihre Signaturn / vnd Zeichen an vnd geben demselbigen jre jnnerliche Geheymnussen / so in dem Stillschweigen der Natur verborgen / also durch eine Gleichnuß zuerkennen.[29]

Indem sie den Blick von den *verba* zu den *res* und von den *Nomenklaturen* zu den *Signaturen* wendeten, haben die Physiognomiker das Auge des Leibes gegenüber der platonischen und christlichen Tradition rehabilitiert und die Grundlagen zu einer Morphologie der natürlichen Erscheinungen gelegt. Die Außen- und Innenseite des Zeichens befinden sich nicht mehr in einem schroffen Gegensatz des Verbergens und Verstellens zueinander, wie wir ihn in der Parabel der Kästchenwahl kennengelernt haben. Es besteht zwar eine deutliche Hierarchie, die das Innere wertend über das Äußere setzt, aber das Innere ist auch auf das Äußere als seinen Träger und schützenden Behälter angewiesen. Crollius ist überzeugt, dass

28 Oswaldus Crollius, *De signaturis internis rerum. Die lateinische Editio princeps (1609) und die deutsche Erstübersetzung (1623)*, hg. und eingel. v. Wilhelm Kühlmann und Joachim Telle, Stuttgart 1996, S. 168.

29 Crollius, *De signaturis*, S. 169.

die vnsichtbahre vnd jnnerliche [Qualität, A. A.] allezeit edeler / fürtrefflicher und kräfftiger sind / als die eusserliche sichtbahre / welche nicht so vollkommen vnd geringer / als jhr innerliche sind. Also wirdt ein Hauß / als ein eusserlich Ding von wegen deß Jnnwohners erbauwet: Der Jnnwohner aber ist besser vnd fürtrefflicher / als alle Stein und Holtz die darzu gebraucht worden / zusampt dem gantzen Gebäwe: Dann er ist ein lebendige vnd vernünfftige Creatur.[30]

In seiner Rede über die Bedeutung des Studiums der alten Sprachen für die Lektüre des Evangeliums hat Luther, wie wir bereits gesehen haben, diesen wichtigen Anteil des Außen als Weg zum Innen bildreich unterstrichen:

Die Sprachen sind die Scheiden, in denen dies Messer des Geistes steckt (vgl. Eph. 6, 17). Sie sind das Schmuckkästchen, in dem man dieses Kleinod besitzt. Sie sind das Gefäß, in dem man diesen Trank faßt. Sie sind die Kammer, in der diese Speise liegt. Und wie das Evangelium selbst zeigt: Sie sind die Körbe, in denen man diese Brote und Fische und Brocken aufbewahrt (Matth. 14, 20).[31]

Worauf es ankommt, ist zwar nach wie vor das Innen, aber dieses ist ohne das Außen nicht zu haben. Das ist bereits eine erhebliche Aufwertung der Außenseite des Zeichens, seien es nun Erscheinungen der Natur, seien es menschliche Zeichen und Medien.

Und was ist aus den Silenenstatuen geworden? Alkibiades hatte pagane Kultgegenstände im Sinn gehabt, geschnitzte oder modellierte Hohlformen, die Götterbilder verbargen. Bei Rabelais waren daraus zweckmäßige Gebrauchsgegenstände geworden, Gefäße für Spezereien oder Zimelien. Crollius vergleicht seine Signaturen mit Etiketten auf Apothekerbüchsen, mit dem Unterschied freilich, dass der Pharmazeut nur die Namen auf die Gefäße schreibt, während der Schöpfer seinen Kreaturen auch Nutzen und Gebrauch der verborgenen Kräfte aufgeprägt habe. Das Außen ist nicht mehr Verstellung, sondern Gefäß und kostbarer Fingerzeit auf den inneren Wert.

30 Crollius, *De signaturis*, S. 187.

31 Luther, »An die Ratsherrn aller Städte deutschen Landes, daß sie christliche Schulen aufrichten und halten sollen«, S. 54.

Die Brücke zwischen Außen und Innen: Goethes Natur-Semiotik

Jürgen Trabant hat die These vertreten, dass bis zu Humboldt und seiner neuen Konzeption von Sprache als *energeia* alle Sprachphilosophie im Grunde »semiotische Philosophie« gewesen sei. Die entscheidende Gemeinsamkeit aller prähumboldtschen Zeichentheorie sieht er in der Auffassung von der Doppelstruktur des Zeichens als Dualität von Innen und Außen beziehungsweise als Konstruktion einer Hierarchie. Das Verhältnis beider Seiten zueinander mochte als Unähnlichkeit gefasst sein (= Modell der Arbitrarität) oder als Ähnlichkeit (= Modell der Abbildlichkeit oder Teilhabe); in jedem Fall wurde ein Gefälle unterstellt zwischen der bezeichneten Innenseite und der bezeichnenden Außenseite. Mit dieser Konstruktion des Zeichens, so Trabant, habe Humboldt endgültig Schluss gemacht und ein neues Modell von Sprache geschaffen, das gar »keine Dualität von Außen und Innen [kennt], sondern eine unauflösliche Synthesis von voce und idea, eine Synthesis, in der sich diese Trennung als falsch erweist«.[32]

Trabants These kann noch erheblich verbreitert werden. Denn der tiefgreifende Paradigmenwechsel in der Geschichte der Semiotik, auf den Trabant aufmerksam macht, ist keineswegs ausschließlich eine Errungenschaft Humboldts, sondern eine Erscheinung, an der neben den Sprachwissenschaftlern auch die Dichter und Naturforscher der Zeit Anteil haben. Man kann feststellen, wie um 1800 eine geschlossene Semiotik, die auf die Stabilität von Wahrheit und Sinn gegründet war, einer offenen Semiotik weicht, die die Zeichen in eine unentwegte, unabschließbare Bewegung versetzt.[33] Je

32 Jürgen Trabant, *Apeliotes oder der Sinn der Sprache*, München 1986; und genauer Jürgen Trabant, »Memoria, Fantasia, Ingegno«, in: Renate Lachmann, Anselm Haverkamp (Hg.), *Memoria. Vergessen und Erinnern*, München 1993, S. 406-424, hier S. 422. Tilman Borsche, *Wilhelm von Humboldt*, München 1990; ders. u. a. (Hg.), *Zeit und Zeichen*, München 1993.

33 Winfried Menninghaus, *Unendliche Verdoppelung. Die frühromantische Grundlegung der Kunsttheorie im Begriff absoluter Selbstreflexion*, Frankfurt/M. 1987. Menninghaus vertritt ferner die These, dass die frühromantische Semontologie eine Vorwegnahme Derridas ist. Mit Bezug auf Derridas *Grammatologie* heißt es: »Genausowenig gibt es für die romantische Semontologie einen ›Geist‹, der dem ›Spiel‹ der ›Buchstaben‹ und ›Zeichen‹; ein ›Absolutes‹, das dem differentiellen

eindringlicher, aber auch inniger man die Natur betrachtete, desto weniger vorausgewusste, providentielle Ordnung fand man in ihr und desto mehr Bewegung, Verwandlung, »Evoluzion«. Die neue Semiotik, die sich auf diese fundamentale Dynamisierung der Welt einstellte, kündigte die Doppelstruktur des Zeichens als Innen und Außen und mit ihr zugleich auch das ganze Paket kultureller Leitoppositionen auf, das sich in ihrem Schlepptau eingenistet hatte.

Die Physiognomik des 16. und 17. Jahrhunderts war bereits deutlich von der platonisierenden Hermeneutik der Tiefe abgerückt, indem sie das Innen eng an das Außen band und Brücken der Anschauung zwischen dem Zeichen und dem Bezeichneten baute. Damit war die Welt der Erscheinungen aufgewertet und einer sorgfältigen Betrachtung für würdig befunden. Man war angehalten, sehr viel genauer hinzuschauen, wenn man das Außen als einen Schlüssel zum Innen nutzen wollte. Die Morphologie zum Beispiel, die unter Paracelsus und seinen Nachfolgern Fortschritte machte, ist eine bis heute nachwirkende Errungenschaft dieser Nobilitierung der Außenseite. Diesen Weg, den die Physiognomiker mit ihrer Signaturenlehre eingeschlagen haben, ist Goethe noch einen radikalen Schritt weitergegangen. Auch er wusste »zuvörderst [...] das Zeugnis der Sinne gehörig anzuerkennen«,[34] ging aber darin über die Physiognomiker hinaus, dass er jegliche Hierarchie zwischen Außen und Innen verabschiedete. Er erkannte in der analytisch sezierenden Naturwissenschaft seiner Zeit eine neue Variante des alten Abgrunds zwischen Außen und Innen, deren erster Grundsatz es wiederum war, dem menschlichen Auge – wie in Shakespeares Kästchenwahl vorgeführt – grundsätzlich zu misstrauen. Der neuen naturwissenschaftlichen Tiefenschau stellte er ein Weltverhältnis gegenüber, das er selbst metaphysisch nannte und mit einem emphatischen Bekenntnis zur Oberfläche verband: »Das Höchste wäre: zu begreifen, daß alles Faktische schon Theorie ist. Die Bläue des Himmels offenbart uns das Grundgesetz der Chromatik. Man suche nur nichts hinter den Phänomenen: sie selbst sind die Lehre.«[35]

Der Kontext dieses Bekenntnisses zur Oberfläche ist Goethes Farbenlehre, die er aus einem intuistischen Impuls gegen Newton

Spiel der Reflexion der Reflexion der Reflexion usw. entkäme.« (Menninghaus, *Unendliche Verdoppelung*, S. 122)

34 Zit. nach Schöne, *Goethes Farbentheologie*, S. 106.

35 Zit. nach Schöne, *Goethes Farbentheologie*, S. 106.

aufgebaut, ein halbes Leben lang mit stupendem Fleiß verfolgt und mit religiösem Eifer verteidigt hat. Die Farbenlehre Newtons wurde ihm zum Inbegriff des Irrwegs einer einseitigen und enthemmten Rationalität, die auf zwei methodischen Prinzipien beruhte: *erstens* der Abspaltung des Gegenstands vom Beobachter und *zweitens* der Zergliederung des Gegenstands in seine Bestandteile.

Da es hier aber schließlich um nichts Geringeres als das Licht ging, in dem Goethe (wie lange vor ihm bereits Echnaton) die göttliche Urenergie der Natur schlechthin erkannte, kam in seiner Sicht eine derartige Zugangsweise einem Akt der Blasphemie gleich. Dem methodischen Prinzip der Trennung stellte Goethe deshalb das metaphysische Prinzip der Korrespondenz von Mensch und Natur entgegen. Die Schnittstelle zwischen beiden bildete für ihn das Auge, das er als Organ der Wechselwirkung und gegenseitigen Schöpfung im Spannungsfeld von Außen und Innen auffasste. Eine Licht- und Farbenlehre, die physikalisch-mathematisch konzipiert war und von der mitschöpfenden, konstruktiven Kraft des menschlichen Blicks keine Notiz nahm, erschien ihm im Ansatz als verfehlt, da sie versäumte, Standort, Blickwinkel und Bedürfnislagen des Menschen mitzureflektieren.[36]

Überraschenderweise ist es ausgerechnet Platon, den Goethe als Gewährsmann einer integralen Weltsicht aufruft:

> Im eignen Auge schaue mit Lust,
> Was Plato von Anbeginn gewußt;
> Denn das ist der Natur Gehalt,
> Daß außen gilt was innen galt.[37]

Bei Platon und bei Plotin fand Goethe den eigenen Kerngedanken vorformuliert, dass das Augenlicht als »eine Art andern Feuers von

36 Das ist eben das größte Unheil, schrieb Goethe am 22. Juni 1808 an seinen Freund Zelter, »daß man die Experimente gleichsam vom Menschen abgesondert hat und bloß dem, was künstliche Instrumente zeigen, die Natur erkennen, ja was sie leisten kann dadurch beschränken und beweisen will« (Johann Wolfgang von Goethe, »Das Allgemeinste über Farben«, in: Rupprecht Matthaei (Hg.), *Goethe. Die Schriften zur Naturwissenschaft. Abt. 1, Bd. 3: Beiträge zur Optik und Anfänge der Farbenlehre: 1790-1808*, Weimar 1951, S. 433-444, hier S. 444).

37 Johann Wolfgang von Goethe, »Zahme Xenien VI«, in: ders., *Poetische Werke. Bd. I: Gedichte und Singspiele. Berliner Ausgabe*, Berlin, Weimar 1965, S. 704-713, hier S. 706.

innen gegen die Augen« dringe und »dem äußern begegnet«.[38] Den hohen Ton einer Philosophie des intelligiblen Lichts transponierte er ins Sinnliche; das geheimnisvoll Entrückte entdeckte er im Auge als dem Organ, das auf die Natur ausgerichtet ist und für das »eigentlich die Phänomene gemacht sind«:[39]

> Wär nicht das Auge sonnenhaft,
> Wie könnten wir das Licht erblicken?
> Lebt' nicht in uns des Gottes eigne Kraft,
> Wie könnt' uns Göttliches entzücken?[40]

Vom Auge und seiner Netzhaut her lässt sich nach Goethe auch die signifikante Wandlung in der Metaphorik des Schleiers verstehen. Der Schleier wird von Goethe nicht mehr als Grenze zwischen Außen und Innen verstanden, sondern als Kontaktzone, wo sich Außen und Innen begegnen. Da es der Natur eigen ist, sowohl zu verhüllen wie zu offenbaren – so steht es nach der Überlieferung des Plutarch auf dem Standbild der Isis –, muss der Naturforscher einen taktvollen Umgang mit ihr erlernen. Er muss ihre Schamhaftigkeit respektieren und darf ihr nicht gewaltsam ihre Geheimnisse entreißen wollen.[41] Offenbarung und Verschleierung fallen zusammen in einer neuen Lehre des Sehens, die vom konstruktiven und kreativen menschlichen Auge her gedacht ist.

Mit Goethes Philosophie des Auges verbindet sich eine neue Schule des Sehens und eine enorme Aufwertung des konstruktiven Blicks, der nicht nur liest, was geschrieben wurde, sondern die Welt und ihre Phänomene miterschafft. Worte wie ›anschauen‹

38 Zit. nach Schöne, *Goethes Farbentheologie*, S. 56.

39 Zit. nach Schöne, *Goethes Farbentheologie*, S. 162, Anm. 366.

40 Johann Wolfgang von Goethe, »Zur Farbenlehre. Didaktischer Teil«, in: Erich Trunz (Hg.), *Goethes Werke. Bd. XIII: Naturwissenschaftliche Schriften*, München 1975, S. 314-523, hier S. 324.

41 Alexander von Humboldts »Ideen zu einer Geographie der Pflanzen« (1817) enthielt ein Widmungsblatt für Goethe, das eine Zeichnung der Göttin Isis (von Thorwaldsen) zeigte mit der Unterschrift: »Der Genius der Poesie entschleiert das Bild der Natur«. Goethe war von dieser Hommage nicht sehr angetan; die traditionelle Entschleierungstopik widersprach gänzlich der von ihm umgewandelten Metaphorik. Vgl. Pierre Hadot, *Zur Idee der Naturgeheimnisse beim Betrachten des Widmungsblattes in den Humboldtschen ›Ideen zur einer Geographie der Pflanzen* (*Akademie der Wissenschaften und der Literatur* 8), Mainz 1982.

und ›Aufmerksamkeit‹ erhalten ein besonderes Gewicht, sie werden bewusst abgesetzt von anderen Formen des Erkenntnisgewinns wie ›Nachdenken‹, ›Lehre‹ oder ›Überlieferung‹. In der Andacht des Blicks, in der sich Subjekt und Objekt verschränken, gibt die Natur ihr ›offenbares Geheimnis‹ preis:

Müsset im Naturbetrachten
Immer eins wie alles achten;
Nichts ist drinnen, nichts ist draußen:
Denn was innen, das ist außen.
So ergreifet ohne Säumnis
Heilig öffentlich Geheimnis.[42]

Was in der Farbenlehre das Auge leistet, dafür steht in der Dichtungstheorie das Symbol. Die gegenseitige Durchdringung von Innerem und Äußerem, die Goethe durchs Auge vollendet sah, stellte für die Dauer des poetischen Augenblicks das Symbol her. Seine harmonistische Heilslehre, die, so Albrecht Schöne, »die Totalität des Zusammenhangs von Subjektivem und Objektivem, Innerem und Äußerem, Mensch und Natur, Gott und Welt« beschwor,[43] inspirierte seine naturwissenschaftlichen Schriften ebenso wie seine Dichtung. Wir erinnern uns, dass das Symbol von Goethe in Absetzung von der Allegorie bestimmt wurde: »Das ist die wahre Symbolik, wo das Besondere das Allgemeinere repräsentiert, nicht als Traum und Schatten, sondern als lebendig-augenblickliche Offenbarung des Unerforschlichen.«[44]

Das Symbol gilt als eine »lebendige« Ausdrucksform, weil es das Bewusstsein nicht spaltet, sondern die beiden Teile in der Doppelstruktur des Zeichens verbindet, während die Allegorie durch ihren schriftartigen Charakter die Doppelstruktur des Zeichens bewusstmacht und die Differenz zwischen Ausdruck und Inhalt, Besonderem und Allgemeinem, Signifikant und Signifikat markiert. Aus dieser Zeichenbestimmung sind, wie Walter Benjamin

42 Johann Wolfgang von Goethe, »Epirrhema«, in: Trunz (Hg.), *Goethes Werke. Bd. I*, S. 358.

43 Schöne, *Goethes Farbentheologie*, S. 103.

44 Johann Wolfgang von Goethe, »Maximen und Reflexionen«, in: Erich Trunz (Hg.), *Goethes Werke. Bd. XII: Schriften zur Kunst. Schriften zur Literatur. Maximen und Reflexionen*, München 1981, S. 365-547, hier S. 471.

feststellt, »die gegensatzlose Innerlichkeit des Klassizismus« und der poetologische Imperativ von der »unzertrennlichen Verbundenheit von Form und Inhalt« hervorgegangen.[45] Die Anerkennung, die die Naturwissenschaftler Goethe versagten, haben ihm die Germanisten des 19. und 20. Jahrhunderts überwältigend gezollt. Seine Farbenlehre blieb ein erratischer Zweig am Baum der Wissenschaften, seine Symboltheorie wurde zu einer populären poetischen Weltanschauung. Zwischen naturwissenschaftlicher Ablehnung und poetologischer Anerkennung waltet zudem noch ein sinistrer Zusammenhang: Je brutaler die Beziehungslosigkeit des Menschen in einer technisch-industrialisierten Welt manifestiert wurde, desto emphatischer wurde in der Dichtung die Harmonie von Mensch und Welt gefeiert. Das Symbol, ja das Lyrische überhaupt wurde zum Inbegriff der Weltversöhnung, des Ineinanders von Außen und Innen, des »Fehlens des Abstandes zwischen Subjekt und Objekt«.[46]

Nietzsches Kritik der deutschen Innerlichkeit

Gegen die »gegensatzlose Innerlichkeit des Klassizismus« und »das Buhlen der romantischen Ästhetiker um glänzende und letztlich unverbindliche Erkenntnis eines Absoluten« hat nicht erst Walter Benjamin angeschrieben.[47] Eine freilich ganz andere Stoßrichtung haben Nietzsches Invektiven gegen die »berühmte Innerlichkeit in ihrem unzugänglichen Tempelchen«.[48] Auch er bedient sich der Unterscheidung von Innen und Außen zur Beschreibung und Beurteilung von Kulturen. Den Idealzustand stellen für ihn die Griechen dar, die eine Kultur »ohne Innen und Außen«, eine Kultur der »Einhelligkeit zwischen Leben, Denken, Scheinen und Wollen« hervorgebracht haben.[49] An diesem Maßstab wird der moderne Mensch gemessen und für mangelhaft befunden. Der Mangel

45 Walter Benjamin, *Ursprung des deutschen Trauerspiels*, Frankfurt/M. 1963 [1928], S. 175; 174.

46 Emil Staiger, *Grundbegriffe der Poetik*, Zürich 1954, S. 62.

47 Benjamin, *Trauerspiel*, S. 174.

48 Friedrich Nietzsche, »Vom Nutzen und Nachteil der Historie für das Leben«, in: Karl Schlechta (Hg.), *Friedrich Nietzsche. Werke in drei Bänden*, München 1962, Bd. I, S. 209-285, hier S. 235.

49 Nietzsche, »Nutzen und Nachteil der Historie«, S. 285.

besteht für Nietzsche in der Diskrepanz von Innen und Außen. Er sieht die »eigenste Eigenschaft« des modernen Menschen in dem »merkwürdigen Gegensatz eines Inneren, dem kein Äußeres, eines Äußeren, dem kein Inneres entspricht«.[50] Dieses Missverhältnis zeigt sich darin, dass die Gedanken und Gefühle im Inneren ihr Eigenleben führen und weit davon entfernt sind, nach außen zu dringen und sich durch Taten zu offenbaren. Nietzsches Hoffnung auf Therapie lautet: »[J]ene höhere Einheit in der Natur und Seele eines Volkes muß sich wieder herstellen, jener Riß zwischen dem Innen und dem Außen muß unter den Hammerschlägen der Not wieder verschwinden.«[51]

In der »Zweiten unzeitgemäßen Betrachtung« wird das Innen als Quelle der Lebensenergie und Orientierungssicherheit anerkannt, das pathologisch wird, wenn sein Kontakt mit dem Außen unterbrochen ist. Hier ist Nietzsche einer romantischen Denkfigur verpflichtet, die man die Auffassung vom »expansiven Ego« nennen kann. Es besteht eine Hierarchie zwischen freiem, geistigem, unbedingtem Innen einerseits und bedingtem Außen andererseits, die Novalis so formuliert hat:

> Das Fatum, das uns drückt, ist die Trägheit unseres Geistes. Durch Erweiterung und Bildung unsrer Tätigkeit werden wir uns selbst in das Fatum verwandeln. Alles scheint auf uns herein zu strömen, weil wir nicht heraus strömen. Wir sind negativ, weil wir wollen – je positiver wir werden, desto negativer wird die Welt um uns her –, bis am Ende keine Negation mehr sein wird, sondern wir alles in Allem sind.[52]

In der zweiten Abhandlung *Zur Genealogie der Moral* dagegen wird Innerlichkeit als ein rein pathologisches Phänomen aufgefasst. Die Genese der Innerlichkeit wird im Kontext von »Schuld, Gewissen und Verwandtem« dargestellt als das beklagenswerte Resultat einer durch schädliche äußere Umstände ausgelösten Auto-Aggression:

> Alle Instinkte, welche sich nicht nach außen entladen, *wenden sich nach innen* – dies ist das, was ich die *Verinnerlichung* des Menschen nenne: damit wächst erst das an den Menschen heran, was man später seine »Seele«

50 Nietzsche, »Nutzen und Nachteil der Historie«, S. 232.

51 Nietzsche, »Nutzen und Nachteil der Historie«, S. 237.

52 Novalis, »Die magische Wissenschaft«, in: Ewald Wasmuth (Hg.), *Werke, Briefe, Dokumente. Bd. II: Fragmente I*, Heidelberg 1957, S. 435-467, hier S. 445.

nennt. Die ganze innere Welt, ursprünglich dünn wie zwischen zwei Häute eingespannt, ist in dem Maße auseinander- und aufgegangen, hat Tiefe, Breite, Höhe bekommen, als die Entladung des Menschen nach außen *gehemmt* worden ist.[53]

Das ist ein krasses Veto gegen den Chor, der im 19. Jahrhundert das Lob der Innerlichkeit gesungen hat.

Derridas »Schrift«-Philosophie

Der Name Derrida steht für die Rehabilitation der Schrift; seine Grammatologie ist die entschiedene Abkehr vom idealistischen Paradigma. Der Idealismus war vor ihm mit anderen Waffen bekämpft worden: marxistischen, psychoanalytischen, strukturalistischen. Derrida holte die Debatte auf die Ebene einer Philosophie der Medien zurück. In Analogie zu Heideggers Begriff der ›Seinsvergessenheit‹ konstatierte er ›Schriftvergessenheit‹ als obsessiven Zug abendländischen Denkens. Das Imperium des Geistes, sprich das Innere, war gegründet auf eine Verdrängung des Außen, was für ihn bedeutete: der Materialität der Schrift.[54]

Soll man den Impuls Derridascher Philosophie, der ebenso viel Staub aufgewirbelt hat, wie er Nebel verbreitete, in einem Satz zusammenfassen, so könnte er heißen: Mit der Priorität des Innen von Platon bis Hegel wird Schluss gemacht; das Außen wird endlich in seine Rechte eingesetzt. Derridas Destruktion der Differenz von Außen und Innen destruiert Goethes Versöhnung von Außen und Innen gleich noch mit. Was aber bleibt, ist das vom Innen abgerissene Außen, das jetzt so wenig von inneren Orientierungen und Sinn-Impulsen weiß, wie vormals das Innen von seiner materiellen Bedingtheit Notiz genommen hatte. Das Wort »Schrift« erhält damit einen ganz neuen Klang. Es hört nicht auf,

den Signifikanten des Signifikanten zu bezeichnen; aber in einem ungewohnten Licht wird deutlich, daß »Signifikant des Signifikanten« nicht

53 Friedrich Nietzsche, *Zur Genealogie der Moral*, in: Schlechta (Hg.), *Werke in drei Bänden*, München 1955, Bd. II, S. 761-900, hier S. 825.

54 In den Texten Benjamins ist seit den 1920er Jahren eine Schriftphilosophie vorbereitet worden, deren diagnostische Kraft den Texten Derridas in nichts nachsteht. Umso erstaunlicher, dass sich Derrida erst seit Beginn der 1990er Jahre Benjamin zuwandte, und auch nicht dem Benjamin der Schriftphilosophie, sondern, mit ethischen Interessen, dem Benjamin der Gewalttheorie.

länger eine akzidentielle Verdopplung und abgefallene Sekundarität definiert. Signifikant des Signifikanten beschreibt im Gegenteil die Bewegung der Sprache – in ihrem Ursprung. [...] Es gibt kein Signifikat, das dem Spiel aufeinander verweisender Signifikanten entkäme.[55]

Derrida macht ebenso deutlich, dass dies auf »die Destruktion des Begriffs ›Zeichen‹ und seiner ganzen Logik« hinausläuft. Er äußert sein Misstrauen »gegenüber der Differenz zwischen Signifikat und Signifikant oder gegenüber der Idee des Zeichens im allgemeinen«.[56] In einem Kapitel mit dem Titel »Das Draußen und das Drinnen« befasst er sich mit dem alten Gegensatz von »lebendiger Sprache« und »toter Schrift«. An diesem Vorurteil hängt so ziemlich alles: die fundierenden Kategorien der abendländischen Metaphysik, der so genannte Logozentrismus, die Zeichenpraxis der Repräsentation. Derridas Werk ist ein Veto gegen diese Fundierung des Zeichens. Er fordert »eine Reform des Schriftbegriffs«,[57] die jenseits der Differenz von Außen und Innen operiert, weil sie – ähnlich wie der Traum – eine immanente, subjekt- und intentionsunabhängige, nicht mehr von einem »Innen« kontrollierte Form semiotischer Energie darstellt. Mit diesem emphatischen Verständnis von Schrift verbindet sich Derridas Begriff der *écriture*.

An die Stelle des räumlich hierarchischen Begriffspaars von Außen und Innen setzt Derrida temporalisierte Begriffe wie *différance*, Aufschub, Verzug, Verzögerung; an die Stelle essentialistischer Kategorien die Urschrift, die nur als Spur oder Supplement zu fassen ist. Die Pointe all dieser Gegenbegriffe zielt – ganz im Gegensatz zur Goetheschen Feier von Augenblick und Gegenwart – auf eine »in den Sinn der Gegenwart eingeschriebene Nicht-Präsenz des Anderen«.[58] Auf das Kapitel »Das Draußen ist das Drinnen« folgt eines mit dem Titel »Das Drinnen ist das Draußen«. Die Kopula ist dabei kreuzweise durchgestrichen – die sinnfällige Verweigerung einer langen Tradition semiotischer und syntaktischer Praxis.

55 Jacques Derrida, *Grammatologie*, Frankfurt/M. 1974, S. 17.

56 Derrida, *Grammatologie*, S. 29.

57 Derrida, *Grammatologie*, S. 95.

58 Derrida, *Grammatologie*, S. 124.

Allegorie und Symbol: weltlose und welthafte Innerlichkeit

Mittelalterliche Allegorie: Medium des inneren Menschen

Vorab ist auf einen Unterschied hinzuweisen, der zwischen der antiken ›Allegorese‹ und der mittelalterlichen ›allegorischen Fiktion‹ besteht. Bei jener handelt es sich um eine hermeneutische, bei dieser um eine poetische Praxis. Jene bezog sich auf eine an kanonischen Texten entwickelte Interpretationstechnik, die traditionswichtigen Texten ihr Fortleben in einem veränderten kulturellen Kontext sichern sollte, diese bezieht sich auf ein narratives Genre, das im Spätmittelalter zur beliebtesten poetischen Ausdrucksform avancierte. Beiden gemein ist indessen der allegorische *modus dicendi*, die Form der »anderen Rede«, die in dem Satz formuliert ist: *aliud verbis, aliud sensu ostendit* (das eine wird durch Worte, das andere durch den Sinn angezeigt). Damit sind wir wieder bei der Doppelstruktur des Zeichens angelangt, und zwar in jener Form, die die Differenz zwischen Signifikant und Signifikat emphatisch betont. Der allegorische Modus ist der Modus der ›Indirektion‹ (Meir Sternberg), bei dem Worte und Bilder nicht gradlinig bezeichnen, sondern umwegig über zusätzliche Codes auf eine festgelegte Bedeutung zu beziehen sind. In diesem Sinne ist die Allegorie ein gespreiztes Zeichen, bei dem Außenseite und Innenseite in fühlbaren Abstand voneinander gerückt sind. Diese Spreizung oder Indirektion dient nicht nur der Verhüllung und Verstellung geheimen Sinns, der den Uneingeweihten entzogen bleiben soll, sie dient ebenso sehr der Ausdehnung des Sagbaren und der Erforschung des Unsichtbaren. Der allegorische *modus dicendi*, so fasst Hans Robert Jauß zusammen, ermöglicht dem mittelalterlichen Dichter die »Vorstellung unsichtbarer, vergangener und zukünftiger Dinge«.[59] Deshalb möchte Jauß im Anschluss an Blumenberg die Allegorie als »Poesie des Unsichtbaren« verstanden wissen und damit als ein »poetisches Seitenstück zu der gleichfalls noch ungeschriebenen ›Geistesgeschichte des Unsichtbaren‹«.[60]

59 Hans Robert Jauß, »Entstehung und Strukturwandel der allegorischen Dichtung«, in: ders. u. a. (Hg.), *Grundriß der romanischen Literaturen des Mittelalters*, Heidelberg 1968, S. 146-244, hier 155.

60 Hans Robert Jauß, »Allegorische Dichtung als Poesie des Unsichtbaren«, in:

Bereits in der Spätantike signalisiert die Hinwendung zum Genre der Allegorie, die mit Namen wie Boethius und Macrobius verbunden ist, eine Hinwendung zu neuen Sujets, die durch Unsichtbarkeit, Entrücktheit, Transzendenz und Innerlichkeit zu bestimmen sind. Um zu diesen Themen vorzustoßen, muss vom Äußerlichen, Sinnfälligen, Sichtbaren abgesehen werden. Bevor man in den Bereich des Innen eindringen kann, muss der Bereich des Außen suspendiert, stillgelegt, de-realisiert werden. Das Modell solcher Stillstellung des Außen ist der Schlaf. Zu den Eingangskonventionen allegorischer Fiktionen gehört die Szene des Einschlafens und des ›Erwachens in einen Traum‹ hinein, der die inneren Sinne aktiviert und zur Wahrnehmung des Unsichtbaren befähigt. Mit dem Einschlafen wird das Auge des Leibes geschlossen und das des Geistes geöffnet.

Der allegorische *modus dicendi* war im Mittelalter mit einer Hinwendung zum unsichtbaren Jenseits und Innen verbunden gewesen. Er setzte eine Abkehr von der Außenseite des gefallenen Kosmos voraus.[61] Die fortschreitende Sakralisierung des Kosmos, eine Entwicklung, für die Goethe wohl den Gipfelpunkt darstellt, hat zu einer Abwertung der Allegorie und emphatischen Aufwertung des Symbols geführt. Die Natur selbst galt nun als offenbarungsmächtig, sie erschien dem, der nur recht hinzuschauen verstand, als ein einziges Eleusis. Symbol wurde zu einem komplexen Wertbegriff, der Daseinsbejahung, Weltbeheimatung, Naturtheologie, kosmische Energie und Immanentismus einschloss. Fest steht, dass das Bildungsbürgertum des 19. und 20. Jahrhunderts mit seiner affirmativen Gleichsetzung von Wahrem, Schönem und Gutem dieses Weltgefühl emphatisch übernommen hat.

ders. (Hg.), *Alterität und Modernität der mittelalterlichen Literatur. Gesammelte Aufsätze 1956-1976*, München 1977, S. 28-34, hier: 29. Vgl. auch: Hans Robert Jauß, »Baudelaires Rückgriff auf die Allegorie«, in: ders. (Hg.), *Studien zum Epochenwandel der ästhetischen Moderne*, Frankfurt/M. 1989 [1979], S. 166-188, hier S. 167.

61 Worauf wir hier nicht eingehen können: In der Renaissance und im Barock feiert die Allegorie aus anderem Grund Triumphe; nicht mehr in der Tonart der Askese und Weltverneinung, sondern als Medium der Steigerung, Überhöhung und Idealisierung der Gegenwart. Vgl. zu diesem Thema Rudolf Wittkower, *Allegorie und der Wandel der Symbole in Antike und Renaissance*, Köln 1984; sowie Dirk Niefanger, *Barock*, Stuttgart 2006.

Moderne Allegorie: Medium des entfremdeten Menschen

Wer dieses geschichtsmächtige Lebensgefühl aus welchen Gründen auch immer nicht teilen konnte, der hatte sich nach einer anderen Ästhetik umzusehen. Die Wiederentdeckung der Allegorie setzte im 19. Jahrhundert unter denen ein, die am Rande des bürgerlichen Bildungskosmos standen, und kann als eine Folge der von Max Weber so genannten ›Weltentzauberung‹ gesehen werden. Darunter ist die rationale und technische Zurichtung der Natur zu einem Rohstoff zu verstehen, dem jegliche immanente Bedeutungshaftigkeit und Erleuchtungskraft abgeht. Denn historisch durchgesetzt hat sich ja nicht Goethes Zugang zur Natur und seine Vision einer Totalität kosmischer Energien und des dynamischen Zusammenspiels ihrer Metamorphosen, sondern »die konsequente Bloßlegung und Beanspruchung (ihres) puren Materialcharakters«.[62]

Noch zu Lebzeiten Goethes hat ein anderer Dichter, Baudelaire, seinen programmatischen Rückzug aus dem Kosmos deklariert und die Poesie zum Medium dieses Exodus gemacht. Nachdem der Weg zum Symbol als Inbegriff immanenter Sinnhaftigkeit und einer glückhaften momentanen Verschränkung von Innen und Außen im erfüllten Augenblick entwertet war, war der Weg zur Allegorie wieder offen.[63] Ihre Wurzeln hatte sie nicht in der Welt, sondern auf dem Grund der künstlerischen Seele. Unter den Bedingungen einer neuen Weltlosigkeit konnte Allegorie wieder aktuell werden als die Sprach- und Denkform des Unsichtbaren. Nach dem Zusammenbruch des Einklangs von Ich und Welt wurde die

62 Jacob Taubes, »Noten zum Surrealismus«, in: Wolfgang Iser (Hg.), *Immanente Ästhetik. Ästhetische Reflexion. Lyrik als Paradigma der Moderne*, München 1983 [1966], S. 139-143, hier S. 141.

63 Für Benjamin konnotierte der Gegensatz zwischen Symbol und Allegorie nicht nur die Opposition von Weltbeheimatung und Weltentfremdung, sondern auch die von Gegenwart und Geschichte. Für ihn stellt die Allegorie vor allem eine Beziehung zu dem her, was das Symbol ausgrenzt, nämlich Zeit und Tod. Dazu zwei Zitate: »Während im Symbol [...] das transfigurierte Antlitz der Natur im Lichte der Erlösung flüchtig sich offenbart, liegt in der Allegorie die *facies hippocratica* der Geschichte als erstarrte Urlandschaft dem Betrachter vor Augen.« (Benjamin, *Trauerspiel*, S. 182 f.) »Auf dem Antlitz der Natur steht ›Geschichte‹ in der Zeichenschrift des Vergängnis. [...] Allegorien sind im Reiche der Gedanken, was Ruinen im Reiche der Dinge.« (Ebd., S. 197)

Allegorie abermals zum Medium einer Poesie des Jenseits (*au-delà*), auf das sie jetzt nicht mehr verwies, das sie aber selbst konstituierte. Diesen Gedanken hat Jacob Taubes in einer wichtigen Kontroverse mit Hans Blumenberg so gefasst: »Die Poesie ist das einzige Jenseits, nicht weil sie den Bogen spannt zwischen ›Diesseits‹ und ›Jenseits‹, zwischen Oben und Unten: sie ist das Jenseits selbst. Das Wort bezeugt nicht, sondern ist selber Transzendenz.«[64]

Um die Bedeutung dieses »Jenseits« zu verstehen, sind einige Worte der Erläuterung angebracht. Die realistischen Autoren, die mit dem allegorischen *modus dicendi* wenig anzufangen wussten, hatten die Aussageform der Allegorie nicht als eine Sichtbarmachung des Unsichtbaren, sondern als eine Unsichtbarmachung des Sichtbaren empfunden: »alle Erdengegenwart war zu Himmels-Zukunft verflüchtigt. Was blieb nun dem poetischen Geist nach diesem Einsturze der äußeren Welt noch übrig? – Die, worin sie einstürzte, die innere!«[65] Diesen Einsturz der äußeren Welt in die innere hatten zuerst die antiken Gnostiker und Apokalyptiker inszeniert. Sie hatten die Grenze zwischen Gott und Welt zu einer polemischen Opposition von weltlicher und göttlicher Macht gesteigert, ein Dualismus, der sich im Menschen noch einmal wiederholte. Die Lehre vom Pneuma als einer innermenschlichen Transzendenz befestigte die Idee »eines transzendenten, a-kosmischen Selbst im Menschen, eines a-kosmischen Ichkerns, eines letzten, unbezüglichen Innen in Entsprechung zum transmundanen Gott«.[66]

In genauer Entgegensetzung zum plotinisch-goetheschen Modell der kosmischen Versöhnung durch Verschränkung von Mensch und Natur insistiert dieses gnostisch-apokalyptische Modell auf der Entfremdung von Mensch und Welt. Dabei gilt für beide das Prinzip der Entsprechung oder Teilhabe, das den Menschen mit dem Göttlichen verbindet. Mit dem wesentlichen Unterschied freilich, dass im gnostischen Denken diese Vereinigung jenseits der Welt stattfindet und nicht in ihr, dass der gesamte Raum der Schöpfung

64 Taubes, »Noten zum Surrealismus«, S. 143. Zur Taubes-Blumenberg-Kontroverse vgl. auch: Herbert Kopp-Oberstebrink, Martin Treml (Hg.), *Hans Blumenberg. Jacob Taubes. Briefwechsel 1961-1981 und weitere Materialien*, Berlin 2013.

65 Jean Paul, *Vorschule der Ästhetik. Nebst einigen Vorlesungen in Leipzig über die Parteien der Zeit*, in: Norbert Miller (Hg.), *Jean Paul. Sämtliche Werke*, Darmstadt 1995, Abt. I, Bd. 5, S. 7-456, hier S. 93.

66 Taubes, »Noten zum Surrealismus«, S. 142.

eingeklammert werden muss, um der Transzendenz als dem ganz Anderen Raum und Zeit zu geben.

Fassen wir zusammen: Im symbolischen Modus spricht sich eine romantische Innerlichkeit aus, die tiefe Einblicke getan hat in die Geheimnisse der Natur. Im allegorischen Modus spricht sich eine nachromantische Innerlichkeit aus, die die Intransparenz und Intransigenz der entzauberten Welt erfahren hat. An die Stelle des lyrischen Subjekts mit seiner Gleichgestimmtheit von Seele und Natur, dem jedes Ding zum sprechenden Symbol werden kann, treten die Szenarien des Allegorikers mit den irrealen Landschaften des Ennui. Der Allegoriker montiert »Collagen des Umschlags, der wechselseitigen Umbesetzung von äußerer und innerer Realität«,[67] die mit Goethes osmotischem Austausch von Innen und Außen nicht mehr das Geringste zu tun haben.

Die mittelalterliche Allegorie war präsubjektiv. Der Innenraum, den sie öffnete, war kein individueller, sondern ein allgemein anthropologischer, in dem die Bereiche des Psychologischen und Moralischen ungeschieden waren. Die moderne Allegorie ist postsubjektiv. Den Unterschied zwischen mittelalterlicher und moderner Allegorie oder, wenn man so will, zwischen präsubjektiver und postsubjektiver Innerlichkeit hat Jauß folgendermaßen zusammengefasst:

> War Allegorie zu Beginn der Ära christlicher Literatur das neue Medium, die im christlichen Glauben entdeckte innere Welt zu verbildlichen, sie in Landschaften der Seele und näherhin als Kampf objektiver Mächte *in* der Seele und zugleich *um* die Seele sichtbar zu machen, wobei ganz allmählich das Ich als Einzelseele in die allegorische Szene trat, so dient Allegorie Baudelaire am Ende der romantischen Ära dazu, den Einklang von Innerlichkeit und Welt zu zerbrechen und gegen das autonom gewordene Subjekt die Mächte des Unbewußten auf den Plan zu rufen.[68]

Die Allegorie wurde wiederentdeckt in einer Zeit, in der Subjektverlust und Entfremdung eine existentielle Erfahrung geworden waren. Für Walter Benjamin war der Blick des Allegorikers der Blick des Entfremdeten.[69] Er sah in der Allegorie die Aussageform der Moderne schlechthin.

67 Jauß, »Baudelaires Rückgriff auf die Allegorie«, S. 184.
68 Jauß, »Baudelaires Rückgriff auf die Allegorie«, S. 181.
69 Walter Benjamin, *Illuminationen*, Frankfurt/M. 1961, S. 194.

Etwas steht für etwas anderes: diese Doppelstruktur des Zeichens hat einen Raum zwischen Außen und Innen aufgespannt. Dieser Raum ist zugleich der Raum der Kultur, in dem, wie wir an Beispielen gesehen haben, ganz unterschiedliche Zeichentheorien, Werte und Weltverhältnisse entstanden sind, sich entwickelt und miteinander gerungen haben. Ganze philosophische Dramen und heftige geisteswissenschaftliche Auseinandersetzungen hängen an der Frage, wie die Doppelstruktur des Zeichens zu bewerten und der Umgang mit der Welt zu gestalten ist. Die puritanische Auffassung, die Shakespeare in seiner Szene der Kästchenwahl präsentiert, ist von einem tiefen Misstrauen gegen die Sinne im Allgemeinen und das Auge im Besonderen geprägt. Diese Zeichentheorie der Differenz stützt ein Weltverhältnis der Transzendenz und disqualifiziert die sinnliche Welt als Raum der Gefahren durch Verstellung und Verführung. Die physiognomische Auffassung, die das Außen als Hinweis auf das Innen liest, wertet den Kosmos auf, in dem sie Spuren und Signaturen der Transzendenz als geheime und zugleich offenbare Botschaften eingelassen findet. Dieses Weltverhältnis der Resonanz wird von Goethe durch eine Theologie des Auges weiter gesteigert, die die sowohl konstruktive als auch rezeptive Kraft des Blicks in den Mittelpunkt stellt. Damit werden der Gegensatz von Außen und Innen aufgehoben und die Barrieren zwischen Ich und Welt beseitigt. Auf diese *Entschränkung* des Subjekts, das auch ein Weltverhältnis der Autonomie stützt, reagiert die Zeichentheorie der modernen Allegorie, die die Differenz zwischen Außen und Innen wieder aufrichtet und die Fusion von Ich und Welt im Rahmen eines Weltverhältnisses der Entfremdung aufbricht. Erst wenn wir das Spannungsverhältnis der Zeichen zwischen Außen und Innen wahrnehmen und die impliziten historischen Zeichentheorien in unsere Lektüre einbeziehen, werden wir hellhörig für die existentiellen Parteinahmen für Transzendenz oder Immanenz, Weltbeheimatung oder Weltlosigkeit, die in diese Texte immer schon mit eingegangen sind.

II. Alte und neue Hieroglyphen

4. Die Wiederkehr der Hieroglyphen

Nicht nur Worte sind emblematisch,
auch Dinge sind emblematisch.
Ralph Waldo Emerson, *Nature*

Die altägyptischen Hieroglyphen haben eine bemerkenswerte Geschichte gehabt. Mehr als drei Jahrtausende haben sie im alten Ägypten in Schreiberschulen und Kanzleien, in Korrespondenzen und Erlassen sowie auf Grabwänden und öffentlichen Monumenten ihren Dienst getan. Sie haben zwischenmenschliche Kommunikation ermöglicht, haben als Aufzeichnungsspeicher gedient und sind als Medium der Verewigung eingesetzt worden. Mit dem Niedergang des Pharaonenstaates in Ägypten sind sie funktionslos geworden und überlebten nur noch auf den Ruinen der Tempel als fossile Zeichen einer untergegangenen Kultur. Damit war das Ende der Hieroglyphen aber noch keineswegs besiegelt. Nach dem Ende ihrer Funktionsgeschichte begann ihre Rezeptionsgeschichte in einer anderen Kultur, die vom alten Ägypten nur wenige, unklare Vorstellungen behalten hatte. Doch gerade dieses Nichtwissen erwies sich als produktiv: je geringer die tatsächlichen Kenntnisse über Ägypten und seine Hieroglyphen, desto größer war der Raum für Spekulationen und Projektionen. So sind die ägyptischen Hieroglyphen insbesondere seit der Renaissance zur Projektionsfläche für etwas unerschöpflich Fremdes und Geheimnisvolles geworden. Die Fremdheit der Hieroglyphen bildet den Kern einer Faszinationsgeschichte, in der die abendländische Kultur dem anderen ihrer selbst begegnet. In der Geschichte der westlichen kulturellen Evolution verkörpern die altägyptischen Schriftzeichen etwas längst Überwundenes und Überholtes, etwas tief Vergessenes und Verlorenes, das zum Gegenstand von Rückerinnerungen und Ursprungsphantasien wurde. Wie ist den altägyptischen Schriftzeichen diese Aura zugewachsen? Wie konnten sie die enorme Bedeutung gewinnen, die sie als permanentes Rätsel und unerschöpfliche Herausforderung angenommen und behalten haben?

Im Hieroglyphendiskurs kristallisieren sich Denkformen und Phantasien heraus, die das ausgeschlossene Andere der westlichen Mediengeschichte in den Mittelpunkt stellen, indem sie aufgreifen, was durch den Hauptstrom abendländischer Schriftkultur verdrängt worden ist. Gegenstand der Hieroglyphenfaszination sind deshalb nicht die altägyptischen Schriftzeichen, sondern ihre Betrachtung in esoterischer, utopischer, kritischer oder nostalgischer Perspektive. Bemerkenswert ist, dass diese Faszinationsgeschichte der Hieroglyphen mit der Geburtsstunde der professionellen Ägyptologie nicht erloschen ist, sondern ungeschmälert anhielt. Das spricht dafür, dass es in der Faszinationsgeschichte der Hieroglyphen weniger um die Schriftzeichen einer fremden Kultur als um eine imaginative Auseinandersetzung mit den Leitbegriffen, Zeichen und Medien der eigenen Kultur geht.

Hieroglyphen als Lautzeichen und Sinnzeichen

Nachdem es Jean François Champollion im Jahre 1822 gelungen war, den Code der Hieroglyphen zu knacken, entstand im 19. Jahrhundert die Wissenschaft der Ägyptologie, die Ägypten aus seinen Quellen heraus wieder zum Sprechen brachte. Die Kenntnis dieser Hieroglyphen macht seither einen Wissensbestand aus, den jede Ägyptologie-Studentin im Grundstudium absolvieren muss. Als Student dieses Fachs lernt man, dass jedes Schriftzeichen die streng konventionalisierte Abbildung eines realweltlichen Gegenstands ist. Das Ideal dieses Systems besteht dabei nicht wie in unserem Alphabet in einer möglichst ökonomischen Reduktion des Zeichenbestands auf 20 bis 25 Elemente, sondern in einer umfassenden bildlichen Codifizierung von Welt. Die Schrift wird auf diese Weise zu einem Archiv der Welt; sie fixiert, zeigt und bewahrt, was es an Naturdingen und menschlichen Geräten gibt. Der Reichtum und die Diversifikation dieses ikonischen Schriftsystems ist grundsätzlich nach oben offen. Die Schrift verwendet ca. 800 Zeichen. Was man als Student ebenfalls lernt, ist, dass sich die Hieroglyphen keineswegs direkt auf die Welt, sondern in Form von 1-, 2-, und 3-Konsonanten-Zeichen auf die lautliche Ebene der Sprache beziehen. Da Vokale im Altägyptischen (wie im Arabischen oder Hebräischen) nicht geschrieben werden, kommt es dabei zu einer Häufung von ›Homographen‹, das sind gleichgeschriebene Worte mit unterschiedlicher Lautung und Bedeutung. Um das Problem mit Hilfe der deutschen Sprache und Schrift zu verdeutlichen: die Konsonantenfolge T und R (die im Ägyptischen mit einem Bild für Brot und einem Bild für Mund wiedergegeben wird) kann für so unterschiedliche Worte wie ›Tür‹ und ›Tier‹ stehen. Also bedarf das Schriftsystem ergänzender Zeichen, die dem Leser signalisieren, ob das eine oder andere Wort gemeint ist. Diese Funktion einer Lesehilfe erfüllen die so genannten ›Determinative‹, die selbst *keinen* Lautwert haben, sondern allein dazu dienen, das Wort gegenüber anderen gleichgeschriebenen Worten semantisch zu vereindeutigen. Die Buchstabenkombination ›T R‹ in der Bedeutung für Tür würde man mit einem Zeichen für Architektur, zum Beispiel mit dem schematisierten Grundriss eines Hauses, kennzeichnen, ›T R‹ in der Bedeutung für Tier mit einem zoologischen Zeichen, zum Beispiel mit einem Tierfell mit Schwanz.

Hieroglyphe	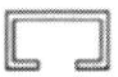					
Beschreibung	Haus-grundriss	Sonne	Laufendes Beinpaar	schlagender Arm	Fell	Gans
Begriff	Raum	Zeit	Bewegung	Gewalt	Tier	Vogel

Abb. 5: Ägyptische Hieroglyphen: Sinnklassen

Im Dienste solcher Vereindeutigung haben die Ägypter eine ganze Reihe von Sinnklassen erfunden. Das Entscheidende an diesen ›Determinativen‹ ist, dass sie *stumme* Zeichen sind; sie können nicht laut gelesen werden, weil ihnen keine Worte entsprechen. Darin gleichen sie den operationalen Zeichen unseres Schriftsystems wie Ausrufungszeichen, Anführungszeichen, Gedankenstrich, Komma und Punkt, die ebenfalls Lesehilfen darstellen aber selbst nicht mitgelesen werden. Als eine Parallele für den rein bildlichen Charakter der Determinative können wir als eine neue Parallele auch den auf Smartphones so beliebten Code der Icons und Emoticons anführen. Abstrakte Begriffe wie ›Zeit‹ und ›Raum‹, ›Säugetier‹ und ›Vogel‹, ›Bewegung‹ oder ›Gewalt‹ existierten für die alten Ägypter also nicht in sprachlicher, sondern nur in bildlicher Form. Die ikonische Schrift der Ägypter besteht somit aus Laut- *und* Sinnzeichen oder, genauer: aus *akustischen* und *stummen* Bild-Zeichen, die einander ergänzen.

Obwohl es sich beim griechischen Alphabet und den ägyptischen Hieroglyphen jeweils um Lautschriften handelt, die Sprache aufzeichnen, funktionieren die beiden Schriftsysteme doch sehr unterschiedlich. Das griechische oder lateinische Alphabet beruht auf dem Prinzip der Abstraktheit. Wenn wir von ›abstrakter Malerei‹ sprechen, meinen wir damit gewöhnlich eine nichtgegenständliche, nicht abbildende Malerei, die auf das Prinzip der bildlichen Wiedererkennbarkeit willentlich verzichtet. Es ist derselbe Drang zur Rationalisierung und Abstraktion, der alphabetische Schriftsysteme begründet und in ihrer Effizienz enorm optimiert hat. Das Alphabet besteht aus einem eng begrenzten Inventar willkürlicher Zeichen, die an sich keinerlei Bedeutung haben. Der entscheidende Abstraktionsschritt bestand in der Isolierung einzelner Laute (Phoneme), die den verschiedenen Zeichen zugeordnet wurden, so dass mit nur 22 bis 24 Zeichen jedes beliebige Wort in jeglicher Sprache dargestellt werden konnte. In einem vokalisierten Alphabet konnte man zum ersten Mal auch Wörter einer fremden Sprache schreiben und laut lesen, ohne sie zu verstehen. Das ist die Folge der konsequenten Trennung des Zeichens in eine lautliche und eine semantische Ebene beziehungsweise in einen Signifikanten und ein Signifikat, die in keiner Beziehung der Ähnlichkeit oder sonst einer erklärbaren Motiviertheit zueinander stehen.

Von dieser Regel weichen Bilderschriften wie die der Maya-Kultur, der alten Ägypter oder der Chinesen offensichtlich ab. Die Ägypter haben am ikonischen Charakter ihrer Hieroglyphen über Jahrtausende festgehalten. Dieses Festhalten am Bild bezeugt aber keineswegs eine Unfähigkeit zur Abstraktion, sondern bezeugt einen eigenen kulturellen Willen und erfordert große Anstrengung. Eine Besonderheit stellt die altägyptische Schrift insofern dar, als sie sich in beide Richtungen der Abstraktion und der Ikonizität entwickelt hat. Neben der Hieroglyphenschrift als einer *scriptura monumentalis* oder Inschriften-Schrift, die dazu bestimmt war, an Tempelmauern, Grabwänden, Särgen und auf kostbaren Gegenständen angebrachten Texten im heiligen Raum der Dauer zu ewiger Präsenz zu verhelfen, gab es in Ägypten auch eine handliche Kanzleischrift, das so genannte ›Hieratische‹, das mit der Binse in Tinte auf Papyrus aufgetragen wurde. Diese Schrift, eine stark abstrahierte Variante der Hieroglyphenschrift, wurde zur Aufzeichnung von Texten, zur Memorierhilfe, Buchführung und Archivierung gebraucht. Während im System der öffentlichen Inschriften-Schrift der Hieroglyphen über Jahrtausende kein Häkchen ihres anschaulichen Bildcharakters verloren ging – die Darstellung der Eule, die für den Konsonanten »M« steht, behält von der Frühzeit bis zur Spätzeit ihre feine Innengliederung –, unterliegen dieselben Zeichen im Hieratischen jenem unwiderstehlichen Drang zur vereinfachenden Abstraktion, der jeder funktionalen Schreibschrift eigen ist.

Abb. 6: Drei Varianten der Hieroglyphe für den Lautwert ›M‹

Die zweite Eule ist 1500 Jahre nach der ersten entstanden. Dieses Beispiel belegt die beeindruckende ikonische Konstanz der Hieroglyphenschrift. Jede Eule wurde in diesem Zeichensystem über die Jahrtausende hinweg mit mehr oder weniger Detailfreude als vollständiges wiedererkennbares Bild im Rahmen desselben kulturellen Stilisierungsschemas nacherschaffen. Das wird deutlich, wenn man den ägyptischen Eulen eine griechische gegenüberstellt, die innerhalb eines anderen kulturellen Stilisierungsschemas entstanden ist.

Abb. 7: Griechische Eule auf einem attisch-rotfigurigen Gefäß

Das dritte Zeichen in Abb. 6 stellt ebenfalls ein M dar, wobei die Wiedererkennbarkeit der Eule jedoch in dem abstrakten Kürzel der hieratischen Schreibschrift gänzlich verloren gegangen ist. In den beiden Schriftsystemen, der ikonischen Inschriftlichkeit der Hieroglyphen einerseits und der abstrakten Handschriftlichkeit des Hieratischen andererseits, sind zwei kulturelle Funktionen ausdifferenziert, die des ›Gedächtnisses‹ und die des ›Gebrauchs‹.[1] Die Repräsentationsfunktion des Gedächtnisses hängt an der Bildlichkeit der hieroglyphischen Schriftzeichen, weshalb diese mit großem Aufwand über die Jahrtausende gepflegt und bewahrt worden sind. Die Hieroglyphen sind nämlich übercodiert; sie enthalten zusätzlich zur Sprachreferenz noch eine weitere Dimension, die Weltreferenz.[2]

Die Hieroglyphenschrift codiert nicht nur Lautzeichen der Sprache, sondern macht in ihrer Bildhaftigkeit auch die Welt unmittelbar lesbar und erhält sie damit zugleich auch lesbar. Die Codierung

1 Jan Assmann, »Gebrauch und Gedächtnis. Die zwei Kulturen des pharaonischen Ägypten«, in: ders., *Stein und Zeit. Mensch und Gesellschaft im alten Ägypten*, München 1991, S. 24-27.

2 Jan Assmann, »Sprachbezug und Weltbezug der Hieroglyphenschrift«, in: ders., *Stein und Zeit*, S. 76-92.

der Welt in emblematischer Dingschrift entspricht dem Bedürfnis nach Dauer. Was auch immer mit der menschlichen Sprache geschehen mag, der kosmische Text bleibt konstant. Die Aggressivität des Krokodils, die Schnelligkeit des Hasen, die Gewalt und Souveränität des Löwen, das sind Dinge, auf die man sich verlassen kann. Die Tiere waren den Göttern näher, weil sie den Menschen die wesensmäßige Zuverlässigkeit voraushatten, mit der man sie ein für alle Mal ausgestattet hatte. Diese in der Schöpfung artikulierte natürliche Ordnung bildete den stabilen Rückpfeiler der fragilen menschlichen Ordnungen. In der altägyptischen Hieroglyphenschrift sind also zwei Ordnungen verankert: die menschliche Ordnung der Sprache und die göttliche Ordnung der Welt. Die »Hieroglyphenschrift der Götter« inventarisiert die Welt als ein enzyklopadisches Bildlexikon oder *orbis pictus*, wie der spätere Titel eines Buches von Amos Comenius heißt.[3] Das Festhalten an der Bildlichkeit der Zeichen erweist sich damit als eine Affirmation der göttlichen Signatur der Welt und eine Bestätigung ihrer unveränderlichen Dauer. Kein Wunder also, dass die Hieroglyphenschrift diesen Bildcharakter bis ins allerletzte Stadium ihrer Verwendung, das heißt bis ins vierte nachchristliche Jahrhundert hinein, akkurat bewahrt hat.

Die Wiederentdeckung, Entzifferung und Wirkungsgeschichte der Hieroglyphen

»Eine große Menge symbolisch-emblematischer Bücher und Verzeichnisse erschien zu Ende des sechzehnten und im Anfange des siebenzehnten Jahrhunderts. – Warum?«[4] Als Johann Gottfried Herder Ende des 18. Jahrhunderts diese Frage stellte, war die Konjunktur der Emblembücher schon wieder vorbei. Während die Konjunktur der Emblemata ein historisches Phänomen in engen zeitlichen Grenzen geblieben ist, hat die Faszination der Hieroglyphen immer neue Wiederbelebungen erlebt und ist bis heute nicht

3 Johann Amos Comenius, *Orbis sensualium pictus*, hg. v. Hellmut Rosenfeld und Otto Zeller, Osnabrück 1964 [Faksimiledruck der Ausgabe von 1658].

4 Herder über den Pansophen Johann Valentin Andreae in: Johann Gottfried Herder, *Zerstreute Blätter. Fünfte Sammlung 1793*, in: Heinrich Dünker (Hg. und Anm.), *Herder's Werke. Nach den besten Quellen revidirte Ausgabe. Fünfzehnter Theil: Zerstreute Blätter*, Berlin ca. 1879, S. 217-378, hier S. 247.

verschwunden. Die Geschichte dieser anhaltenden Faszination soll hier in ihren wichtigen Etappen kurz rekapituliert werden.

Die Hochkonjunktur des Hieroglyphendiskurses in der Renaissance verdankt sich einem Zusammentreffen dreier Traditionen:

- erstens der christlich-platonisierenden Topik vom ›Buch der Natur‹, die der scholastischen Theologie der Schriftoffenbarung eine »natürliche Theologie« der Schöpfung an die Seite stellte,
- zweitens der Auffindung der *Hieroglyphika* des Horapollon, eines griechischen Manuskripts, das im 5. Jahrhundert entstand, 1419 nach Italien gelangte und 1517 im Druck verbreitet wurde, wobei es einen wichtigen Anstoß zur Beschäftigung mit geheimnisvollen Schriftzeichen als Spuren einer verlorenen Urweisheit auslöste, und
- drittens dem Aufblühen der hermetischen Tradition im Zusammenhang der in den Westen gelangten und von Marsilio Ficino ins Lateinische übersetzen Traktate des *Corpus Hermeticum*. Die hermetischen Schriften galten als Werke eines ägyptischen Weisen, der lange vor Moses lebte, und man nahm an, dass er die Hieroglyphen erfunden habe, um eine göttliche Uroffenbarung zu überliefern.

Ohne die Lehre vom Buch der Natur hätten die Hieroglyphen des Horapollon niemals die zeichentheoretische Sensation auslösen und ihre Breitenwirkung entfalten können, und ohne das *Corpus Hermeticum* sowie die damit verbundene Idee einer Prisca Theologia wäre ihnen nicht der Rang eines die Urgeheimnisse der Menschheit vermittelnden Schriftsystems zugewachsen. Weitere Meilensteine der Hieroglyphenfaszinationsgeschichte sind die *Hypnerotomachia Poliphili* des Francesco Colonna, die in einer aufwendig bebilderten Prachtausgabe zum ersten Mal 1499 in Venedig erschienen, und das *Emblematum liber* des Mailänder Rechtsgelehrten Andreas Alciatus, das 1531 zuerst in Augsburg erschien und dem in Europa mehr als 150 Auflagen folgten.

Ein weiterer wichtiger Kontext für die Faszination der ägyptischen Hieroglyphen war die Suche nach einer vollkommenen Ursprache. In der besonders friedlosen Zeit der Religionskriege wurde die biblische Geschichte vom Turmbau zu Babel zum grundlegenden Mythos.[5] So wie mit der Verwirrung der Sprachen Verständi-

5 Vgl. Arno Borst, *Der Turmbau zu Babel*, 7 Bde., Stuttgart 1957-1963.

gung und Frieden aus der Welt verschwunden waren, sollte mit der Wiederfindung der gemeinsamen Ursprache die allgemeine Grundlage für Verständigung und Versöhnung zurückgewonnen werden. »Von allen Menschen, die unter der babylonischen Sprachverwirrung litten«, schrieb Sir Thomas Browne in der ersten Hälfte des 17. Jahrhunderts, »haben die Ägypter den besten Ausweg gefunden.«[6] Ihr Vorsprung vor anderen Nationen und Kulturen lag darin, dass »sie ein Alphabet von Dingen und nicht von Wörtern« benutzten und sich »in der Schrift und Sprache der Natur« ausdrückten.[7] Im Interesse der Renaissance an Hieroglyphen als einem universalen Kommunikationsmedium verband sich eine semiotische Idee mit einer politischen Utopie. Da als Wurzel des Unfriedens nicht menschliche Schwächen wie Machtgier oder Fanatismus, sondern das Problem des Missverständnisses ausgemacht wurde, glaubte man, die Vision eines Friedenszeitalters mit semiotischen Mitteln verwirklichen zu können. Einige setzten dabei auf die Wiederherstellung der menschheitlichen Ursprache, die manche in den Bildern der ägyptischen Hieroglyphen, andere in den gesprochenen Lauten des Hebräischen erkannten. Andere wiederum setzten auf die Erfindung und Einführung eines neu zu konstruierenden translingual verständlichen Codes.[8]

Eine markante Zäsur in der Rezeptionsgeschichte der ägyptischen Hieroglyphen setzt ihre Entzifferung durch Jean François Champollion im Jahre 1822. Nach einer langen Vorgeschichte des Spekulierens und Suchens gelang ihm dieser Durchbruch mithilfe des berühmten Rosetta-Steines. Auf dieser Basis konnte er sicher nachweisen, dass es sich beim altägyptischen Schriftsystem um eine kombinierte Laut-, Bild- und Begriffsschrift handelte. Dieser Durchbruch gelang ihm, weil er sich gänzlich von vorgängigen Theorien zu lösen vermocht hatte, die unter Hieroglyphen automatisch symbolische Bilder mit geheimnisvoller Bedeutung verstan-

6 Sir Thomas Browne, »Of the Hieroglyphical Pictures of the Egyptians«, in: Geoffrey Keynes (Hg.), *The Works of Sir Thomas Browne. Vol. II: Pseudodoxia Epidemica Books I-VII*, London 1964, S. 379-381, hier S. 379 (Übers. A. A.).

7 Sir Thomas Browne, »Of the Same«, in: Keynes (Hg.), *The Works of Sir Thomas Browne. Vol. II*, S. 59-62, hier S. 61 (Übers. A. A.).

8 Vgl. Umberto Eco, *Die Suche nach der vollkommenen Sprache*, übers. v. Burkhart Kroeber, München 1994, bes. Kap. 7 »Die vollkommene Sprache der Bilder«, S. 153-187.

den. Champollions bahnbrechende Entdeckung der ägyptischen Hieroglyphen als einer Lautschrift hat die philologische Disziplin der Ägyptologie hervorgebracht und war der Anstoß dafür, dass über Ägyptisches nicht länger im Modus der Spekulation gesprochen werden musste. Champollion hat die alten Ägypter mit seiner Entdeckung gewissermaßen aus ihrem Dornröschenschlaf geweckt, in den sie nach dem Untergang ihrer Kultur für anderthalbtausend Jahre gefallen waren. Denn mit der Entzifferung ihrer Schrift fingen sie jetzt erstmals wieder selbst zu sprechen an. Das Bild, das man sich von ihnen machte, musste sich fortan an der reichen schriftlichen Überlieferung dieser Kultur messen lassen.

Für die Entzifferungsgeschichte der Hieroglyphen gilt mit besonderem Nachdruck ein Satz, den Sir Thomas Browne im 17. Jahrhundert niederschrieb: »Wissen wird durch Vergessen gewonnen, und um einen klaren und triftigen Bestand an Wahrheiten zu erwerben, müssen wir uns von vielem trennen, was in unseren Köpfen festsitzt.«[9] Seit Auffindung der spätantiken Hieroglyphenbücher des Horapollon im Jahre 1419 galten die Hieroglyphen ja als entziffert, weil man überzeugt war, den Schlüssel zu ihrer Lesung bereits in der Hand zu halten. Man musste also erst einmal das Bewusstsein einer offenen Frage wiedergewinnen. Champollions Hauptleistung bestand deshalb in der Kühnheit, sich von Horapollon und dem auf ihm aufbauenden Wissensgebäude freizumachen. Im Rahmen dieses Diskurses hatte sich jedoch ein so starker und bedeutungsvoller Begriff von ›Hieroglyphe‹ herausgebildet, dass sich dieses Wissen nicht mehr so einfach ›vergessen‹ ließ. Man gab sich deshalb mit Champollions Entdeckung nicht zufrieden und wehrte sich erbittert gegen die Einsicht, dass die ägyptischen Hieroglyphen gar keine ›richtigen Hieroglyphen‹, sondern nur bloße Schriftzeichen seien. So konnte Friedrich Schlegel im Jahre 1825 an seinen Bruder August Wilhelm schreiben:

> Das Hieroglyphen-System des Champollion […] hat mich sehr angezogen und beschäftigt die Zeit her. Die andere Seite der Sache, ich meyne die eigentümlich symbolischen Darstellungen auf den ägyptischen Denkmahlen, scheint er freylich weniger zu verstehen, und keinen rechten Sinn dafür

9 Sir Thomas Browne, *Pseudodoxia Epidemica*, in: Norman Endicott (Hg.), *The Prose of Sir Thomas Browne*, New York, London 1968, S. 91-240, hier S. 97 (Übers. A. A.).

zu haben. Indessen wird auch diese dadurch gewinnen, wenn nur erst, was wirkliche Schrift ist und alle Buchstabenhieroglyphen ganz aufgehellt sind und dieses für sich von den eigentlichen symbolischen Darstellungen rein abgesondert dasteht.[10]

Zum traditionellen Begriff der Hieroglyphe gehört von Anfang an das Faktum, dass ihre eigentliche Bedeutung in Vergessenheit geraten und nie ganz wiederzugewinnen ist. Daher hoffte auch Friedrich Schlegel, selbst *nach* der vollständigen Entzifferung des Entzifferbaren (der ›Buchstabenhieroglyphen‹) einen Begriff für das Unentzifferbare (die ›eigentlichen Hieroglyphen‹) wiederzugewinnen. Champollions Hieroglyphen*wissen* war zwar unbezweifelbar korrekt, entsprach jedoch, wie dieses Beispiel zeigt, nicht dem zeitgenössischen Hieroglyphen*bedürfnis*. So erklärt es sich, dass sich völlig ungeachtet der wissenschaftlichen Lösung des Rätsels der Hieroglyphen der nicht-professionelle Hieroglyphendiskurs fortsetzte und auch heute noch nicht an sein Ende gelangt ist. Champollion hat den neuen Diskurs der Ägyptologie begründet, doch seine Entzauberung hat der jahrtausendealten Faszination der Hieroglyphen nichts anhaben können. Dazu war diese Geschichte viel zu reich und fest verankert; sie ließ sich nicht von heute auf morgen entwerten, sondern hat eine eigene Tradition mit der Kraft zur stetigen Wiederanknüpfung und Erneuerung hervorgebracht.

Knapp hundert Jahre vor Champollion hatten Giambattista Vico und William Warburton bereits unabhängig voneinander die Deutung der Hieroglyphen als Geheimschrift zurückgewiesen. Warburton ging davon aus, dass erst die Priester sie in einem späteren Stadium dazu gemacht hatten. Beide vertraten eine evolutionäre Schrifttheorie, nach der sich die Schrift vom Bild zum Buchstaben entwickelte. Die Bilder galten in diesem Geschichtskonzept als Urschrift der Menschheit und zugleich, da man zwischen Schrift und Sprache noch nicht unterschied, auch als die Ursprache. Am Anfang, so diese These, schrieben und sprachen die Menschen in Bildern. So verbanden sich bei Vico und Herder die Hieroglyphen mit Poesie, und diese galt als die ›Muttersprache der Menschheit‹.

10 Friedrich Schlegel, »233. Wien, den 27ten April 1825«, in: Oskar F. Walzel (Hg.), *Friedrich Schlegels Briefe an seinen Bruder August Wilhelm*, Berlin 1890, Bd. 2, S. 642-645, hier S. 643. Vgl. Axel Goodbody, *Natursprache. Ein dichtungstheoretisches Konzept der Romantik und seine Wiederaufnahme in der modernen Naturlyrik (Novalis – Eichendorff – Lehmann – Eich)*, Neumünster 1984, S. 38, Anm. 30.

Um 1800 ist für Dichter wie Schiller, Novalis und Heine die sinnerfüllte, von göttlichem Wirken belebte Welt mit abstrakter Naturwissenschaft nicht mehr kompatibel. »Flüsse, Bäume, Blumen und Tiere hatten menschlichen Sinn«[11] – solange »die Götter« Griechenlands noch herrschten. Von den Dichtern wurden sie aus ihrer Vertreibung zurückgerufen ins poetische Exil, wo sie die Aufgabe hatten, die entgötterte Welt mit einem mythologisch-künstlerischen Firnis zu überziehen. Die Emblemata haben in diesem Zuge den poetischen Fiktionen Platz gemacht. Während sie die Wende von einem kosmotheistischen beziehungsweise sinndurchwalteten zu einem naturwissenschaftlichen Weltbild nicht überlebt haben, sind die Hieroglyphen in Romantik und Moderne wiederentdeckt und zum Gegenstand neuer Faszination geworden.[12]

Die Wiedererfindung der Hieroglyphen stand in der Romantik generell im Zeichen einer poetologischen Umdeutung des Begriffs, wie er im 18. Jahrhundert angelegt war. Nachdem im Zuge der fortschreitenden Historisierung des Wissens die Vorstellung einer zeitlosen kosmischen Ordnung unhaltbar geworden war, wurde der Hieroglyphenbegriff innerhalb der Dichtungstheorie neu gefasst. Die Dichtung wurde als ein eigenes, autonomes und nichtarbiträres Zeichensystem anerkannt, das einen besonderen Zugang zur unmittelbaren Signifikation der natürlichen Zeichen öffnete. In einer naturwissenschaftlich erschlossenen Welt und einer durch und durch konventionalisierten Kultur verlagerte sich die Sehnsucht nach natürlichen Zeichen in die Poetik. »Die Poesie muss schlechterdings ihre willkürlichen Zeichen zu natürlichen zu erheben suchen«, schrieb Lessing in einem Brief an Nicolai vom 26. Mai 1769[13] und eröffnete damit den Blick auf ein Projekt, das später ins Zentrum der romantischen Kunsttheorie rücken sollte. Zum Inbegriff des natürlichen Zeichens wurde in der Ästhetik der Frühromantik die asemantische Sprache der Musik erklärt. Hier

11 Novalis, »Hymnen an die Nacht. Druckfassung im Athenäum«, in: ders., *Briefe und Werke. Bd. 2: Die Dichtungen,* Berlin 1943, S. 278-292, hier S. 284.

12 Vgl. dazu die Beiträge von Franz Mauelshagen, Barbara Hunfeld, Gabriele Rippl und Christian Emden, in: Aleida Assmann, Jan Assmann (Hg.), *Hieroglyphen. Stationen einer anderen abendländischen Grammatologie*, München 2003, S. 221-244; S. 281-290; S. 327-352; S. 297-327.

13 Gotthold Ephraim Lessing, »489. An Friedrich Nicolai«, in: Wilfried Barner u. a. (Hg.), *Gotthold Ephraim Lessing. Werke und Briefe in zwölf Bänden. Bd. 11, 1: Briefe von und an Lessing 1743-1770*, Frankfurt/M. 1987, S. 608-611, hier S. 609 f.

erschienen Ausdruck und Inhalt ähnlich untrennbar wie Bild und Schrift in der Hieroglyphe. Die Ästhetik der Frühromantik und der Moderne knüpfte an die Hieroglyphe an als ein amimetisches Zeichen und eine Figur der Selbstreferenz. Damit setzte sie sich von einer realistischen Ästhetik der Nachahmung ab, die die Kunst als Abbild der Welt verstand.[14] Nach dem Vorbild der Hieroglyphen wurden die Texte der Romantiker opak und geheimnisvoll, sie widersetzten sich dem Zugriff der Paraphrase und entfalteten ihr unausschöpfbares Potential erst im Prozess einer unabschließbaren Deutung. Im Zentrum dieser Entwicklung steht der Anspruch nach ästhetischer Autonomie.

Im Rahmen der modernen Technikgeschichte und der Entwicklung des Mediums (Stumm-)Film erlebten die Hieroglyphen, wie wir weiter unten sehen werden, noch einmal eine neue Konjunktur. Einige Theoretiker des neuen Mediums haben die Bilder des Films als eine neue Manifestation der Hieroglyphen beschrieben. In diesem Zusammenhang wurden Konnotationen wie ›Esoterik‹ und ›Arkanwelt‹ gestrichen und dafür die Bedeutung der ›Universalsprache‹ reaktiviert. Auf diese Weise ließen sich Hieroglyphen auf die modernen Erscheinungsformen der Kommerz- und Popkultur beziehen. Neben den Hieroglyphen als visuellen Ikonen einer neuen technischen Bildkultur zogen im 20. Jahrhundert aber auch die notorisch dunklen Hieroglyphen weiterhin Aufmerksamkeit auf sich. Sie wurden um 1900 als Urbilder der menschlichen Psyche und Traumbilder des Unbewussten wiederentdeckt, literarisch neu gedeutet und analytisch entziffert.[15]

14 Wilhelm Voßkamp, »›Alles Sichtbare haftet am Unsichtbaren‹. Bilder und Hieroglyphenschrift bei Wilhelm Heinrich Wackenroder, Ludwig Tieck und Friedrich von Hardenberg (Novalis)«, in: Wilhelm Voßkamp, Brigitte Weingart (Hg.), *Sichtbares und Sagbares. Text-Bild-Verhältnisse*, Köln 2005, S. 25-45. Vgl. auch Gerald Funk u. a. (Hg.), *Ästhetik des Ähnlichen. Zur Poetik und Kunstphilosophie der Moderne*, Frankfurt/M. 2001. Die Herausgeber sprechen von einer spezifischen »Produktivität des Ähnlichkeitsdenkens für eine Entwicklung innerhalb der Künste, die zur Emanzipation vom Mimesisprinzip führt (»Symbole und Signaturen. Charakteristik und Geschichte des Ähnlichkeitsdenkens«, S. 7-34, hier S. 32).

15 Vgl. Gabriele Rippl, »Hieroglyphen-Faszination in der anglo-amerikanischen Moderne«, in: A. Assmann/J. Assmann (Hg.), *Hieroglyphen*, S. 327-352.

Elemente des Hieroglyphenbegriffs

Aus diesem historischen Überblick über die Faszinationsgeschichte der Hieroglyphen wird deutlich, dass sich das Flussbett dieses Überlieferungsstroms immer wieder verlagerte. Je nach den politischen Bedürfnissen, sozialen Bedingungen und medialen Voraussetzungen der Kultur wurden andere Elemente des Hieroglyphenbegriffs aktiviert oder neutralisiert. Im Folgenden sollen fünf Bedeutungskerne akzentuiert werden, die in den Hieroglyphenbegriff eingeschrieben, aber im Hieroglyphendiskurs nicht immer gleichzeitig aktiviert worden sind: Heiligkeit, Natürlichkeit, Geheimnis, Universalität, Intermedialität.

Heiligkeit

Von allen strukturellen Merkmalen des hieroglyphischen Zeichens ist das der Heiligkeit das älteste und verbreitetste. Das griechische Wort ›Hieroglyphe‹ heißt, wörtlich übersetzt, ›heiliges Zeichen‹. Diese Bedeutung schwingt in den meisten Anwendungen des Begriffs mit. Es ist auch das einzige Bedeutungselement, das eindeutig auf das alte Ägypten selbst zurückgeht, denn die ägyptische Bezeichnung der Hieroglyphenschrift heißt wörtlich übersetzt ›Gottesworte‹. Schon im alten Ägypten verband sich mit der Hieroglyphenschrift die Aura des Sakralen, die man (im Gegensatz zur entbildlichten Gebrauchsschrift auf Papyrus) nur für monumentale Steininschriften im Kontext von Sakralbauten wie Tempeln und Gräbern verwendete. In der Spätzeit der ägyptischen Kultur, die durch wechselnde Fremdherrschaften bestimmt war, wurden die Hieroglyphen vorwiegend von Priestern benutzt und markierten damit eine Wendung ins Arkane und Esoterische.

Natürlichkeit

Unter dem Stichwort ›Natürlichkeit‹ geht es im Hieroglyphendiskurs um die Idee einer Schrift, deren Zeichen zum Bezeichneten in einer natürlichen, das heißt nicht-konventionellen oder nichtarbiträren Beziehung stehen. Die semiotische Grundfrage, ob Zeichen das Bezeichnete auf ›natürliche‹ (*physei*) oder ›konventionelle‹ Weise (*thesei*) repräsentieren, wurde im platonischen Dialog *Kraty-*

los zum ersten Mal ausführlich diskutiert. Seit Aristoteles galt diese Frage als entschieden, und zwar im Sinne der Konventionalität. Für ihn war die Sprache eine Transkription dessen, was in der Seele ist, und die Schrift eine Transkription dessen, was in der Sprache ist.[16] Gemessen an der Spontaneität und Präsenz der Gedanken galt die Schrift somit als eine mehrfach vermittelte, abgeleitete und reduzierte Form von Codierung. Diese Auffassung von Schrift passt gut zum abstrakten und rationellen Charakter der griechischen Alphabetschrift, die in ihrer ultimativen Reduktion auf die Repräsentation weniger festgelegter Sprachlaute alle immanenten Bezüge zur Welt und zum Sprachsystem abgestreift hat.

Die semiotische Debatte über konventionelle und natürliche Zeichen wurde im 15. und 16. Jahrhundert in großem Stil neu aufgerollt. Sie fand im Rahmen einer Kultur statt, die durch und durch von der Rationalität der Alphabetschrift geprägt war und soeben den Buchdruck als technisches Medium der massenhaften Vervielfältigung und Verbreitung von Schrifttum eingeführt hatte. Umso mehr faszinierte unter diesen technischen Bedingungen der ›natürliche Code‹ der Hieroglyphen als das ganz Andere des in der abendländischen Kultur eingeübten Zeichenmodus. Plötzlich war die seit Aristoteles für erledigt erachtete Frage einer ›natürlichen‹ Linguistik und Semiotik wieder offen und stimulierte Nostalgie, Neugier und die Bereitschaft zur Spekulation.

Der Unterschied zwischen einem arbiträren und einem natürlichen Zeichen lässt sich an folgendem Beispiel illustrieren: die Ägypter schreiben das Wort ›öffnen‹ mit dem Bild eines Hasen, weil, wie wir seit Champollion wissen, das Wort für ›Hase‹ und das Wort für ›öffnen‹ denselben Konsonatenbestand [wn] aufweisen.

16 Zu diesem ›Sekundaritätstheorem der Schrift‹ und seiner bis heute andauernden Vorherrschaft s. zum Beispiel Sybille Krämer, »Sprache und Schrift. Oder: Ist Schrift verschriftete Sprache?«, in: *Zeitschrift für Sprachwissenschaft* 15/1 (1996), S. 92-112, hier S. 105 ff.

Abb. 8: Altägyptische und Renaissance-Hieroglyphen sowie Wittgensteins Hasen-Enten-Kopf

Das ist die Logik des arbiträren Schriftzeichens. Horapollons Erklärung ist dagegen eine ganz andere. Er weist eine Beziehung zwischen dem Wort ›offnen‹ und dem Schriftzeichen ›Hase‹ nach, die nicht auf einem lautsprachlichen Zusammenhang, sondern auf einer natürlichen Verwandtschaft in der Sache beruht. Nach Horapollon schrieben die Ägypter das Verb ›öffnen‹ mit dem Bild eines Hasen, weil dieses wachsame Tier seine Augen angeblich niemals schloss.[17] Wer im *arbiträren* Schriftzeichen des Hasen das Wort für »öffnen« erkennen will, muss zuvor das Schriftsystem zusammen mit der altägyptischen Sprache erlernen. Wer im *natürlichen* Zeichen des Hasen das Wort für ›öffnen‹ erkennen will, muss in ein Wissenssystem (in diesem Fall: die vermeintliche Natur des Hasen) eingeweiht sein und wissen, dass er auch im Schlaf die Augen offen hält. An diesem Beispiel wird zugleich deutlich, dass das Wissenssystem, das den natürlichen Code begründet, den historischen Wandel nicht überlebt hat. Ebenso war das Ende der Emblemtradition weniger durch »eine undurchschaubar werdende, chaotische

17 »Wenn sie *Öffnen* darstellen wollen, malen sie einen Hasen, weil dieses Tier immer seine Augen offen hat«. Horapollon, »26. Wie (sie) *Öffnen* (darstellen)«, in: Heinz Josef Thissen (Hg. und Übers.), *Des Niloten Horapollon Hieroglyphenbuch,* München 2001, S. 20-21, hier S. 21.

Welt«[18] am Beginn der Neuzeit besiegelt als durch die Entzauberung der Welt infolge ihrer naturwissenschaftlichen Regelmäßigkeit und eines versachlichten Naturverständnisses.

Geheimnis

Die Vorstellung vom Geheimnis der Hieroglyphen geht auf Plotin zurück. Nach neuplatonischer Vorstellung spiegelten die dunklen Hieroglyphen die tiefe Einsicht wider, dass die Wahrheit in dieser Welt grundsätzlich nur in verhüllter Form, im Schleier von Mythen und Symbolen, zu vermitteln ist. Die Vorstellung, dass sich die Wahrheit immer in Allianz mit dem Geheimnis präsentiert, konnten die Renaissance-Gelehrten in den Hieroglyphen anschaulich bestätigt finden. Die Hieroglyphen verkörperten dabei das Gegenstück zum arbiträren und demokratischen Schriftsystem des Alphabets. Wer von dieser Notationsform nicht vollends überzeugt war (wie Thammus in Platons *Phaidros*-Dialog gegenüber dem Schrifterfinder Theut), der konnte die Weisheit der ägyptischen Priester bewundern, die mittels geheimer Zeichen ihr Wissen vor den Uneingeweihten zu schützen wussten.

In der Aufklärung, als man von ›Priesterbetrug‹ sprach und die Allianz von ›Wahrheit und Geheimnis‹ durch die Allianz von ›Lüge und Macht‹ ersetzte, mussten die Hieroglyphen vom Makel des Geheimnisses gereinigt werden. Einer der Ersten, die sich gegen den Geheimnischarakter der Hieroglyphen ausgesprochen haben, war Vico. Er forderte, dass man sich

> freimachen [müsse] von jener falschen Meinung, es seien die Hieroglyphen von Philosophen erfunden worden, um darin ihre Mysterien einer tiefen und geheimen Weisheit zu verbergen, wie man dies von den ägyptischen Weisen geglaubt hat. Denn es war ein allgemeines und natürliches Bedürfnis aller ersten Völker, durch Hieroglyphen zu sprechen.[19]

18 Arthur Henkel, Albrecht Schöne (Hg.), *Emblemata. Handbuch zur Sinnbildkunst des XVI. und XVII. Jahrhunderts*, Stuttgart 1967, S. xvii.

19 Zit. nach Eco, *Suche nach der vollkommenen Sprache*, S. 175.

Universalität

Unter Hieroglyphen sind sowohl Zeichen mit Geheimnischarakter als auch Zeichen mit universaler Bedeutung verstanden worden. Esoterische und exoterische Deutungen haben sich in der Faszinationsgeschichte der Hieroglyphen abgewechselt; sie konnten sich auf arkane Traditionen stützten, und sie konnten ebenso gut das Projekt einer weltumspannenden Öffnung und Verbreitung von Wissen befördern. Als es in der frühen Neuzeit um die Überwindung des Fluchs von Babel und um Wege zu einer menschheitlichen Universalsprache ging, aber auch als das technische Medium Film Anfang des 20. Jahrhunderts als eine neue öffentliche Kommunikationsform eingeführt wurde, erhielt der Hieroglyphendiskurs neuen Auftrieb. Die Idee einer sprachunabhängigen Bild-Schrift im 20. Jahrhundert ist mehrfach realisiert worden. Hier ist Otto Neurath zu nennen, auf den die modernen Hieroglyphen der Personenleitsysteme, wie wir sie von Flughäfen, Megakongressen und Olympischen Spielen kennen, zurückgehen.[20]

Ein weiteres Beispiel ist der Siegeszug neuer Icon- und Emoticon-Inventare seit der Erfindung der Smartphones 2006. Eine ganz andere Entwicklungslinie in Richtung Universalität der Zeichen löste sich vom Prinzip der Bildlichkeit und bediente sich stattdessen der Zahlen und anderer abstrakter Symbole. Sie führt über Philosophen des 17. Jahrhunderts wie John Wilkins und Gottfried Wilhelm Leibniz zu der abstrakten Strukturschrift unserer PCs, deren binärer Digitalcode die globalisierte Welt umspannt hat.

Intermedialität

Trotz der Bemühungen der Aufklärung ist der Geheimnischarakter der Hieroglyphen bis heute aktuell geblieben. Anders als das Rätsel, das mit seiner Lösung an sein Ende kommt, ist die Hieroglyphe überdeterminiert und in ihrer vollen Bedeutung nie ganz zu entschlüsseln. Dieser unauflösbare Bedeutungsüberschuss hängt mit ihrer Zeichengestalt zusammen. In der Hieroglyphe verschränken sich Schrift und Bild zu einem einzigen unteilbaren Zeichen.

20 Otto Neurath ist der Entdecker der Wiener Bildstatistik (später: ISOTYPE). Vgl. Eco, *Suche nach der vollkommenen Sprache*, S. 184 f. Vgl. Abb. 25, S. 208.

Diese Fusion bewahrt sie davor, je ganz Bild (im Sinne der reinen Anschaulichkeit) oder ganz Schrift (im Sinne der reinen Begrifflichkeit) werden zu können. Die Hieroglyphe kann selbst als eine Chiffre für Intermedialität betrachtet werden, denn sie ist ein Zwitter: sie verkörpert einen bildlichen Begriff, der nicht gänzlich in Sprache zu übersetzen ist. Das Emblem bedient sich des allegorischen Verfahrens. *Allegorein* heißt wörtlich: Übersetzungsmöglichkeit in eine ›andere Rede‹ und in ein anderes Medium. Das hybride bild-schriftliche Zeichen der Hieroglyphe ist dagegen nicht auf vereindeutigende Rede angelegt; es zeichnet sich durch einen Bedeutungsreichtum aus, der nicht ausgeschöpft oder vereindeutigt werden kann. Vor diesem Hintergrund wird verständlich, warum in der modernen Kunsttheorie der Poesie und dem Kunstwerk der Status einer Hieroglyphe zuerkannt worden ist.

Die Hieroglyphe als Fremdkörper in der westlichen Mediengeschichte

Alphabetschriften sind bestechend in der Sparsamkeit ihrer Zeichenökonomie, die sie durch größte formale Reduktion und Tilgung jeglicher inhärenten Bedeutung erlangen. Was in dieser Schrift niedergeschrieben wird, ist ein reiner Signifkant, das heißt ein nicht auf sich selbst sondern vollständig auf etwas anderes verweisendes Zeichen. Der größte Vorzug der Alphabetschrift liegt in ihrer Deutlichkeit und Transparenz. Die arbitraren Zeichen haben nur eine Funktion, und die besteht darin, sich möglichst schnell vor dem lesenden Auge aufzulösen und ungehindert den Blick auf das Gesagte, Gemeinte, das heißt auf das Signifikat, freizugeben.

In der abendländischen Mediengeschichte hat die Schrift diese Funktion nicht immer in der rationalen Weise erfüllt. Das tat sie erst mit dem Übergang aus dem skriptographischen ins typographische Zeitalter. In der Manuskriptkultur waren die Grenzen der Zeichensysteme noch nicht fest gezogen und der Übergang von Schrift und Bild noch fließend. In den illuminierten Handschriften des Mittelalters mündeten die groß geschriebenen Initialen in aufwendig gestaltete pflanzenförmige Ornamente, oft mit figürlichem Beiwerk. Schriftzeichen wurden auf diese Weise zum Bild; in den Prachthandschriften gab es keine klare Grenze zwischen

Buchstaben und schmückenden oder darstellenden Elementen, im Gegenteil breitete sich die Initiale aus und griff in die Anordnung der Schrift ein.

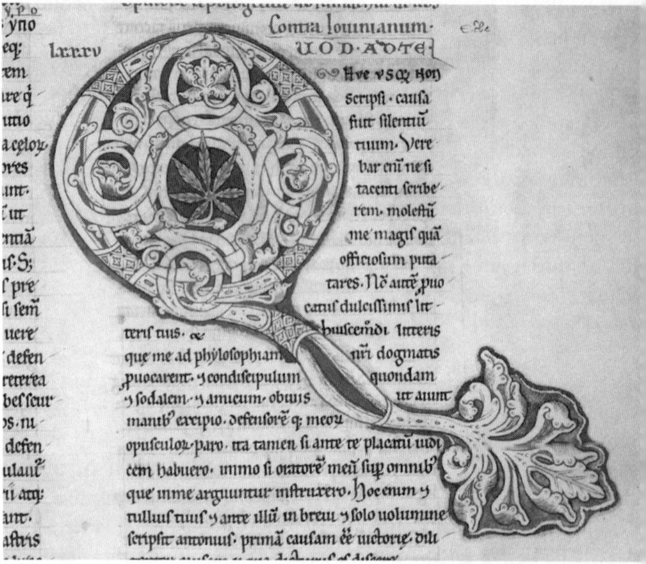

Abb. 9: Initiale aus einer Prachthandschrift mit Briefen des hl. Hieronymus (Mitte des 12. Jahrhunderts)

Ganz anders verhält es sich bei der neuen Typographik des Druckzeitalters, die von vornherein ganz auf die Klarheit und Distinktivität der Buchstaben angelegt war und dafür alle überflüssigen Schnörkel abstreifte. Gerhart von Graevenitz hat diesen Weg ins typographische Zeitalter am Beispiel der Gestaltung der Buchstaben eindrucksvoll nachgezeichnet.[21] Es ist zu Recht hervorgehoben worden, dass die Gutenberg-Ära nicht nur der Schrift zum Druck verholfen hat, sondern auch dem Bild. Diese beiden Codes waren fortan jedoch klar geschieden, viel klarer, als dies in der Handschriftenkultur je der Fall gewesen war. Der in den illuminierten

21 Gerhart von Graevenitz, *Das Ornament des Blicks. Über die Grundlagen des neuzeitlichen Sehens, die Poetik der Arabeske und Goethes ›West-östlichen Divan‹*, Stuttgart 1994.

Handschriften geltende Zusammenhalt von Schrift und Bild wurde im gedruckten Buch durch das Gegenüber von Text und Abbildung ersetzt. Im Arrangement der gedruckten Seite wurden zwei nunmehr klar unterschiedene Zeichensysteme, der Schrift- und der Bildcode, miteinander montiert.

Je abstrakter und arbiträrer, je mechanischer und massenhafter das Medium Schrift in seiner Technikgeschichte geworden ist, desto intensiver konnte das Gegenbild der Hieroglyphen als Inbegriff einer ausgeschlossenen und negierten kulturellen Alternative aufscheinen. Deshalb ist es kein Zufall, dass die erste Phase der Hieroglyphenfaszination in das frühe Druckzeitalter fällt. In einer Zeit, als dem geschriebenen Wort mit dem neuen technischen Medium der Druckerpresse zu einem spektakulären Durchbruch verholfen wurde, kam es also zugleich zu einer Wiederkehr der Bilderschrift. Hier müssen wir noch einmal auf Moshe Baraschs Unterscheidung zwischen ›Hieroglyphen‹ und ›Emblemata‹ zurückkommen.[22] Da die Bilderschrift der Hieroglyphen selbst eine Form von Schrift darstellt, ist sie mit einer anderen Form von Schrift, etwa der Alphabetschrift, weder kommensurabel noch kombinierbar. Das ist grundsätzlich anders im Emblem, das einen engen Verbund von Bild- und Schriftzeichen herstellt. Das Wort ›Emblem‹ wurde im griechischen und lateinischen für die handwerkliche Technik des Ansetzens oder Einsetzens in Schmuckfassungen, Mosaik- und Intarsienwerk verwendet. Wie der Künstler unterschiedliche Materialien montiert, so montiert der Emblematiker die unterschiedlichen Zeichensysteme von Bild und Schrift.[23] Im Emblem ist das Bild wie ein Schmuckstück oben und unten durch Schrift ›eingefasst‹. Das Ergebnis ist ein Kompositum, in dem das Bild durch Schrift ausge-

22 Vgl. Moshe Barasch, »Renaissance Hieroglyphics«, in: Aleida Assmann, Jan Assmann (Hg.), *Hieroglyphen. Stationen einer anderen abendländischen Grammatologie*, München 2003, S. 184.

23 »Nicht nur bietet der historische Variantenreichtum der Text-Bild/Bild-Text-Konstellationen ein reiches Anschauungsmaterial für intermediale (speziell bimediale) Figurationen, sondern darüber hinaus liefert die emblem poetologische Diskussion Hinweise für eine genauere Bestimmung des Inter-Medialen und ihrer Selbstreflexion.« (Wilhelm Voßkamp, »Medien – Kultur – Kommunikation. Zur Geschichte emblematischer Verhältnisse«, in: Matrin Huber, Gerhard Lauer (Hg.), *Nach der Sozialgeschichte. Konzepte für eine Literaturwissenschaft zwischen Historischer Anthropologie, Kulturgeschichte und Medientheorie*, Tübingen 2000, S. 317-334, hier S. 323)

deutet und die Schrift durch das Bild zugleich veranschaulicht und verrätselt wird. Entlang den Fugen, an denen Schrift und Bild im Emblem zusammengeschmiedet wurden, konnte dieser intermediale Zeichenverbund auch wieder aufgebrochen werden. Schrift kam sehr gut ohne Bilder, Bilder kamen ohne Schrift aus. Die rasante kulturelle Entwicklung von Literatur und Malerei konnte sich nur in gegenseitiger Unabhängigkeit frei entfalten; diese Energie hat den Verbund der beiden Medien im Emblem wieder zerrissen.

Im Gegensatz zu den Emblemata stehen die ägyptischen Hieroglyphen für ein Zeichensystem, bei dem Schrift- und Bildcharakter nicht voneinander geschieden sind. Als eine ikonische Schrift *malen* die Hieroglyphen gleichzeitig, indem sie *schreiben*. Eine Schrift, die zugleich Bild ist, und ein Bild, das zugleich Schrift ist, stellt in einer Alphabetkultur ein semiotisches Paradox dar. Sie fügt sich nicht in die Kategorien abendländischer Rationalität; sie spottet der zwingenden Unterscheidungen und steht der technischen Fortschrittsgeschichte als Fossil aus einer fremden Welt entgegen. Darin liegt zugleich aber auch ihr Potenzial als Fremdkörper, Störung und Überbietung. Sie eignet sich dabei zugleich als ein Spiegel, der das im Eigenen verschlossene kulturelle Andere zur Erscheinung bringt.

Im Kompositum der Emblemata, in denen Bild und Schrift zusammengefügt sind, ist, wie wir bereits im 2. Kapitel betont haben, eine klare Arbeitsteilung angelegt. Das Bild steht für sinnliche Anziehung, Anschaulichkeit und Rätselhaftigkeit, die Schrift dagegen für begriffliche Vereindeutigung, abstrakte Verallgemeinerung und eine klare moralische Botschaft. Es gibt Dinge, die sich nicht im Bilde sagen lassen, und es gibt Worte, die hinter der Kraft eines Bildes zurückbleiben. Das Emblem kombiniert deshalb beides, indem es die Grenzen der Zeichensysteme nicht verwischt, sondern erst richtig sichtbar macht.

Für die Grenzen zwischen den Zeichensystemen und ihren Medien gibt es seit der Renaissance ein wachsendes Bewusstsein. Es hängt unter anderem mit einem neuen Interesse für die Spezifik und Wirkungsweise der einzelnen Sinne zusammen. Man entdeckte, dass jedem Zeichensystem ein besonderes Sensorium mit inkommensurablen Eigenleistungen korrespondiert. Das ist der theoretische Hintergrund des Paragone-Diskurses, in dem Maler und Dichter um die Priorität ihrer jeweiligen Kunst stritten. »Es ist eine

Sünde wider die Natur«, schrieb Leonardo da Vinci, »etwas, das für das Auge bestimmt ist, dem Ohr anvertrauen zu wollen.«[24] Malerei und Dichtung gingen fortan getrennte Wege; jene war stumme Dichtung, diese blinde Malerei. Leonardo ging noch weiter und sprach überbietend von der Malerei als dem Körper und der Dichtung als seinem Schatten.[25] Eine ähnliche Hierarchisierung nahm Leibniz vor, der 1678 an einem Bilderatlas, einem *Atlas Universalis*, arbeitete, der alles Wissen dem Menschen visuell nahebringen sollte. Er war davon überzeugt, den Betrachtern im Medium der Bilder das zu vermittelnde Wissen »wie in einem Blick ohne Umschweife der Worte [...] umso leichter eindrücken zu können«.[26] Das Bild galt Leibniz als das ungleich effizientere Medium des Lernens und des Gedächtnisses, weil es die Einbildungskraft stimuliert. Dem Augensinn unterstellte er eine besondere Kraft. Die Formel, die er in diesem Zusammenhang wiederholte, lautet: die Texte und Bibliotheken sind tot, die Bilder leben! Überboten wurde diese optische Vermittlung von Wissen nur noch durch eine haptische, welche die Gegenstände in ihrer Dreidimensionalität erfahrbar macht. Über Ohr (dem gleichwohl visuellen Lesen wird in der Regel das Ohr zugeordnet) und Auge steht mithin die Hand, oder, im Paragone der Künste im Sinne Herders, die Plastik. Ob nun das Bild der Schrift vorgezogen wurde oder umgekehrt – die Ausdifferenzierung der Sinne, Zeichen, Medien, Künste wurde seit der Renaissance konsequent vorangetrieben.

Die Hieroglyphen bilden einen Fremdkörper in dieser Entwicklung. Sie stellen in ihrer Zeichenstruktur kein Kompositum mit Sollbruchstellen dar, das an diesen Grenzen wieder auseinanderbrach, sondern bilden einen unauflöslichen Komplex, der folglich auch nicht auseinanderbrechen konnte und deshalb quer steht zur abendländischen Unterscheidung von Wort (beziehungsweise Schrift) und Bild samt den auf der Basis dieser Unterscheidung

24 Leonardo da Vinci, »Malerei, Musik und Dichtung«, in: André Chastel (Hg.), *Leonardo da Vinci. Schriften zur Malerei und sämtliche Gemälde*, München 2011, S. 138-146, hier S. 139. Vgl. Christiane Kruse, *Wozu Menschen malen. Historische Begründungen eines Bildmediums*, München 2003.

25 Da Vinci, »Malerei, Musik und Dichtung«, S. 139.

26 Horst Bredekamp, »Leibniz' ideale Akademie«, in Wilhelm Voßkamp (Hg.), *Ideale Akademie. Vergangene Zukunft oder konkrete Utopie?*, Berlin 2002, S. 159-164, hier S. 162.

etablierten Gattungen, Medien und Institutionen. Deshalb sind die Hieroglyphen mit den Emblemen auch nicht verschwunden, sondern in immer neuen Formen wiederaufgetaucht.[27]

27 Als ein Beispiel dafür ist hier eine neue Publikation zu nennen: Annette Graczyk, *Die Hieroglyphe im 18. Jahrhundert. Theorien zwischen Aufklärung und Esoterik*, Berlin u. a. 2015.

5. Adam als erster Leser der Welt

> Eine wunderbare Entsprechung besteht zwischen Mensch und Welt. Er ist ihr Herr, nicht weil er ihr edelster Bewohner, sondern ihr Kopf und Herz ist und etwas von sich selbst in jedem großen und kleinen Ding wiederfindet.
>
> Ralph Waldo Emerson, *Nature*

Die letzte Begegnung, von der Dante auf seiner Reise zu Gott erzählt, ist die mit Adam. Sie steht im 26. Canto des dritten Buches der *Divina Commedia*, dem Paradiso, und spielt sich in der achten Sphäre der Fixsterne ab. Unmittelbar vor diesem exklusiven Interview wurde dem Sphären-Pilger eine neue Stufe der Klarsicht zuteil, die er wie ein Erwachen aus tiefem Schlaf empfand. In dieser Aura höchster Erkenntnisbereitschaft findet Dantes Begegnung mit Adam statt. Wer sich nun aber auf Arkanwissen und die Offenbarung letzter Geheimnisse gespitzt hat, wird enttäuscht. Wenn in den Fragen, die Dante seinem Vorfahren stellt, noch etwas von der Spannung auf esoterisches Geheimwissen vibrierte – die Antworten machen diese Erwartungen gründlich zunichte. Ernüchternd ist insbesondere die Antwort auf die letzte Frage, die uns hier besonders interessiert: *Welche Sprache hat Adam gesprochen?* Dante erhält darauf folgenden Bescheid:

> Wie ich gesprochen, war bereits verklungen
> Schon damals, als zum ungeheuren Werk
> Das Volk von Nimrod aufgerufen ward.
>
> Denn kein Verstandeswerk kann ewig dauern,
> Es unterliegt dem menschlichen Bestreben,
> Im Zeitenwechsel Neues zu erfinden.
>
> Werk der Natur ist, dass die Menschen reden,
> Ob so, ob so, das überlasst sie euch,
> Ihr mögt es damit halten, wie ihr wollt.[1]

1 Dante Alighieri, *Die Göttliche Komödie*, vv. 124-132, übers. v. Hermann Albert Prietze, Heidelberg 1952, S. 429.

Hier ist zweierlei unmissverständlich gesagt. *Erstens*: Der Weg zur Ursprache ist verschüttet. Es hat keinen Sinn, sich rückwärts durch die Zeit auf die Suche nach ihr zu begeben. Der Mensch kommt um seine eigene Sprache nicht herum. Alle Spekulationen über die Natur- beziehungsweise Ursprache macht diese Antwort (im Wortsinne) gegenstandslos. *Zweitens*: Alle bestehenden Sprachen sind menschliche Schöpfungen/Setzungen und sind wie alle Werke des menschlichen Geistes historischem Wandel unterworfen. Universal kann allein die Sprachfähigkeit, aber keine real existierende Sprache genannt werden, die heiligen eingeschlossen. Und nun folgt das eigentlich Provozierende: Adam illustriert sein Diktum von der Willkür der Sprachzeichen ausgerechnet am Beispiel der Gottesnamen. Im Paradies habe Gott zunächst ›I‹ geheißen, später dann ›El‹. Das beweist, dass selbst die Gottesnamen unter das Gesetz menschlichen Brauchs fallen, und der ist so veränderlich wie das Laub auf den Bäumen. Dante schrieb diese Verse, während sich in Spanien und Südfrankreich jene Form jüdischer Mystik ausbreitete, die unter dem Namen »Kabbala« bekannt ist.[2] Diese basiert auf der Überzeugung vom nicht-arbiträren Charakter der hebraischen Sprache und stellt die unerschöpfliche Ausdeutung der heiligen Gottesnamen ins Zentrum ihres Studiums. Adams Historisierung des Gottesnamens negiert dagegen dessen magischen Bedeutungsgehalt und kann als eine antikabbalistische Position gelesen werden. Die mythische Figur des paradiesischen Adam blieb mit einem Fundamentalstreit um das Wesen der Sprache und die Grenzen des Wissens verbunden. Wer zur Idee einer nicht-arbiträren, und das heißt in diesem Fall: von göttlichen Geheimnissen und göttlicher Macht durchwirkten Sprache zurückkehren wollte, der musste die Urgeschichte von Adam und seiner Sprache anders deuten, als es Dante getan hat. Einige dieser Gegenstimmen sollen hier zu Wort kommen.

2 Es muss daran erinnert werden, dass gleichzeitig auch die islamische Mystik ihren Höhepunkt erreicht hat und sich zu einer grenzenlosen spekulativen Ausdeutung geheiligter Zeichen aufschwingt. Dabei spielt die unmittelbare, intuitive ›Weisheit Adams‹, wie mir William Chittick versichert, die Rolle eines Leitmotivs. Das heißt: Dante grenzt sich hier sowohl von zeitgenössischen jüdischen wie islamischen Strömungen ab.

Eine vergessene Wissensrevolution

Das 16. und das 17. Jahrhundert sind als eine Epoche geistiger Revolutionen in die europäische Geschichte eingegangen. In diesem Zeitraum vollzieht sich in den *Wissenschaften* die sprichwörtlich gewordene kopernikanische Wende, in der *Religion* die Reformation mit der Spaltung der Konfessionen, in der *Kunst* die berühmte ›Querelle des Anciens et Modernes‹, in der *Politik* die Ablösung traditionaler Herrschaftsformen durch rationale Staatstheorien. All diese Revolutionen haben das Gesicht der modernen Welt geprägt. Handelt es sich doch in allen (noch so verschiedenen) Fällen um evolutionäre Errungenschaften, die den Prozess okzidentaler Rationalisierung und damit die Geschichte der Moderne irreversibel befördert haben.

Nun gibt es in dieser Epoche aber noch eine bedeutende geistige Revolution, die man der eben aufgestellten Liste nicht so einfach angliedern kann. Wenn sie ein blinder Fleck in unserem historischen Bewusstsein geblieben ist, so hängt das wohl mit der Tatsache zusammen, dass sie auf einer einsinnig konstruierten Fortschrittsachse keine eindeutige Evolutionsschwelle markiert. Es fällt schwer, ja, es ist vermutlich unmöglich zu sagen, was denn bei dieser geistigen Umwälzung die ›traditionellen‹ und was die ›progressiven‹ Anteile gewesen sind. Vom heutigen Standpunkt aus betrachtet gehen dabei Modernität und Archaik eine untrennbare Verbindung ein. So ist dieser Komplex, der keinen eindeutigen Ort in einer Genealogie der Moderne hat, kaum beachtet und peripher geblieben. Dieses Kapitel ist im Archiv der Digressionen, Irrwege und Kuriositäten der europäischen Geistesgeschichte gelandet.

Mit dem Kennwort ›adamische Weisheit‹ verband sich eine grundsätzlich andere Naturbetrachtung als die, welche in der frühneuzeitlichen Schulphilosophie gang und gäbe war. Wichtiger noch als die einzelnen doxographischen Streitpunkte war die Differenz in der allgemeinen Welthaltung. Die wichtigsten doxographischen Differenzen lassen sich in einer Übersicht schematisch vereinfacht darstellen.

»antike« = mittelalterliche Schulmedizin	»moderne« = Renaissance-Naturmedizin
Bücherwissen	Buch der Natur
Aristoteles, Averroes, Avicenna, Galen	Adam, Hermes Trismegistos, Paracelsus
Logisch-mathematische Naturbetrachtung	Empirisch spiritualisierte Naturbetrachtung
Lehre von den vier Körpersäften (*humores*): Blut, schwarze Galle, gelbe Galle, Schleim	Lehre von den drei Prinzipien: Trias der wirksamen chemischen Substanzen Salz, Schwefel, Quecksilber
Therapeutischer Grundsatz: Heilung durch Gegensätzliches (Allopathie)	Therapeutischer Grundsatz: Heilung durch Gleiches (Homöopathie)

Die das Mittelalter beherrschende Zwei-Welten-Theorie, in der die eine, unter der Sphäre des Mondes gelegene Welt, die sichtbare, korrumpierte, veränderliche, die über dem Mond die unsichtbare, vollkommene, ewige war, diese dualistische Vorstellung vermochte die geistigen und sinnlichen Bedürfnisse des Renaissance-Menschen immer weniger zu befriedigen. Die ganze Aufmerksamkeit und Faszination galt nun umgekehrt einem integralen Kosmos, in dem Oberes und Unteres, Sichtbares und Unsichtbares, Veränderliches und Ewiges durch geheimnisvolle Bande zusammengehalten waren.[3]

Im Rahmen einer neuen Schöpfungstheologie konnte die dualistische Denkstruktur überwunden werden. Die zusammenbindende Kraft schrieb man dem göttlichen Schöpfungswort zu, das nicht nur als ein einmalig Ausgesprochenes die Welt ins Sein befördert hatte, sondern als unvergängliche »Antriebsenergie« die Welt weiterhin in Gang hielt. Schöpfungswort und Weltordnung, Einsetzung des Kosmos und seine Inganghaltung erwiesen sich in dieser Sicht als zwei Aspekte derselben Sache. Auf diese Weise konnten Theologie und Naturkunde, Pietät und Empirie enger zusammenrücken. In den ersten Kapiteln der *Genesis* suchten und

3 Das zentrale Dokument für die neue Weltanschauung, die Makro- und Mikrokosmos aufeinander bezieht, ist die *Tabula Smaragdina*, die zur Grundlage des frühneuzeitlichen Hermetismus geworden ist.

fanden diese Denker der Renaissance nicht nur eine mythische Urgeschichte, sondern auch eine naturkundliche ›Weltformel‹. Mit der Idee eines in sich belebten und aus sich heraus bestehenden Kosmos wurde das Christentum ein Stück weit ›paganisiert‹. Das Göttliche existiert nach dieser Anschauung nicht außerhalb der Welt, es greift auch nicht voluntaristisch in diese Welt von außen ein, es besteht vielmehr in ihr, es ist und bleibt das, was die Welt im Innersten zusammen und in Gang hält. Diese Richtung der Naturforschung hat das Christentum kosmisiert beziehungsweise den paganen Kosmotheismus christianisiert.

Die Erschließung neuer Weisheitsquellen

Die neue Naturbetrachtung wurde begleitet von einer Erschließung neuer Wissensquellen und neuer Instanzen der Autorität. Traditionelle Geltung hatte bislang ausschließlich das Wissen, das in lateinischen Büchern aufbewahrt und an den Universitäten gelehrt wurde. Es galt als nicht statthaft, sich aus dem Umkreis der verbindlichen Namen wie Aristoteles, Averroes oder Avicenna allzu weit zu entfernen und die Suche nach der Wahrheit gar auf eigene Faust aufzunehmen. Diesem von den offiziellen Lehr- und Lerninstitutionen verwalteten Bücherwissen kehrten die neuen Naturforscher den Rücken. Folgende Quellen waren es, aus denen sie ihr Wissen schöpften: 1. die mündliche Volksüberlieferung, 2. die empirische Naturbeobachtung und 3. das Studium der Heiligen Schrift.

Zum Ersten: Die mündliche Volksüberlieferung. In dieser Zeit der Neuorientierung und Neufundierung des Wissens konnte man mit Oppositionen wie schriftlich vs. mündlich oder Latein vs. Volkssprache neue Orientierungen durchsetzen. In dieser Gegenüberstellung erschienen die Bibliotheken mit ihren verstaubten Folianten und ›fiktiven‹ Theorien neuerdings als abwegig auf der einen und das uralte, über Generationen hinweg im Volksmund tradierte Wissen als Wahrheit auf der anderen Seite. Paracelsus gehörte zu denen, die dieses Wissen nobilitierten. Er schaute dem Volk aufs Maul und beobachtete mit Sorgfalt jahrhundertealte Praktiken. Er nahm sich der Stiefschwester der Wissenschaft an und sammelte Folklore, das Wissen der weisen Frauen und Zigeuner und die Generationen überdauernden Bauernregeln und Volksetymologien.

Zum Zweiten: Die empirische Naturbeobachtung. Den Tugenden des Gelehrten, der in Innenräumen seine *auctores* exzerpierte und fleißig Wissen akkumulierte, stellte man die Tugenden des Naturforschers gegenüber, zu denen Unabhängigkeit, Mobilität, unerschöpfliche Neugier und ein scharfer Blick für die Phänomene gehörten. Petrus Severinus, Leibarzt des Königs von Dänemark und ein Anhänger des Paracelsus, machte anhand der folgenden Regeln in seiner Schrift *Idea medicinae philosophicae* (1571) deutlich, dass sich mit der neuen Wissenschaft nicht nur ein neues Curriculum, sondern auch eine neue Lebensform verband:

Verkauf deine Länder, deine Häuser, deine Kleider, deinen Schmuck. Verbrenn deine Bücher. Kauf dir stattdessen festes Schuhwerk, reise in die Berge, durchsuche die Täler, die Wüsten, die Küsten der Meere, die tiefsten Spalten der Erde. Schau dir genau die verschiedenen Tiere an, die Unterschiede zwischen den Pflanzen, die Arten des Gesteins, die Eigenschaften und Ursprünge von allem, was existiert. Scheue dich nicht, die bäuerliche Astronomie und Erdenkunde mit Sorgfalt zu studieren. Und schließlich: kauf dir Kohle, bau Öfen, beobachte und hantiere unermüdlich mit dem Feuer. Auf diesem Wege und auf keinem anderen wirst du zur Kenntnis der Dinge und ihrer Eigenschaften gelangen.[4]

Zum Dritten: Das Studium der Heiligen Schrift. Ein Buch blieb freilich ausgenommen von dem Verbrennungsgebot, und das war die Bibel. In dem Maße, wie die Autorität der Schulautoren abnahm, nahm die Autorität dieses Buches zu. Medizinische und alchemistische Traktate der Zeit präsentieren sich gern in der Form eines *Genesis*-Kommentars.[5] Dabei diente die ›älteste Urkunde der

4 Zit. nach Allen G. Debus, *The Chemical Philosophy. Paracelsian Science and Medicine in the Sixteenth and Seventeenth Centuries*, New York 1977, Bd. 1, S. 70 (Übers. A. A.). »Verbrenn deine Bücher«: Uns interessiert hier die in einem solchen Sprachgestus artikulierte ›pragmatische Wahrheit‹. Es hieße jedoch eine ›historische Wahrheit‹ aus dem Blick zu verlieren, wollte man solche Sätze allzu wörtlich verstehen. So besteht kein Zweifel daran, dass auch das neue Wissen weiterhin auf Buchgelehrsamkeit gründete und Buchgelehrsamkeit war. Es handelte sich, wie Joachim Telle präzisiert, »um Autoritäts*wechsel*, nicht um Autoritäten*vernichtung*«.

5 Diese enge Verbindung von Naturkunde und Bibelexegese schlägt sich in vielen Titeln der Zeit nieder. Ein Werk von Gerhard Dorn beispielsweise, das zu einem alchemistischen Klassiker wurde, heißt: *Liber de naturae luce physica, ex Genesi desumpta*, Frankfurt/M. 1583. Dazu ausführlich: Otto Zöckler, *Geschichte der Be-*

Menschheit‹ der neuen Forschung nicht nur als legitimierender *Ausgangspunkt*, sondern auch als orientierender *Anhaltspunkt*.

Weisheitslektionen im Paradies

Wie konnte gerade Adam zur Stifter- und Legitimationsfigur für diese neue Gruppe von Naturkundlern werden?[6] Die Gründungslegende für die Stifterrolle Adams steht im Buch *Genesis* am Ende der Schöpfungsgeschichte. Dort heißt es:

> Als Gott der Herr gemacht hatte von der Erde allerlei Tiere auf dem Felde und allerlei Vögel unter dem Himmel, brachte er sie zu dem Menschen, dass er sahe, wie er sie nannte; denn wie der Mensch allerlei lebendige Tiere nennen würde, so sollten sie heißen. Und der Mensch gab einem jeglichen Vieh und Vogel unter dem Himmel und Tier auf dem Felde seinen Namen. (Gen. 2,19-20)

In dieser Szene stehen sich gleich zwei Schöpfer gegenüber: Gott als Schöpfer der Kreaturen und der Mensch als Schöpfer der Namen dieser Kreaturen. Seit den jüdisch-hellenistischen Kommentaren zu dieser Stelle wird vermutet, dass zwischen diesen beiden Schöpfungen eine geheime Beziehung bestehen müsse. Man sah in der Benennung eine Wiederholung der Weltschöpfung und nahm

ziehungen zwischen Theologie und Naturwissenschaft, 2 Bde., Gütersloh 1877-1879 (Hinweis von Joachim Telle).

6 Zu denen, die Adam als Stammvater ihrer Disziplin in Ehren hielten, gehörten in erster Linie die Alchemisten. Zur Bedeutung Adams für die frühneuzeitliche Alchemie teilte mir Joachim Telle Folgendes mit: »Adam eröffnet das Alchemisten-Verzeichnis des Vinzenz von Beauvais im *Speculum naturale*, 13. Jahrhundert, einem frühen Zeugnis alchemistischer Kanonbildung im lateinischen Westen. Dies wiederum beruht auf der unter Alchemisten der hellenistischen Antike lebendigen Vorstellung, Adam habe alchemistische Kenntnisse besessen und diese Kenntnisse über Noah, Moses, Maria oder Salomo der Gegenwart vererbt. Adam wurde in der arabisch-alchemischen Literatur sowie von frühneuzeitlichen Autoren mit der alchemischen Kunst in Beziehung gebracht, zum Beispiel Michael Maier, *Symbola aureae mensae duodecim nationum*, Frankfurt 1617, S. 22. Aufschlussreich in dieser Hinsicht ist die *Gloria mundi* oder *Paradiestafel* aus dem 16. Jahrhundert, in: Friedrich Roth-Scholtz (Hg.), *Theatrum chemicum*, Nürnberg 1732. Dort steht zu lesen, Adam habe von Gott ›Weisheit und Erkenntnis aller Dinge‹ empfangen (S. 477), Gott habe Adam im Paradies die Alchemie gelehrt; Adam sei minor mundus und Herr der Welt von Gnaden Gottes (S. 450).«

an, dass zwischen der Weisheit des Meisters und des Schülers eine kongeniale Entsprechung walte. Wer bei Gott selbst in die Schule gegangen war, musste ein vollkommener Weiser sein. Philo hat diese Urszene der Weisheit folgendermaßen ausgedeutet: Moses sagt,

> dass Gott alle Tiere zu Adam hinführte, da er sehen wollte, welchen Namen er jedem beilegen würde. [...] Er prüfte ihn, wie ein Lehrer seine Schüler, indem er die in der Seele ruhende Fähigkeit erweckte und sie zu einem der ihr obliegenden Geschäfte berief, damit er aus eigener Kraft die Namen gäbe, nicht ungehörige und unpassende, sondern solche, die die Eigenschaften der Dinge sehr gut zum Ausdruck bringen. Denn da die Denkkraft in der Seele noch ungetrübt war und noch keine Schwäche oder Leidenschaft eingedrungen war, so nahm er die Vorstellungen von den Körpern und Gegenständen in voller Reinheit in sich auf und gab ihnen die zutreffenden Namen, da er erriet, was sie bezeichneten, so dass an ihrer Benennung zugleich ihr Wesen erkannt werden konnte.[7]

Adam, so erfahren wir aus diesem Kommentar zur paradiesischen Schulstunde, ist *aus eigener Kraft* zur Sprache gelangt, und es waren die *richtigen Namen*, die er für die Dinge fand. Beide Prämissen sind in der Folgezeit verworfen worden. Weder traute man in christlicher Spätantike und Mittelalter dem von Adam abstammenden Menschen eine unabhängige Denkkraft und selbständige Erkenntnisfähigkeit zu, noch glaubte man an eine geheime Affinität zwischen den Gegenständen und ihren Namen.[8] Zwischen den

7 Zit. nach Wolfgang Kayser, »Böhmes Natursprachenlehre und ihre Grundlagen«, in: *Euphorion* 31 (1930), S. 521-562, hier S. 534. In dem angeführten Aufsatz wird im Einzelnen nachgewiesen, wie sich im Hellenismus zwei sprachphilosophische Überlieferungsstränge kreuzen: der griechische (Platon, *Kratylos*) und der jüdische (Moses, *Genesis*). Beide Stränge werden als eine neugewirkte Einheit durch die Kirchenväter an die abendländische Tradition vermittelt. Allgemeinere Fragen wie die nach dem göttlichen Ursprung der Sprache oder nach dem *physei*- beziehungsweise *thesei*-Charakter der Worte haben eine lange eigene Geschichte, die von unserem Problem abführt. Wir müssen sie hier beiseitelassen.

8 Auch hier haben wir die Verhältnisse im Dienste des Argumentationsgangs überprofiliert. So soll nicht apodiktisch ausgeschlossen werden, dass es im Mittelalter die Vorstellung einer wesensmäßigen Verbindung zwischen Wort und Sache gegeben hätte. Magische Praktiken und mystische Meditationen bezeugen auf ihre Weisen die Existenz eines solchen Bandes. Uns geht es hier jedoch weniger darum herauszufinden, was es alles auch noch gab (es gibt meistens alles), als die Kontroverse nachzuzeichnen, in der nicht zuletzt kirchenpolitisch brisante Positionen ergriffen und bestritten wurden.

paradiesischen und den nachparadiesischen Zuständen lag ja auch ein Abgrund, der die Verhältnisse in jeder Hinsicht umgekehrt hatte. Die *Urweisheit*, wenn es sie denn je gegeben haben sollte, war durch die *Urschuld* sofort wieder verdunkelt, die göttliche Lektion unmittelbar darauf tief vergessen worden.

Die im Mittelalter verbindliche Überzeugung war, dass es auf Erden keinen Rückweg zur ursprünglichen Weisheit Adams geben kann. Weisheit war nach Augustin ein Exklusivgeschenk göttlicher Gnade; alle selbständigen Anstrengungen in Richtung Weisheit galten a priori als verfehlt.[9] Selbst wenn man bereit war, die besondere Qualität eines prälapsarischen Wissens anzuerkennen, ergaben sich daraus noch keinerlei Konsequenzen für postlapsarische Verhältnisse. Auch Thomas behandelte in seiner *Summa* ausführlich das Problem der adamischen Weisheit. Die Frage, »ob der erste Mensch im Besitz umfassender Weisheit gewesen sei«, wurde von ihm verneint. Die These, Adam habe durch die Namengebung seine intuitive Kenntnis vom Wesen der Dinge bezeugt und sei also in jene nicht-arbiträre Natursprache eingeweiht gewesen, von der seine Nachfahren getrennt sind, wurde von ihm widerlegt. Zwar gestand er zu, dass der erste Mensch als Ursprung und Erzieher des Menschengeschlechts ein ausgereiftes Wissen »um all die Dinge besaß, in denen der Mensch belehrt werden kann«,[10] jedoch sei dieses Wissen begrenzt gewesen. Es erstrecke sich weder auf das Geheime noch auf das Irrelevante.[11] In dieser Argumentation kam es Thomas

9 Augustin hat die Weisheitstradition durch eine ebenso grundsätzliche wie folgenreiche Umwertung der Werte geprägt. Er hat den Weisheitsbegriff theologisiert, indem er ihn von seinen antiken Inhalten entleerte und mit neutestamentlichem Geist füllte. Die lebenspraktische Bedeutung von Weisheit als weltliche Moral oder *ars vivendi* gab er dabei ebenso auf wie die spekulativ-naturphilosophische. Weisheit ist seit Augustin verknüpft mit dem Namen Christi, der zweiten Person der Trinität, und den christlichen Tugenden. Vgl. Eugene F. Rice, *The Renaissance Idea of Wisdom*, Cambridge/Mass. 1958, S. 1-13.

10 Thomas von Aquin, *Summa Theologiae. Vollständige deutsch-lateinische Ausgabe*, Qu. 94, Art. 3, 3. praeterea, München, Heidelberg 1941, Bd. 7, S. 95-97.

11 Die Weisheit Adams sei durch folgende Grenzen beschränkt. »Andere Dinge, deren Kenntnis mit natürlichen Kräften nicht erreichbar ist und die zur zielgerechten menschlichen Lebensführung nicht notwendig sind, wusste der erste Mensch nicht, wie etwa die Gedanken der Menschen, das bedingt Zukünftige, gewisse Einzeldinge, zum Beispiel die Zahl der Steinchen in einem Bache und dergleichen« (Aquin, *Summa Theologiae,* S. 97). Die scholastische Sprachtheorie, die der aristotelischen folgt, orientiert sich an der manifesten Sprachenvielfalt und hat

auf den Nachweis an, dass das Wissen Adams, wiewohl diesem von Gott persönlich eingegeben, nicht von qualitativ anderer Art ist als das der übrigen Sterblichen. Jede Spekulation über eine adamische Natursprache wurde damit energisch abgeschnitten. Dieser Auffassung von der Weisheit Adams hat sich Dante, wie wir sahen, angeschlossen.

In der frühen Neuzeit gab man sich mit dieser Auskunft jedoch nicht mehr zufrieden. Es wuchs ein neues Interesse an der Weisheit Adams, und man ging so weit, Adam als Legitimationsfigur eines alten, lang vergessenen Wissens zu reklamieren, das man eben wiederzuentdecken beanspruchte. Das neue Wissen, davon war man überzeugt, schöpfte aus der alten Weisheitsquelle. Der gänzliche Abbruch der paradiesischen Wissenstradition, sei er nun durch den Sündenfall, durch die babylonische Sprachverwirrung oder durch den allgemeinen Verfall der Erinnerung eingetreten, wurde jedenfalls von all denen geleugnet, die sich auf die Weisheit Adams beriefen und ihn zum Stammvater ihrer neuen Wissenschaft machten.

In der Weisheitsnachfolge Adams

Ein früher Beleg für die auf Adam gegründete Genealogie des Wissens stammt aus dem ausgehenden 15. Jahrhundert. Hieronymus Brunschwig, der bereits einem Vorgänger folgte,[12] bezog sich in der Vorrede seines *Liber de Arte Destillandi de Compositis* (Straßburg 1512) auf das Wissen Adams. Dieses umfasse »die gesätz des ertreichs; die crafft der tugen [sic!] der element; anfang, mittel und das end ires lauffs; die erkantniß und geng des gestirns; ordenung des jarßlauff der natur der thier; die crafft der krüter, wurtzeln, blumen, und som; und tugen der edelen gestein, und matrialia.« All dieses, so heißt es, habe »unser erster vater Adam«

keinen Platz für eine mystische Einheits- beziehungsweise Natursprache. Thomas vertritt das aristotelische Prinzip einer willkürlichen Setzung, fassbar in einer dritten Größe, der *significatio*, die sich zwischen Name und Sache schiebt: »Sicut nec litterae, ita nec voces naturaliter significant, sed ex institutione humana.« Thomas von Aquin, *In Aristotelis Libros Peri Hermeneias et Posteriorum Analyticorum Expositio*, Lectio II, 18 (8), hg. v. P. Fr. Raymundi M. Spiazzi, Rom 1955, S. 11.

12 Diesen Passus seiner Vorrede übernahm Brunschwig aus Johannes von Rupescissas, *De Consideratione quintae essentiae,* Basel 1497. Für den Hinweis danke ich Dr. Udo Benzenhöfer.

nicht nur »gewißt« und »verstanden«, es sei auch dazu bestimmt, allen »iren nachkomenden von im mitgeteilet [zu] werden«.[13] Was Adam wusste, war also nicht nur nicht vergessen, es musste auch weitergegeben werden. Die neuen Naturforscher des 16. und 17. Jahrhunderts stellten sich in die verschollene Tradition Adams. Die Vorrede Brunschwigs schließt mit den Worten: »Als nun der mensch so wirdig, und mit aller gutheit begabet, und von got darzu geschaffen ist, hab ich gedacht, vast nütz und gut ist, diße heimlichkeit, und verborgene kunst an das liecht zubringen und zu offenbaren.«[14] Nach neuerer Terminologie umfasst dieses Wissen Geologie und Chemie, Astronomie und Zoologie, Botanik und Mineralogie, kurz: die nachmaligen Naturwissenschaften. Aber das Wissen Adams unterscheidet sich in zwei Aspekten wesentlich von seinen späteren Formen: 1. es war verstehend, deutend, während die scholastischen und neuzeitlichen Wissenschaften logisch systematisierten und berechneten; 2. es war zusammenhängend, integral, während das Wissen der Naturwissenschaften, unter den Bedingungen der Spezialisierung, eine konsequente Fortschrittsdynamik entwickelte. Beide Aspekte haben viel mit der Grenzlinie zu tun, die *Weisheit* von *Wissen* trennt. Um einen Zugang zum Wissen Adams als Weisheit zu gewinnen, müssen wir deshalb auf beide Aspekte näher eingehen.

Der Mensch im Mittelpunkt der Welt

Beginnen wir mit dem zweiten Aspekt, dem integrierenden Charakter des adamischen Wissens. Er hat etwas zu tun mit der Zentralstellung des Menschen im Kosmos. Der Mensch ist kein unbeteiligter *Beobachter* des Naturgeschehens, sondern dessen Ziel und Adressat. Das bedeutet, dass er bei allem, was er sieht, niemals von sich selbst absehen kann. Die kosmische Zentralität des Menschen hat zwei Seiten, eine *anthropozentrische* und eine *anthropomorphe.*

Die Auffassung vom Menschen als Mittel- und Höhepunkt der Welt ist biblisch. Er ist nicht nur das krönende Werk der Schöpfung, er steht auch über ihr und hat über sie Verfügungsgewalt und für sie Verantwortung erhalten. Die Namensgebung durch Adam

13 Hieronymus Brunschwig, *Liber de Arte Destillandi de Compositis,* Straßburg 1512, S. III.

14 Brunschwig, *Liber de Arte Destillandi de Compositis,* S. III.

wurde in dieser jahrtausendjährigen exegetischen Tradition als ein Zeichen der Herrschaft des Menschen über die Natur interpretiert. Philo nannte deshalb Adam, das Urbild des Menschen, nicht nur einen Weisen, sondern auch einen König. An diesen Nexus von Wissen und Macht, in Adam vorbildlich zusammengeschlossen, haben die experimentierenden Naturphilosophen der frühen Neuzeit angeknüpft. Die Weisheitsträume der Alchemisten gingen nahtlos in Allmachtsphantasien über. Ihr Wissen blieb nicht spekulativ, es sollte operativ werden. Dem Menschen traute man in dieser Zeit Größtes zu; bei Oswald Crollius, einem weiteren Anhänger des Paracelsus im späten 16. Jahrhundert, heißt es: Weil der Mensch »eine Quintessenz der größeren Welt ist, so folgt daraus, dass der Mensch den Himmel nicht nur abbildet, sondern über ihn nach Belieben regiert und jener auf seinen Wink hin gehorcht«.[15]

Für unsere Ohren spricht sich in solchen Sätzen die Hybris des prometheischen, des wissenschaftlich-technischen Menschen aus. Dieser Eindruck trifft die Sache aber nur sehr bedingt. Denn im Gegensatz zur Geschichte der rationalen Weltbemächtigung, an deren Ende wir gegenwärtig etwas ratlos stehen und mit einem gewissen Misstrauen auf die Geschichte zurückschauen, bleibt dieser Anthropozentrismus an einen Anthropomorphismus gebunden. Diese Verfügungsgewalt war nicht absolut, die Macht war nicht unbeschränkt, solange sich der Mensch noch selbst als Teil der Schöpfung begriff. Erst seine Exzentrizität, seine Außenseiterposition, seine ›kosmische Entfremdung‹ hat sein Machtpotential in einer neuen Qualität entfesselt. Die Schöpfungsgabe des *dominium terrae* lieferte die Welt eben nicht schlechthin an den Menschen aus, solange dieser selber eingebunden blieb in den übergeordneten kosmischen Zusammenhang.

Die Vorstellung vom kosmosförmigen Menschen und der menschenförmigen Welt ist uns unter dem Stichwort ›Makrokosmos‹/›Mikrokosmos‹ vertraut. Eine spätmittelalterliche Formulierung des Gedankens findet sich in der *Theologia naturalis* des Raimundus von Sabunde. Dort heißt es: »Alle Dinge haben gewissermaßen ihr Sein im Menschen und sind in ihm eingeschlossen. Dazu gehören die Elemente, Bäume, Pflanzen, Tiere, sie alle haben

15 Oswald Crollius, *Discovering the Great and Deep Mysteries of Nature*, in: Henry Pinnell (Übers.), *Philosophy Reformed and Improved in Four Profound Tractates*, London 1657, S. 1-226, hier S. 71 (Übers. A. A.).

ihr Sein in ihm, was in den Elementen ist, was mit den Bäumen und Pflanzen lebt und mit den Tieren fühlt.«[16]

Der bereits genannte Crollius hat in seiner *Basilica chymica* (erste Ausgabe 1609) diese »natürliche Konkordanz« zum Grundprinzip seiner Heilkunst erhoben. Nach dieser Lehre stehen Mensch und Kosmos in einem Verhältnis der Redundanz; was in der »großen Welt« vorkommt, das muss deshalb auch in der »kleinen Welt« zu finden sein.

Diese (meine) Heilkunst beruht auf der Übereinstimmung zwischen der kleineren Welt, die der Mensch ist, mit der größeren und ewigen Welt. [...] Himmel und Erde sind die Eltern des Menschen, aus denen er als Letzter geschaffen wurde. [...] Alle Dinge des Universums treffen in ihm als ihrem Mittelpunkt zusammen; weshalb eine Anatomie der menschlichen Natur auch eine Anatomie der ganzen Welt ist.[17]

Das Buch der Natur und die Lehre von den Signaturen

Die hermetische Naturphilosophie, die sich auf die Weisheit Adams beruft, unterscheidet sich wesentlich von den sich in der zweiten Hälfte des 17. Jahrhunderts etablierenden Naturwissenschaften. Diesen Unterschied haben wir vorläufig mit dem Gegensatz von Weisheit und Wissen markiert. Dabei haben wir zunächst den integrativen Aspekt hervorgehoben, den unvermindert am Menschen haftenden und auf den Menschen bezogenen Charakter dieses Denkens, das weder rein *theoretisch* wurde, indem es aus dem menschlichen Fassungs- und Relevanzhorizont heraustrat, noch rein *praktisch* und damit einseitig instrumental. Der andere Aspekt, auf den wir näher eingehen wollen, betrifft den verstehenden im

16 Zit. nach Kayser, »Böhmes Natursprachenlehre und ihre Grundlagen«, S. 540 (Übers. A. A.). Die natürliche Theologie des Raimundus hat einen polemischen Gehalt. Sie richtet sich gegen die Auswüchse jenes extremen Nominalismus, der zwischen Wissen und Glauben, zwischen Erfahrungswelt und religiöser Wahrheit eine unüberwindliche Barriere errichtete. Der Kosmotheismus der neuen Naturphilosophie schuf diese Barriere ab und stellte ein *substantielles* Kontinuum zwischen Himmel und Erde her, wo die ›Realisten‹ nur ein *symbolisches*, durch Zeichen verbürgtes Kontinuum anerkannten.

17 Crollius, *Mysteries of Nature*, S. 23-25 (Übers. A. A.).

Gegensatz zum berechnenden Zugang zur Natur. Die im Zeichen Adams antretende Naturphilosophie war eine Natur-Hermeneutik. Die beiden zentralen Motive dieses Denkens, das ›Buch der Natur‹ und die Lehre von den Signaturen, sind – wie zu zeigen sein wird – aufs engste mit der Lesbarkeit der Welt und der Gestalt Adams verknüpft.

Die Lehre von den zwei Büchern Gottes besagt, dass Gott neben dem Buch der Erlösung auch das Buch der Schöpfung geschrieben hat.[18] Diejenigen, die wie Hugo von St. Viktor im 12. Jahrhundert oder weitere hundert Jahre später Bonaventura diesen Gedanken aufgriffen und ausleuchteten, haben damit die Zeichenhaftigkeit, die auf Entzifferung und Ausdeutung angelegte Qualität der Natur betont. In seiner mittelalterlichen Fassung besaß der Gedanke von der Lesbarkeit der Schöpfung einen mystischen Klang. Dem Frommen und Andächtigen teilte sich Gott jederzeit und gerade auch außerhalb seiner Schriften mit, wie dies Alanus ab Insulis in einem kleinen Gedicht prägnant ausgesprochen hat:

> Omnis mundi creatura
> Quasi liber et pictura
> Nobis est et speculum.
> Nostrae vitae, nostrae mortis,
> Nostri status, nostrae sortis
> Fidele signaculum.
>
> Die Geschöpfe dieser Welt
> Sind uns Buch und Bild
> und Spiegel,
> Unseres Lebens, unseres Sterbens,
> Unseres Standes, unseres Schicksals
> klares Zeichen.[19]

Die ›natürliche Theologie‹ der mittelalterlichen Schöpfungsmystik hat aus der Rede vom ›Buch der Natur‹ noch keine praktischen

18 Vgl. Ruth Groh, »Buch der Natur«, in: Friedrich Jaeger (Hg.), *Enzyklopädie der Neuzeit*, 16 Bde., Stuttgart 2005-2012., Bd. 2, Sp. 478-485; sowie: Dieter Groh, *Schöpfung im Widerspruch. Deutungen der Natur und des Menschen von der Genesis bis zur Reformation*, Frankfurt/M. 2003, S. 300-307.

19 Alanus ab Insulis, »Omnis mundi creatura«, in: Jacques Paul Migne (Hg.), *Patrologia Latina*, Paris 1844 ff., Bd. 210, Sp. 579-580, hier Sp. 579 (Übers. A. A.).

Konsequenzen gezogen; es ging lediglich um die Andachtsbereitschaft gegenüber der göttlichen Weisheit, die von der Heiligen Schrift auf die sichtbare Umwelt übergriff. Der Schriftunkundige konnte nun die Weisheit Gottes ebenfalls in den Kreaturen bewundern. Was aber wesentlich ist: durch das aufgeschlagene Buch der Natur wurde der göttliche Text, wie er im geschriebenen Buch der Heiligen Schrift niedergelegt war, nur bestätigt, aber nicht substantiell vermehrt und ergänzt.

Erst im christlichen Platonismus der Renaissance bei Marsilio Ficino, Pico della Mirandola, Paracelsus und vielen anderen ging diese Saat der christlichen Schöpfungslehre im Rahmen einer neuen Theorie ›natürlicher Zeichen‹ als Elemente göttlicher Offenbarung auf. Die neue ›Kosmisierung‹ des Christentums in der Renaissance hat im 17. Jahrhundert der englische Arzt und Universalgelehrte Sir Thomas Browne sogar als einen positiven Schritt in Richtung auf eine ›Re-Paganisierung‹ gedeutet. In der Naturverehrung, so Browne, hätten die Christen von den polytheistischen Religionen viel zu lernen:

> Die natürliche Bewegung der Sonne flößte ihnen tiefere Bewunderung Seiner Werke ein als den Kindern Israel ihr übernatürlicher Stillstand; das gewöhnliche Wirken der Natur setzte sie mehr in Erstaunen als all Seine Wunder jene. Ohne Zweifel verstanden sich die Heiden besser darauf, diese mystischen Lettern zusammenzufügen und zu lesen, als wir Christen, die wir auf jene allgemeinen Hieroglyphen ein achtloses Auge werfen und uns zu gut sind, aus den Blüten der Natur Gotteserkenntnis zu sammeln.[20]

Mit der Re-Paganisierung des Christentums dreht sich das Verhältnis von Zeichen und Wundern um: Während vormals nur die Ausnahme Zeichencharakter hatte und als göttliche Botschaft lesbar war, wie im Falle der Geschichte von Josua, der in der Schlacht bei Gibeon, wo ihm Gott persönlich seine Feinde durch einen Zeitstillstand auslieferte (Josua, 10 12-14), so wurde nun erstmals Achtung und Verehrung für das Regelmaß der kosmischen Natur, gerade auch in ihren unscheinbaren Aspekten, eingefordert.

Die frühneuzeitlichen Naturphilosophen fanden im Topos vom ›Buch der Natur‹ etwas, was sie dringend brauchten, nämlich die

20 Sir Thomas Browne, *Religio Medici*, in: Norman Endicott (Hg.), *The Prose of Sir Thomas Browne*, New York, London 1968, S. 1-89, hier S. 21 (Übers. A. A.).

Legitimationsgrundlage für ein neues Forschungsprogramm. Doch man würde die Intention dieser Denker verfälschen, wenn man den strategischen Aspekt zu sehr betont. Ging es ihnen doch um die Etablierung einer neuen Naturkunde am Leitfaden der Bibel. Der Hinweis aufs Natur-Buch hatte oft homiletischen Charakter, wie in diesem Beispiel aus einer Tischrede Luthers: »Wir aber beginnen von Gottes Gnaden seine herrlichen Werke und Wunder auch aus den Blümelein zu erkennen, wenn wir bedenken, wie allmächtig und gütig Gott sei. [...] In seinen Kreaturen erkennen wir die Macht seines Wortes, wie gewaltig das sei.«[21] In der Perspektive der Ärzte und Alchemiker blieb es nicht bei der erbaulichen Naturfrömmigkeit. Hier nahm der Topos vom Buch der Natur, der nun in den Vorreden der Traktate immer häufiger wiederkehrte, einen praktischen Zug an. Crollius schreibt:

> Neben dem großen Buch der Gnade, in dem das ewige Heil unserer Seelen niedergelegt ist, müssen wir auch das andere Buch der Natur sorgfältig lesen, in dem die Geheimnisse unseres körperlichen Heils aufbewahrt sind. An diesem dürfen wir nicht achtlos vorbeigehen, ohne Notiz zu nehmen von den kostbaren Schätzen der Natur, worin der Höchste die Heilkräfte für unsere größten und schwersten Krankheiten verschlossen hat.[22]

An diesem Punkt ist die Lehre von den Signaturen angesprochen. Ehe wir uns dieser zuwenden, müssen wir noch einmal klarstellen, worin der tiefgreifende Wandel des alten Topos vom Buch der Na-

21 Um 1530, Martin Luther, »2067. (131.) Erasmus achtet Gottes Werk und Creaturen nicht«, in: ders., *Dr. Martin Luther's Sämmtliche Werke. Bd. 61: Vierte Abteilung. Vermischte deutsche Schriften. Neunter Band,* bearb. v. Johann Konrad Irmischer, Frankfurt/M., Erlangen 1854, S. 110-111, hier S. 111. Ähnlich Thomas Tymme: »Der allmächtige Schöpfer des Himmels und der Erden hat (o, christlicher Leser) zwei grundlegende Bücher vor unseren Augen aufgeschlagen: das der Natur und das seines geschriebenen Wortes. [...] Der Weisheit des Natur-Buches widmet sich die Naturphilosophie, die zur Betrachtung des großen, menschliches Verstehen übersteigenden Gottes führt, indem sie uns seine Größe in seinen Werken bewundern lehrt.« Zit. nach Debus, *The Chemical Philosophy*, S. 70 (Übers. A. A.). Ähnlich wird der Zusammenhang der beiden Bücher betont von Aegidius Gutmann, der in seinem Werk *Offenbarung göttlicher Majestät,* Amsterdam, Frankfurt 1675 [1619], darlegt wie Gott »alle seine Wercke [...] in kurtze Schrifft artlich verfasset« und solches Adam »überreichet« hat (keine Seitenzahlen). Dabei wird der Gegensatz betont zwischen ›adamischer Weisheit‹ und antik-humanistischer Naturkunde (Hinweis Joachim Telle).

22 Crollius, *Mysteries of Nature*, S. 18 (Übers. A. A.).

tur eigentlich bestand. Die *Verdoppelung* der Bücher Gottes, die Parallelisierung vom geschriebenen Buch der historischen Offenbarung und dem kreatürlichen Buch der natürlichen Offenbarung, bedeutete eine revolutionäre Erweiterung des göttlichen Wortes. Zum mythisch-*geschichtlichen* Text, der von einmaligen Ereignissen in der Vergangenheit berichtete, trat ein *natürlicher* Text hinzu, in dem es keine Raum- und Zeit-Indices mehr gab, ein Text, der die dauerhaften, unwandelbaren Gesetze des Kosmos offenbarte. Mit diesem neuen Buch war das Christentum kosmisiert.[23]

Was damit gemeint ist, lässt sich am besten an der Deutung der Schöpfungsgeschichte illustrieren. Hier wurde der Akzent nämlich gleichzeitig vom einmaligen Schöpfungsakt auf die ewigen Schöpfungsgesetze verlagert. Das Schöpfungswort wirkt damit in den Kreaturen nach und lebt in ihnen fort. Die Welt besteht, nicht weil sie einmal geschaffen wurde, sondern weil Gott ständig in ihr weiterspricht. Jakob Böhme drückte diesen Gedanken mit folgenden Worten aus: »Wir können mit Wahrheit sagen, dass das Verbum *fiat* noch heute im Schaffen sei, obs wohl nicht Sterne und Erde schaffet, so wirket es doch noch in derselben Eigenschaft, formet und coaguliere t.«[24] In diesem *fiat*, auch ›ewigsprechendes Wort‹ oder ›ausgeflossener Wille Gottes‹ genannt, der »auf natürliche Art wirket«, fallen göttlicher Wille und kosmisches Gesetz zusammen: *Deus sive natura*. Zur abgeschlossenen, niedergeschriebenen Offenbarung tritt die unabgeschlossene, unabschließbare Naturoffenbarung des göttlichen Wortes als ein zweites Buch hinzu. Die Natur ist nicht nur *creatio continua*, sie ist auch *revelatio continua*. Noch einmal Böhme: »Ein jedes Ding hat seinen Mund zur Offenbarung. Und das ist die *Natursprache*, daraus jedes Ding aus seiner Eigenschaft redet und sich selber offenbaret [...], wozu es gut und nütz

23 Der kürzeste Bericht von der Karriere des ›Buchs der Natur‹ könnte lauten: Es war als *Ergänzung* gedacht und machte als *Ersetzung* Furore. Uns interessiert hier die mittlere Phase, die zwischen diesen beiden Stationen liegt. Das ›Buch der Natur‹ ist *nicht mehr* nur noch frommer Erbauungstext, und es ist *noch nicht* (wie Galilei postulierte) in abstrakten geometrischen Figuren geschrieben. Es behält seinen Zwittercharakter von naturkundlicher Erfahrung und religiöser Offenbarung, oder, in der hier vorgeschlagenen Terminologie: es ist Monument eines kosmisierten Christentums.

24 Jakob Böhme, »Das 11. Kapitel. Von Heimlichkeit der Schöpfung«, in: Karl Wilhelm Schiebler (Hg.), *Jakob Böhme's sämmtliche Werke. Bd. 5: Mysterium Magnum. Oder: Erklärung über das erste Buch Mosis*, Leipzig 1843, S. 55-60, hier S. 57.

sei.«[25] In diesem kosmisierten Christentum ist der mittelalterliche Dualismus von menschlicher und göttlicher Weisheit überwunden. Der Fundamentalgegensatz von Theologie und Naturphilosophie ist damit ebenfalls aufgehoben. Theologen wurden Naturforscher, und Naturforscher erwiesen sich als verkappte Theologen. An die Stelle der Zwei-Welten-Theorie trat der vom göttlichen Wort durchwirkte Kosmos. Oder um es mit einer kühnen Formulierung Oswald Crollius' zu sagen: »Die Welt aber ist Gott (also zu reden) außgebreitet.«[26]

Das Stichwort ›Natursprache‹ führt uns zu der Lehre von den Signaturen und damit zur Weisheit Adams zurück. Das Buch der Natur, das »mit dem Finger Gottes [...] angeschrieben« ist,[27] bedient sich einer Sprache, die jenseits aller Sprachen steht, mit welchen Menschen sich verständigen. Die Worte dieser Sprache sind die Geschöpfe selber. Gleichwohl handelt es sich nicht um ein riesiges Magazin, um ein grandioses Sammelsurium von Realia, sondern um eine *Sprache*. Wie ist das zu verstehen? Was gibt den Gegenständen ihren Zeichencharakter?

Sprache ist die Natur in einem doppelten Sinn: als ausgesprochenes göttliches Schöpfungswort und als vom Menschen gelesenes Zeichen. Jeder Gegenstand der Schöpfung enthielt damit auch eine Botschaft. Diese Zeichen verwiesen einerseits, wie wir gesehen haben, auf die Größe und wunderbare Allmacht des Schöpfers. Aber sie verwiesen auch noch auf etwas sehr viel Spezifischeres, nämlich auf das, was an dem einzelnen Ding für den Menschen »gut und nütz« ist. Denn Gott hat nach dieser Ansicht nicht nur die Dinge geschaffen, er hat sie obendrein auch noch beschrieben, er hat ihnen einen Stempel eingedrückt, auf dem ihr geheimer Verwendungszweck angezeigt ist. Solche ›äußeren Hinweise‹, die auf

25 Jakob Böhme, *De Signatura Rerum, Oder: von der Geburt und Bezeichnung aller Wesen*, in: Schiebler (Hg.), *Jakob Böhme's sämmtliche Werke. Bd. 4: Vom dreifachen Leben des Menschen, Von der Geburt und Bezeichnung aller Wesen, Von der Gnadenwahl*, Leipzig 1842, S. 269-462, hier S. 276.

26 Oswald Crollius, *De signaturis internis rerum. Die lateinische Editio princeps (1609) und die deutsche Erstübersetzung (1623)*, hg. und eingel. v. Wilhelm Kühlmann und Joachim Telle, Stuttgart 1996, S. 185.

27 Crollius, *De signaturis (deutsche Erstübersetzung)*, S. 186. Diese Formel findet sich bereits bei Hugo und eine Generation nach Crollius bei dem englischen Arzt Sir Thomas Browne.

verborgene innere Kräfte schließen lassen, nannte man im 16. Jahrhundert *Signaturen*. Man sprach auch von ›angehefteten Namen‹ und verglich sie mit den Etiketten auf Apothekergläsern, die Aufschluss über deren Inhalt geben.

Die Kreaturen sind also nicht allein Lebewesen und Gegenstände, sondern auch Zeichen. Als solche besitzen sie die Doppelstruktur von Signifikant und Signifikat, die in den Quellen als Differenz von ›Außen und Innen‹, ›Oberfläche und Tiefe‹, ›Sichtbarem und Unsichtbarem‹ beschrieben wird. »Die eußerliche zeichen öfnen, was inwendig ist«, verkündet Paracelsus, der sich besonders für das physiognomische Wissen antiker Autoren und mündlicher Volksüberlieferung interessierte.[28] Dieses Wissen mündete bei ihm in eine Lehre von den Signaturen beziehungsweise ›natürlichen Zeichen‹, die er als eine medizinische Heuristik für die Zuordnung von Krankheitsbildern und Heilmitteln entwickelte:[29]

> sich sol das niemants verwundern lassen, daß ich fürrhalt die zeichen der dingen; dan nichts ist on zeichen, das ist, nichts leßt die natur von ir gon, das sie nit bezeichnet das selbig, was in im ist. […] die selbig signatur ist gar aus dem brauch komen und ir gar vergessen worden, aus dem dan groß irsal folget. […] der do wil beschreiben die natürlichen ding, der muß die zeichen fürnemen und aus den zeichen das selbig erkennen.[30]

Paracelsus traute sich zu, was »noch bisher kein arzt oder scribent nach rechtem grunt geschriben hat«, nämlich eine konsequente Darstellung jener Bedeutung, die »in den natürlichen dingen sei«.[31] Seine *Voraussetzung* lautete, die Natur enthält geheime Botschaften, die Gott mit der Schöpfung in sie hineingesprochen hat und dort nach wie vor abzulesen sind. Seine *Frage* lautete, wie kann man

28 Aus volkstümlicher Physiognomik, einem wichtigen Zweig der Volksweisheit, zum Beispiel schöpft Paracelsus, wenn er behauptet: »also machet die natur oft einen krum, dan sie wil in zu krumen sachen brauchen, und darumb machet sie in krum, das man sich vor seiner krüme hüte.« Paracelsus (Theophrast von Hohenheim), *Sämtliche Werke. 1. Abteilung: Medizinische, naturwissenschaftliche und philosophische Schriften*, hg. v. Karl Sudhoff, München, Berlin u.a. 1929, Bd. XII, S. 178 f.

29 Vgl. Kurt Quecke, »Die Signaturenlehre im Schrifttum des Paracelsus«, in: Otto Beßler (Hg.), *Beiträge zur Geschichte der Pharmazie und ihrer Nachbargebiete*, Berlin 1955, Bd. 1, S. 41-51.

30 Paracelsus, II, S. 86.

31 Paracelsus, II, S. 86.

diesen Geheimcode entziffern? Seine *Lösung* lautete: die Lehre von den Signaturen.

Diese in Hinweisen verstreute Lehre wurde im späteren 16. Jahrhundert zu einer umfassenden medizinischen Heuristik ausgearbeitet. Man ging davon aus, dass externe Dinge und Kräfte in einem geheimen heilenden Bezug zu inneren Organen und Krankheiten des Menschen stehen. Der Mensch, der aus dem kosmischen Weltstoff gewirkt und ein Abbild der Welt ist, durfte für jedes körperliche Leiden auf ein äußeres Heilmittel hoffen, denn die Natur wurde als ein großes Selbstheilungssystem begriffen. Die Kunst des Arztes bestand darin, Einblick in diese Selbsthilfeverfahren zu gewinnen. Dafür musste er die Signaturen und die ihnen zugrunde liegende Korrespondenz-Grammatik kennen, die die richtigen Zuordnungen von Krankheiten und Kreaturen offenbarten.

Solche Zuordnungen entdeckte man mit Hilfe einer ausgedehnten Anwendung des Ähnlichkeitsprinzips. Mit dem Wegweiser der Ähnlichkeit gelangte man kurzerhand vom Äußerlichen zum Innerlichen. Form und Farbe, Zeichnung und Funktion, Gestalt und Bewegung, aber auch etymologische Anklänge konnten dabei als Hinweise dienen. Hier ist eine Liste paracelsischer Beispiele:

> also die distel, stechen ir bletter nicht wie die nadeln? diß zeiches halben ist durch magiam erfunden worden, das kein besser kraut ist für den inwendigen stechen. also die sigwurz hat geflecht umb sich wie ein banzer; das ist auch ein magisch zeichen und bedeutung, das sie behüt für waffen wie ein banzer. also die wurz syderica, hat in irem kraut in iedem blat ein biltnus und figur einer schlangen, dardurch zeigt die magica an, das sie behüt vor allerlei vergiftung.[32]

Und so fort. Sich auf diese ›magischen‹ geheimen Entsprechungen zu verstehen machte, wie bereits gesagt, die Kunst und das Handwerk des Arztes aus; in der Kenntnis der Signaturen bestand seine Professionalität: »also erkennet der arzt die arznei, der astronomus sein astronomei, der schuster sein leder, der weber sein tuch«.[33] Auf uns Heutige mag die wilde Zeichenjagd im Namen chimärischer Ähnlichkeiten abstrus wirken. Nicht vergessen dürfen wir aber dabei, dass die Orientierung an Signaturen die Aufmerksamkeit für die Phänomene neu geschärft hat. Man musste nämlich auf einmal

32 Paracelsus, XIII, S. 577.

33 Paracelsus, XII, S. 176.

sehr genau hinschauen und auch auf unscheinbarste Einzelheiten achten wie den Verlauf einer Äderung oder die Anordnung der Staubgefäße. Denn in allem und jedem konnten jene geheimen Schriftzüge verborgen sein, mit denen Gott seine Schöpfung gezeichnet hatte. Am nachhaltigsten hat diese Betrachtungsweise den morphologischen Sinn ausgebildet. So hat die Signaturenlehre gerade auch die Wahrnehmung geschärft sowie den Sinn für Details und signifikante Unterschiede entwickelt. Damit hat sie der Naturbetrachtung neue Wege erschlossen.

Aus all dem erhellt, warum von dieser Gruppe von Naturforschern gerade Adam zum Inbegriff des Weisen erhoben werden konnte. War er doch der erste und kompetenteste Leser der Signaturen des Natur-Buchs! Sein Akt der Namengebung gewann in diesem Lichte neues Interesse. Wenn er die ›richtigen‹ Namen zu finden vermochte, so nur deshalb, weil er die Signaturen erkannt hatte. Paracelsus schreibt:

> Die Kunst Signata lehret die rechten Namen geben allen Dingen, die hat Adam […] vollkommenlich gewußt und Erkenntnis gehabt. Denn gleich nach der Schöpfung hat er allen Dingen einem jedwedern seinen besondern Namen gegeben, den Tieren […], den Bäumen, den Kräutern […], den Wurzeln […] also auch den Steinen, Erzen, Metallen, Wassern […] Und wie er sie nun taufet, und ihnen Namen gab, als gefiel es Gott wohl, denn es geschah aus dem rechten Grund, nicht aus seinem Gutdünken, sondern aus einer praedestinierten Kunst Signata, darum er der erst Signator gewesen.[34]

Dieser Zusammenhang von Schöpfung, Buch der Natur, Signaturen und adamischer Weisheit wurde bis ins späte 17. Jahrhundert hinein in den Texten variiert. Dazu abschließend nur noch zwei

34 Paracelsus, VI, S. 355. Die Echtheit dieses Traktats ist umstritten. Zu seiner Überlieferungsgeschichte siehe Quecke »Die Signaturenlehre im Schrifttum des Paracelsus«, S. 50. Mit Sicherheit hat Oswald Crollius diesen Text gekannt, was aus der wörtlichen Übernahme einiger zentraler Wendungen zu ersehen ist. Am Ende seiner Vorrede an den Leser schreibt er: »Vnser erster Vatter Adam hat in dem Stand seiner Vnschuld auß der prädestinierten Kunst / das ist / der signierten oder gezeichneten ein vollkommene Erkanntnuß der natürlichen Dinge gehabt / derowegen einem jeden Ding seinen eygenen Namen gegeben und durch denselbigen zugleich auch seine Natur erklärt: Dann es hat Gott den Menschen gleich in dem ersten Einblasen deß Geistes aller Dinge Kräfte vnd Natur gelehret.« (Crollius, *De signaturis (deutsche Erstübersetzung)*, S. 187)

Beispiele. Im *liber naturae*, dem vierten Buch seines *Wahren Christentums* schreibt Johann Arnd:

> Bei der Benennung hat der Mensch seine angeschaffene Weisheit ans Licht bringen müssen [...]. Mußte in den mancherlei Tieren die Weisheit und Allmacht Gottes anschauen, wie Gott jedes Tier mit unterschiedlicher Gestalt, Form, Figur, Farbe u. dgl. geschaffen. Welche Merkzeichen oder *Signatur* Adam aus angeschaffener Weisheit wohl verstanden. Nämlich ihre natürliche Zeichnung, daraus er ihre eingepflanzte Art, Natur und Eigenschaft erkannte und sie [...] mit ihrem eigentlichen, natürlichen Namen genennet, welcher Name eines jeden Tieres Art, Natur und Eigenschaft in sich begriffen hat.[35]

Auch Jakob Böhme hat in seinem Werk *De Signatura Rerum* die Natursprache behandelt. Die Signatur, die zur Erkenntnis des Wesens führt, definierte er als ein physiognomisches Zeichen, als »Behalter [...] des Geistes«.[36] Die Sprache, deren Adam kundig war, war die Natursprache, die jenseits aller Einzelsprachen steht und den Menschen in ein unmittelbares Verhältnis zu den Dingen setzt. Die Natursprache ist »die Wurzel oder Mutter aller Sprachen, die in dieser Welt sind, und in ihr bestehet die ganze vollkommene Erkenntnis aller Dinge. Denn als Adam zuerst geredet hat, hat er allen Kreaturen nach ihren Qualitäten und innewohnenden Wirkungen den Namen gegeben. Dieß ist eben die Sprache der ganzen Natur; aber es kann sie nicht ein jeder.«[37]

Morgenröte und Weisheitsdämmerung

Gewiss: obschon das große Natur-Buch vor aller Augen offen aufgeschlagen ist, kennt seine Sprache, kennt die Bedeutung der Signaturen »nicht ein jeder«. Es bedarf besonderer Einweisung und Einweihung in die Geheimnisse der Natur, es bedarf der Illumi-

35 Zit. nach Kayser, »Böhmes Natursprachenlehre und ihre Grundlagen«, S. 544, Anm. 48.

36 Böhme, *De Signatura Rerum,* S. 274.

37 Jakob Böhme, »Das 20. Kapitel. Von dem zweiten Tage«, in: Schiebler (Hg.), *Jakob Böhme's sämmtliche Werke. Bd. 2: Aurora oder Morgenröthe im Aufgang. Das ist: Die Wurzel oder Mutter der Philosophie, Astrologie und Theologie aus rechtem Grunde, oder Beschreibung der Natur,* Leipzig 1832, S. 227-237, hier S. 236.

nation durch ein natürliches Licht oder der Inspiration durch den Heiligen Geist. Ohne tiefe Devotion einerseits und akribische Beobachtung andererseits gibt es keinen Zugang zu dieser Weisheit. Aber wie anders klingt diese *Einschränkung* gegenüber jener kategorialen *Beschränkung*, die das Mittelalter über die Erkenntnisfähigkeit des Menschen verhängt hatte. Dort hatte die Unmöglichkeit eines authentischen eigenen Zugangs zur Wahrheit den Menschen an die Institutionen und Autoritäten, kurz: an die Tradition verwiesen. Allein die Mystiker hatten diese Beschränkung verweigert und sich einen eigenen direkten Weg zum Licht gebahnt. Was die Mystiker (und Märtyrer) schon immer für sich in Anspruch genommen hatten, das forderten nunmehr die Naturforscher. Die neue Naturbetrachtung enthält ein heroisches Moment, das recht gut zum faustischen Gestus des Renaissance-Menschen passt.

Diese optimistische Aufbruchsstimmung hat Luther in einer Tischrede ausgesprochen: »Wir sind jetzt in der Morgenröte des künftigen Lebens, denn wir fangen an wiederum zu erlangen das Erkenntnis der Kreaturen, die wir verloren haben durch Adams Fall.«[38] Mag sein, dass Luther selbst zu der Radikalität dieses Gedankens nicht gestanden hat, aber etliche seiner Zeitgenossen taten es. Das Stichwort ›Morgenröte‹ ist vielsagend. Es ist durchweht von eschatologischer Zugluft. Die Geschichte neigt sich dem Ende zu und die Tage dieser Welt sind gezählt; eine neue Ära ist angebrochen, die den Menschen in ein unmittelbares Verhältnis zu Gott stellt. Das waren gute Zeiten für eine Weisheit, die natürlich nicht gleich alle erleuchtet, aber doch in einigen Auserwählten, den Herolden der neuen Ära, Platz griff. Die Naturforscher und -theologen jedenfalls, die sich auf Adam beriefen, verstanden sich zugleich als Erneuerer eines urzeitlichen Arkanwissens und als Vorhut einer neuen Ära der Weisheit. An Weisen mangelte es damals nicht. Paracelsus und seine Anhänger verstanden sich als Weise, Jakob Böhme wurde von seinem Biographen bescheinigt, »daß er vermittels der angebildeten Signaturen oder Figuren [...] allen Geschöpfen gleichsam in das Herz und in die innerste Natur hineinsehen« könne,[39] und nicht zu vergessen die weit ins 17. Jahrhundert

38 Luther, »2067. (131.) Erasmus achtet Gottes Werk und Creaturen nicht«, S. 110-111.

39 Abraham von Franckenberg, »Lebensbeschreibung Jakob Böhmes«, Abschnitt 11, in: Hans Kayser (Hg.), *Schriften Jakob Böhmes*, Leipzig 1920, S. 19-52, hier S. 26.

hineinwirkende Gruppe von ›Erleuchteten‹, die sich ›Rosenkreuzer‹ nannten und eine vollkommene Kenntnis der magischen Sprache Adams beanspruchten.[40]

›Weisheit‹ ist in all diesen Fällen gleichbedeutend mit ›Weisheit Adams‹ und mit ›Kenntnis der Natursprache‹. Die Faszination für die Idee einer Natursprache, wie sie im 16. Jahrhundert entwickelt wurde und im 17. florierte, hat einen utopischen Zug. Keine Zeit hatte die Verheerungen direkter zu spüren bekommen, die aus der differierenden Exegese des geschriebenen Wortes hervorgegangen waren. Den Streit um Interpretationen hatte man als blutigen Machtkampf vor Augen. Mit der Verschärfung des Autoritätsproblems verschärfte sich auch der Eifer der Opponenten. In diesem Klima musste der Gedanke einer Natursprache, die vor die babylonische Sprachverwirrung zurückführte und eine nichtschriftliche, daher unumstrittene Offenbarungsquelle darstellte, größte Anziehungskraft ausüben.[41] Der Topos von der Weisheit Adams verband sich mit dem alten Traum einer die ganze Menschheit friedlich vereinigenden Universalsprache. Die Weisheit Adams jedenfalls ist nicht zuletzt in dem Sinne universal, dass sie auf eine Einheitssprache verweist, die (in genauer Gegenrichtung zu Dantes Überzeugungen) jenseits der sprachlichen, historischen und kulturellen Vielfalt aufgefunden werden kann.

Das ›kabbalistische Fieber‹, das im 17. Jahrhundert ganz Europa ansteckte und auch die Grenze zwischen Juden und Christen streckenweise überwand, hängt mit dieser universalistischen Weisheitsutopie direkt zusammen. Die mystische Wissenschaft vom Hebräischen als Offenbarungssprache sollte ebenfalls heraus aus den historischen, streitbeladenen Menschenwahrheiten zur vereinigenden und ewigen Wahrheit Gottes führen. Im Zuge dieser Begegnung zwischen jüdischer und deutscher Mystik wurde auch der Muttersprache die Würde der Offenbarungssprache zuerkannt. In der tiefen Überzeugung, dass ›hinter‹ den Worten und Lauten

40 Die *Confessio* der Fraternität vom Rosenkreuz erschien in Kassel 1615, verfasst worden war sie um 1605, möglichereise von J. V. Andreae.

41 Vgl. dazu Allison Coudert, »Some Theories of a Natural Language from the Renaissance to the Seventeenth Century«, in: Kurt Müller u. a. (Hg.), *Magia Naturalis und die Entstehung der modernen Naturwissenschaften. Symposion der Leibniz-Gesellschaft Hannover, 14. und 15. November 1975. Studia Leibnitiana Sonderheft 7*, Wiesbaden 1978, S. 56-118.

Geheimnisse verborgen liegen, begab man sich auf kabbalistische Entdeckungsreisen. Ähnlich wie mit der Idee der Natursprache war mit der Weihung der Muttersprache das Fundament der institutionalisierten Tradition angegriffen. Es gab keine exklusive Verfügungsgewalt mehr über das Offenbarungswissen, jeder ernsthafte Sucher konnte damals zum Weisen werden. Böhme ermutigte in diesem Sinne seine Zeitgenossen:

> Denn verstehe nur deine Muttersprache recht, du hast so tiefen Grund darin, als in der hebräischen oder lateinischen; ob sich gleich die Gelehrten darin erheben wie eine stolze Braut, es kümmert nichts, ihre Kunst ist jetzt auf der Bodenneige. Der Geist zeiget, daß noch vorm Ende mancher Laie mehr wird wissen und verstehen, als jetzt die klügsten Doktoren wissen, denn die Thüre des Himmels thut sich auf.[42]

Die Zweite Vertreibung Adams aus dem Weisheitsparadies

So griff die Weisheit Adams im 17. Jahrhundert weiter um sich. Sie florierte besonders dort, wohin die Verfolgung der Gegenreformation nicht reichte: in den protestantischen Ländern des Kontinents und vor allem in England. Dort entstand auch aus der Feder des Arztes und Oxfordgelehrten Robert Fludd eine *Schutzschrift der Rosenkreuzer*, die die vollmundigen Proklamationen des Manifests dieses vermeintlichen Geheimbundes emphatisch unterschrieb.[43] Aus englischen Kreisen gingen neue Illuminierte hervor, unter ihnen Thomas Vaughan, der ein Werk mit dem Titel *Magia Adamica*

42 Jakob Böhme, »Das 8. Kapitel. Von dem ganzen Körper eines englischen Königreichs, das große Geheimniß«, in: Schiebler (Hg.), *Jakob Böhme's sämmtliche Werke. Bd. 2*, S. 67-83, hier S. 78. An Abraham von Sommerfeld schreibt er im Jahre 1620: »Und was noch größer ist, ist mir die Natursprache eröffnet worden, daß ich kann in meiner Muttersprache die allergrößten Geheimnisse verstehen.« (Jakob Böhme, »Der zehnte Sendbrief. An Hrn. Abraham von Sommerfeld und Falckenheim auf Wartha«, in: Schiebler (Hg.), *Jakob Böhme's sämmtliche Werke. Bd. 7: Libri Apologetici. Epistolae theosophicae,* Leipzig 1847, S. 389-397, hier S. 394). Hier ist die Gleichsetzung von Natursprache und geheimen Bedeutungen der Muttersprache vollzogen; dieses eine Medium der Offenbarung nennt er auch »sensualische Sprache«.

43 Vgl. dazu Aleida Assmann, *Die Legitimität der Fiktion. Ein Beitrag zur Geschichte der literarischen Kommunikation*, München 1980, S. 58 ff.

verfasste. Aber diese Blüte der adamischen Weisheit in England währte nur kurz. Mit der katholischen Restauration von 1660 und der etwa gleichzeitigen Gründung der Royal Society war es um die radikal laizistischen Bewegungen und damit auch um die Weisheit Adams geschehen.

Den bissigen Epilog auf den weisen Adam schrieb der königstreue Katholik Samuel Butler. In seinem komischen Epos *Hudibras* (1663-1678) rechnete er mit den verschiedenen radikalen Gruppierungen ab, die sich im Bürgerkrieg hervorgetan hatten. Der presbyterianische Ritter Hudibras hat einen Knappen mit Namen Ralph aus der Sekte der Independenten zur Seite. Hier ein Auszug aus dessen Porträt:

> Sein Wissen stand nicht weit zurück
> dem seines Herrn, doch war es anders,
> und anders hatte er's erworben;
> man sprach von GABEN, NEUEM LICHT. [...]
> Mysteriensinn konnt' er entschlüsseln,
> mit Leichtigkeit im Handumdrehn. [...]
> So wurde unser Ralph unfehlbar
> ein drei-, vierbeiniges Orakel. [...]
> Er war in Mystik sehr bewandert,
> in der Magie und Kabbala.
> Sein Wissen führte nicht zu Mose,
> sondern zu Adams grüner Hose.[44]

In Butlers Perspektive wurden die Erleuchtungen adamischer Weisheit zu Spielarten eines Obskurantismus, der seine Gefährlichkeit eingebüßt hat und nur noch lächerlich ist. Seine Verse bezeugen die Verachtung, mit der man dem adamischen Paradigma der Weltdeutung den Rücken gekehrt hat.

Eine etwas behutsamere Verabschiedung des weisen Adams hat im paradigmatischen Medium der Aufklärung, der Enzyklopädie stattgefunden. In seinem monumentalen *Dictionnaire historique et critique* von 1697 machte sich der in Rotterdam seines Amtes enthobene Gelehrte Pierre Bayle an eine Bestandsaufnahme des

44 Samuel Butler, *Hudibras*, hg. v. Treadway Russell Nash, New York 1864, S. 57-60 (Übers. A. A.). Der Satiriker Butler hat an anderem Ort die grünen Hosen Adams als Mittel der Verhüllung und somit als ›ältestes Monument verborgener Geheimnisse‹ apostrophiert.

Überlieferungswissens, das er alphabetisch sortierte und getreulich referierte sowie auf seine Glaubwürdigkeit und Verlässlichkeit hin abklopfte. Der Artikel »Adam« im ersten von vier Bänden setzt sich mit den Ansichten des katholischen Geistlichen Louis Moréris auseinander, der in seinem *Grand dictionnaire historique* (1674) die adamische Weisheitslehre noch verteidigt hatte. Mit dieser Position, für die er keine befriedigende Textbasis ermitteln konnte, machte Bayle kurzen Prozess: »Diejenigen, die aus Adams Prinzip der Namengebung ihre Schlüsse ziehen, mag er ein noch so großer Philosoph sein, denken nicht präzise genug, um eine Widerlegung zu verdienen.«[45]

Die Weisheit Adams ist weder in polemischen Kontroversen noch in enzyklopädischen Revisionen begraben worden. Sie ging fast unbemerkt an einem geistigen Klimawechsel zugrunde. Bedingung für ihre Blüte war jener Weisheitsenthusiasmus, den wir mit dem Aurora-Syndrom gekennzeichnet haben: die tiefe Überzeugung, dass plötzlich die Welträtsel wie in einem offenen Buch aufgeschlagen vor uns lägen und für jeden ernsthaft Suchenden lesbar/lösbar geworden wären. Abgesehen von einigen zum Teil nicht unbedeutenden Spätzündungen ist der Weisheitsenthusiasmus einem Wissensoptimismus gewichen. Nicht mehr das umfassende kosmische Welträtsel, sondern begrenzte Probleme standen zur rationalen Bewältigung an, und das Subjekt des Forschens war nicht mehr der heilsuchende Einzelne, sondern die Menschheit, vertreten durch Einzelne, die der Utopie von der ganzen und zusammenhängenden Wahrheit abgeschworen hatten. Hinzu kam die methodische Disziplinierung der Wahrnehmung. Es war nicht mehr »alles von dem benutzbar, was sich dem Blick« anbot, und am wenigsten waren es die ingeniösen Ähnlichkeitskonstruktionen. Nach der begeisterten Hinwendung setzte sich als neue Form der Erkenntnis eine misstrauende Beobachtung durch. Sinnliche Wahrnehmung

45 Pierre Bayle, »Adam«, in: ders., *Dictionnaire historique et critique. Bd. I: A-AM, 16 Bde., Paris 1820*, S. 198-219, hier S. 200 (Übers. A. A.). An anderen Stellen argumentiert Bayle etwas behutsamer: »néaumoins il pourroit être qu'Adam sortit des mains de son Créateur avec les sciences infusées, et qu'il ne les perdit point par son péché.« Bayle ist Skeptiker und kein dogmatischer Aufklärer. Er vernichtet die älteren Wissensbestände nicht, er stellt sie zur Schau. Seine Enzyklopädie dokumentiert nicht nur den letzten Stand der Wahrheit, sie ist vor allem auch ein Museum überlieferten Wissens. Bedeutend ist der große Anteil, den Bayle in seinem Artikel der rabbinischen Adam-Überlieferung einräumt.

wurde dabei unter »systematisch negative Bedingungen« gestellt, was den Einsatz technischer Apparate ermöglichte.[46] Nachdem die Welt und der Mensch aufgehört hatten, »den Körper einer einzigen Geschichte« zu bilden, verblasste das Leitbild des weisen Adam.[47] Die ihm attestierte magische Weisheit verlor ihre Dignität und lebte im Schatten der herrschenden Vernunft als Geheimwissen fort.

Mit dem weisen Adam wurde jene Haltung zur Welt obsolet, die wir als Natur-Hermeneutik bezeichnen und in der Lehre von den Signaturen niedergelegt finden. Von diesem Naturverständnis sind wir historisch getrennt, weil wir in einem langen und mühsamen Disziplinierungsprozess gelernt haben, unsere verstehende, deutende Haltung gegenüber der Natur zu überwinden. Die Natur musste, bevor sie zuverlässig beschrieben und berechnet werden konnte, ihres Zeichencharakters entkleidet werden. Das heißt, sie musste »nackt« werden, bevor sie zum Gegenstand der *Wissenschaft* werden konnte. Die *Weisheit* Adams dagegen galt einer durch Andacht und Verehrung ›eingekleideten‹ Natur, einer menschenförmigen Welt und einem weltförmigen Menschen.

46 Michel Foucault, *Die Ordnung der Dinge. Eine Archäologie der Humanwissenschaften*, Frankfurt/M. 1974, S. 174

47 Foucault, *Ordnung der Dinge*, S. 445.

6. Hieroglyphen der Moderne: Hofmannsthals Chandos-Brief

> Das Sprechen, ja das Denken wird mir verhaßt: höre ich denn nicht hinter jedem Worte den Irrtum, die Einbildung, den Wahngeist lachen?
>
> Friedrich Nietzsche, *Morgenröte*

Der kosmische Bedeutungsschwund, das Erkalten der Welt und Verstummen der Natur, war nicht nur ein Thema des späten 18. und frühen 19. Jahrhunderts. Er ist mit großer Eindringlichkeit noch einmal zu Beginn des 20. Jahrhunderts zur Sprache gebracht worden. Dabei verschieben sich die zentralen Fragen und Interessen der Hieroglyphenrezeption von der Renaissance zur Romantik und Moderne, doch es besteht kein Zweifel, dass diese Orientierungsänderungen Teil einer langfristigen Faszinationsgeschichte der Hieroglyphen in der westlichen Kultur sind. Als ein modernes Kapitel dieser Faszinationsgeschichte möchte ich den berühmten Chandos-Brief von Hugo von Hofmannsthal lesen, in dem der Autor seine eigene Schreibhemmung literarisch verarbeitet hat. Dieser Text handelt zugleich von einer allgemeineren Krise an der Jahrhundertschwelle um 1900, die etwas mit der Erschöpfung von Darstellungskonventionen und medialen Veränderungen der modernen Kultur zu tun hat. Darüber hinaus lässt sich zeigen, dass dieser fiktive und hochliterarische Brief sich in die apokryphe Tradition des abendländischen Hieroglyphendiskurses einschreibt und diesem Diskurs selbst eine neue Wendung gibt.

Zum englischen Kontext des Chandos-Briefes

Den berühmten Text, um den es hier geht, schrieb Hugo von Hofmannsthal im Sommer 1902 und veröffentlichte ihn im selben Jahr in zwei Folgen in der Berliner Zeitschrift *Der Tag*.[1] Aus demsel-

1 Hugo von Hofmannsthal, »Ein Brief«, in: Herbert Steiner (Hg.), *Hugo von Hofmannsthal. Gesammelte Werke in Einzelausgaben. Prosa II*, Frankfurt/M. 1959 [zuerst erschienen in *Der Tag*, Berlin 1902], S. 7-20.

ben Sommer sind viele persönliche Briefe Hofmannsthals erhalten, die dasselbe Thema der Sprach- und Schreibkrise behandeln. Hofmannsthal erlebte in dieser Zeit längere unproduktive Phasen, die mit einem Vertrauensschwund in Bezug auf das Wort als künstlerisches Medium und Ausdruck von Realität zusammenhingen. Im Œuvre des Autors markiert der Brief eine Zäsur zwischen den Jugendwerken und denen des reiferen Alters, die zugleich auf einen Wechsel der Gattungen verweist. Hofmannsthal verkündet hier, so schreibt Gotthart Wunberg, »seine große Absage an die lyrische Produktion seiner frühen Jahre, an die Werke, die ihn berühmt gemacht haben«.[2] Es ist der Abschied von der Magie des lyrischen Worts und die Hinwendung zu einer Prosa, die er ebenfalls zu einer ›reinen Form‹ zu destillieren erhofft. Es ist zu Recht immer wieder bemerkt worden, dass dieser literarische Brief über das sprachliche Verstummen in einer meisterhaften Prosa artikuliert ist. Das Prinzip der Form überbrückt hier nicht nur den Abstand zwischen Lyrik und Prosa, sondern auch den zwischen Hofmannsthals biographischen Briefen und dem literarischen Brief.

Zu dieser bewusst gesteigerten Formung gehört gerade auch die Übersetzung des persönlichen Problems in einen anderen kulturellen und historischen Kontext. Wie T. S. Eliot machte Hofmannsthal gern Gebrauch von der Technik der ›Persona‹. Er selbst sprach von einer »schallverstärkenden Maske« und knüpfte damit an die wörtliche Bedeutung des lateinischen Wortes ›personare‹ an.[3] Durch Transposition in eine andere Epoche und Schaffung eines fiktiven Kontextes erzeugt der Autor eine therapeutische Distanz zum eigenen Problem; der Text wird dabei zu einem künstlerischen Spiegel, in dem Privates gebrochen, reflektiert, virtualisiert, transformiert und vielleicht auch therapeutisch durch- und abgearbeitet wird. Diese Technik der historischen Brechung verbindet Hofmannsthal mit vielen Autoren der Spätzeit des Fin de Siècle wie zum Beispiel Walter Pater, der es ebenfalls bevorzugte, die zentralen Probleme seines Lebens und seiner Zeit durch das Prisma einer anderen Kultur und historischen Epoche zu präsentieren. Beide wa-

2 Gotthart Wunberg, »Francis Bacon, der Empfänger des ›Lord-Chandos-Briefes‹ von Hugo von Hofmannsthal«, in: *German Life and Letters* 15 (1961/62), S. 194-201, hier S. 200, Anm. 4.

3 Hugo von Hofmannsthal im Jahre 1896 in einem Brief an Hermann Bahr in: ders., *Briefe. Bd. I: 1890-1901*, Berlin 1935, S. 205-206, hier S. 206.

ren als Meister kultureller Übersetzung geprägt vom Historismus des ausgehenden 19. Jahrhunderts.

Da Hofmannsthal seinen Brief im Jahre 1902 schrieb, hätte es doch näher gelegen, ihn statt auf 299 Jahre auf volle drei Jahrhunderte zurückzudatieren. Warum setzte er das Jahr 1603 als fiktives Datum des Briefes an? Diese Frage ist von der germanistischen Forschung, soweit ich sehe, noch nicht gestellt worden. Für Anglisten ist jedoch offensichtlich, dass 1603 das Jahr einer paradigmatischen Welt-, Sprach- und Sinnkrise ist. Es ist das Todesjahr der Königin Elisabeth I., Abschluss der elisabethanischen Ära und der Tudor-Dynastie als einer blühenden Kulturentwicklung, der als außerordentlich krisenhaft empfunden wurde. Auf dieses Ereignis und die damit verbundene Verdüsterung der Zukunft bezieht sich Shakespeares *Hamlet*, ein Stück, das diese Krise für alle Zeiten auf die Bühne gebracht und verewigt hat. Der Name Chandos, den Hofmannsthal seinem fiktiven Briefschreiber gegeben hat, ist aufs engste mit einem (von zwei) zeitgenössischen Shakespeare-Porträts verbunden, die zu Lebzeiten des Dramatikers entstanden sind. Das so genannte *Chandos-Porträt*, das sich heute in der National Portrait Gallery befindet, entstand zwischen 1600 und 1610 und wird nach seinem langjährigen Besitzer, dem dritten Herzog von Chandos benannt. Soweit ich sehe, ist die Verbindung zu Shakespeares *Hamlet* von der Forschung noch nicht hergestellt worden; über der Frage nach den historischen Vorbildern scheint die nach einem literarischen Vorbild in Vergessenheit geraten zu sein. Dabei ist gerade auch diese literarische Achse von großer Bedeutung: der späte Briefschreiber Hofmannsthal spiegelt seine eigene Krise vom Anfang des 20. Jahrhunderts zurück auf die krisenhafte Schwellenzeit am Anfang der Neuzeit. Beide Zeiten sind, um mit Hamlet zu sprechen, gleichermaßen »aus den Fugen« geraten (›out of joint‹).[4] Es gibt viele Korrespondenzen zwischen Hamlet und Chandos, in dem wir unschwer einen zweiten Hamlet erkennen dürfen. Beide haben in radikaler Weise das Vertrauen in Sprechen und Handeln, in das Funktionieren menschlicher Beziehungen und kultureller Konventionen verloren. Beide leiden an einer Zeichenkrise; vor ihnen öffnet sich der Abgrund zwischen Schein und Sein, beide

4 William Shakespeare, *Hamlet, Prinz von Dänemark*, I, 5, in: Hans Matter (Hg.), *Shakespeares dramatische Werke*, übers. v. August Wilhelm von Schlegel und Ludwig Tieck, Basel 1950, Bd. 1, S. 101-226, hier S. 131.

sind Melancholiker, die den von ihnen geforderten Part in einer öffentlichen und sozialen Welt verweigern.

Die Nähe zu Hamlet ist vor allem im zweiten Teil des Briefes zu spüren, der die Darstellung der Sprachkrise zum Thema hat. Chandos beschreibt sein Leiden als einen plötzlichen Entzug der gestaltenden und synthetischen Kraft der Sprache. Wie für Hamlet besteht für ihn Sprache nur noch aus unzusammenhängenden Wörtern: »Worte, Worte, Worte«.[5] Auch der Ausruf eines anderen großen englischen Dichters, nämlich John Donne, findet im Chandos-Brief ein vielfältiges Echo: »Alles in Teilen, kein Zusammenhang!«, »'Tis all in pieces, all coherence gone!«[6] Dem Briefschreiber, so lautet dessen meistzitierte Formulierung, zerfiel alles »in Teile, die Teile wieder in Teile, und nichts mehr ließ sich mit einem Begriff umspannen«.[7]

Der Hieroglyphendiskurs im Chandos-Brief

Warum fiel die Wahl gerade auf Bacon als Adressaten des Briefes? Die Forschung hat in Hofmannsthals Text viele offenkundige und verschlüsselte Bacon-Zitate nachweisen können. Die Position Bacons als Adressat des Briefes ist für das Verständnis des Briefes wichtig,[8] allerdings kann sein Name mit dem gescheiterten Großprojekt des Briefschreibers, wie es im ersten Teil des Briefes entworfen wird, nicht einfach gleichgesetzt werden. Denn der Name Bacons steht exemplarisch für die neuzeitliche Wende zu einem entgötterten, wissenschaftlich-technischen Weltbild aus puritanischem Geist. Er ist aufs engste mit dem neuen Projekt der wissen-

5 Shakespeare, *Hamlet*, II, 2, S. 141. Zur Sprachskepsis im *Hamlet* vgl. Catherine Belsey, »Shakespeare's Hamlet and the Controversies of Self (review)«, in: *Shakespeare Quarterly* 53/4 (2002), S. 553-557.

6 John Donne, »An Anatomy of the World. Wherein, by Occasion of the Untimely Death of Mistress Elizabeth Drury, the Frailty and the Decay of the Whole World is Represented«, in: Albert J. Smith (Hg.), *John Donne. The Complete English Poems*, New York 1971, S. 269-283, hier S. 276 (Übers. A. A.).

7 Hofmannsthal, »Ein Brief«, S. 12.

8 H. Stefan Schultz, »Hofmannsthal and Bacon. The Sources of the Chandos Letter«, in: *Comparative Literature* 13/1 (1961), S. 1-15; Wunberg, »Francis Bacon, der Empfänger des ›Lord-Chandos-Briefes‹«, passim.

schaftlich-technischen Weltbemächtigung verbunden.[9] Bacon hat sich insbesondere in einer Schrift mit dem Titel *Valerius Terminus. Von der Interpretation der Natur* aus dem Jahre 1603 (!) dafür ausgesprochen »die Hoheit und die Macht des Menschen [...], die er im Urzustande der Schöpfung hatte, wiederherzustellen und ihm größtenteils wiederzugeben«.[10] Sein soteriologisches Projekt zielt auf die Aufhebung des Sündenfalls durch die Macht des Wissens in der Form souveräner Naturbeherrschung.[11] Das mag an die Rückkehr zur Weisheit Adams erinnern, doch ist bei Bacon der religiöse Rahmen der Naturerkenntnis einer Selbsteinsetzung des Menschen ins Zentrum der Natur gewichen. Bacon hat sich in seinen Schriften nicht nur für eine methodisch wissenschaftliche Durchleuchtung und technische Umgestaltung der Natur als eines materiellen Rohstoffs ausgesprochen, er hat auch aus dem ikonoklastischen Programm des Puritanismus heraus eine radikale Bilder-Kritik vorgelegt. Er ging dabei von einer anthropomorphen Verzerrung der Wahrnehmung aus: »Der Geist des Menschen ist weit entfernt von einem klaren und ebenmäßigen Spiegel, der die Gegenstände in ihrer wirklichen Beschaffenheit wahrheitsgemäß abbildet. Nein, er entspricht eher einem Zauberspiegel voller Aberglauben und Verstellung, falls er nicht gereinigt und reduziert wird.«[12] Bacon vertraute auf eine Evolution des Geistes, die dem Menschen dabei helfen sollte, sich allmählich in der Geschichte von den kindlichen Bildern zu emanzipieren. Das Regime der Bilder hatte für ihn einen atavistischen Charakter; gleichzeitig billigte er ihnen die Befriedigung menschlicher Bedürfnisse zu. »Hieroglyphen kamen vor den Buchstaben, und Gleichnisrede kam vor dem Argument.

9 Schultz, »Hofmannsthal and Bacon«, passim.

10 Francis Bacon, *Valerius Terminus. Von der Interpretation der Natur mit den Anmerkungen von Hermes Stella (englisch-deutsch)*, hg. und eingel. v. Franz Träger, übers. v. Franz Träger und Hildegard Träger, Würzburg 1984, S. 43.

11 Bacon hat im 20. Jahrhundert viele Nachfolger gefunden. Ein Beispiel ist dieses Zitat von Teilhard de Chardin: »Die große Aufgabe des Menschen als freies und intelligentes Wesen besteht darin, das großartige Werk des Kosmos zu seiner Vollendung zu führen.« Leider konnte die Abschrift dieses Zitats nicht verifiziert werden. Eine ähnliche Stelle findet sich in ders., »An Marguerite Teillard-Chambon«, in: Claude Aragonnès (Hg.), *Pierre Teilhard de Chardin. Pilger der Zukunft. Neue Reisebriefe 1939-1955*, Freiburg, München 1959, S. 54-55, hier S. 55.

12 Francis Bacon, *The Advancement of Learning and New Atlantis*, hg. v. Arthur Johnston, Oxford 1974 [1605], S. 127 (Übers. A. A.).

Dennoch behalten sie auch heute noch und zu aller Zeit lebendige Kraft, weil die Vernunft nicht so sinnlich und Beispiele nie so anschaulich sein können.«[13] Von der gleichzeitigen Hochkonjunktur der Embleme und Hieroglyphen hielt er eher wenig. Er schrieb gegen sie an, indem er auf den fiktiven Charakter antiker mythologischer Stoffe hinwies und sie auf rationale Erklärungen reduzierte. Daneben entwickelte er unter dem puritanisch gefärbten Begriff ›Idol‹ eine komplexe Bildkritik. Er warf den Bildern vor, die rückständige Imagination des Menschen zu bedienen und seinen Geist dabei auf einer kindlichen Stufe festzuhalten.[14]

An Bacon also, den Bild-Kritiker, ist der fiktive Brief gerichtet, der von dem Scheitern eines großen Hieroglyphen-Projekts aus dem Geist der Renaissance berichtet. Bei diesem Projekt geht es um die umfassende Durchdringung des gesamten Kosmos, jedoch nicht, wie von dem historischen Bacon gewünscht, auf eine rechnende, messende und verändernde, sondern auf eine teilnehmende und verstehende Weise. Im ersten Teil des ins höfisch-elisabethanische Milieu eingebetteten Briefes ruft der fiktive Schreiber sich selbst und seinem Adressaten noch einmal seine literarischen Erfolge und die ambitionierten Projekte seiner Jugend in Erinnerung. Dazu gehörte auch sein großes Hieroglyphen-Projekt aus dem Geist der Renaissance:

> Ich wollte die Fabeln und mythischen Erzählungen, welche die Alten uns hinterlassen haben und an denen die Maler und Bildhauer ein endloses und gedankenloses Gefallen finden, aufschließen *als die Hieroglyphen einer geheimen, unerschöpflichen Weisheit*, deren Anhauch ich manchmal, wie hinter einem Schleier, zu spüren meinte.[15]

Hofmannsthals Chandos spielt hier auf das große geistige Projekt der Renaissance, die Wiederentdeckung einer geheimen Ur- oder Universalsprache, an. In den Hieroglyphen einer sehr viel älteren Kultur glaubte man, wie wir gesehen haben, Spuren einer menschheitlichen Urweisheit, einer ›prisca philosophia‹ finden zu können, die der Menschheit verloren gegangen ist. Ein Schleier hat sich über diese Weisheit gelegt, der sie unzugänglich gemacht, damit aber

13 Bacon, *Advancement of Learning*, S. 81 (Übers. A. A.).

14 Vgl. Francis Bacon, *The Wisdom of the Ancients*, Kila/Montana 1999. Idol-Theorie in Bacon, *Advancement of Learning*.

15 Hofmannsthal, »Ein Brief«, S. 9 (Hervorh. A. A.).

auch das Begehren nach ihrer Rückgewinnung noch gesteigert hat. Ein ähnlicher Impuls spricht aus dem enzyklopädischen Projekt, in dem Chandos »das ganze Dasein als eine große Einheit«[16] zu entziffern hoffte. Form und Stoff, Dichtung und Wahrheit, Natur und Kunst, Niederes und Erhabenes, Sinnliches und Spirituelles sollten in diesem umfassenden Entwurf wieder zusammenfinden. In erhabenen Augenblicken gelang ihm diese Vision. Dann erschien es ihm, als sei alles »Gleichnis und jede Kreatur ein Schlüssel der anderen, und ich fühlte mich wohl den, der imstande wäre, eine nach der anderen bei der Krone zu packen und mit ihr so viele der andern aufzusperren, als sie aufsperren könnte«.[17] In diesen Sätzen wird das Hieroglyphen-Projekt der Renaissance noch einmal mit wunderbarer Präzision beschrieben. Denn die Hieroglyphen wurden in ebendieser Weise von den Gelehrten der Renaissance als dingliche Artikulationen einer göttlich durchwalteten Welt gelesen. Sie galten als eine Geheimschrift der Götter, die in Kreaturen codiert und so alt und unveränderlich ist wie die Welt selbst. Dabei wird unterstellt, dass geheime Verbindungen bestehen zwischen der kosmologischen Struktur der Welt und der Ordnung dieser Zeichen, die das Gegenteil einer arbiträren und konventionalisierten Schrift sind.

Dieses Zeichensystem der ›unmittelbaren Signifikation‹ beruht, wie bereits ausgeführt wurde, auf bestimmten kosmologischen Grundlagen, wie sie für polytheistische Religionen typisch sind. Denn in polytheistischen Religionen wird die Welt als eine zusammenhangende und geordnete Manifestation von Göttern aufgefasst. Dieser göttlich durchwirkte und strukturierte Seinszusammenhang ist in sich sinnvoll und bedeutend; ein jegliches Naturphänomen kann deshalb zum Träger göttlicher Bedeutung werden. Der jüdische Monotheismus zerschlug dieses kosmotheistische Gewebe zugunsten neuer Manifestationsformen des einen Gottes in den Dimensionen von Schrift und Geschichte. Mit der Erschließung dieser neuen Dimensionen wurde die Göttlichkeit des Kosmos (›Kosmotheismus‹) negiert, was schließlich zu einer Entzauberung der Welt und einer Vertreibung der Götter ins Exil der Poesie führte. Die entgötterte, vergleichgültigte Sphäre der Natur konnte sodann der praktischen Vernunft und technischen Ver-

16 Hofmannsthal, »Ein Brief«, S. 10.

17 Hofmannsthal, »Ein Brief«, S. 10 f.

fügung überlassen werden. Indem sich der monotheistische Gott in Schrift und Geschichte verkörperte, zog er sich aus der Welt zurück, die damit den Charakter einer lebendigen Botschaft verlor. An die Stelle der unmittelbaren Signifikation mit ihren kosmotheistischen Grundlagen trat, zusammen mit einer entgötterten Welt, das System der mittelbaren Signifikation, das auf phonetische Schrift und die konstruktive Kraft menschlicher Zeichengebung gegründet ist.

Die Formulierung des Chandos »alles wäre Gleichnis und jede Kreatur ein Schlüssel der anderen«[18] deutet durch den Gebrauch des Konjunktivs freilich schon an, dass die Prämisse einer unmittelbaren Signifikation nicht durchgehalten werden kann. In seinem Brief wird die umfassende Daseinshermeneutik der Renaissance-Hieroglyphik unter das Vorzeichen ihres Scheiterns gestellt. Aus der Gegenwart des Briefschreibers heraus erscheint dieses Projekt inzwischen als grandiose Selbsttäuschung eines ehrgeizigen Geistes, als Illusion und »Trunkenheit«.[19] Sobald die Spannkraft des konstruktiven Geistes erlahmte, zerfiel die rauschhafte Phantasie und mit ihr der prächtige Sinnkosmos. Kein Schlüssel passte, nichts ließ sich mehr aufsperren, alles blieb verschlossen. Mit dieser Situation einer radikalen Enttäuschung und Ernüchterung endet der Brief jedoch nicht. Es folgt der zweite Teil, in dem die Erfahrung des Auseinanderfallens von Dingen und Worten in großer Ausführlichkeit und Anschaulichkeit beschrieben wird. Es gibt für den Briefschreiber keine Bande mehr, die diese Komponenten noch zusammenbinden können. Der Zusammenhalt von Welt und Sinn, Bild und Schrift, den die Hieroglyphen in ihrer geheimnisvollen medialen Zwittergestalt garantierten und den die Emblemtradition in expliziter Form bewerkstelligte, war nur noch unter der Bedingung des Selbstbetrugs zu haben. Mit dem Durchbruch der Erkenntnis in die Beziehungslosigkeit von Sein und Sinn ist nicht nur das Vertrauen in die Zeichenkraft der Welt, sondern gleich auch noch in die Zeichenkraft der Sprache verloren gegangen. Die hieroglyphische Weltsicht fiel einer fortschreitenden Zeichenkrise zum Opfer. Diese Krise markiert aber noch nicht das Ende der Faszinationsgeschichte der Hieroglyphen. Im letzten Teil des Briefes werden moderne Hieroglyphen aufgerufen, die an die Stelle der alten treten.

18 Hofmannsthal, »Ein Brief«, S. 10.
19 Hofmannsthal, »Ein Brief«, S. 10.

Voraussetzung der Wiederentdeckung der Renaissance-Hieroglyphen war die Abkehr von der Alphabetschrift und dem abendländisch eingeschliffenen Gegensatz von Schrift und Bild. Voraussetzung der modernen Hieroglyphen ist eine vollkommene Abkehr von der Sprache, genauer: das Zerreißen des Bandes, das Wörter und Dinge bislang miteinander verknüpft hatte. Mit dem Verlust der Menschensprache fühlen sich für Chandos die Worte im Munde an »wie modrige Pilze«; alles zerfällt »in Teile, die Teile wieder in Teile, und nichts mehr ließ sich mit einem Begriff umspannen«.[20] Dabei erfährt der Schreiber zum ersten Mal, was es heißt, ohne den schützenden Panzer der Sprache zu existieren. Denn Zeichen sind ja Stellvertreter, mit denen man sich die Dinge vom Leibe hält. Ohne sie liegen seine empfindlichen Sinne und Phantasien der Welt gegenüber bloß; er entbehrt einer Perspektive, die Wichtiges vom Unwichtigen scheidet und die chaotische Welt zuverlässig auf Distanz hält. Während er sich den Menschen gegenüber immer fremder und fremder fühlt, rücken ihm die Dinge auf den Leib; ihnen gegenüber erfährt er eine ungekannte Intimität und Intensität. Mit dem Schwinden der Potenz des sprachlichen Ausdrucks steigt auf diese Weise die Intensität des sinnlichen Eindrucks.[21]

Mit der Auflösung einer festen Korrespondenz von *res* und *verba* wird gleichzeitig der Blick auf die immanente Logik des Systems Sprache gelenkt: »Diese Begriffe, ich verstand sie wohl: ich sah ihr wundervolles Verhältnisspiel vor mir aufsteigen wie herrliche Wasserkünste, die mit goldenen Bällen spielen. Ich konnte sie umschweben und sehen, wie sie zueinander spielten: aber sie hatten es nur miteinander zu tun.«[22] Diese Sätze dürfen wir als Beschreibung der neuen, systemischen Auffassung von Sprache lesen, wie sie in der ersten Dekade des 20. Jahrhunderts zeitgleich außerhalb der Literatur von Sprachwissenschaftlern und Philosophen entwickelt wurde. Mit dieser Perspektive auf eine von den Referenten losgeloste Sprache, die Wörter nicht mehr als Namen von Gegenstän-

20 Hofmannsthal, »Ein Brief«, S. 12 f.

21 Georg Braungart diskutiert den Chandos-Brief unter dem Stichwort: »Die Rückseite der Sprachskepsis. Variationen der Körpersprache um 1900«, in: ders., *Leibhafter Sinn. Der andere Diskurs der Moderne,* Tübingen 1995, S. 219-230.

22 Hofmannsthal, »Ein Brief«, S. 13.

den und Sachverhalten, sondern als ein immanentes System von Bedeutungsdifferenzen begreift, ist die Geburtsstunde der modernen Sprachwissenschaft markiert. Denn erst die entkoppelte, von ihrer Verweisfunktion auf Gegenstände befreite Sprache konnte für etwas ganz Neues transparent werden: für die Gesetzmäßigkeiten ihres eigenen Spiels. Während Hofmannsthal seinen Chandos in depressivem Ton über den Realitätsverlust von Sprache und damit über das Ende von Wollen und Meinen, von Sinn und Identität schreiben ließ, entwickelten andere bahnbrechende Konsequenzen aus dieser Perspektive. Saussure hielt seine Genfer Vorlesungen über die immanente Logik des Sprachsystems, und die Denker des Wiener Kreises entwickelten die Ansätze einer sprachanalytischen Philosophie. Das, was Chandos zum Inbegriff von Entfremdung und Bedrohung wurde, ist zugleich auch die konstruktivistische Grundlage des epochalen *linguistic turn* geworden.

Aber auch für Chandos ist mit dem Zusammenbruch seiner bisherigen Welt die Chance einer neuen Erkenntnis und Erfahrung verbunden. Während nämlich die opak gewordenen Worte in die Ferne rücken, rücken für ihn umgekehrt die Dinge »in eine unheimliche Nähe«.[23] Dabei kommt eine komplementäre Seite der neuen Sprachtheorie zum Vorschein, die ich hier als ›Mystik der Moderne‹ bezeichnen möchte.[24] In dieser Mystik geht es um eine Form der Wahrnehmung, die auf die Eigensprache der Dinge gerichtet ist. Die Auffassung von Sprache als einem immanenten System ist somit nur die eine Seite der Medaille, deren Rückseite die Auffassung einer unvermittelten Wirklichkeit als einer mystischen Sphäre verborgenen Seins ist.

Mit diesem Sein können allerdings nur diejenigen Kontakt aufnehmen, die ihrerseits die Sprache und deren Konstruktionen hinter sich gelassen haben und aus den Spurrillen menschlicher Kommunikation und Gesellschaft ausgeschert sind. Im Jenseits der konventionalisierten Sprache oszilliert das Leben des Chandos nunmehr zwischen zwei Extremen. Die eine Seite ist die Sphäre des Scheins, in der er einer vollständigen Leere, Erstarrung und Gleichgültigkeit ausgesetzt ist; die andere ist die Sphäre des Seins, in der er sich selbst als Teil der Welt und einer sie durchwebenden Har-

23 Hofmannsthal, »Ein Brief«, S. 13.

24 Zu diesem Begriff vgl. Martina Wagner-Egelhaaf, *Mystik der Moderne. Die visionäre Ästhetik der deutschen Literatur im 20. Jahrhundert*, Stuttgart 1989.

monie erlebt. Wie jene, die in die Geheimnisse der Renaissance-Hieroglyphik eingeweiht waren, muss er die Domäne der mittelbaren Signifikation verlassen, um der unmittelbaren Signifikation teilhaftig zu werden.

Unmittelbare Signifikation heißt in der Sprache des Briefes: Aufhebung jener Entfremdung des Menschen von sich selbst, die mit der Trennung von Geist und Körper entstanden ist. Im Überschwang seiner frühen Hieroglyphik schienen dem Briefschreiber »geistige und körperliche Welt [...] keinen Gegensatz zu bilden«.[25] Doch dann empfindet er plötzlich ein »unerklärliches Unbehagen, die Worte ›Geist‹, ›Seele‹ oder ›Körper‹ nur auszusprechen«.[26] Als Teilhaber einer unmittelbaren Signifikation wiederum weiß er nicht, ob er seine neuen Erregungszustände »dem Geist oder dem Körper zurechnen soll«.[27] Seine Erfahrung einer mystischen Entgrenzung befreit ihn von der Bürde der Subjektivität und lässt ihn hinüberfließen in jedwede Kreatur und Materie. Die Beschreibung dieses Zustands klingt wie eine neuartige Einlösung des gescheiterten alten Hieroglyphen-Projekts, welches in der Entzifferung der Signaturen des Buches der Natur bestanden hatte: »Es ist mir dann, als bestünde mein Körper aus lauter Chiffren, die mir alles aufschließen.«[28] Er braucht also nicht mehr einen Schlüssel nach dem anderen »bei der Krone zu packen«,[29] um damit so viel wie möglich aufzusperren, vielmehr ist er selbst zu einem Schlüssel, zu einem Medium dieser Schrift geworden. Mit dem Austritt aus der Menschensprache wird er Teil der Schrift, die er vormals nur zu lesen gedachte.

Erstaunlicherweise beschreibt Hofmannsthals Chandos das, was er gegen die verlorene Menschensprache eintauscht, ebenfalls als eine Sprache, und zwar – in paradoxer Formulierung – als »eine Sprache, in welcher die stummen Dinge zu mir sprechen«.[30] In dieser Sprache, die unbenannt und kaum benennbar ist,[31] dürfen wir die neuen Hieroglyphen der Moderne erkennen. Die Worte die-

25 Hofmannsthal, »Ein Brief«, S. 10.
26 Hofmannsthal, »Ein Brief«, S. 11 f.
27 Hofmannsthal, »Ein Brief«, S. 17.
28 Hofmannsthal, »Ein Brief«, S. 17.
29 Hofmannsthal, »Ein Brief«, S. 10.
30 Hofmannsthal, »Ein Brief«, S. 20.
31 Vgl. Hofmannsthal, »Ein Brief«, S. 14.

ser stummen, in keine menschliche Sprache übersetzbaren Hieroglyphik entstammen abermals der Chiffrenschrift der Natur; es sind die Dinge selbst, die unter der Bedingung ihrer Loslösung von den menschlichen Codes aufs Neue anheben zu signifizieren. Alles kann in dieser stummen Sprache zum Zeichen werden, vorausgesetzt allerdings – und darin unterscheiden sich die neuen grundlegend von den älteren Hieroglyphen –, dass es dem selbstgewissen Zugriff des Menschen entzogen ist. Woran der Geist des Chandos scheiterte, nämlich »die Hieroglyphen einer geheimen unerschöpflichen Weisheit«[32] aufzuschließen und in jeder Kreatur einen Schlüssel zur anderen zu entdecken, das vermag nun sein Körper. Das Renaissance-Projekt, welches darin bestand, »das ganze Dasein als eine große Einheit«[33] erfassen zu wollen, bleibt dem modernen Menschengeist verwehrt. Dem auf die stumme Sprache der Dinge Hörenden fällt die Erfahrung einer großen Einheit jedoch in »guten Augenblicke[n]«[34] von selber zu, sofern er die Rolle des selbstmächtigen neuzeitlichen Subjekts abzulegen und sich in ozeanischer Selbstentgrenzung mystischer Rezeptivität zu überlassen vermag.

So entwickelt Chandos im letzten Teil seines Briefes eine demütige Haltung, die Aby Warburg etwa zeitgleich als »Andacht zum Unbedeutenden«[35] bezeichnet hat. Gerade die »unscheinbare Form«, das »von niemand beachtete […] Daliegen oder -lehnen« eines Gegenstands, kann eine »stumme Wesenheit« zur Erscheinung bringen.[36] Die folgende Liste stummer, auratischer Dinge, die Chandos für sich zusammengestellt hat, ist ein kleiner Ausschnitt aus dem Lexikon der modernen Hieroglyphen: »Eine Gießkanne, eine auf dem Felde verlassene Egge, ein Hund in der Sonne, ein ärmlicher Kirchhof, ein Krüppel, ein kleines Bauernhaus, […] eine Ratte, ein Käfer, ein verkümmerter Apfelbaum, ein sich über den Hügel schlängelnder Karrenweg, ein moosbewachsener Stein […].«[37] All dies und noch mehr kann, wie der Briefschreiber versichert, »das

32 Hofmannsthal, »Ein Brief«, S. 9.

33 Hofmannsthal, »Ein Brief«, S. 10.

34 Hofmannsthal, »Ein Brief«, S. 14.

35 Vgl. Roland Kany, *Mnemosyne als Programm. Geschichte, Erinnerung und die Andacht zum Unbedeutenden im Werk von Usener, Warburg und Benjamin*, Tübingen 1987.

36 Hofmannsthal, »Ein Brief«, S. 18.

37 Hofmannsthal, »Ein Brief«, S. 14; 16.

Gefäß [seiner] Offenbarung werden«.[38] Die depressive »Geist- und Gedankenlosigkeit«,[39] die den psychopathologischen Zustand des Briefschreibers kennzeichnet, bildet den Hintergrund des Schweigens, vor dem die Dinge zu sprechen anheben. Das tun sie dann unvermutet, unversehens. Es sind »freudige und belebende Augenblicke«,[40] in denen die Welt, die sonst fremd und dumpf auf ihm lastet, plötzlich leicht und lebendig wird. In solchen Augenblicken fügen sich dann die leblosen und zerstreuten Teile wieder zu einem Ganzen zusammen: »Es erscheint mir alles, alles was es gibt, alles, dessen ich mich entsinne, alles, was meine verworrensten Gedanken berühren, etwas zu sein.«[41] Wohlgemerkt: »Es *erscheint* mir alles [...]« und nicht etwa »Es *scheint* mir alles«, hier geht es nicht um subjektive Ansicht, sondern um plötzliche Offenbarung, nicht um Schein, sondern um Sein. Der Satz endet auch nicht mit: »etwas zu bedeuten«, sondern mit: »etwas zu *sein*«. Nicht von Bedeutung ist die Rede, sondern vom Wesen; nicht von ›Sinnzusammenhang‹, sondern von ›Seinszusammenhang‹. Im Zuge der fortschreitenden Modernisierung der Lebenswelt beklagten bereits die Romantiker einen »unendlichen Mangel an Sein«.[42] Anfang des 20. Jahrhunderts ist Sein zu einer mystischen Kategorie geworden, die sich dem Suchenden nur noch in der Plötzlichkeit guter Augenblicke erschließt. Deshalb ist der Inhalt dieser Offenbarung nicht Sinn, sondern »Gegenwart, die vollste, erhabenste Gegenwart«.[43] Dem sich selbst genügenden Sprachspiel war Chandos als ausgeschlossener Fremder gegenübergestanden, in dieses Spiel des Seins ist er hineingerissen:

Ich fühle ein entzücktes, schlechthin unendliches Widerspiel in mir und um mich, und es gibt unter den gegeneinander spielenden Materien keine, in die ich nicht hinüberzufließen vermöchte. Es ist mir dann, als bestünde mein Körper als lauter Chiffren, die mir alles aufschließen. Oder als könnten wir in ein neues ahnungsvolles Verhältnis zum ganzen Dasein treten, wenn wir anfingen, mit dem Herzen zu denken.[44]

38 Hofmannsthal, »Ein Brief«, S. 14.
39 Hofmannsthal, »Ein Brief«, S. 14.
40 Hofmannsthal, »Ein Brief«, S. 14.
41 Hofmannsthal, »Ein Brief«, S. 16.
42 Manfred Frank, *Der unendliche Mangel an Sein. Schellings Hegelkritik und die Anfänge der Marxschen Dialektik*, München 1992, S. 18.
43 Hofmannsthal, »Ein Brief«, S. 15.
44 Hofmannsthal, »Ein Brief«, S. 16.

Nicht nur für das Renaissance-Projekt des Chandos mit den Verweisen auf Bacon und Shakespeare, auch für Hofmannsthals Hieroglyphen der Moderne ließe sich ein englischer Kontext rekonstruieren. Verbindungslinien wären zu ziehen etwa zu den emphatischen Bildern der Imagisten, zu Virginia Woolfs *moments of being* und zu James Joyce' epiphanen Augenblicken. Solche Augenblicke enthalten ein sinnliches Evidenzerlebnis. Sie springen aus dem Gleis der Zeit heraus und dehnen sich zu einer Ewigkeit. In diesen Augenblicken steht die Kürze der Empfindung in einem eklatanten Missverhältnis zur Weite und Tiefe eines plötzlichen Einblicks. Es ist das Merkmal solcher Augenblicke, dass sie unverfügbar sind; man kann sie nicht beeinflussen, sondern sich nur bereithalten.[45] Festzuhalten ist allerdings, dass Hofmannsthals Brief diesen englischen Varianten einer auratischen Hieroglyphik der Moderne zeitlich vorausgeht. Wir dürfen ihn deshalb als das einleitende Manifest dieser neuen Epoche bezeichnen.

Die Hieroglyphen der Moderne sind das Produkt einer neuen Grenze, die Anfang des 20. Jahrhunderts zwischen Sprache und Welt gezogen wurde. Mit dieser Grenze entstand in Koevolution die konstruktivistische moderne Sprachtheorie einerseits und eine moderne Mystik der Präsenz andererseits, in der sich verborgenes Sein offenbart. Was in epiphanen Augenblicken zur Erscheinung kommt, war jetzt nicht mehr eine okkulte göttliche Welt, sondern die Wirklichkeit selbst, die sich in der Moderne unter den Bedingungen der technischen Vermitteltheit und sozialen Konstruiertheit immer stärker entzog. In einer entzauberten und entfremdeten Welt gaben Hofmannsthals rustikale Hieroglyphen der Moderne dem Bedürfnis nach kosmischer Teilhabe und unmittelbarer Erfahrung einen neuen Ausdruck.

Der Chandos-Brief ist ein wichtiges Dokument für die anhaltende Faszinationsgeschichte der Hieroglyphen, weil er in paradig-

45 Aleida Assmann, *Einführung in die Kulturwissenschaft. Grundbegriffe, Themen, Fragestellungen*, Berlin 2008, S. 137-145. Zur deutschen und französischen Literatur vgl. Karl Heinz Bohrer, *Plötzlichkeit. Zum Augenblick des ästhetischen Scheins*, Frankfurt/M. 1981 und Rainer Zeiser, *Die Epiphanie in der französischen Literatur. Zur Entmystifizierung eines religiösen Erfahrungsmusters*, Tübingen 1995. Die Bedeutung einer ›Poetik des gedehnten Blicks‹ in der deutschen Gegenwartsliteratur ist derzeit Gegenstand der Forschungen von Anne Fuchs und Alexandra Pontzen.

matischer Weise die Renaissance-Hieroglyphik in die Hieroglyphik der Moderne übersetzt hat. Die Voraussetzung der Renaissance-Hieroglyphik, die Erfahrung der Welt als sinndurchwalteter Kosmos und göttliche Manifestation, ist am Anfang des 20. Jahrhunderts endgültig verloren gegangen. Das Verstummen jeglicher Sprache, der Menschen- wie der Gottessprache, ist die Voraussetzung für jene Momente profaner Erleuchtung, in denen unvermittelt die verborgene »Bilderschrift des Daseins« (Nietzsche)[46] lesbar wird. Diese modernen Hieroglyphen erschließen sich noch einmal dem Künstler, dem sich in mystischer Versenkung blitzartig Splitter des verborgenen Wesens der Dinge offenbaren. Der pathologische Fall des Chandos markiert die drei charakteristischen Stadien dieser mystischen Erfahrung:

1. die *Ausleerung*, die Entfremdung als Folge der Distanz zum »vereinfachenden Blick der Gewohnheit«, zur »selbstverständliche[n] Gleichgültigkeit«;[47]
2. die *Plötzlichkeit* als spontaner Einbruch einer anderen Seinsordnung und Zeiterfahrung;
3. die *Selbstentgrenzung*, die Überwindung des *principium individuationis* in einem ›ozeanischen Gefühl‹.[48]

Hofmannsthal und Schopenhauer

Die Grundlagen von Hofmannsthals moderner Hieroglyphik kommen nicht mehr aus Altägypten sondern aus Indien; sie sind nicht von Horapollon inspiriert, sondern von der Lektüre der Schriften Arthur Schopenhauers und seiner Vermittlung östlichen Gedankenguts. Seine Philosophie beansprucht einen Ort in einer Geschichte der Hieroglyphen der Moderne, weil sie im Gegensatz zur strengen Reflexionsphilosophie die Welt nicht nur erklären oder interpretieren, sondern auch ›verstehen‹ will. Deshalb hatte sich auch Schopenhauer darangemacht, in der Welt wie in einem Text

46 Friedrich Nietzsche, »Schopenhauer als Erzieher«, in: Karl Schlechta (Hg.), *Werke in drei Bänden*, Bd. I, S. 287-366, hier S. 325.

47 Hofmannsthal, »Ein Brief«, S. 13; 14.

48 Sigmund Freud, *Das Unbehagen in der Kultur*, in: ders., *Das Unbehagen in der Kultur und andere kulturtheoretische Schriften*, eingel. v. Alfred Lorenzer und Bernhard Görlich, Frankfurt/M. 1994, S. 29-108, hier S. 31 ff.

zu lesen. Er studierte die Physiognomie der Pflanzen und Gesteine, der Tiere, Gewässer, der Erde. Dabei suchte er nach dem »Zauberwort«, mit dem er das »innerste Wesen jedes Dings in der Natur aufschließen« könnte.[49] Er wurde auch fündig. Sein Zauberwort hieß »Wille«, und damit meinte er den »blinden Drang zum Dasein ohne Zweck und Ziel«.[50] Diesen Drang entdeckte er überall in der organischen wie in der anorganischen Natur, vor allem aber in sich selbst. Der animalische Drang zum Leben ist in allen Geschöpfen »eines und dasselbe«, er ist »das Ding an sich« und »der alleinige Kern jeder Erscheinung«.[51] Er ist zugleich die Fessel, mit der der Mensch in den Kreislauf der Natur eingebunden ist. Die Fähigkeit, die Welt zu ›verstehen‹ und in das Wesen der Dinge einzudringen, beruht somit nicht auf einer projektiven Kraft des menschlichen Intellekts, sondern ausschließlich auf einer nicht hintergehbaren, natürlichen, existentiellen Korrespondenz von Körper und Welt.

Der Einblick in die Dinge, der zugleich ein Einblick in diesen organischen Willenszusammenhang ist, ist freilich im Allgemeinen verdunkelt. Durch den Aktivismus der Selbstbehauptung und das Gebäude seiner Vorstellungen grenzt sich der Mensch selbst aus diesem Zusammenhang aus. Der Einblick in ihn wird nur dem zuteil, dem es gelingt, »seiner Persönlichkeit sich auf eine Zeit völlig zu entäußern, um als rein erkennendes Subjekt, klares Weltauge übrigzubleiben«.[52] »Weltauge«, dieses gewagte Bild beschreibt das Paradoxon des Sehens ohne Gesichtspunkt, des Blicks ohne Perspektive. Wahrnehmung und Ichauflösung ist hier eins. Es ist der Augenblick der Einsicht, dass die Grenze zwischen Ich und Welt aufgehoben ist. *Tat twam asi!* oder: Das alles bist du, wie die Inder sagen.

Ein solch tiefer Einblick in das Wesen der Dinge wird im Chandos-Brief geschildert. Es geht um den ersten Gegenstand auf der Liste der modernen Hieroglyphen, die halbvolle Gießkanne unter dem Nussbaum, »die ein Gärtnerbursche dort vergessen hat« und

49 Arthur Schopenhauer, *Werke in fünf Bänden. Bd. 1: Die Welt als Wille und Vorstellung. Erster Band. Vier Bücher, nebst einem Anhange, der die Kritik der Kantischen Philosophie enthält*, hg. nach den Ausgaben letzter Hand v. Ludger Lütkehaus, Zürich 1988, S. 165.

50 Schopenhauer, *Die Welt als Wille und Vorstellung*, S. 220.

51 Schopenhauer, *Die Welt als Wille und Vorstellung*, S. 173.

52 Schopenhauer, *Die Welt als Wille und Vorstellung*, S. 253.

in deren Wasser, »das vom Schatten des Baumes finster ist«, ein Schwimmkäfer »auf dem Spiegel dieses Wassers von einem dunklen Ufer zum andern rudert«.[53] Der folgende Abschnitt aus Schopenhauers *Die Welt als Wille und Vorstellung* kann uns helfen, diese moderne Hieroglyphe zu entschlüsseln:

> Wenn nämlich vor den Augen eines Menschen jener Schleier der Maja, das *principium individuationis*, so sehr gelüftet ist, daß derselbe nicht mehr den egoistischen Unterschied zwischen seiner Person und der fremden macht [...], dann folgt von selbst, daß ein solcher Mensch, der in allen Wesen sich, sein Innerstes und wahres Selbst erkennt, auch die endlosen Leiden alles Lebenden als die seinen betrachten und so den Schmerz der ganzen Welt sich zueignen muß. Ihm ist kein Leiden mehr fremd. [...] Er erkennt das Ganze und sieht, wohin er auch blickt, die leidende Menschheit und die leidende Thierheit, eine hinschwindende Welt. [...Ihm wird] jene beschriebene Erkenntnis des Ganzen, des Wesens der Dinge an sich, zum *Quietiv* alles und jedes Wollens. Der Wille wendet sich nunmehr vom Leben ab: [...Er] gelangt zum Zustande der freiwilligen Entsagung, der Resignation, der wahren Gelassenheit und gänzlichen Willenslosigkeit.[54]

In diesen Erkenntniszusammenhang von »leidender Menschheit und leidender Thierheit« gehört auch eine außergewöhnliche Passage, die kein Leser von Hofmannsthals Brief wird je wieder vergessen können. Der letzte Teil des Briefes enthält die Vision des Todeskampfes von Ratten, die allmählich dem Gift erliegen, das der Gutsverwalter des Lords Chandos in den unterirdischen Gängen seiner Milchfarm ausgestreut hat. Chandos, der diese Maßnahme selbst veranlasst hatte, ist plötzlich getroffen von der hautnahen Realität ihrer Umsetzung; in seiner Phantasie befindet er sich mitten unter den in Panik versetzten Ratten und wird Zeuge ihres jämmerlichen Verendens. Auch das ist eine Folge des Verstummens und der Abwendung von der vermittelnden Sprache, die durch den Gebrauch von Zeichen eine sichere Distanz zwischen Welt und Mensch aufbaut. Nachdem er sich von den Worten abgewendet hat, ist Chandos seinen eigenen Vorstellungsbildern ausgeliefert, die übermächtig werden und mit unvermittelter Gewalt auf ihn einstürzen. Hofmannsthal war beim Schreiben dieser Passage offensichtlich indisch inspiriert von der kosmischen Sympathie mit der leidenden Kreatur. (Mehr als hundert Jahre nach der Abfas-

53 Hofmannsthal, »Ein Brief«, S. 16.

54 Schopenhauer, *Die Welt als Wille und Vorstellung*, S. 488 f.

sung des Briefes können wir dagegen nicht mehr umhin, mit dieser Passage völlig anachronistisch die Gaskammern von Auschwitz zu assoziieren. Hofmannsthals Text ist deshalb nicht nur ein epochales poetologisches Manifest der Moderne, er liest sich in diesem Punkt auch wie eine Vorwegnahme des Traumas des Holocaust.)

Ziel der Erkenntnis in Schopenhauers Philosophie ist aber nicht die Empathie, sondern die Leere, die Abwendung des Willens von der Welt. Allein die Erkenntnis, die vom »Sklavendienste des Willens« losgekommen ist, bleibt als reines Weltauge und »ungetrübter Spiegel der Welt übrig«. Wer diesen Zustand erreicht hat, den

> kann nichts mehr ängstigen, nichts mehr bewegen: denn all die tausend Fäden des Wollens, welche uns an die Welt gebunden halten, und als Begierde, Furcht, Neid, Zorn, uns hin- und herreißen, unter beständigem Schmerz, hat er abgeschnitten. Er blickt nun ruhig und lächelnd zurück auf die Gaukelbilder dieser Welt, die einst auch sein Gemüth zu bewegen und zu peinigen vermochten, die aber jetzt so gleichgültig vor ihm stehen, wie die Schachfiguren nach geendigtem Spiel, oder wie am Morgen die abgeworfenen Maskenkleider, deren Gestalten uns in der Faschingsnacht neckten und beunruhigten.[55]

In dem von Schopenhauer ersehnten Zustand reiner Indifferenz gibt es keine Zeichen mehr. Ähnlich wie Bacon sah Schopenhauer im wilden Lesen eine vom Willen angetriebene Proliferation von (Trug-)Bildern, denen er durch reine Kontemplation zu entkommen suchte. Er hoffte, auf diesem Weg vom Bild zum Urbild zu gelangen, zum Ding an sich. Sein Programm eines Abschieds von den Zeichen und einer Rückkehr zu den Dingen haben Autoren wie Hofmannsthal und Handke auf unterschiedliche Weisen eingelöst. Die neue kosmische Offenbarungsformel ist das östliche *tat twam asi* (das alles bist du), das an die Stelle des westlichen *gnothi seauton* (erkenne dich selbst), des Inbegriffs des *principium individuationis*, getreten ist. Während der Imperativ des delphischen Orakels dem Menschen auferlegt, sich selbst zu emanzipieren und als unabhängiges Subjekt zu erkennen, das der Welt gegenübergestellt ist, richtet sich die buddhistische Formel auf eine Selbsterkenntnis als unabtrennbaren Bestandteil der Weltsubstanz. Diese östliche Form der Selbsterkenntnis führt zu einer grenzenlosen Empathie

55 Schopenhauer, *Die Welt als Wille und Vorstellung*, S. 502 f.

mit der Kreatur und zur Auflösung kultureller Leitoppositionen wie Mensch / Tier, Gott / Tier, belebt/unbelebt, wichtig/trivial, Leben / Tod, die in der Menschensprache verankert sind.

Reden, Schweigen, Schreiben

Nachdem die neuzeitliche Epistemologie mit ihrem Dualismus von Subjekt und Objekt einer Sprache der Dinge den Boden entzogen hatte, wurden sie durch Schopenhauers Daseinshermeneutik wiederbelebt. Es war wieder denkbar, dass Formen und Bewegungen etwas aussprechen, dass die Welt physiognomisch gelesen werden könnte. Daran ist ein Schuss indischer Weltsicht gewiss nicht ganz unschuldig gewesen. Es ist indessen nicht zu verkennen, dass es bei Schopenhauer ausschließlich Naturdinge, bei Hofmannsthal Dinge aus dem dörflichen Milieu sind, die zu Gefäßen der Offenbarung werden können.

Im 19. Jahrhundert hat die Technik den Bestand der Dinge explosionsartig erweitert. Mit Industrialisierung und Technisierung ging eine Verdichtung der materiellen Lebenswelt einher. Es traten damit im 19. und 20. Jahrhundert verschiedene Schleier zwischen den Menschen und die Wirklichkeit: der Schleier des Willens bei Schopenhauer, der Schleier der Waren bei Marx und der Schleier der Sprache bei Hofmannsthal. Dieses unterschiedlich motivierte Gefühl der Entfremdung entzog der umgebenden Wirklichkeit ihren Realitätsstatus und ließ ein starkes Verlangen nach Durchdringung des Schleiers und einer sinnlichen Erfahrung wirklicherer Wirklichkeiten entstehen. Die Vermutung, dass ein anderes Reich hinter dem Schleier der Sprache verborgen liegen könnte, hat neben Hofmannsthal auch andere Philosophen und Autoren beschäftigt. »Es gibt allerdings Unaussprechliches. Dies *zeigt* sich, es ist das Mystische.« Dieser Satz, in Hofmannsthals unmittelbarer räumlicher und zeitlicher Nachbarschaft zu Papier gebracht, stammt von Ludwig Wittgenstein.[56] Was sich zeigt, existiert unabhängig von Vorstellung, Wille und Sprache. Wittgenstein wirft hier einen Blick auf jenen Kontinent, gegen den er das Imperium der logischen Sät-

56 Ludwig Wittgenstein, *Logisch-philosophische Abhandlung. Tractatus Logico-Philosophicus. Kritische Edition*, 6.522, hg. v. Brian McGuinness und Joachim Schulte, Frankfurt/M. 1989, S. 176.

ze abgegrenzt hat, denn, wie es im berühmten letzten Satz des *Tractatus* heißt: »Wovon man nicht sprechen kann, darüber muß man schweigen.«[57]

Lord Chandos hat sich mit seinem Brief von der Mitwelt verabschiedet und vom Sprechen aufs Schweigen zurückgezogen. Wo Wahrheit sich auf das Gewissheitserlebnis einer subjektiven Sinneserfahrung zurückgezogen hat, sind die Worte überflüssig, denn diese Gewissheit kann durch sie nichts gewinnen, sondern nur verlieren.

Für den Dichter ist das Schweigen allerdings kein Ausweg. Für ihn gilt das Umgekehrte: wovon man nicht sprechen kann, darüber muss man schreiben. Kein Wunder, dass der Chandos-Brief immer wieder als ein performativer Widerspruch gelesen wurde: noch nie habe sich einer in so beredten Worten mit der Situation einer Schreibhemmung auseinandergesetzt. Dieser Brief steht werkbiographisch aber nicht am Anfang, sondern am Ende eines zweijährigen Schweigens. In diesem Sinne ist es kein Abschiedsbrief, sondern ein Brief der Rückkehr, ein Stück Selbsttherapie im Medium der Schrift. Außerdem ist die Herausforderung, Unsagbares zu sagen, schon immer ein zentrales Motiv literarischen Schaffens gewesen. »Raid on the inarticulate« (Angriff auf das Nicht-Artikulierte) hat es T. S. Eliot etwas später genannt.[58]

Dichtung ist die schmale und prekäre Brücke über dem Abgrund zwischen Worten und Dingen, der Ort, wo sich die einsame Evidenz der Empfindung mit der geselligen Verbindlichkeit der Sprache berührt. Aber sie ist auch der Ort, wo die Grenze zwischen Sprechen und Schweigen bewusst gehalten wird. Einen gnostisch-pessimistischen Blick auf die Menschensprache hat Ingeborg Bachmann in ihrer Erzählung *Alles* geworfen. Darin schildert sie die Situation eines jungen Mannes, der sich für seine Vaterrolle rüstet. An nichts möchte er es fehlen lassen und dafür Sorge tragen, dass sein Kind erfahre, »was alles bedeutete und wie alles zu gebrauchen sei«.[59] Doch zu diesen geplanten Lektionen soll es nicht kommen. In der Gegenwart des stummen neuen Lebens kehrt sich das Verhältnis plötzlich um: »Ich saß oft neben seinem Bett, sah nieder auf

57 Wittgenstein, *Logisch-philosophische Abhandlung*, 7, S. 253.

58 T. S. Eliot, »East Coker«, in: ders., *Four Quartets*, London 1963, S. 15-23, hier S. 22 (Übers. A. A.).

59 Ingeborg Bachmann, »Alles«, in: dies., *Das dreißigste Jahr. Erzählungen*, München 1961, S. 77-104, hier S. 81.

dieses wenig bewegte Gesicht, in diese richtungslos blickenden Augen und studierte seine Züge wie eine überlieferte Schrift, für deren Entzifferung es keinen Anhaltspunkt gibt.«[60] Der Vater, der noch nicht weiß, wie diese stumme Sprache zu verstehen ist, weiß doch schon, dass ihm seine eigene Sprache nichts mehr zu sagen hat.

Was nur? Früher hatte ich gedacht, ihn die Welt lehren zu müssen. Seit den stummen Zwiesprachen mit ihm war ich irregeworden und anders belehrt. Hatte ich es, zum Beispiel, nicht in der Hand, ihm die Benennung der Dinge zu verschweigen, ihn den Gebrauch der Gegenstände nicht zu lehren? Er war der erste Mensch. Mit ihm fing alles an, und es war nicht gesagt, daß alles nicht auch ganz anders werden konnte durch ihn. Ich mußte ihn ja nicht einweihen in Zwecke und Ziele, nicht in Gut und Böse, in das, was wirklich ist und was nur so scheint. Warum sollte ich ihn zu mir herüberziehen, ihn wissen und glauben, freuen und leiden machen! Hier, wo wir stehen, ist die Welt die schlechteste aller Welten, und keiner hat sie verstanden bis heute, aber wo er stand, war nichts entschieden. Noch nichts. Wie lange noch?

Und ich wußte plötzlich: alles ist eine Frage der Sprache und nicht nur dieser einen deutschen Sprache, die mit anderen geschaffen wurde in Babel, um die Welt zu verwirren. Denn darunter schwelt noch eine Sprache, die reicht bis in die Gesten und Blicke, das Abwickeln der Gedanken und den Gang der Gefühle, und in ihr ist schon all unser Unglück.[61]

Während der Vater noch nach einer anderen Sprache sucht – der Schattensprache, der Wassersprache, der Stein- und Wurzelsprache, der Blättersprache –, kommt es, wie es kommen muss. Der Sohn erlernt die üblichen Regeln der Sprachspiele, und wahrend er lernt, »how to do things with words«,[62] wiederholt er unaufhaltsam das ewige Spiel der Selbstbehauptung und Naturbeherrschung. Der Vater dagegen lernt, dass es keine Insel gibt, »von der aus ein neuer Mensch eine neue Welt begründen kann«. Jeder ist »gefangen und verurteilt von vorneherein, die alte Welt mitzumachen«.[63]

Der Vater lässt sich vom Zauber der Sprachlosigkeit des Kindes anstecken, er erfindet wortlose Natursprachen, um der Menschensprache und damit dem Sündenfall von Babel zu entkommen.

60 Bachmann, »Alles«, S. 82.

61 Bachmann, »Alles«, S. 84.

62 John L. Austin, *How to Do Things with Words. The William James Lectures Delivered at Harvard University in 1955*, London 1992.

63 Bachmann, »Alles«, S. 89 f.

Aber auch er muss lernen, dass es keinen Exodus aus der Sprache, keine Rückkehr ins Paradies der Unschuld, kein Ausbrechen aus dem Teufelskreis von Zeichengebrauch und Weltbemächtigung, kein Hinübergleiten in eine neue Welt, in einen neuen Menschen, in eine andere Wirklichkeit gibt. Was jedoch möglich ist, ist die Überwindung von Zwangsalternativen; statt ›Alles‹ oder ›Nichts‹ gibt es ›Etwas‹, und statt Reden oder Schweigen gibt es immerhin das Schreiben.

7. Die Wiedererfindung der Hieroglyphen im Stummfilm

Bilder sind dem Geist in vieler Hinsicht angemessener als unsere gewöhnliche Wortsprache.

Denis Diderot, »Brief über die Taubstummen«

Ägypten verkörpert in der abendländischen Geistesgeschichte eine vergangene und unverständlich gewordene Kultur, deren Praktiken und Überlieferungen abgebrochen sind, die aber in Gestalt eindrucksvoller Monumente stumme Zeugen hinterlassen hat, die immer noch etwas von der Größe und dem hohen Anspruch dieser Kultur verkünden. Inbegriff dieser geheimnisumwitterten Unverständlichkeit sind die ägyptischen Hieroglyphen, die zum Gegenstand immer neuer Deutungs- und Entzifferungsversuche geworden sind.

Als ein Emblem für die Fortsetzung des künstlerischen Ägypten-Diskurses kann das Gemälde von Elihu Vedder aus dem Jahre 1863 gelten. Es zeigt einen Pilger in der Wüste, der seinen Wanderstab beiseitegelegt hat, um sein Ohr an die Lippen eines im Sand versunkenen Kopfes einer Kolossalstatue zu legen. Das Bild ist unendlich suggestiv, nicht zuletzt deshalb, weil es zwei grundlegende Umdeutungen vornimmt. Erstens bringt es den professionellen Ägypten-Diskurs zum Verschwinden, der zeitgleich in der zweiten Hälfte des 19. Jahrhundert als historische Wissenschaft akademisch institutionalisiert wurde. Diese Wissenschaftler hatten ja die Zeugnisse der alten Ägypter soeben wieder zum Sprechen gebracht! Statt vergeblich an steinernen Lippen zu lauschen, konnte man inzwischen, wenn man wollte, ägyptische Texte in Übersetzungen lesen. Zweitens verschleiert Vedders Gemälde, dass in der Geschichte der Ägyptenfaszination nicht das Ohr, sondern das Auge im Mittelpunkt des Interesses stand. Ägypten faszinierte durch Bilder, nicht durch Texte. Deshalb hat die Entzifferung der Hieroglyphen durch Champollion der Hieroglyphenfaszination auch keinen Abbruch getan. Außerhalb von Spezialistenkreisen nahm man wenig Notiz von der epochalen Entdeckung und rätselte munter weiter am verborgenen Geheimnis der Hieroglyphen. Offenbar wollte man die geistige Kränkung nicht hinnehmen, die in der Entdeckung bestand, dass hinter der geheimnisvollen Fassade der Hieroglyphen nichts als eine gemeine Lautschrift am Werke war.

Abb. 10: Elihu Vedder, *Der Befrager der Sphinx* (1863)

Es galt vielmehr, den Geheimniswert der Bilderschrift wider besseres Wissen zu retten. Vedders Gemälde zeigt, dass gleichzeitig mit der Entzifferung der Hieroglyphen und der Verwissenschaftlichung des Diskurses auch der Mythos Ägypten als Inbegriff einer verschollenen, geheimnisvollen Kultur wieder eingesetzt wurde. Ägypten wurde dabei universalisiert und anthropologisiert als Ursprungsort aller Geheimnisse. Der am Mund der Kolossalstatue lauschende Pilger lässt die Urszene von Ödipus und der Sphinx durchscheinen. Während Ödipus jedoch das Rätsel der Sphinx löste und sein Land von der Übermacht archaischer Bindungen befreite, signalisiert die von Vedder dargestellte Konstellation eine ganz andere Beziehung. Das Relikt der verschollenen Kultur verkörpert nicht mehr ein

Rätsel, das lösbar, sondern ein Geheimnis, das unerschöpflich ist. Dieser Pilger verkörpert nicht wie Ödipus die Selbstbehauptung gegenüber Vergangenheit und Tradition, sondern reine Aufnahmebereitschaft in ehrfurchtsvoller Demut. Deshalb ist das Gemälde so suggestiv: es verwirft die Leistung Champollions als eines modernen Ödipus, der das Rätsel der ägyptischen Sphinx gelöst hat, und stellt das primordiale Geheimnis Ägyptens wieder her.

Der professionelle und der künstlerische Ägypten-Diskurs sind nicht in Konflikt getreten, denn sie haben wenig Kenntnis voneinander genommen. In dieser Distanz lag das Potential für die Fortsetzung esoterischer Spekulationen, philosophischer Meditationen und nicht zuletzt: künstlerischer Inspirationen. Davon soll hier die Rede sein. Es geht um die Wirkung, die Bilderschriften im Allgemeinen und die ägyptischen Hieroglyphen im Besonderen auf Filmtheoretiker und Filmemacher des frühen 20. Jahrhunderts gehabt haben. Der Hintergrund dieses Kapitels moderner Hieroglyphenrezeption ist der Medienwechsel im großstädtischen Milieu der Massenkultur im Zeitalter der (Re-)Produzierbarkeit und Verbreitbarkeit bewegter technischer Bilder.

Die Renaissance-Hieroglyphen waren der Versuch einer Wiederbelebung der ägyptischen Hieroglyphen, indem man die Erscheinungen der Wirklichkeit als eine Dingschrift auffasste und sich daranmachte, deren Botschaften zu entschlüsseln. Die Emblematik führte Schrift und Bild zusammen. Ein neuer Vorstoß in Richtung der Wiedererfindung einer Bilderschrift erfolgte 250 Jahre später am Anfang des 20. Jahrhunderts in den frühen Theorien des Stummfilms. Ich möchte hier drei Theoretiker anführen, die damals die Besonderheiten des neuesten Mediums Film im Rückgang auf die ältesten Kulturzeichen, die Hieroglyphen, zu erläutern versuchten: Sergej Eisenstein, Béla Balázs und Vachel Lindsay.

Montage als hieroglyphische Methode: Sergej Eisenstein

In zwei Aufsätzen aus dem Jahr 1929 hat der russische Filmkünstler und Theoretiker Sergej Eisenstein die spezifische Ausdruckssprache des Films als eine Form von Bilderschrift analysiert.[1] Ihn interessierte dabei vor allem die Syntagmatik der Bilderschrift des Films, die aus kleinsten Bildatomen besteht, die in immer größere Einheiten zusammengesetzt werden. Die Bewegung des Bildes selbst verdankt sich allein dem Prinzip der Montage, denn durch sie verschmelzen »zwei unbewegliche Bilder eines bewegten Körpers in aufeinanderfolgenden Positionen beim schnellen Nacheinander-Zeigen in Bewegung«.[2] Diese Bewegung wiederholt sich auf einer höheren Ebene durch Verbindung größerer Bildeinheiten.

Eisenstein schöpfte seine Inspiration für die neue Bildersprache des Films aus der von ihm so genannten »Hieroglyphenmethode«,[3] die er allerdings nicht anhand der altägyptischen, sondern der japanischen Schrift entwickelte und die er auch in der stilisierten Darstellungstechnik des Kabuki-Theaters wiederentdeckte. Für Eisenstein besteht das Prinzip der Hieroglyphik in der Methode der Montage. Er ging davon aus,

> daß […] die Kombination zweier Hieroglyphen einer einfachsten Folge nicht als deren Summe betrachtet wird, sondern als ein Produkt, das heißt als Größe einer anderen Dimension, einer anderen Ordnung; wenn jede einzelne Hieroglyphe dem Gegenstand bzw. Fakt entspricht, so steht deren Aneinanderreihung für einen *Begriff*. Durch das Kombinieren zweier ›darstellbarer‹ Gegenstände wird etwas graphisch nicht Darstellbares veranschaulicht.[4]

1 Vgl. dazu Joachim Paech, »Zur filmtheoretischen Hieroglyphendiskussion«, in: Aleida Assmann, Jan Assmann (Hg.), *Hieroglyphen. Stationen einer anderen abendländischen Grammatologie*, München 2003, S. 367-383.

2 Sergej M. Eisenstein, »Dramaturgie der Filmform. Der dialektische Zugang zur Filmform«, in: Felix Lenz, Helmut H. Diederichs (Hg.), *Sergej M. Eisenstein. Jenseits der Einstellung. Schriften zur Filmtheorie*, Frankfurt/M. 2005 [1929], S. 88-111, hier S. 92.

3 Sergej M. Eisenstein, »Jenseits der Einstellung«, in: Lenz/Diederichs (Hg.), *Jenseits der Einstellung*, S. 58-74, hier S. 61.

4 Eisenstein, »Jenseits der Einstellung«, S. 59 f.

Eisenstein interessierte sich für den Film als eine Bilderschrift, die nicht narrative Sequenzen, sondern durch konkrete Darstellungen komplexere geistige Gehalte aufbaut. Durch ihr Kompositionsprinzip der Montage sollen also nicht nur Bewegungsabläufe erzeugt, sondern auch abstrakte Sinnkomplexe aufgebaut werden. Das Besondere an der Bilderschrift des Filmes wie der ideographischen Schriftsysteme ist, dass beide mittels konkreter und sichtbarer Bildeinheiten begrifflich unsichtbare Einheiten erzeugen.

Nebenbei soll hier erwähnt werden, dass Eisensteins Montage-Prinzip gleichzeitig von einem anderen Künstler der avantgardistischen Moderne entdeckt und propagiert worden ist. Es handelt sich um Ezra Pound, der um 1910 den literarischen Zirkel der ›Imagisten‹ mitbegründete, die eine neue Poetik inaugurierten. Das neue Gedicht, wie es sich diese Modernisten vorstellten, sollte nicht mehr – wie für die viktorianische Lyrik üblich – durch Reim, Rhythmen oder subjektive Stimmungen zusammengehalten werden, die sämtlich als äußerliches und störendes Beiwerk empfunden wurden. Als kleinste kompositorische Einheit des Gedichts wurde das Bild entdeckt, dem eine ganz neue strukturelle Funktion zukam. Das Bild, ›*image*‹, wurde von allen illustrativen und konventionellen Assoziationen befreit und als ein sinnlich konkreter und direkter Impuls freigelegt. Auch Pound schöpfte die Inspiration für seinen energetischen Bildbegriff, den er als »emotionalen und intellektuellen Komplex in einer einzigen Zeiteinheit«[5] definierte, aus dem chinesischen Schriftsystem.[6]

Inkarnierte versus exkarnierte Schrift: Béla Balázs

In seiner 1924 erschienen Schrift *Der sichtbare Mensch* feierte Béla Balázs den Stummfilm als Befreiung von der Tyrannei des alphabetischen Codes, der die europäische Kultur über Jahrtausende be-

5 Ezra Pound, »A Few Don'ts by an Imagiste«, in: *Poetry* 1/6 (März 1913), S. 200-206, hier S. 200 (Übers. A. A.).

6 Ernest Fenollosa, »The Chinese Written Character as a Medium for Poetry«, in: Ezra Pound, *Instigations of Ezra Pound together with an Essay on the Chinese Written Character by Ernest Fenollosa*, Freeport, New York 1967 [1920], S. 357-388.

herrscht hatte.[7] Balázs machte den Buchdruck für eine Verformung menschlicher Wahrnehmung verantwortlich: »So wurde aus dem sichtbaren Geist ein lesbarer Geist und aus der visuellen Kultur eine begriffliche.«[8] Durch ihre Schriftfixierung hatte die Kultur die Welt mit einem Schleier abstrakter Begrifflichkeit überzogen und darüber das Sehen verlernt. Schriftfixierung bedeutete für Balázs die Vereinseitigung des Weltzugangs auf den Kanal der Sprache. Vom Kinematographen erwartete er sich, dass er diese Entsinnlichung und Entfremdung von der sichtbaren Welt wieder aufheben würde. Als ein ganz neues Motiv im Zeitalter des Stummfilms bewertete Balázs die Epiphanie des menschlichen Gesichts. Dem neuen Medium traute er die Wiederherstellung einer universalen sinnlichen Zeichensprache zu. Seine Überlegungen lassen sich unschwer an die Sprachkrise von Hofmannsthals Chandos anschließen:

> Wer nicht redet, kann noch übervoll sein von Dingen, die nur in Formen, Bildern, Mienen und Gebärden auszudrücken sind. Denn der Mensch der visuellen Kultur ersetzt mit seinen Gebärden nicht Worte wie etwa die Taubstummen mit ihrer Zeichensprache. Er denkt keine Worte, deren Silben er mit Morsezeichen in die Luft schreibt. Seine Gebärden bedeuten überhaupt keine Begriffe, sondern unmittelbar sein irrationelles Selbst, und was sich auf seinem Gesicht und in seinen Bewegungen ausdrückt, kommt von einer Schicht der Seele, die Worte niemals ans Licht fördern können. Hier wird der Geist unmittelbar zum Körper, wortelos, sichtbar.[9]

Die Utopie, die das neue Medium des Stummfilms in Gang setzt, besteht darin, dass dieser die verlorene Sichtbarkeit des Menschen wiederherstellt und dem Körper seine Ausdrucksfähigkeit zurückgibt. Der Stummfilm baut ein umfassendes Lexikon der Gebärden und Mienen auf, wobei das Verständnis dieser unmittelbaren Zeichen nicht wie die natürlichen Einzelsprachen auf Übereinkunft und Lernen beruht, sondern direkt an die Intuition appelliert.[10]

7 Béla Balázs, *Der sichtbare Mensch oder die Kultur des Films*, Frankfurt/M. 2001 [1924].

8 Balázs, *Der sichtbare Mensch*, S. 16.

9 Balázs, *Der sichtbare Mensch*, S. 16.

10 Schon Francis Bacon hatte die Gesten als »transitorische Hieroglyphen« bezeichnet. »As for gestures, they are as transitory hieroglyphics, and are to hieroglyphics as words spoken are to words written, in that they abide not.« Francis Bacon, *The Advancement of Learning and New Atlantis*, hg. v. Arthur Johnston, Oxford 1974 [1605], S. 131 (Übers. A. A.).

Die unmittelbare Resonanz, die diese Bilder auslösen, wird von Balázs als Beweis dafür angesehen, dass diese visuelle, körperliche Kommunikation den cartesianischen Hiat zwischen Körper und Geist zu überwinden vermag. Aber nicht nur die cartesianische Spaltung kann seiner Meinung nach durch die neue Bildersprache überwunden werden, sondern auch der Fluch von Babel: »Andererseits scheint uns gerade die Filmkunst eine Erlösung von dem Babelschen Fluch zu versprechen. Denn auf der Leinwand der Kinos aller Länder entwickelt sich jetzt *die erste internationale Sprache*: die der Mienen und Gebärden.«[11] Der Film macht Welt erneut sichtbar, indem er wieder an die in der Wort- und Schriftkultur verlernte Sprache der Mimik und Gebärden anknüpft. Diese Sprache ist eine sicht- und nicht hörbare; der (Stumm-)Film erneuert deshalb für Balázs eine Universalsprache unmittelbar verständlicher Bilder und erlöst die Menschheit damit vom Fluch der Schriftfixierung und Sprachverwirrung. Die Gebärdensprache des Films ist die wiedergewonnene Muttersprache der Menschheit; das neueste Medium mit seinem Esperanto der bewegten technischen Bilder führt die Menschen an ihren verlorenen Ursprung zurück.

Obwohl Balázs in diesem Zusammenhang nicht von Hieroglyphen spricht, ist unverkennbar, dass er in seiner Schrift die Renaissance-Utopie einer transparenten und unmittelbaren Ursprache der Menschheit erneuert, als die auch die Hieroglyphen einst gegolten haben. Möglicherweise vermied Balázs für seine Vision eines rein visuellen und außersprachlichen Codes den Begriff der Hieroglyphen, weil dieser für ihn durch Eisensteins Montage-Theorie bereits zu stark mit der Vorstellung einer auf Abstraktion ausgerichteten Begriffsschrift besetzt war. Sein Pathos einer Befreiung der Kultur von der Übermacht der Schrift ist kein ganz neues Thema. Der deutsch-jüdische Philosoph Moses Mendelssohn zum Beispiel beklagte bereits im ausgehenden 18. Jahrhundert die Schriftfixiertheit seiner Zeitgenossen, die dadurch sinnlichere und vitalere Formen des Weltzugangs zu verlieren drohten. »Wir sind litterati, *Buchstabenmenschen*. Vom Buchstaben hängt unser ganzes Wesen ab«,[12] stellte er fest und erklärte: »Wir lehren und unterrichten ein-

11 Balázs, *Der sichtbare Mensch*, S. 22.

12 Moses Mendelssohn, »Jerusalem oder über religiöse Macht und Judentum«, in: Martina Thom (Hg.), *Moses Mendelssohn. Schriften über Religion und Aufklärung*, Darmstadt 1989, S. 351-458, hier S. 422. Zu Mendelssohns Schrifttheorie vgl. Jan

ander nur in Schriften; lernen die Natur und die Menschen kennen nur aus Schriften; arbeiten und erholen, erbauen und ergötzen uns durch Schreiberei.«[13] Die Folge davon ist, »daß der Mensch für den Menschen fast seinen Wert verloren hat«.[14] Und Mendelssohn fügte hinzu: »So war es nicht in den grauen Tagen der Vorwelt. [...] Der Mensch war dem Menschen notwendiger; die Lehre war genauer mit dem Leben, Betrachtung inniger mit Handlung verbunden.«[15] Bevor die Alphabetschrift das Leben regierte, hätten die Menschen zunächst eine Ding- und dann eine sinnliche Bilderschrift benutzt. »Die ersten sichtbaren Zeichen, deren sich die Menschen zur Bezeichnung ihrer abgesonderten Begriffe bedient haben, werden vermutlich die Dinge selbst gewesen sein.«[16] Für diese Dingschrift gibt er folgende Beispiele, die auf der Sichtbarkeit weniger des Menschen als der Tiere beruhen:

So kann der Löwe ein Zeichen der Tapferkeit, der Hund ein Zeichen der Treue, der Pfau ein Zeichen der stolzen Schönheit geworden sein, und so haben die ersten Ärzte lebendige Schlangen mit sich geführt, zum Zeichen, daß sie das Schädliche unschädlich zu machen wüßten. Mit der Zeit kann man es bequemer gefunden haben, anstatt der Dinge selbst ihre Bildnisse in Körpern oder auf Flächen zu nehmen, endlich der Kürze halber sich der Umrisse zu bedienen, [...] diese Bezeichnungsart ist die *Hieroglyphik*.[17]

Voraussetzung der Hieroglyphik ist auch hier eine durch ihre Geschöpfe sprechende Welt: ›*natura loquitur*‹. Die Natur spricht durch ihre sinnlichen Erscheinungsformen, die dann in einer emblematischen Bilderschrift gewissermaßen nur noch ausbuchstabiert werden. Diese sinnlichen Erscheinungen existieren für Mendelssohn jedoch nicht im Jenseits der Worte; im Gegenteil baut sich in ihnen ein begriffliches Universum auf, das in dieser noch poetischen Urzeit jedoch nicht abstrakt ist, sondern an die sichtbaren Bilder geknüpft bleibt: »Auch der Dichter, wenn er von sittlichen Eigenschaften in Metaphern und Allegorien reden will,

Assmann, *Moses der Ägypter. Entzifferung einer Gedächtnisspur*, München 1998, S. 165-168.

13 Mendelssohn, »Jerusalem«, S. 421.

14 Mendelssohn, »Jerusalem«, S. 421.

15 Mendelssohn, »Jerusalem«, S. 422.

16 Mendelssohn, »Jerusalem«, S. 425f.

17 Mendelssohn, »Jerusalem«, S. 426.

nimmt mehrenteils seine Zuflucht zu den Tieren. Löwe, Tiger, Adler, Stier, Fuchs, Hund, Bär, Wurm, Taube, alles dieses spricht und die Bedeutung springet in die Augen.«[18] Bei aller Einmütigkeit, was die Privilegierung sinnlich visueller Zeichen vor der abstrakten Alphabetschrift angeht, sollen die Unterschiede zwischen Mendelssohn und Balázs hier nicht verwischt werden. Balázs fokussierte auf die zeichenhafte Sichtbarkeit nicht der Welt oder Natur, sondern des Menschen; und er spielte nicht wie Mendelssohn die ›exkarnierte‹ Schrift gegen die ›inkarnierte‹ Sprache aus, sondern Schrift samt Sprache gegen die universelle Lesbarkeit des Bildes. Im neuen Medium des Stummfilms erkannte er eine inkarnierte (im Gegensatz zur exkarnierten) Schrift, die ins Jenseits der Sprache vorstößt mit Hilfe von Zeichen, die, wie einst die Hieroglyphen, die Welt auf eine unmittelbare Art und Weise codieren.[19]

Die hieroglyphische Methode: Nicholas Lindsay

Derjenige unter den frühen Filmtheoretikern, der den explizitesten und elaboriertesten Gebrauch von den ägyptischen Hieroglyphen gemacht hat, war Nicholas Vachel Lindsay (1879-1931).[20] Er stammte aus einer Missionarsfamilie und hat am Chicago Art Institute ein vierjähriges Studium absolviert. Das 13. Kapitel seines Buches *The Art of the Moving Picture*, das 1915 erschien, ist mit dem Titel »Hieroglyphs« überschrieben. In diesem Kapitel feierte er wie Balázs die epochale kulturelle Wende von den Büchern zu den Bildern und nahm damit am Anfang des 20. Jahrhunderts den ›*iconic turn*‹ vorweg, den W. J. T. Mitchell am Ende desselben Jahrhunderts verkündete. Die Puritaner, die nach Amerika eingewandert waren, hatten dorthin ihre Bibeln und andere Bücher mitgebracht – für Bilder und den Glanz der Architektur war in ihrer Welt kaum Platz. Mit

18 Mendelssohn, »Jerusalem«, S. 431.

19 Zum Begriff ›Exkarnation‹ vgl. Aleida Assmann, »Exkarnation. Gedanken zur Grenze zwischen Körper und Schrift«, in: Jörg Huber, Alois Martin Müller (Hg.), *Raum und Verfahren. Interventionen*, Basel, Frankfurt/M. u. a. 1993, S. 133-155.

20 Für das Folgende bin ich Gabriele Rippl verpflichtet: Gabriele Rippl, »Hieroglyphen-Faszination in der anglo-amerikanischen Moderne«, in: A. Assmann/J. Assmann (Hg.), *Hieroglyphen*, S. 327-352.

dem Film sollte sich das nun grundsätzlich ändern: »Ein Volk (*tribe*), das bisher ausschließlich Worte zur Verfügung hatte [...], fängt plötzlich an, in Bildern zu denken!«[21] Amerika, so prophezeite Lindsay, sei im Begriff, sich von einer Wort- in eine Bildkultur zu verwandeln, womit es sich endlich auch von Europa emanzipiere:

Die amerikanische Kultur wird täglich hieroglyphischer. Die Cartoons im *Darling*, die Anzeigen auf den letzten Seiten der Zeitungen, die Reklame auf den riesigen Tafeln, die die Straßen säumen, und in den Straßenbahnen, die Zunahme von Photographien in unseren Sonntagszeitungen machen uns zu einer hieroglyphischen Kultur, die Ägypten sehr viel näher steht als England. [...] Die Hieroglyphen entsprechen dem amerikanischen Lebensgefühl weit mehr als alle anderen Aspekte der ägyptischen Überlieferung. Deshalb ist es gar nicht leicht, die Hieroglyphen zu entdecken und zu verstehen, wie genau sie uns entsprechen. Wenn Amerikaner Mumien sehen, treten sie die Flucht an. Aber es gibt keinen einzigen Amerikaner, der, wenn er Anzeigen entwirft oder das Storyboard von Filmen entwickelt, nicht großartige Inspirationen aus den Publikationen des Britischen Museums über die Hieroglyphen ziehen könnte. Man muss sich ihnen nur ernsthaft widmen. Sie stehen für die Dimension sichtbar gemachten Lebens der amerikanischen Kultur, von der Europa so wenig versteht und die sich im letzten Jahr explosiv entwickelt hat.[22]

In der hieroglyphischen Bild- und Filmtheorie Lindsays kreuzen sich der ägyptologische und der amateurhafte Ägypten-Diskurs auf eine interessante Weise, denn er hat sich von den neuen Publikationen des Britischen Museums anregen lassen. Unter den ägyptologischen Büchern, die Anfang des Jahrhunderts auf dem Markt waren, hat sich Lindsay vor allem für Sachinformationen über die ägyptische Bilderschrift interessiert. Was ihn an dieser besonders faszinierte, war die Idee, dass man mit einem endlichen Zeicheninventar von ca. 800 Bildern die ganze Welt des Sichtbaren erfassen, ordnen und, nicht zuletzt, gemeinsam bewohnen kann. Den Filmemachern als Erfindern eines neuen Hieroglyphencodes empfahl er deshalb, bei den Ägyptern, dem Volk der Bildschreiber, in die Lehre zu gehen.[23] Allerdings durfte diese Lehre nicht in ein

21 Nicholas Vachel Lindsay, *The Art of the Moving Picture*, New York 1915, S. 213 (Übers. A. A.).

22 Lindsay, *The Art of the Moving Picture*, S. 22 (Übers. A. A.).

23 »It would profit any photoplay man to study to think like the Egyptians, the great picture-writing people.« Lindsay, *The Art of the Moving Picture*, S. 200.

ernsthaftes Studium der Hieroglyphen ausarten, sondern sollte vor allem die Imagination der Künstler in Gang setzen. Lindsay konnte sich deshalb kurzerhand über die Tatsache hinwegsetzen, dass die Hieroglyphen eine ihm fremde Sprache abbildeten. Er entkoppelte die hieroglyphischen Zeichen von der fremden altägyptischen Sprache und entwickelte sie ähnlich kreativ weiter, wie es vor ihm die Renaissance-Emblematiker getan hatten. Unter Hieroglyphen verstand Lindsay nunmehr die Bildbuchstaben eines universalen neuen »Moving-Picture-Alphabets«.[24] Er entwarf ein Bilderlexikon, dessen Einheiten aus bildlichen Zeichen bestehen, die jeweils in wörtlicher und übertragener Bedeutung lesbar sind. Diese beiden Bedeutungen nannte er die Köperbedeutung und die Seelenbedeutung des Zeichens. Damit knüpfte er an die Doppelstruktur des Zeichens an, wobei er allerdings von einer durchgängigen Transparenz des Zeichenkörpers ausging. Im Gegensatz zu den arbiträren Schriftzeichen und den geheimnisvoll enigmatischen Zeichen sollte das neue Alphabet der bildlichen Filmhieroglyphen für alle Betrachter spontan und intuitiv erschließbar sein. Dazu einige Beispiele:

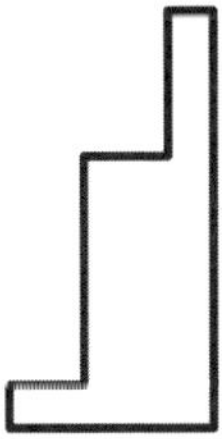

Abb. 11: Hieroglyphe ›set‹ (Thronsitz)

steht bei Lindsay nicht nur für den Sitz des Herrschers (Körperbedeutung), sondern darüber hinaus auch für Königtum, Macht und Souveränität (Seelenbedeutung). Das ägyptische Lautzeichen für ›N‹ stellt eine Wasserlinie dar,

Abb. 12: Hieroglyphe ›Wasserlinie‹, im Ägyptischen ›N‹ (von *nwjj.t* ›Flut‹), im Phönizischen ›M‹, darauf geht unser ›M‹ zurück.

24 Lindsay, *The Art of the Moving Picture*, S. 201 (Übers. A. A.).

die übrigens auch noch in unserem Buchstaben ›M‹ erkennbar ist, der tatsächlich genealogisch auf diese Hieroglyphe zurückgeht. Die Verbindung des Sprachlauts ›N‹ mit Wasser ist im Ägyptischen durch das Wort ›*nuit*‹ = Flut gegeben, was die Ableitung dieses Schriftzeichens erklärt. Lindsay, der von diesem Zusammenhang nichts wusste oder wissen wollte, vermutet in der ägyptischen Wasserlinie ein lautmalendes Zeichen und setzt damit sowohl für die sichtbare Figur wie für den zugeordneten Klang einen ikonischen Bezug voraus:

Der Buchstabe ›N‹, als Wellenlinie gezeichnet, enthält auch noch den Klang des Wassers. Man kann sich gut vorstellen, dass die in der Morgendämmerung vom Wind gekräuselten Wellen des Nils einen solchen Ton hervorrufen: ›N, N‹, während sich die Binsen des Papyrus am Ufer reiben. Gewiss bilden Szenen mit glitzernder Wasseroberfläche einen wichtigen Teil des neuen Film-Esperanto. Auf der Rückseite dieses Symbols entfaltet sich die spirituelle Bedeutung von Wasser, die von der Metapher der Reinheit des Taus bis zum Meer als Inbegriff der Unendlichkeit reicht.[25]

Auf der hier abgedruckten Seite findet sich noch ein weiteres Beispiel für Lindsays kreativen Umgang mit den ägyptischen Hieroglyphen.

Zu sehen ist ein Fenster mit zugeklappten Läden. Das lateinische Äquivalent dieser Hieroglyphe ist der Buchstabe ›P‹. Dieses Zeichen ist eine Erinnerung an die technische Grundlage dieses Buches. Der intime Film ist ja, wie ich mehrfach betont habe, nichts anderes als das Öffnen von Fensterläden, die uns in das Innere einer Hütte blicken lassen. Die Seelenbedeutung des Öffnens und Schließen von Fensterläden reicht vom Öffnen der Luken der Arche, aus denen Noah die Taube entließ, bis hin zum segensreichen Versprechen, dass dereinst die Fenster des Himmels geöffnet werden.[26]

25 Lindsay, *The Art of the Moving Picture*, S. 205 (Übers. A. A.).
26 Lindsay, *The Art of the Moving Picture*, S. 205 (Übers. A. A.).

HIEROGLYPHICS 205

imitative sound and form:  the letter N, the drawing of a wave, with the sound of a wave still within it. One could well imagine the Nile in the winds of the dawn making such a sound: "NN, N, N," lapping at the reeds upon its banks. Certainly the glittering water scenes are a dominant part of moving picture Esperanto. On the white reverse of the symbol, the spiritual meaning of water will range from the metaphor of the purity of the dew to the sea as a sign of infinity.

Here is a window with closed shutters:  Latin equivalent, the letter P. It is a reminder of the technical outline of this book. The Intimate Photoplay, as I have said, is but a window where we open the shutters and peep into some one's cottage. As to the soul meaning in the opening or closing of the shutters, it ranges from Noah's opening the hatches to send forth the dove, to the promises of blessing when the Windows of Heaven should be opened.

Abb. 13: Leseprobe aus Vachel Lindsays *The Art of the Moving Picture* (1915)

Am Anfang der Filmgeschichte stellt Lindsays Hieroglyphen-Theorie den engagierten Versuch dar, das Universum der explodierenden Bilder zu ordnen. Als Stütze und Orientierung dienten ihm dabei die ägyptischen Hieroglyphen, die er für sich neu inventarisierte und zur Grundlage seines ambitionierten Symbollexikons machte. Dafür arbeitete er an einer Konventionalisierung des Bandes zwischen Bildern und Bedeutungen. Auf diese Weise sollte ein gemeinsamer und verbindlicher visueller Code geschaffen werden, der intuitiv zugänglich ist, aber auch wie ein Alphabet erlernt werden kann. Lindsays utopische Vorstellung vom Film als einer eindeutig dechiffrierbaren Bilderschrift sind von seiner künstlerischen Rezeption der ägyptischen Hieroglyphen angeregt und münden in das visionäre Projekt, »die Grenze zwischen (bildender) Kunst und Schrift zu überwinden«.[27] Seine hieroglyphische Methode verfolgte dabei ein doppeltes Ziel: sie sollte den Menschen des anbrechenden Bildzeitalters zu einer allgemeinen visuellen Kompetenz verhelfen, und sie sollte durch klare Zuordnungen von Bildern und Bedeutungen dazu beitragen, die explodierende Bilderflut in geordnete Bahnen zu lenken.

*

Alle Theoretiker des frühen Films, die wir hier zur Sprache kommen ließen, sahen in dem neuen Medium einen revolutionären Bruch mit den kulturellen Leitmedien von Sprache und Schrift. Um diesen Bruch besser verstehen, inszenieren und gestalten zu können, haben sie sich für fremde und archaische Bilderschriften interessiert. Angesichts fehlender Traditionen und Anknüpfungsmöglichkeiten in der eigenen Kultur an der technischen Medienschwelle zum Film hat die avantgardistische Kunsttheorie Kontakt mit fremden ideographischen Kulturtraditionen aufgenommen und dabei auch Elemente des altägyptischen Hieroglyphendiskurses wiederbelebt. Eins dieser Themen ist die Idee von den Hieroglyphen als einer unmittelbar und universal verständlichen Bildersprache – das ist die Vision von Balázs, der sich vom neuen Medium des Films das Ende eines durch Sprache und Schrift verengten Weltbezugs und die Wiederherstellung der verlorenen Sichtbarkeit des menschlichen Körpers und insbesondere des menschlichen Gesichts erwartete. Während sich Eisenstein für die

27 Ann Massa, *Vachel Lindsay. Fieldworker for the American Dream*, Bloomington, London 1970, S. 259.

Grammatik einer filmischen Bilderschrift (samt den damit verbundenen Techniken von Schnitt und Montage) interessierte und diese an fern-östlichen Bilderschriften orientierte, erhob Lindsay die altägyptischen Hieroglyphen zu seinem Modell und versuchte, nach ihrem Beispiel das neue Universum der Bilder in einer visuell orientierten Massenkultur zu ordnen. Alle drei Theoretiker interessierten sich für den Film als eine Bilderschrift, die die Merkmale der Bildlichkeit mit denen der Lesbarkeit verbindet. Diese Theorien konnten allerdings nur so lange in Geltung bleiben, wie der Film stumm blieb. Sobald er sich mit Sprache verband, fiel die revolutionäre theoretische Opposition zwischen Bild und Sprache in sich zusammen, die den Stummfilm für eine Weile in die Nähe der Hieroglyphen gebracht hatte.

Abb. 14: Mark Tansey, *Geheimnis der Sphinx* (1984)

Es gibt ein Bild von Mark Tausey, das das Motiv des eingangs besprochenen Gemäldes von Vedder variiert.[28] Wieder ist es eine winzige menschliche Figur, die sich an einer ägyptischen Kolossalstatue zu schaffen macht, deren Kopf aus dem Wüstensand hervorragt. Diesmal ist es ein Mikrophon, das an die stummen steinernen Lippen gehalten wird, um ihnen das Geheimnis einer fernen und verschollenen Kultur zu entlocken. Diese wunderschönen und suggestiven Bilder sind freilich irreführend, denn die nachhaltige Faszination der altägyptischen Kultur ist ja gerade nicht durch die Ohren, sondern über die Augen vermittelt worden. Ägypten ist längst nicht mehr stumm, es hat sich reichlich durch die ägyptologische Erschließung seiner Texte artikuliert. Doch an diese Texte, die uns im Original oder in Übersetzungen zugänglich sind, haben sich keine Faszinations- und Wirkungsgeschichten geheftet. Die urwüchsige Faszination gilt Ägypten als ›Stummfilm‹, wenn wir so sagen dürfen. Nur unter der Bedingung, dass diese Kultur selbst nicht das Wort ergreift, kann sie ihre Funktion als Projektionsfläche westlicher Imaginationen bewahren.

28 Thomas Zaunschirm, »Das Rätsel der verschwundenen Sphinx«, in: Norbert Bolz u. a., *Riskante Bilder. Kunst – Literatur – Medien*, München 1996, S, 175-190. Tanseys Gemälde ist eine Kontrafaktur von und Hommage an Vedder (ebd., S. 182 f.)

III. Schriftbildlichkeit

8. Vom Bild zum Buchstaben und zurück zum Bild

Schrieb eben mit besonderer Pflege für einzelne Buchstaben. Während ich viele Buchstaben fast unterdrückte oder übersprang, graphierte ich andere mit Lust. Meine Lieblinge ließ ich in sich abschweifen, bis sie nach etwas aussahen. Ein entkürztes ›e‹ wie ein vom Wind gelöster Halstuchknoten. Ein entkürztes ›s‹ wie ein Zirkusdompteur, der die Peitsche schwingt.

Botho Strauß, *Die Widmung*

Schrift und Bild – Lesbarkeit und Erkennbarkeit

Den Medien Schrift und Bild entsprechen zwei unterschiedliche Rezeptionsformen: Schriften werden gelesen, Bilder werden erkannt. Während der Code, der Schrift lesbar macht, erst förmlich erlernt werden muss, kann das, was auf Bildern dargestellt ist, in der Regel spontan identifiziert werden. Dabei kann das auf Bildern Dargestellte ebenso schematisiert sein wie ein Schriftzeichen; darauf kommt es nicht an. Der entscheidende Unterschied zwischen beiden Medien und ihren Rezeptionsformen liegt darin, dass Schrift eine Einzelsprache abbildet, während Bilder außereinzelsprachliche Gegenstände und Sachverhalte repräsentieren. Aus diesem fundamentalen Unterschied ergeben sich bestimmte Konsequenzen.

1. Der Umgang mit Schrift setzt – anders als der Umgang mit Bildern – eine doppelte Kompetenz voraus: Zeichenkompetenz und Sprachkompetenz. Zunächst muss man wissen, dass die Zeichenkombination ›H a u s‹ für die Lautfolge ›[haʊ̯s]‹ steht, und ferner, dass diese im Deutschen auf den Grundtyp eines Gebäudes verweist. Ein Rechteck mit Tür und Fenstern, Dach und Schornstein ist dagegen sprachunabhängig zu erkennen, auch wenn die Wiedererkennbarkeit an gewisse Grenzen stößt, da Häuser überall auf der Welt andere Formen haben und die Wahrnehmungsbedingungen sowie die Darstellungskonventionen grundsätzlich kulturell konditioniert sind.

2. Die Lesbarkeit von Schrift beruht auf einem erlernbaren Code, der einen geschlossenen Bestand an Schriftzeichen (Graphe-

men) mit einem geschlossenen Bestand an Lautzeichen (Phonemen) eindeutig korreliert. Die Erkennbarkeit von Bildern beruht dagegen auf einem grundsätzlich offenen Repräsentationssystem, dessen Zeichenvorrat unerschöpflich erweiterungsfähig ist und dessen Referenzbereich ebenso wenig als ein geschlossenes System strukturierbar ist.

3. Daraus ergibt sich, dass Bilder immer dann in Richtung Schrift tendieren, wenn erstens die Zeichenformen stärker standardisiert werden, zweitens sich die Zeichenmenge als ein fester und überschaubarer Vorrat stabilisiert und drittens sich die Referenzbeziehung zu einem anderen strukturierten System verfestigt.

Die Entikonisierung und Reikonisierung der hebräischen Schrift

Für die Ägypter war die Bildhaftigkeit ihrer Schrift in einem göttlich durchwirkten Kosmos begründet. Dieser zwingende Zusammenhang von Bildlichkeit und Göttlichkeit wurde vom alten Israel mit großer Wucht zerschlagen. In dieser neuen religiösen Perspektive gab es keine unschuldigen Bilder; Bilder waren eo ipso Götzenbilder. Das erste der zehn Gebote befestigt den Monotheismus mit dem Verbot, fremden Göttern zu dienen; bereits das zweite enthält das Bilderverbot. Beide Gebote gehören untrennbar zusammen, wenn man berücksichtigt, dass im Zentrum des Bilderverbots das Kultbildverbot steht. Kultbilder waren überall in der kulturellen Umwelt die Wohnsitze der Götter. Bilderverbot bedeutete somit Götterkultverbot; Ikonoklasmus war die Waffe gegen fremde Götter. Dabei wurde auch gleich das ganze Inventar der Kreaturen unter Abbildungsverbot gestellt. Alle Naturerscheinungen bergen die Gefahr der Idolatrie und fallen deshalb unter dasselbe Verdikt. Mit wiederholtem Hinweis auf die Gestaltlosigkeit des biblischen Gottes ist die Kreaturverehrung in das Bilderverbot eingeschlossen worden: »So hütet euch nun [...], dass du, wenn du deine Augen gen Himmel aufhebst und Sonne, Mond und Sterne schaust, das ganze Heer des Himmels, dich nicht verführen lassest, sie anzubeten und ihnen zu dienen, da der Herr, dein Gott, sie doch allen Völkern unter dem ganzen Himmel zugeteilt hat.« (5. Mose 4,19) Die Begründung im Nachsatz ist signifikant: Die Universalität der kosmischen Phänomene widerspricht ihrem Offenbarungscharakter. Legitimer Offenbarungsträger kann nur sein, was Israel von seinem Gott als auserwähltes Volk in privilegierender Exklusivität erhalten hat: die Schrift und ihre Gebote. Die Universalität kosmischer Erscheinungen, die die Ägypter in ihren Hieroglyphen codifizierten und als Zeichen der Götter verehrten, brandmarkt die Bibel als Götzenbilder.

In polemischem Gegensatz dazu wird die Gestaltlosigkeit und Unsichtbarkeit des biblischen Gottes zum Fundament der Buchreligion: »Der Herr redete zu euch mitten aus dem Feuer; den Schall von Worten hörtet ihr, nur einen Schall, doch eine Gestalt sahet ihr nicht. [...] Ihr habt ja keinerlei Gestalt gesehen an dem Tag, da der Herr am Horeb aus dem Feuer zu euch redete.« (5. Mose 4,12;15) Die Augen werden auf diese Weise umgelenkt von der Welt auf den Text, der nun als einzige Quelle der Offenbarung gilt. Wie auf einer Schiefertafel die Kreidespuren ausgewischt werden, war dieser kulturelle Symbolraum auf einen Schlag von Bildern gereinigt und konnte damit zur Schreibfläche einer neuen Schrift werden. Diese Schrift musste natürlich so abstrakt wie möglich sein, und Abstraktheit bestand im Tilgen und Durchkreuzen aller ikonischen oder magischen Funktionen und Kräfte, die vormals in Bildern aufgehoben waren.

Jedes Zeichen der hebräischen Schrift, die sich aus dem phönizischen Alphabet entwickelte, ist in einem ganz konkreten Sinne ikonoklastisch: Es streicht ein zugrunde liegendes Bild durch. Der hebräische Buchstabe ›B‹ zum Beispiel ist aus einem ikonischen Zeichen für Haus (*beth*) hervorgegangen. Dieses Zeichen hat Ähnlichkeit mit der ägyptischen Hieroglyphe für Haus, die nicht wie für uns naheliegend die Ansicht eines Hauses, sondern seinen rechteckigen Grundriss mit einer erkennbaren Öffnung für die Tür darstellt. Aus dieser ikonischen Hieroglyphe ist durch Drehung des Zeichens um 90 Grad ein abstrakter Buchstabe entstanden, der keine Ähnlichkeit mit einem Haus mehr aufweist. Mit dieser geringfügigen Veränderung wurde der Bildcharakter, der ja auf Wiedererkennbarkeit beruht, wirkungsvoll unkenntlich gemacht. Die Referenz heißt jetzt nicht mehr für jeden nachvollziehbar ›Haus‹; das Zeichen steht jetzt für ein ›B‹, das nur noch dem Schriftkundigen zugänglich ist. Religiöser Ikonoklasmus und die Entikonisierung der Schrift gehen in Israel Hand in Hand, beide sind Teil einer fundamentalen Kulturrevolution, die die tragenden Symbolsysteme der umliegenden Großreiche im wahrsten Sinne des Wortes auf den Kopf stellt.

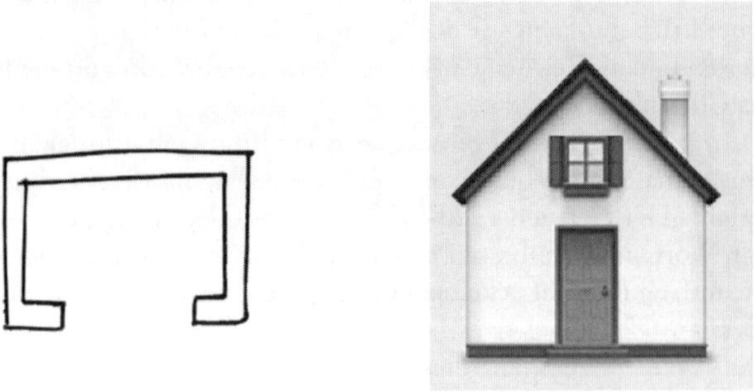

Abb. 15: Zwei Hieroglyphen für Haus, altägyptisch und als Mac-Symbol

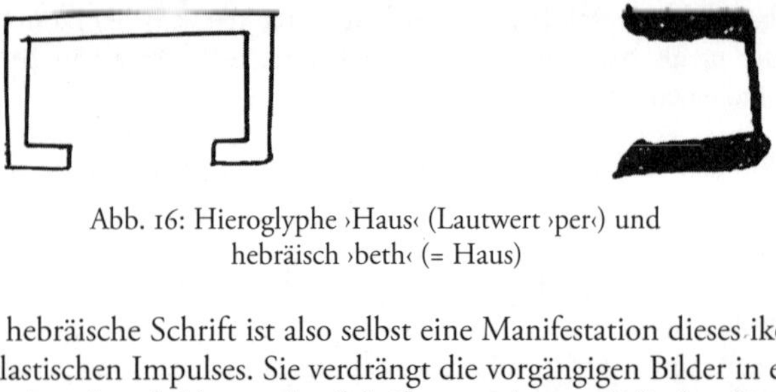

Abb. 16: Hieroglyphe ›Haus‹ (Lautwert ›per‹) und hebräisch ›beth‹ (= Haus)

Die hebräische Schrift ist also selbst eine Manifestation dieses ikonoklastischen Impulses. Sie verdrängt die vorgängigen Bilder in einem abstrakten bildneutralen Schriftraum, der von jüdischen Denkern dieses Jahrhunderts wie Sigmund Freud oder Aby Warburg als eine menschheitsgeschichtliche Stufe höherer Geistigkeit affirmiert worden ist. Solche Wertungen, die den Menschen vom sinnlichen Bildgebrauch zum abstrakten Schriftgebrauch emporführen, gehen von einer linearen Entwicklungs- und Fortschrittslogik aus. Für diese Logik der Rationalisierung vom sinnlichen Bild zum geistigen Buchstaben ist das Judentum selbst jedoch kein gutes Beispiel. Denn in dieser Tradition, die die Alleinherrschaft der Schrift auf Kosten der Bilder durchsetzte, ist die Schrift selbst immer wieder zum Bild geworden.[1] Die Thora, die den Kern der hebräischen Bibel, die fünf Bücher Mose, umfasst, nimmt im synagogalen Gottesdienst den Ort des Kultbildes ein. Dazu gehört, dass dieser heilige Text, auf dem die Gemeinschaft gegründet ist, nicht in gedruckter Form als Buch vorliegen darf. Es wird für den kultischen Brauch an der nach wie vor handschriftlich auf Pergament geschriebenen Schriftrolle festgehalten. Als Gefäß Gottes wird diese Schriftrolle wie antike Götterstatuen und byzantinische Ikonen bekleidet, gekrönt, geküsst und in Prozessionen herumgetragen. Ähnliches gilt für die Buchstaben der heiligen Schrift, die einer Reikonisierung unterlagen. Der allererste Buchstabe der Bibel ist das ›B‹. Es steht am Anfang des ersten Satzes, welcher lautet: »Im Anfang (*B-Reshit*) schuf Gott Himmel und Erde.« Die talmudische Lektüre blieb jedoch nicht beim sprachlichen und semantischen Gegenwert des arbiträren Schriftzeichens stehen, sondern vertiefte sich darüber hinaus auch in die plastische Form des Buchstabens selbst, aus dem sie eine zusätzliche geheimnisvolle Bedeutung ermittelte. Das ›B‹ als ein aufgestelltes Rechteck mit einer nach links (der Schriftrichtung) offenen Seite repräsentiert in dieser ikonisierenden Lektüre den göttlichen Anfang der Welt mit seiner Öffnung als einem Tor, aus dem die Schöpfung und alles Weitere heraustreten können. Im talmudischen Genesis-Kommentar wird diese Figur ausführlich erläutert:

Abb. 17: Hebräisch ›*beth*‹

»Rabbi Jona sagte im Namen des Rabbi Levi: Warum wurde die Welt mit einem *beth* geschaffen? Es geschah darum, weil das *beth*

1 Die Kultur, die das Bilderverbot ins Zentrum stellte, entwickelte zugleich viele indirekte, schriftvermittelte Wege zum Bild. Eine interessante Form der Umgehung des Bilderverbots ist die so genannte ›Mikrographie‹, die Kunst, Bilder aus Buchstaben zu malen. Stanley Ferber, »Micrography. A Jewish Art Form«, in: *Journal of Jewish Art* 3/4 (1976/77), S. 12-24 und Leila Avrin, »Note on Micrography. A Jewish Art Form«, in: *Journal of Jewish Art* 6 (1979), S. 112-117.

an allen Seiten geschlossen, vorne aber offen ist. Entsprechend sollt ihr nicht forschen, was unten noch oben ist, was vorher noch nachher ist, sondern nur das, was vom Tage der Erschaffung der Welt an ist.«[2] Im *Sohar*, dem Hauptwerk der jüdischen Mystik aus dem 13. Jahrhundert in Spanien, wird ebenfalls eine Erklärung für das ›*beth*‹ angeführt, die Bezug nimmt auf einen Vers in den alttestamentlichen Proverbien (31,26). Die Rede ist dort vom wackeren Weib, das als ideale Gattin empfohlen wird: »Sie öffnet den Mund zu verständiger Rede.« – »Das Wort Weisheit (*hokhmah*), sagt Rabbi Yossi, [...] bedeutet das *beth* von *bereshit*. [...] Das *beth* ist auf einer Seite geschlossen und auf einer Seite offen, um Licht auf die höheren Welten zu werfen. Darum wurde es an den Anfang der Thora gestellt [...].«[3]

Die Steigerung der heiligen Schrift zum bedeutungsvollen Bild ist ein gemeinsames Element von Judentum, Islam und mittelalterlichem Christentum gewesen. Im bilderfeindlichen Islam wurde den heiligen Schriftzeichen des Korans eine Verehrung entgegengebracht, die zu einer ungegenständlichen Ikonisierung geführt hat. Die heilige Aura der Schrift wird dort von kunstvollen Arabesken betont, die, indem sie durch Schmuck die flüssig-flüchtige Bewegung des Lesens entschleunigen, zu einer meditativen Versenkung in die Buchstaben-Konfigurationen einladen.[4] Ähnliches gilt für die illuminierten christlichen Handschriften der mittelalterlichen Skriptorien, in denen dieselbe Andacht, die man dem heiligen Text entgegenbrachte, sich auch auf seine materielle Ausgestaltung erstreckte. Diese Symbiose von Schrift und schmückendem Ornament, in dem sich Figuren in Initialen verstecken und bizarre Wesen einen Schutzring um das Geflecht der Zeilen bilden, löste sich erst mit dem Buchdruck auf. Die Ränder des gedruckten Buches blieben leer, das neue Layout der Pagina schuf eine tabula rasa, die

2 Claude Gandelman (1997), »Sign Conceptions in the Judaic Tradition«, Artikel 61, § 3.1.2., in: Roland Posner u. a. (Hg.), *Semiotik/Semiotics. Ein Handbuch zu den zeichentheoretischen Grundlagen von Natur und Kultur/A Handbook on the Sign-Theoretic Foundations of Nature and Culture*, 4 Bde., Berlin, New York 1997-2004, Bd. 1, S. 1183-1198, hier S. 1192 (Übers. A. A.).

3 Gandelman, »Sign Conceptions in the Judaic Tradition«, S. 1192 (Übers. A. A.).

4 Zur europäischen Rezeption der Arabeske vgl. den Band von Susi Kotzinger, Gabriele Rippl (Hg.), *Zeichen zwischen Klartext und Arabeske. Konferenz des Konstanzer Graduiertenkollegs »Theorie der Literatur«, veranstaltet im Oktober 1992*, Amsterdam, Atlanta 1994.

nun unter anderem die Randnotizen der Leser aufnehmen konnte.

Mit dieser Wende war eine tiefgreifende Revolution der Zeichen verbunden, die sich am besten am Beispiel der Geschichte eines illuminierten Manuskripts beschreiben lässt. Ich komme dafür noch einmal auf die prachtvolle Initiale ›Q‹ zurück,[5] mit der ein Buchmaler eine Sammlung von Briefen des Heiligen Hieronymus ausgestattet hat. Dieses Meisterwerk romanischer Initialenkunst entstand in der 2. Hälfte des 12. Jahrhunderts in der Klosterbibliothek des ehemaligen Benediktinerklosters St. Pantaleon in Köln. Im 15. und 16. Jahrhundert war das Ende dieser einmaligen Sammlung besiegelt, als die Bibliothek auf das neue Druckzeitalter umgestellt wurde. Man verkaufte handschriftliche Pergament-Codices und erwarb gedruckte Ausgaben. Auch die Briefe des Hieronymus wären diesem Wandel zum Opfer gefallen, hätte nicht Anfang des 18. Jahrhunderts der Frankfurter Gelehrte Zacharias Conrad von Uffenbach diese Handschrift erworben, die auf der Frankfurter Buchmesse, in Einzelblätter zerlegt, als Makulatur für Bucheinbände angeboten wurde. Im neuen Druckzeitalter, das auf Papier umgestellt hatte, war Pergament zu einer kostbaren Ware geworden, weil damit die neuen Bücher eingebunden wurden. Die künstlerische Gestaltung der Handschrift war gewissermaßen über Nacht entwertet; was zählte, war nur noch der Materialwert des Pergaments. Von Uffenbach hat die Handschrift wieder restaurieren lassen. Über ihn gelangte sie in die Hamburger Staats- und Universitätsbibliothek, die heute ein Drittel der Bestände der ehemaligen Kölner Klosterbibliothek beherbergt.

Die metrische Konstruktion der Schrift in der Renaissance

Die Schriftkünstler der Renaissance revolutionierten die Kunst des Schreibens. Sie wandten sich dabei von den ästhetischen Idealen und handwerklichen Praktiken der mittelalterlichen Skriptorien ab und schufen aus dem Geist der lateinischen Buchstaben weltliche Schriften, die im neuen Medium des Buchdrucks weite Verbreitung fanden. Im Zuge dieser Wende kam es zu einer vollkommen-

5 Vgl. Abb. 9, S. 116.

den Veränderung der Gestalt des Buches als Gegenstand. Von nun an sahen alle Bücher gleich aus: heilige und weltliche Schriften waren in der Materialität ihres Zeichensystems nicht mehr zu unterscheiden.[6] Damit wurde zugleich auch das Prinzip aufgehoben, das bisher weitgehende Geltung hatte, dass nämlich jeder Sprache eine ihr eigene Schrift korrespondierte – zum Beispiel eine ägyptische Schrift für das Ägyptische, eine hebräische für das Hebräische, eine griechische für das Griechische, eine lateinische für das Latein usw. Diese säkulare Schrift, die nicht mehr von der Aura eines heiligen Textes getragen war, wurde nach einem neuen Prinzip konstruiert, bei dem die ästhetische Prägnanz und die metrischen Proportionen der Buchstaben die zentrale Rolle spielten.

Der italienische Humanist, Maler, Kalligraph und Kupferstecher Andrea Mantegna schuf in der Mitte des 15. Jahrhunderts eine neue Initiale, die ›littera mantiniana‹, die von der römisch-antiken Monumentalschrift inspiriert ist.[7] Diese ursprünglich in der Werkstatt von mehreren Händen kunstvoll gemalten Initialen bildeten dann die Grundlage einer klassischen Schriftform, die in den Druck übernommen wurde, und kamen in allen europäischen Druckzentren zur Anwendung. Begleitet wurde die Erneuerung der Buchstaben von einer Reihe von Traktaten über die Schriftkunst. Im Mittelpunkt dieser Traktate, auf die sich auch Dürer in seiner *Unterweysung der Messung* (1525)[8] bezog, steht die Idee eines ästhetisch und metrisch vollkommenen Buchstabens, der die innere Norm bildet für neuzeitliche Schriftkonstruktionen. Ebenso wie der menschliche Körper wurde der Buchstabe von diesen Humanisten neu vermessen, indem man ihn in ein Koordinatennetz einspannte, das seine kosmischen Proportionen offenbarte. Die py-

6 Das gilt mit gewissen Einschränkungen: Im Italien der 2. Hälfte des 15. Jahrhunderts zum Beispiel entwickelten sich nebeneinander zwei Schriften, eine römische für klassische Texte und eine gotische für religiöses Schrifttum.

7 Millard Meiss, *Andrea Mantegna as Illuminator. An Episode in Renaissance Art, Humanism and Diplomacy*, Gleichstadt, Hamburg 1957, S. 52-78 (für den Hinweis danke ich Moshe Barasch (1920-2004)). Vgl. auch Georg Dehio, »Zur Geschichte der Buchstabenreform in der Renaissance«, in: *Repertorium für Kunstwissenschaft* 4/3 (1881), S. 269-279.

8 Albrecht Dürer, *Unterweysung der Messung*, hg. v. Theodore Besterman, Portland/OR. 1972. Vgl. dazu Gerhart von Graevenitz, *Das Ornament des Blicks. Über die Grundlagen des neuzeitlichen Sehens, die Poetik der Arabeske und Goethes ›West-östlichen Divan‹*, Stuttgart 1994.

thagoreische 10, die Vitruv ins Zentrum architektonischer Metrik gestellt hatte, wurde auch der Körper- und Schriftmetrik zugrunde gelegt. Abstraktion und Schönheit gingen dabei eine neue Einheit ein. Als Grundlage der Buchstaben entdeckte man eine wunderbare Kongruenz von Kreis und Quadrat; Buchstabenmetrik konnte nahtlos in spekulative Geometrie und Zahlenmystik übergehen.

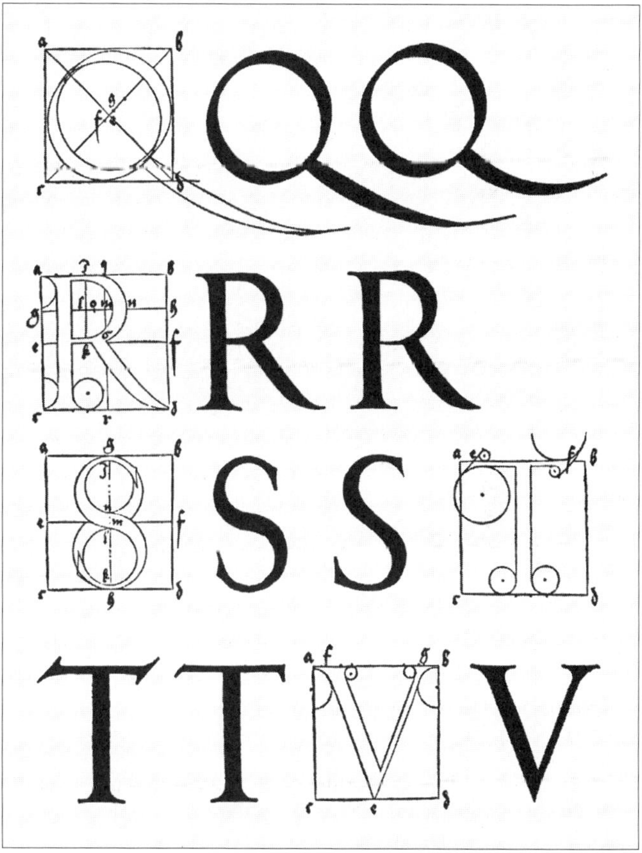

Abb. 18a: Albrecht Dürer, Buchstabenkonstruktionen aus *Unterweysung der Messung* (1525)

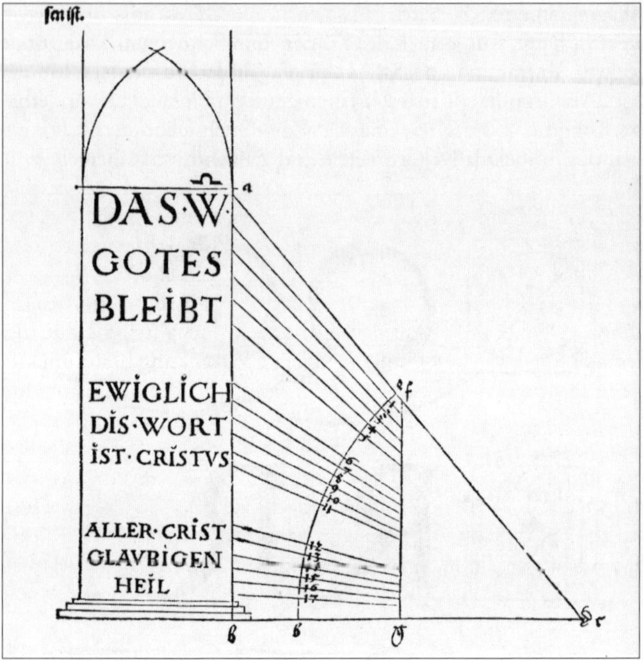

Abb. 18b: Albrecht Dürer,
Buchstabenkonstruktionen aus *Unterweysung der Messung* (1525)

Die Wiederentdeckung der Hieroglyphen in der Renaissance

In Gegenrichtung zur Entikonisierung und Geometrisierung der Schrift in der Renaissance verläuft die Reikonsierung der Schrift in Gestalt der Hieroglyphen-Begeisterung. Die Faszination der Hieroglyphen überlebte, wie bereits dargestellt, nicht nur den Untergang der ägyptischen Kultur, sondern auch noch ihre Entzauberung durch die Entzifferung. Zusammen mit architektonischen Relikten wie Pyramiden und Obelisken wurden sie in neue Kontexte überführt. Von der Doppelcodierung der Hieroglyphen als Lautschrift und Weltschrift blieb nach dem Aussterben der ägyptischen Sprache im römischen Imperium nur noch ihr Charakter als Dingschrift übrig. Was die ikonischen Schriftzeichen dabei an Lesbarkeit verloren, wuchs ihnen an Geheimnis zu. Man vermutete in den Piktogrammen die Chiffren eines verschollenen Geheimwissens, das in ihnen wie in einer sicheren Schatulle aufbewahrt worden sei. Bereits der Ägypter Plotin spekulierte im 2. Jahrhundert über den geheimen Gehalt der Hieroglyphen. Er, der schon nichts mehr von der Sprachreferenz dieser Schriftzeichen wusste,[9] vermutete in ihnen »Denkbilder«, eine Schrift also, die nicht für das flüchtig lesende Auge, sondern für die meditative Versenkung bestimmt sei: »Die ägyptischen Weisen bedienen sich [...] bei der Mitteilung ihrer Weisheit nicht der Schriftzeichen zum Ausdruck ihrer Lehren und Sätze als Nachahmungen von Stimme und Rede, sondern sie zeichnen Bilder und legen in ihren Tempeln in den Umrissen der Bilder den Gedankengehalt jeder Sache nieder.«[10] In der Renaissance erlebte die Faszination der verschollenen ägyptischen Schrift ihren Höhepunkt. Man bemühte sich nicht nur um die Entschlüsselung des vermeintlichen Geheimwissens, man entwickelte diesen Code auch weiter durch Chiffrierung von Weisheiten in Bildern. Auf diese Weise entstand, wie wir gesehen haben, der bildschriftliche Code der Emblematik. Die europäischen Kulturen, die sich soeben für Drucktechnik, verbreitete Lesekommunikation und Nationalsprachen entschieden hatten, wandten sich im selben Zuge auch der entgegengesetzten Option zu, dem geheimnisumwitterten Code einer interkulturellen Bilderschrift. Die Konjunktur der Emblematik erklärt sich als opulente Alternative zum begrenzten Zeichenrepertoire der Alphabetschrift und schlug sich im offenen Fundus einer unerschöpflichen Bildproduktion nieder. Die Em-

9 Die Wiedergewinnung dieses Wissens, dass die Schriftzeichen in erster Linie Lautwerte repräsentieren, ist nicht nur mit dem Namen Champollions verbunden. Die Hypothese der Lautschrift hatte eine Generation zuvor bereits William Warburton vorgetragen, freilich ohne damit einen stringenten Entzifferungsvorschlag zu verbinden. William Warburton, *Versuch über die Hieroglyphen*, Frankfurt, Berlin u. a. 1980.

10 Plotin, *Über die geistige Schönheit*, V, 8. 6, zit. nach Jan Assmann, *Das kulturelle Gedächtnis. Schrift, Erinnerung und politische Identität in frühen Hochkulturen*, München 1997, S. 192.

bleme verschränken in der doppelten Medialität von Bild und Text die Wahrnehmungsformen der Erkennbarkeit und der Lesbarkeit. Lesbarkeit wird im Bildercode gehemmt, arretiert und gleichzeitig vertieft. Als Vorstellungs- oder Denkbilder stehen sie zwischen dem Schriftzeichen und dem Sehbild und erfordern weder einen lesenden noch einen einheitlich betrachtenden, sondern einen wandernden, zusammenklaubenden und entziffernden Blick.

Die Reikonisiserungwelle, die mit der Hieroglyphen-Faszination einherging, griff aber auch auf abstrakte Schriften über. Besonders markant wirkte sich das in der christlichen Kabbala aus. Ein Beispiel dafür ist der Universalgelehrte, Mediziner und Diplomat Franciscus Mercurius van Helmont (1614-1691), der einen Traktat mit dem Titel *Alphabet der Natur*[11] geschrieben hat. Er war ein hochgeachteter christlicher Kabbalist, der mit Locke und Leibniz verkehrte. 1661 wurde er von den Truppen der Gegenreformation festgenommen, nach Rom gebracht und von der Inquisition vernommen. Während seiner fast zweijährigen Haft arbeitete er an seinem Werk über die hebräische Sprache, in der er die Natursprache Adams entdeckte. Er zeigte, dass die hebräischen Buchstaben den Grundstock einer natürlichen Sprache bildeten. Mit diesem von ihm wiederentdeckten Alphabet glaubte er nicht nur eine Taubstummensprache entdeckt, sondern auch den Schlüssel zum Universum gefunden zu haben. Er sah in der Form der hebräischen Buchstaben die Abbildung der Bewegung, die die physischen Sprechorgane bei der Hervorbringung von Sprachlauten ausführen. Zum Buchstaben ›*lamed*‹ mit dem Lautwert ›L‹ schrieb er zum Beispiel:

Abb. 19: Hebräisch ›lamed‹ = ›L‹

11 Franciscus Mercurius van Helmont, *Kurtzer Entwurff des eigentlichen Natur-Alphabets der Heiligen Sprache*, hg. v. Wilhelm Viëtor, Berlin, Hamburg 1916 [1667].

»›*lamed*‹ oder ›L‹ ist ein Buchstabe, der in der Schrift über die Zeile hinausragt und beim Aussprechen durch Aufrichtung der Zunge bis zum Gaumen geformt wird. Deshalb bedeutet er Tugend und Macht und findet sich gewöhnlich am Ende der Namen von Engeln wie Michael, Gabriel usw.«[12] Van Helmont übernahm von lurianischen Kabbalisten die Vorstellung von der magischen Effizienz[13] und hieroglyphischen Ikonizität der Buchstaben. Im Buchstaben ›P‹ erkannte er die Gestalt eines reuigen (*paenitentia*) Menschen, der seine Arme ausstreckt und den Kopf nach unten beugt. Dieser Buchstabe enthielt für ihn als geheime Bedeutung deshalb auch das Mysterium der Bekehrung.[14]

Abb. 20: Hebräisch ›P‹

Schrift entwickelte sich in der Renaissance in zwei entgegengesetzten Richtungen: zum einen in ein klares, abstraktes und transparentes, auf Lesbarkeit und Breitenwirkung zielendes Zeichensystem, das zum wichtigsten technischen Mittel kognitiver und sozialer Evolution avancierte, und zum anderen in ein esoterisch-dunkles, auf Geheimnisfülle und meditative Versenkung angelegtes Zeichensystem, das spirituelle, ästhetische und spekulative Bedürfnisse befriedigte. Während der heilige Text der Bibel in abstrakten und neutralen Druckbuchstaben technisch vervielfältigt wurde und sich damit in seiner äußeren Form in nichts mehr von einem

12 Zit. nach Allison Coudert, »Some Theories of a Natural Language from the Renaissance to the Seventeenth Century«, in: Kurt Müller u. a. (Hg.), *Magia Naturalis und die Entstehung der modernen Naturwissenschaften. Symposion der Leibniz-Gesellschaft Hannover, 14. und 15. November 1975. Studia Leibnitiana Sonderheft 7*, Wiesbaden 1978, S. 56-118, S. 60 (Übers. A. A.)

13 Locus classicus dieser Lehre ist das esoterische Werk der frühen jüdischen Mystik, das *Sefer Jezira* (*Buch der Schöpfung*). Eveline Goodman-Thau, Christoph Schulte (Hg.), *Das Buch Jezira*, übers. v. Johann Friedrich Meyer, Berlin 1993 [1830].

14 Coudert, »Some Theories of a Natural Language«, S. 72.

sachlichen Gebrauchstext unterschied, entstand eine Gegenbewegung, die an der unerschöpflichen Bedeutungsfülle als Merkmal der Zeichen selbst festhalten wollte. Die Ikonisierung der heiligen Schriftzeichen, für die hier einige Beispiele angeführt wurden, entsprach ihrer Überdetermination und führte zur Steigerung ihrer Bedeutung. Die Bildhaftigkeit des Buchstabens erschloss dem Text zusätzliche Dimensionen und bestätigte ihn in seiner Aura einer überquellenden Fülle von Bedeutungshaftigkeit. Dieses Festhalten an einer Verschränkung von Schrift und Bild widersetzte sich der Evolutionsgeschichte der Moderne als einer fortschreitenden Ausdifferenzierung der Medien von Schrift und Bild, die durch die Trennung der Künste und ihrer Disziplinen in der westlichen Kultur institutionalisiert wurde. Im Zuge dieser historischen Entwicklung wurde das Bild auf Erkennbarkeit und reines Sehen, der Text auf klare Lesbarkeit und Verstehen festgelegt. Erkennen und Lesen und damit auch die rechte und die linke Gehirnhälfte trennten sich in dieser Entwicklung, in der die Bilder immer stummer und die Texte immer unsinnlicher wurden.[15]

Wie Buchstaben heute wieder zu Bildern werden

Machen wir am Schluss dieses Kapitels einen Sprung von der Renaissance in die Gegenwart. Die Druckschrift, deren Ort ehemals die Bücher und Bibliotheken waren, hat längst auch den öffentlichen Raum erobert. In einem amerikanischen utopischen Roman aus dem Jahr 1887, der im Jahr 2000 spielt, wird das Vordringen der Reklame anschaulich beschrieben: »Die Wände der Gebäude, die Fenster, die Seiten der Tageszeitungen, das Pflaster, alles, worauf das Auge fiel mit Ausnahme des Himmels, war mit Anzeigen bedeckt, die unter unzähligen Vorwänden um Aufmerksamkeit und Unterstützung warben.« Edward Bellamy phantasiert die Zukunft einer alle öffentlichen Räume überziehenden Werbung und spricht von »einem schrecklichen Babel schamloser Selbstanpreisungen und gegenseitiger Herabwürdigungen, einem grellen Geschrei

15 Diese Entwicklung brachte kompensatorische Gegenbewegungen mit sich. Dazu Peter Utz, *Das Auge und das Ohr im Text. Literarische Sinneswahrnehmung in der Goethezeit*, München 1990.

einander widersprechender Prahlereien und Beschwörungen«.[16] Durch Marktwirtschaft, Konsumzwang und Kapitalismus ist ein neues Dickicht der Zeichen entstanden: nicht nur die Bilder, auch die Buchstaben sind dabei immer größer und sinnlicher geworden. In diesem Raum, der vom Prinzip der Aufmerksamkeit organisiert ist, kommt es nicht nur auf die *Lesbarkeit*, sondern auch immer mehr auch auf die *Sichtbarkeit* der Schrift an. Ein eklatantes Beispiel dafür ist die Bedeutung von Firmenlogos, in denen sich eine bestimmte graphische Gestaltung zu einem Bild verfestigt. Die Einrichtungen der Fastfood-Kette MacDonald's schreibt man eben nicht mit einem normalen M, sondern mit zwei gelben Bögen, die auf rotem Grund wie zwei Tore aneinandergefügt sind.

Abb. 21: Das ›M‹ von MacDonald's

Neben dem Trend zum weithin sichtbaren und unmittelbar wiedererkennbaren Logo gibt es auch die Entwicklung hin zur einer ikonisch angereicherten Schrift, die Aufmerksamkeit steigert, indem sie den Blick verlängert. Man kann sie täglich auf Plakaten, Einkaufstüten, T-Shirts und allen möglichen Objekten finden. Hinter ihnen stehen einfallsreiche Designer, die einen schriftlich

16 Edward Bellamy, *Looking Backward 2000-1887*, New York 1996 [1887], S. 152 (Übers. A. A.)

ausgedrückten Inhalt auf überraschende Weise zusammen mit der Schrift ins Bild setzen. Auf der Plastiktüte, in die beim Einkauf auf dem Amsterdamer Flughafen die steuerfreien Produkte verpackt werden, verwandelt sich zum Beispiel der Buchstabe ›Y‹ in eine davonfliegende Möwe.

Abb. 22: Duty-Free-Tüte aus
dem Flughafen Schiphol, Amsterdam

Das zweite Beispiel hat ebenfalls etwas mit Bewegung zu tun: es ist der von vibrierender Kraft und Dynamik erfüllte Name eines Nahverkehrszuges, der im deutsch-schweizerischen Grenzraum verkehrt.

Abb. 23: Regionalbahn THUR(gau)-BO(densee)

In diesen Beispielen wird die Grenze zwischen Schrift und Bild fließend. Unser in der Schriftgeschichte mühsam entbildlichtes Alphabet verabschiedet sich bei diesem Trend von seinen Grundprinzipien und wird wieder sinnlich gestalthaft. Es handelt sich in gewissem Sinne um eine Form der Wiederkehr von Hieroglyphen, die durch die Alphabetschrift eben nicht endgültig und irreversibel zu verbannen sind. Neben dem anikonischen Schriftbild – dem neutralen *Layout* auf einer gedruckten Seite – gibt es neue Bildschriften in den Gattungen Werbung oder Karikatur, in denen Bild und Schrift bis zur Ununterscheidbarkeit ineinanderfließen.

An diesem Punkt wäre eine weiter reichende Frage zu stellen, die wir im Rahmen dieser Studie allerdings nur streifen können: Hat sich die Alphabetschrift mit dem *iconic turn*, der Wende zur heutigen Bildkultur, verändert? Nimmt die Schrift in einer Welt, die von Bildern regiert wird, das Bild wieder in sich auf, und ordnet sich ihm gar unter? Grundsätzlich, so möchte ich vermuten, gibt es verschiedene Möglichkeiten des Verhältnisses von Schrift und Bild, die inzwischen nebeneinander bestehen:

1. Schrift und Bild schließen sich gegenseitig aus durch ausdifferenzierte Darstellungssysteme (wie Literatur und Kunst beziehungsweise Film) oder entgegengesetzte kulturelle Rahmen (ägyptische versus griechische Kultur).

2. Schrift und Bild supplementieren sich in konkreten Gattun-

gen und Darstellungsformaten gegenseitig: im Comic, im Cartoon oder in der Graphic Novel ordnet sich die Schrift dem Bild unter; als Illustration, Veranschaulichung und Wahrnehmungsstimulus ordnet sich das Bild der Schrift unter.

3. Schrift und Bild fusionieren. Sie bilden einen Komplex, der sich nicht mehr einfach in seine Komponenten zerlegen lässt. Ein Beispiel ist der verdoppelte Schriftzug des Wortes ›Bildung‹. Dieses Bild zeigt zwar nicht, wie es im Sprichwort heißt, mehr als tausend Worte, aber um einem Nicht-Eingeweihten den präzisen Gehalt zu vermitteln, der in dieses prägnante Schriftbild umgesetzt ist, müsste man sehr weit ausholen. Man müsste auf den finanziellen Notstand an deutschen Universitäten im Zeichen der Wirtschaftskrise zu sprechen kommen, die Exzellenzinitiative des Bundes als eine Politik ungleicher Ressourcenverteilung erklären und schließlich noch auf die soziale Kritik an dem Konzept der Elitebildung eingehen.

Abb. 24: Karrikatur zum Thema ›Bildung‹ von Klaus Stuttmann

4. Schrift und Bild überlappen, überblenden, kreuzen, depotenzieren, kommentieren und umspielen sich gegenseitig. Dafür gibt es in der Literatur seit der Millenniumswende interessante neue Beispiele. Literarische Texte entwickeln neue Formen einer Interferenz von Schrift und Bild, die die Aufmerksamkeit der Leser zunehmend auch auf die visuelle Dimension der Textgestaltung lenken. Diesem Punkt ist das folgende Kapitel gewidmet. Hier soll deshalb nur ein Beispiel genannt werden: In W. G. Sebalds Erinnerungsroman *Austerlitz* (2001)[17] sind Photographien ohne Bildunterschriften in den Text eingelegt, deren thematischer Bezug keineswegs in der stützenden Illustration des Textes aufgeht.

Abschließend muss hier noch erwähnt werden, dass das 20. Jahrhundert nicht nur die Bildlichkeit in die Schrift zurückgeholt, sondern auch den Renaissance-Traum einer universalen Bilderschrift weitergeträumt – und auf seine Weise realisiert hat. Was für Philosophen am Ende des 17. Jahrhunderts noch eine universalistische Utopie war, nämlich ein Zeichensystem, das Gedanken unmittelbar codieren und Kommunikation weltweit als Bilderschrift, *scriptura franca* oder *universal character* ohne Verzerrungen durch alle Sprachen und Kulturen hindurch ermöglichen sollte, das ist im Zeitalter internationalen Verkehrs und globaler Vernetzung realisiert worden. Die Rede ist von den postalphabetischen Piktogrammen, die in Flughäfen, Museen oder Stadien längst banaler Alltag geworden sind. Diese Universalschrift hat jeden Geheimnischarakter abgestreift und ist in ihren Aussagemöglichkeiten sehr beschränkt; sie reduziert sich auf orientierende Wegweiser und Leitsysteme.

17 W. G. Sebald, *Austerlitz*, München, Wien 2001.

Abb. 25: Piktogramme in Leitsystemen

Es handelt sich dabei nicht um ein Zeichensystem für Analphabeten wie etwa die Zunftembleme der spätmittelalterlichen Städte, in denen ein blankes rundes Becken dem Schriftunkundigen den Barbier anzeigte. Der neue Bildercode muss auch nicht eigens erlernt werden wie das System der Verkehrszeichen, sondern schöpft die Lesbarkeit seiner Zeichen ganz aus der bildhaften Erkennbarkeit. Er setzt nichts anderes voraus als das pragmatische Bedürfnis, sich in einem eng umschriebenen Raum zu orientieren. Darüber hinaus vermag er keine Informationen zu vermitteln. Die Probe auf dieses Exempel machte die Kölner Gestalterin Juli Gudehus, die versucht hat, einen Vers aus der biblischen Schöpfungsgeschichte in den Bildercode unserer aktuellen Piktogramme und Logos zu übersetzen:[18]

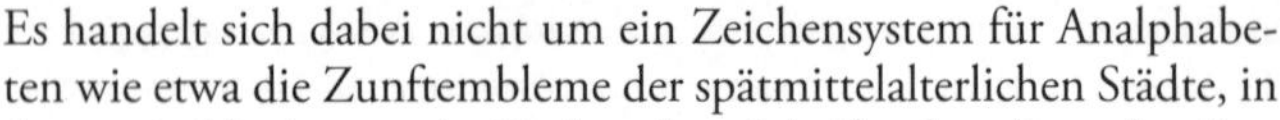

Abb. 26: »Und Gott schuf alles Getier des Wassers, und alle Vögel, einen jeden nach seiner Art« (1. Mose 1,21)

18 »Themen der Zeit«, in: *Die Zeit* 1 (1. Januar 1993), S. 38.

9. Lesen und Schauen

> Weil aber die Materie nie ohne Geist, der Geist nie ohne Materie existiert und wirksam sein kann, so vermag auch die Materie sich zu steigern, so wie sichs der Geist nicht nehmen lässt, anzuziehen und abzustoßen.
>
> Johann Wolfgang von Goethe, »Erläuterungen zu dem aphoristischen Aufsatz ›Die Natur‹«

Es ist die Prämisse eines normativen Konzepts von Evolution, dass die Geschichte der Schrift auf die Steigerung von Arbitrarität und Abstraktion ausgerichtet ist. Auf diesem Weg einer zunehmenden Effizienz von semantischer Eindeutigkeit und zielgerechter Vermittlung von Information hat sich unser Konzept von Schrift fortschreitend verengt. Dabei ist manches verloren gegangen, was einem phonographisch-sprachzentrierten Zeichen entgegensteht, wozu sowohl andere Notationssysteme als auch der ikonische Mehrwert der Zeichen selbst gehören. Das folgende Kapitel untersucht die Rolle der Buchstaben im Vorgang des Lesens im Spannungsfeld zwischen Transparenz und Intransparenz und greift dabei auch die Frage nach der Veränderung des Zeichencodes in der Literatur der Gegenwart noch einmal auf. Es gliedert sich in zwei Teile: Im ersten Teil wird es um das Verschwinden der Buchstaben im Prozess der Lektüre gehen. Erst wenn das Medium sich zurückzieht, kann es seine Macht über die Leser gewinnen. Die sich entziehende Schrift wirkt dabei wie eine Droge: Bilder tauchen auf, sobald der Vorhang der Buchstaben aufgezogen ist. Im zweiten Teil möchte ich den Prozess umkehren und von der Wiederkehr der verdrängten Buchstaben sprechen, die wieder zur Erscheinung gebracht werden. Dabei geht es noch einmal um die Bildlichkeit der Schrift selbst, die sich in das, was sich sprachlich vermittelt, einmischt und dabei den Text stört, vertieft, ergänzt oder mehrfach codiert.

Das Sichtbarwerden durch Hervorhebung der Buchstaben bildet immer eine Ausnahme. In aller Regel herrscht hier das neutrale Layout der Buchgestaltung mit seiner Unauffälligkeit der Schrift, egal ob es sich um einen Sachtext oder einem literarischen Text handelt. Ein trivialer Seeräuberroman kommt im selben Layout daher wie ein Roman von Musil. Von dieser Regel weicht allenfalls die Lyrik ab. Bei Gedichten spielt die Typographie eine ganz andere Rolle als bei Erzähltexten. Das hat einen einfachen Grund, denn das wichtigste Strukturmerkmal des Gedichts ist der Zeilenumbruch. Von vornherein wird der Blick damit auf das Schriftbild gerichtet. Die Gestalt des Gedichts ist grundsätzlich ein wesentlicher Bestandteil seiner Bedeutung. Ein Gedicht, so lautete ja eine formalistische Prämisse, solle nicht *bedeuten*, sondern *sein*. Damit war gemeint, dass Gedichte grundsätzlich nicht verlustlos in eine andere Sprache übersetzbar oder anderweitig paraphrasierbar sind. Am offensichtlichsten gilt dies für die besondere Gattung der Schriftbildgedichte, die von komplexen Buchstabenarrangements des Mittelalters bis zur konkreten Poesie des 20. Jahrhunderts reicht. In den Figurengedichten der manieristischen Barocklyrik zum Beispiel sieht der Leser »sich Störmanövern ausgesetzt, kann auf Hindernisse auflaufen und an Sperren geraten«; Lesen wird auf diese Weise zum »Irren im Labyrinth der Lettern«.[19] In dieser Tradition des Bildgedichts wird von Rabanus Maurus bis zu Eugen Gomringer all das zugelassen, aufgenommen und eingelassen, was in anderen Büchern verpönt ist; hier darf die Buchseite zum visuellen Experiment und zur exuberanten Spielwiese der Schriftbilder und Bilderschriften werden.[20]

19 Ulrich Ernst, »Lesen als Rezeptionsakt. Textpräsentation und Textversändnis in der manieristischen Barocklyrik«, in: *Zeitschrift für Literaturwissenschaft und Linguistik LiLi* 15/57 (1985), S. 67-94, hier S. 91 f.; ders., *Carmen figuratum. Geschichte des Figurengedichts von den antiken Ursprüngen bis zum Ausgang des Mittelalters*, Köln 1991.

20 Eugen Gomringer, »Schweigen«, in: ders., *Vom Rand nach innen. Die Konstellationen 1951-1995*, Wien 1995, Bd. 1, S. 19; ders. (Hg.), *Visuelle Poesie. Anthologie*, Stuttgart 1996.

Abb. 27: Eugen Gomringer, Figurengedicht »Schweigen«

Intransparenz der Schrift

Im Jahre 2004 fand in Berlin eine Tagung zum Thema »Die Sichtbarkeit der Schrift« statt. Die Einladung zu dieser Veranstaltung kam bei mir, wie heute üblich, in elektronischer Form in meinem Computer an. Die E-Mail enthielt mikroskopisch kleine ineinandergeschobene Zeichenketten, die nicht zu entziffern waren. Auch was der Ausdruck präsentierte, war mit bloßem Auge kaum sichtbar, geschweige denn lesbar:

Abb. 28: Unlesbare Mail

Obwohl die Veranstalter diesen Effekt wohl kaum geplant hatten, haben sie mir damit die Aktualität und Bedeutung ihres Themas auf eine eindringliche Weise nahegebracht. Die Sicht- und Lesbarkeit von Schrift hat sich im digitalen Zeitalter entscheidend verändert, da die Strukturschrift des Computers Informationen codiert, die ausschließlich für Maschinen und nicht für ein menschliches Auge, geschweige denn für einen menschlichen Geist gedacht sind. Wir alle kennen die Momente der Verwirrung und Entfremdung, die sich einstellt, wenn diese technische Programm-Schrift die für den Menschen so sorgfältig bereinigte Benutzeroberfläche durchkreuzt. Der technische Zeichenschrott aus Buchstaben, Zahlen und Steuerzeichen, mit dem uns der Computer in Notfällen konfrontiert, überschreitet alles, was sich ein Künstler an Surrealem einfallen lassen könnte.

```
re der }{\i\fs28\lang1031\crauth1\crdate118305
\lang1031  sollte auf Shakespeares Dramen vork
sie auf keinen Fall verdr\'e4ngen.}{\deleted\f
\revauthdel1\revdttmdel1183052510   }{
\fs28\revised\lang1031\revauth1\revdttm1183052
Die Novellen entsprechen aber auch nicht einem
dem die Handlung zum besseren Verst\'e4ndnis e
undurchschaubaren B\'fchnengeschehens res\'fcm
\deleted\fs28\lang1031\revauthdel1\revdttmdel1
\revised\lang1031\revauth1\revdttm1183052510
man Shakespeare nacherz\'e4hlen und von der B\
b\'fcrgerliche Kinderzimmer verlegen?}{
\deleted\fs28\lang1031\revauthdel1\revdttmdel1
\revised\lang1031\revauth1\revdttm1183052510
geht alles verloren in diesem \'dcbergang von
```

Abb. 29: Computerschrift mit Steuerzeichen

Dieser Zeichenschrott erinnert uns daran, dass Menschen im Zeitalter des digitalen Codes und der Strukturschrift der Rechner nicht mehr die *Empfänger* der Botschaften sind, sondern nur noch Zaungäste einer sich jenseits unserer Sinne abspielenden Kommunikationstechnologie. Gleichzeitig gibt uns die Unlesbarkeit eines solchen Zeichenkonglomerats einen Geschmack zurück von der Intransparenz der Zeichen, die bei jedem einmal am Anfang der Anstrengung des Buchstabierenlernens stand. Eine schwache Erinnerung an diesen Zustand vor der Alphabetisierung kam noch einmal in mir auf, als ich auf einer Reise Zeugin einer Leseübung wurde. Ich saß in einem Zugabteil zusammen mit einem lebhaften Mädchen von etwa sechs Jahren, das große Mühe hatte, auch nur einen Augenblick still zu sitzen und dem ständig etwas Neues einfiel. An Imagination fehlte es ihr nicht, zum Beispiel entdeckte sie in der Lüftungsklappe der Abteiltür ein ›Radio‹, auf dem sie durch Verschiebung des Hebels mit entsprechenden Begleitgeräuschen immer neue Sender einzustellen wusste. Als der Zug einmal etwas länger auf einem Bahnhof hielt, nahm die Mutter dies gleich zum Anlass für eine Leseübung. Gegenüber unserem Abteilfenster befand sich ein riesiges Plakat, auf dem in großen Lettern geschrieben stand:

ENGEL BRAUCHEN WÄRME – JETZT EINE ERDGASHEIZUNG.

Wie mühsam der Vorgang des Buchstabierens sein kann, wurde mir in diesem Augenblick noch einmal bewusst. Das Zusammensuchen und Aneinanderfügen der sperrigen Buchstaben war eine fast schmerzhafte körperliche Anstrengung, auf die das Mädchen mit Irritation, Erschöpfung und Widerwillen reagierte. Das Unternehmen war hoffnungslos. Nicht einmal die erste Hälfte der Aufschrift war entziffert, als sich der Zug wieder in Bewegung setzte und die Tochter von ihrer Schwerarbeit erlöste.

Auf einer etwas weiteren Entwicklungsstufe hat Charles Lamb (1792-1835), Essayist und Mitglied des engen Freundeskreises der englischen Romantiker, die Anstrengung des Lesens beobachten können. Lamb war ein obsessiver und idiosynkratischer Leser, der die Veränderungen der Lesepraxis um sich herum beobachtete. Was ihn beunruhigte, war eine enorme Vermehrung der Schriftstücke, die zu einer permanenten Erneuerung und damit zugleich Überholung des Lesestoffs führte. Er wünschte sich, die »ewigen Räder der Druckerpresse 50 oder 100 Jahre lang aufzuhalten, damit die Nation wieder zur Besinnung kommen kann«.[21] Lesen, so stellte er fest, sei ein oberflächliches Geschäft geworden. Außerdem sah er einen neuen Lesertyp vor sich, der nicht mehr um des selbstbestimmten Genusses willen las, sondern allein mit Blick auf einen

21 »Is there no stopping the eternal wheels of the Press for a half century or two, till the nation recover its senses?« Charles Lamb, »Readers against the Grain«, in: William MacDonald (Hg.), *Critical Essays*, London 1903, S. 237-240, hier S. 239 (Übers. A. A.).

zu erwerbenden respektablen sozialen Status. Man las nun, weil es sich so gehörte und man zeigen musste, dass man gelesen hatte. Diesen neuen Lesertypus nannte Lamb den ›Leser wider Willen‹ beziehungsweise den ›Leser gegen den Strich‹. »Ich belächele den tüchtigen Jugendlichen, der viel lieber Ball spielen würde, wie er eine riesige Last den Berg hinaufschiebt«, und der »seine Leseunfähigkeit dadurch verrät, dass er beim leisen Lesen eine unwillkürliche Lippenbewegung vollzieht«.[22]

Dieser Leser wider Willen ist nicht in der Lage, sein Lesetempo zu steigern; was andere in wenigen Stunden oder Tagen verschlingen, durch das quält er sich im Schneckentempo hindurch. Der Grund ist, dass er an den Buchstaben hängenbleibt, die er sich zunächst in Lautzeichen übersetzt, um sie sich anschließend als sprachliche Bedeutungseinheiten aufzuschließen. Diese Form des Lesens, die nicht über das Entziffern hinauskommt, kann nie zu einem Sprungbrett der Imagination werden. Statt die Buchstaben im Vollzug der Lektüre mit Blick auf deren Inhalt aus den Augen zu verlieren, bleiben diese hilflosen Leser gnadenlos an den abstrakten Lautzeichen auf dem weißem Papier kleben.

Lesen als Kippfigur

Diesen erfolglosen oder mühsamen Leseübungen möchte ich zwei Beispiele einer gelingenden Leseerfahrung gegenüberstellen. Mein erstes Beispiel ist eine Passage aus einem Text von Joseph von Eichendorff, in der eigentlich gar nicht gelesen, sondern mündlich erzählt und ein Bilderbuch betrachtet wird. Beides, Erzählung und Bildbetrachtung, wird jedoch in einem schriftlichen Text vermittelt, in dem wir so etwas wie eine Allegorie des Lesens erkennen dürfen. In einer Erzählung aus dem Zyklus *Dichter und ihre Gesellen* erzählt Fortunat seiner Begleiterin Fiametta in einer sommerlichen Laube im Mondlicht aus dem Stegreif eine Geschichte, die folgendermaßen beginnt:

22 »I smile to see an honest lad, who ought to be at trap-ball, labouring up hill against this giant load, taking his toil for a pleasure, and with that utter incapacity for reading which *betrays itself by a certain silent movement of the lips when the reader reads to himself* [...].« Lamb, »Readers against the Grain«, S. 238 f. (Hervorhebung im Original). (Übers. A. A.)

Es waren einmal zwei Kinder, Kasperl und Annerl, die hatten einander sehr lieb. Die saßen einmal vor dem Hause und besahen schöne Bilder in einem großen Bilderbuche, das die Annerl mitgebracht hatte, die Vögel sangen im Walde, und das Abendrot ging über die Berge vor ihnen. Auf dem Bilde war eine sehr schöne Gegend zu sehen, fruchtbare Auen, Flüsse, Dörfer und Schlösser, dahinter ein wunderbar gezacktes Gebirg mit einsamen Kapellen und Wäldern, an deren Saum eine Prozession mit bunten Fahnen dahinzog. Das Abendrot schien über das Bild, *und wie sie es so mit rechtem Fleiße betrachteten*, da fingen die gemalten Bäume an, leise zu rauschen, schöne bunte Vögel flogen über die Landschaft, die Brünnlein glitzerten im Gebirge, die Fahnen wehten, sie hörten die Prozession aus der Ferne singen. Und eh' sich der Knabe noch besinnen konnte, sah er zu seinem Erstaunen auch das kleine Annchen schon mittendrin, sie winkte ihm fröhlich, er fasste sich endlich ein Herz und sprang ihr nach, so liefen beide voller Freuden in das Buch und in die Landschaft hinein.[23]

Diese Passage beschreibt sehr exakt, wie die bildproduzierende Kraft der Imagination im Prozess der Lektüre anspringt. In der ersten Stufe richtet sich der betrachtende Blick (beziehungsweise das lesende Auge) noch auf ein externes Bild (beziehungsweise die arbiträren Buchstaben). Dieser optische Gegenstand befindet sich in klarer Distanz zum Subjekt der Wahrnehmung. In einem zweiten Schritt wird das starre Bild animiert. Das Dargestellte beginnt, sich zu bewegen, es verwandelt sich, wie wir heute sagen können, in einen Film. In einem dritten Schritt kommt es zum Sprung ins Bild hinein. Der Knabe springt dem Mädchen hinterher, das sich bereits in die animierte Welt des Bildes hineinbegeben hat. Mit diesem Sprung vollzieht sich ein weiterer Rahmenwechsel und gleichzeitig ein Zusammenbruch der vorgängigen Opposition von Buch und Welt. Die ontischen Sphären von Realwelt und fiktionaler Welt kollabieren, es kommt zu einem temporären Verwischen der Grenze zwischen Realität und Narration.[24]

In Eichendorffs Text ist der Prozess des Umkippens der Lektüre in

23 Joseph von Eichendorff, »Dichter und ihre Gesellen«, in: Heinz Amelung (Hg.), *Gesammelte Werke*, Berlin 1925, Bd. 5, S. 85-418, hier S. 372 f.

24 Im postmodernen Roman wird diese Grenze zwischen der externen Welt der Leser und der internen Welt der Narration ständig verwischt. Im ersten Band seiner *New York Trilogy*, *City of Glass* (London, Boston 1985), zum Beispiel springt der Autor Paul Auster selbst in sein Buch hinein und verwandelt sich dabei in eine Figur, die sich mit den fiktionalen Protagonisten auf Augenhöhe trifft.

rezeptive Imagination durch Schwellensignale besonders markiert: Zunächst wird die Belebung des Bildes durch einen besonderen Beleuchtungseffekt gestützt: »das Abendrot schien über das Bild«. Dieses Abendrot antizipiert das Feuer der Imagination, das die starren Zeichen – seien es nun Bilder oder tote Buchstaben – koloriert, in Bewegung versetzt, ›belebt‹, sodass die unsinnliche Wahrnehmung des Lesens und Betrachtens plötzlich übergeht in eine multisensorische Erfahrung, die von einer im Leser angelegten Fähigkeit zur Illusionsbildung gesteuert ist.[25] Sie beruht auf der Interaktion zwischen dem Bild oder Text mit seinen Illusionsstrategien und Aufmerksamkeitssignalen einerseits und einer bestimmten Disposition und Bereitschaft der Betrachter und Leser andererseits. Die Umsetzung der allgemeinen Bereitschaft in eine aktive imaginative Leistung des Rezipienten beschreibt Eichendorff bildlich als einen ›Sprung ins Bild‹; während das Mädchen sich bereits unter den fiktiven Gestalten tummelt, muss sich der Knabe erst noch ›ein Herz fassen‹, bevor er zu springen wagt. Das klingt so, als gäbe es eine gewisse minimale Zeitverzögerung im Anspringen der Imaginationsaktivität zwischen männlichen und weiblichen Lesern / Betrachtern.[26]

Diese Kippfigur möchte ich noch an einem zweiten Beispiel aus der Gegenwartsliteratur beleuchten. In Thomas Lehrs Roman *Zweiwasser oder Die Bibliothek der Gnade* beschreibt der Titelheld den Moment, in dem er von einem mühsamen Entziffern von Buchstaben (ganz im Sinne von Lambs Leser gegen den Strich) unversehens in sein erstes imaginatives Leseerlebnis springt. Dieser Moment des Kippens wird von dem Autor als eine Art Epiphanieerlebnis dramatisiert:

Zweiwasser las eine Passage in einem anscheinend gewöhnlichen Seeräuberroman. Es ging um die Beschreibung von Schiffen, die, bereit zu endlosen

25 In romantischer Dichtung wird das Feuer der Imagination oft mit dem Mondlicht gleichgesetzt, und in der Tat hat das Mondlicht in der Situation der Binnenerzählung zusammen mit Sternschnuppen auch seinen Platz.

26 In einem Punkt ist diese Analyse der Entstehung von Imagination jedoch selbst imaginär, und das betrifft den Umstand, dass hier gleich zwei Personen den Imaginationsraum *gemeinsam* betreten. In der Regel bezieht sich die projektive Kraft der Imagination auf den Akt des *einsamen* Lesens, der gerade nicht sozialisiert, sondern vereinzelt. Leseabenteuer sind in ihrem Vollzug einsame Abenteuer, auch wenn man sich später über diese Erfahrung austauschen, verständigen und sie vergesellschaften kann. Das unterscheidet sie grundlegend von Computerspielen, in denen man gemeinsam die Bühne der fiktiven Welt betritt.

Fahrten, am Kai lagen. Die Wellen klatschten an das verwitterte, von Muscheln befallene Holz der großen Kiele. Ankerketten ächzten. Knarrendes Tauwerk drehte sich im Wind. Dicht unter der Wasseroberfläche trieben Tangklumpen und Küchenabfälle dahin. Der Geruch von Teer und Salz verwandelte den Körper in einen sehnsuchtsgespannten Bogen. Er blickte die Masten empor in das hohe Gitter der Takelage, über das schmutzige Weiß der Segel. Die weit aufgespreizten Flügel der Möwen schimmerten wie Fächer vor dem Abgrund des Himmels.

Es war eine Offenbarung. Zweiwasser taumelte aus der Szene, prallte atemlos gegen das Durcheinander seines Kinderzimmers. Ein zweites Mal las er die Schilderung – mit genau dem gleichen Gefühl, wie durch einen Zauberschlag in ein mächtiges leuchtendes Bild einzutreten. Er las nicht mehr, er sah! Wieder kehrte er zu den Anfangszeilen zurück, die schwarzen Lettern noch schärfer ins Auge fassend, entschlossen, sie auf keinen Fall zu verlieren, den Punkt zu finden, an dem sich das Wunder des Übergangs ereignete. Drei Sätze lang beschwor er sich erfolgreich, nichts als gewöhnliche Buchstaben vor sich zu haben. Er hielt sich noch an dem Wort Ebbe fest, das auch er hätte finden können. Aber schon spürte er den Sog und stand erneut am Hafen, dem rauhen Wind ausgesetzt, die Lungen voll Salzluft, überwältigt vom Zauber des Buches.[27]

Schauen wir uns auch in dieser Textpassage die Etappen und Schwellen des Lesevorgangs etwas genauer an. Zweiwassers Lektüre beginnt mit einem Lesen, das ganz auf die Buchstaben der Druckseite fokussiert. Wenig später heißt es aber bereits: »Er blickte die Masten empor [...].« Der Leser ist an der Seite des Protagonisten unmerklich in die erzählte Welt ›hineingesprungen‹, er steht dem Text nicht mehr gegenüber, sondern hat die Seiten gewechselt.

Mitten in diesem Prozess wird das Lesen willentlich abgebrochen und der sinnliche Rausch noch einmal unterbrochen, um den Vorgang selbst zum Gegenstand der Wahrnehmung zu machen. »Zweiwasser taumelte aus der Szene, prallte atemlos gegen das Durcheinander seines Kinderzimmers.« In diesem Rahmenbruch stoßen die erzählte Welt und die reale Welt des Lesers hart aufeinander. Auf den weichen Sprung ins Bild folgt der harte Fall aus dem Bild. Was dann folgt, ist ein kalkuliertes Selbstexperiment. Der Protagonist liest die gelesene Passage zum zweiten Mal und macht dieselbe Erfahrung des Hineingezogen-Werdens in die fiktive Welt. Zu seinem grenzenlosen Erstaunen erweist sich die Offenbarung,

27 Thomas Lehr, *Zweiwasser oder Die Bibliothek der Gnade*, Berlin 1993, S. 10f.

das Wunder als wiederholbar. Er erlebt noch einmal das Gefühl, »wie durch einen Zauberschlag in ein mächtiges leuchtendes Bild einzutreten«. Diese Erfahrung wird auf den Punkt gebracht in dem Satz: »Er las nicht mehr, er sah!« Das Selbstexperiment dieses Lesers ist damit aber noch nicht abgeschlossen. Er will wissen, was mit ihm passiert ist und sucht angestrengt nach dem genauen Punkt des Umschlags, an dem sich »die schwarzen Lettern« auflösen und den inneren Bildern weichen. Es ist ihm jedoch unmöglich, diesen Punkt des Übergangs zu identifizieren. Während der Protagonist sich noch am sperrigen Schriftbild des Wortes »Ebbe« festhält, in dem die Buchstabensymmetrie eines Palindroms versteckt ist, ergreift ihn bereits wieder der Sog und zieht ihn zurück aufs hohe Meer seiner Imagination.

Der unscheinbare Vorgang des Lesens wird in dieser Episode aus seiner alltäglichen Routine herausgeholt und als ein spektakuläres Wunder inszeniert. Was später tief habitualisiert ist, wird hier zum ersten Mal bewusst erlebt und anschließend analytisch auseinandergenommen. Das Lesen einer ganz normalen Text*passage* wird dabei als *rite de passage* erlebt. Die alltägliche Magie des Lesens wird mit Begriffen wie Offenbarung, Wunder und Zauber assoziiert. Ausgangs- und Anhaltspunkt für diese Beschreibung ist die Erfahrung, dass die Buchstaben, die so fest und unverrückt auf der Druckseite stehen, sich plötzlich und unmerklich in etwas ganz anderes verwandeln. Dieses Wunder der Verwandlung vollzieht sich nach der Logik einer Kippfigur. Eine Kippfigur ist ein Bild, in dem man zwei Figuren erkennen kann, jedoch mit der Einschränkung, dass man diese beiden Figuren jeweils nur nacheinander und nie gleichzeitig sehen kann. Das bedeutet, dass der Moment des Umschlags entzogen bleibt und deshalb der Wendepunkt selbst nicht beobachtbar ist. Der Umschlag vom bewussten Lesen zur Magie der rezeptiven Imagination ereignet sich im Austausch des Mediums durch das Dargestellte. Das Umkippen vom Lesen zum Sehen, der Wechsel von der Schrift zum Bild ist zugleich der Umschlag von der Intransparenz zur Transparenz des Mediums, das mit einem Akt der Umperspektivierung einhergeht. In diesem Moment wird der Vorhang der Buchstaben aufgezogen, und der Blick dringt durch die »weiße Ewigkeit des Papiers« in die »Tiefe der Zeit«.[28]

28 Lehr, *Zweiwasser*, S. 11.

Ikonizität und Intransparenz: Der Einbruch der Buchstaben in die Lektüre

In der Evolution der Schriftgeschichte und der Sozialisationsgeschichte des Lesens wird das materielle Medium zugunsten einer anderen, höheren Ebene des Verstehens oder der Imagination transzendiert. Dabei muss die Präsenz der Buchstaben, die sich diesem Prozess des Durchdringens als ein Widerstand entgegenstellen, zum Verschwinden gebracht werden. In der Kippfigur des Lesens fokussieren wir entweder auf das Medium oder auf das Dargestellte. Aufmerksamkeit auf das Dargestellte oder auf das Medium der Darstellung – beides geht nicht gleichzeitig. Tertium non datur. Oder doch?

Nach Beispielen für das Verschwinden der Buchstaben soll im Folgenden noch von der Materialisierung der Schrift und der Wiederkehr der Buchstaben die Rede sein.[29] Im Symbolismus Baudelaires zum Beispiel, auf den wir hier nicht näher eingehen können, galt »die Lautgestalt nicht mehr als unwichtiges Beiwerk, sondern als konstitutives Moment der Sprache. [...] Dabei wurden Ähnlichkeitsbeziehungen zwischen dem Klang der Wörter und ihren Gegenständen, aber auch zwischen verschiedenen Wörtern selbst, unabhängig von ihrer Bedeutung, gestiftet.«[30] Bei Mallarmé spielt nicht nur der Klang eines Wortes eine Rolle, sondern auch »sein Ort auf einer Seite, Größe und Form der Schrifttype und schließlich auch die Beziehung zum weißen Hintergrund des Papiers«.[31]

Ich möchte an einigen Beispielen zeigen, auf welche Weise einzelne Buchstaben in literarischen Texten hervorgehoben und als ikonische Zeichen Teil einer Inszenierung des Texts werden können. Ich werde mich dabei vor allem auf einen einzigen Buchstaben konzentrieren, und zwar auf das notorisch überdeterminierte ›O‹. Es fällt aus dem Bestand der alphabetischen Buchstaben heraus, weil es zugleich noch mit zwei anderen Zeichen assoziiert ist: dem Kreis und der Null. Schrift, Bild und Zahl treffen und kreuzen sich in diesem einen Zeichen.

29 Vgl. zu diesem Thema die Beiträge in dem Band von Sybille Krämer u. a. (Hg.), *Schriftbildlichkeit. Wahrnehmbarkeit, Materialität und Operativität von Notationen*, Berlin 2012.

30 Funk u. a. (Hg.), *Ästhetik des Ähnlichen*, S. 25.

31 Funk u. a. (Hg.), *Ästhetik des Ähnlichen*, S. 31.

Es ist bekannt, dass die Europäer die Null in ihrem Zahlensystem den Arabern verdanken. Es ist jedoch weniger bekannt, dass im arabischen Ziffernsystem die Null nicht mit einem Kreis geschrieben wird, sondern mit einem Punkt (weil der Kreis der 5 vorbehalten ist). Im Gegensatz zu unserer Null repräsentiert die arabische Null also nicht ein Zeichen, sondern markiert die Leerstelle und das Fehlen eines Zeichens.

Europäisch	0	1	2	3	4	5	6	7	8	9
Arabisch	٠	١	٢	٣	٤	٥	٦	٧	٨	٩

Abb. 30: Die Null im europäischen und im arabischen Zahlensystem

Wenn wir den Buchstaben ›O‹ dagegen in einer historischen Perspektive aufsuchen, entdecken wir die Endstufe einer langen Entwicklungsreihe, die über verschiedene Zwischenstufen von einem Bild des menschlichen Auges zur Pupille als Zeichen für den Lautwert ›O‹ führt.

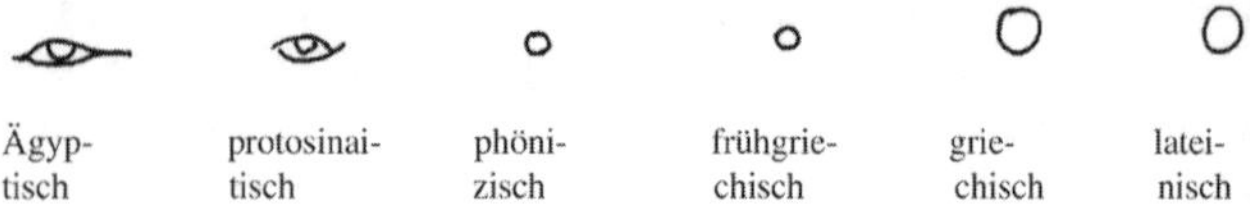

Abb. 31: Die Entwicklung des Buchstabens ›O‹

Wenn wir uns dagegen das ›O‹ im Inventar der typographischen Ästhetik Albrecht Dürers ansehen, haben wir die rein geometrische Konstruktion eines abstrakten Zeichens vor uns. Von Bildlichkeit ist hier keine Spur mehr zu sehen. Dürer konstruiert sämtliche Buchstaben aus den drei Elementen von Linie, S-Kurve und Kreis.

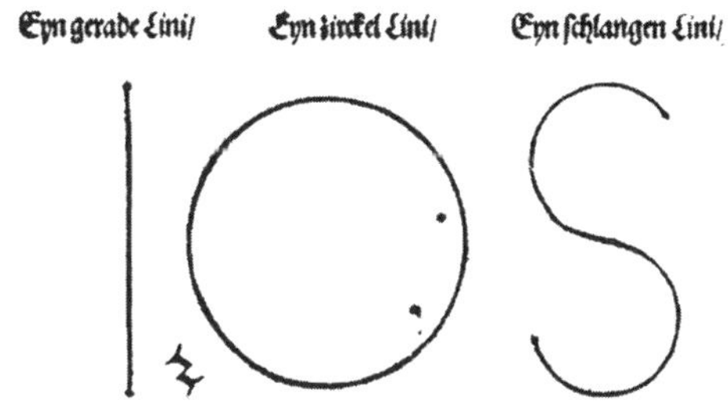

Abb. 32: Dürers drei Elemente der Schrift aus:
Unterweysung der Messung (1525)

Der Buchstabe O spielt eine besondere Rolle im Prolog von Shakespeares Drama *König Heinrich der Fünfte.* Dieses Stück beginnt mit dem Auftritt einer Chorus-Figur, die die Zuschauer direkt anspricht und ihnen Anweisungen gibt, wie sie das nun Folgende aufzunehmen haben. In gewisser Weise erinnern diese Worte an den Prolog, den die Handwerker im Sommernachtstraum für ihr Stück schreiben wollen, um den weiblichen Zuschauerinnen die Angst auszureden, es könne sich beim dargestellten Löwen um einen echten Löwen handeln. Hier ist das Problem allerdings das Umgekehrte: die Zuschauer sollen nicht des-illusioniert werden, sondern sie werden aufgerufen, ihren aktiven Teil zum Illusionspakt beizutragen. Ein Königreich, ein heroischer Herrscher und ein historische Schlacht sind die Gegenstände dieses Dramas, die die bescheidenen Darstellungsmöglichkeiten der Shakespeareschen Bühnenkunst sprengen. Die rhetorische Frage des Chorus lautet:

> Diese Hahnengrube,
> Faßt sie die Ebenen Frankreichs? Stopft man wohl
> In dieses O von Holz die Helme nur,
> Wovor bei Azincourt die Luft erbebt?
> O so verzeiht, weil ja in engem Raum
> Ein krummer Zug für Millionen zeugt,
> Und laßt uns Nullen dieser großen Summe,
> Auf eure einbildsamen Kräfte wirken![32]

32 William Shakespeare, *König Heinrich der Fünfte*, Chorus, in: Hans Matter (Hg.), *Shakespeares dramatische Werke*, übers. v. August Wilhelm von Schlegel und Ludwig Tieck, Basel 1954, Bd. 10, S. 1-105, hier S. 5.

Die geometrische Form von Shakespeares runder Bühne im Globe-Theatre wird hier selbstreferentiell mit dem »O von Holz« angesprochen. Mit dieser Zeigegeste auf die theatralische Medialität wird die hoffnungslose Unähnlichkeit und Unangemessenheit zwischen den Requisiten der Bühne und dem zu bezeichnenden Geschehen eigens hervorgehoben. Es wird betont, dass das, was die Bühne zeigen kann, der Wirklichkeit grundsätzlich unähnlich ist. Gleichzeitig wird aber auf einen Illusionseffekt keineswegs verzichtet. Da dieser nicht von einer möglichst realistischen Darstellung abhängen kann, ist er allein auf die Illusionskraft der Zuschauer angewiesen, die daran erinnert werden, ihren Teil zur Inszenierung einzubringen. Dafür wird noch einmal das ›O‹ beschworen, und zwar zunächst als Sprachlaut im direkten Appell an die Zuschauer: »O so verzeiht!« und dann noch in derselben Zeile als krumme Ziffer (*crooked figure*) Null. Diese ist zunächst nichts als eine Leerstelle, die aber in Verbindung mit Zahlen eklatante Multiplikations- beziehungsweise Vergrößerungseffekte erzielen kann.[33] So wie die Null drastische Effekte in der Welt der Zahlen produzieren kann, soll die Imagination der Zuschauer das karge Bühneninventar ins Großartige aufstocken. Mit Hilfe der Zuschauer, die an die ›mageren Zahlen‹ der Schauspielkunst und der Bühnenausstattung ihre Nullen anhängen, kann sich der dargestellte Raum ins Unermeßliche erweitern und die Vorstellung auf der Basis der inneren Bilder in ein großartiges und beeindruckendes Gesamtbild verwandeln.

Ich möchte hier ausführlicher auf einen zeitgenössischen Text zu sprechen kommen, der sich bereits dadurch von anderen Texten unterscheidet, dass er seinen eigenen Schreibcode entwickelt und obendrein, wie wir anschließend sehen werden, dem ›O‹ eine besondere Rolle zugemessen hat. Reinhard Jirgls Roman *Die Unvollendeten* (2003) erzählt die Fluchtgeschichte von vier Frauengenerationen einer Flüchtlingsfamilie aus dem Sudetenland, die in der DDR Fuß fasst.[34] Der zeitliche Rahmen reicht von 1945 bis in

33 »Drum, gleich der Null / An reichen Platz gestellt, laßt mich dies eine / ›Wir danken Euch‹ zu Tausenden vermehren, / Die ihm vorangehn.« William Shakespeare, *Das Wintermärchen*, I, 1, in: Hans Matter (Hg.), *Shakespeares dramatische Werke*, übers. v. August Wilhelm von Schlegel und Ludwig Tieck, Basel 1954, Bd. 7, S. 117-219, hier S. 122.

34 Reinhard Jirgl, *Die Unvollendeten*, Wien 2003.

die Gegenwart und beschreibt den Zusammenhalt der Familie über politische Systemwechsel hinweg. Er ist aus der Ich-Perspektive eines Protagonisten geschrieben, der den Vornamen des Autors trägt und wie dieser 1953 geboren ist.

Seinen ›auffälligen‹ Schriftcode hat der Autor bereits in früheren Büchern entwickelt und von seinem Vorbild Arno Schmidt übernommen. Der große Einzelkämpfer Schmidt hatte für den in der DDR groß gewordenen Literaten eine besondere Anziehungskraft. Bei Schmidt lernte er die Kunst eines poetischen Realismus kennen, der sich nicht nur seine eigene Sprache, sondern auch seine eigenen Schreibkonventionen erschuf. Das führt einerseits zu einer künstlerischen Entkonventionalisierung der schriftstellerischen Medien Sprache und Schrift: der Schriftsteller stellt sich sozusagen seine eigene Wortpalette zusammen und mischt seine eigenen Schriftfarben an. Andererseits ist mit dieser Individualisierung des Mediums das Problem erschwerter Lesbarkeit verbunden. Was dem einen Leser als ein interessantes Spiel mit dem ›Nullmedium‹[35] der Buchstaben erscheinen mag, wird dem anderen wie eine bizarre Schrulle erscheinen. Klar ist in jedem Fall, dass mit der Aufdringlichkeit der Buchstaben das Risiko der Störung des Lesevorgangs steigt.

In Jirgls Roman wird Schrift auf vielerlei Weise sichtbar. Ich möchte an diesem Text im Folgenden vier verschiedene Besonderheiten hervorheben: orthographische, typographische, O-Töne und die Ikonizität der Buchstaben.

1. Durch *orthographische Besonderheiten* sind allbekannte Worte in diesem Text nicht auf den ersten Blick lesbar, weil ihre spontane Wiedererkennbarkeit durch eigenwillige Deformationen verstellt ist. Statt von ›Rechtschreibung‹ möchte ich bei Jirgl von einer selbsterfundenen ›Linksschreibung‹ sprechen. Oft geht es darum, die Wiedererkennung eines Wortes durch verfremdende Schreibweisen hinauszuzögern. Die Wirkungen dieser Verschwierigung des Lesens liegen auf verschiedenen Ebenen. Zum Teil geht es darum, mit der Linksschreibung eines Wortes zugleich die Sache, auf die es verweist, in eine ironische Distanz zu rücken. So konnotiert zum

35 Den Ausdruck übernehme ich von Hans Magnus Enzensberger, der ihn auf das Fernsehen gemünzt hat. Hans Magnus Enzensberger, »Das Nullmedium oder Warum alle Klagen über das Fernsehen gegenstandslos sind«, in: ders., *Mittelmaß und Wahn. Gesammelte Zerstreuungen*, Frankfurt/M. 1988, S. 89-103.

Beispiel die Schreibung ›supp-wehr-syph‹[36] den affektiven Gestus, zu dem eine ursprünglich kritische Haltung verkommen kann. Sehr viel öfter ist mit der Linksschreibung jedoch die Entdeckung eines neuen Wortes verbunden, das unter der Fassade des bekannten Wortes lauerte und dem durch eine eigenwillige Verdrehung der Buchstaben zum plötzlichen Aufleuchten verholfen wird. Es sind Spiele zwischen Volksetymologien und Kalauern, die den bekannten Wörtern in ihren jeweiligen Kontexten zu neuen, unerwarteten Bedeutungen verhelfen. Bei Jirgl färbt dabei der Sinn eines Satzes kräftig auf die Wortbedeutungen ab. So wird zum Beispiel in einem Kontext, wo es um Prostituierte geht, aus dem Wort ›benutzen‹ das Wort ›benuttsen‹ oder der inzwischen abgehängte Ehemann zu einem ›ehe-Mann‹.[37] Das schlichte und unverdächtige Wort ›ebenfalls‹ wird zu ›ebenphalls‹, wo in der Begegnung zwischen einer jungen Frau mit einem Soldaten die phallischen Attribute seiner Bewaffnung hervorgehoben werden: »an seinem ebenphalls hellbraunen Koppel an der Seite wie ein im Lederetui verborgenes Geschlechtsteil, hing schwer die große Militärpistole herab.«[38] Andere Beispiele sind ›Schlau-Raffenland‹,[39] ›Schick-ago‹,[40] ›Partysahnen‹[41] oder ›Chemo-Terra-π‹.[42] In der englischen Literatur steht diese Praxis des Hineinhorchens in die Worte und die spielerische Entstellung der Signifikanten bekanntlich hoch im Kurs. Virtuosen des so genannten ›puns‹ wie William Shakespeare, Lewis Carroll und James Joyce haben die Wortspielerei in literarischen Rang gehoben. Das deutsche Wort ›Kalauer‹ hat demgegenüber keine entsprechenden künstlerischen Weihen, es wird hierzulande eher mit Misstrauen betrachtet und steht im Ruf, literarischen Ernst zu unterbieten und zu unterwandern. Jirgl dagegen ist jeder Spaß recht: »vom Kommunistischen Manifest zum Globalistischen Money-Fest«.[43] Er knüpfte an Arno Schmidt an, der seinerseits an die englische Literatur angeknüpft hat (er hat nicht umsonst James Joyce übersetzt).

36 Jirgl, *Die Unvollendeten*, S. 192.
37 Jirgl, *Die Unvollendeten*, S. 185.
38 Jirgl, *Die Unvollendeten*, S. 26.
39 Jirgl, *Die Unvollendeten*, S. 84.
40 Jirgl, *Die Unvollendeten*, S. 141.
41 Jirgl, *Die Unvollendeten*, S. 161.
42 Jirgl, *Die Unvollendeten*, S. 213.
43 Jirgl, *Die Unvollendeten*, S. 197.

2. Von den orthographischen sind die *typographischen* Besonderheiten zu unterscheiden: In Jirgls Text werden sowohl Zahlen als auch diakritische Zeichen in den alphabetischen Code eingeflochten und andere Schriftarten verwendet. Ein wichtiger Effekt dieser Praxis ist die Annäherung der Schriftsprache an die gesprochene Sprache. Die übliche Form dieser Annäherung ist die phonetische *Dialektschreibung*. Auch das spielt bei Jirgl eine Rolle. Wichtiger noch sind allgemeine Indikatoren der Sprechsprache im Schriftbild: für Verlangsamung und Beschleunigung des Sprechens beziehungsweise Lesens (ein einfacher Strich (–) für Verlangsamung, ein doppelter Strich (=) für Beschleunigung), für Emphase (Kapitälchen) und Akzent (Ausrufezeichen), aber auch Indikatoren für schriftliche Proklamationen (Versalien), überkommene Redewendungen (kursiv) sowie für fremde Sprachen und Register anderer historischer Epochen (andere Schriftarten). Durch typographische Vielfalt inszeniert der Text ein Fest der Stimmen, der recycelten Sprachschnipsel, der Bachtinschen Heteroglossie. Auf dieser Ebene der Schriftgestalt wird die Schrift zu einem performativen Medium. In den Roman, der nicht einheitlich durcherzählt ist, weil sich in ihm die Perspektive allmählich von der zweiten und dritten Generation auf die vierte verschiebt, sind viele Stimmen und Register eingeflochten. Die Sprache erscheint hier als ein Reservoir irreduzibler Heteroglossie, wobei die Vielstimmigkeit bereits in den einzelnen Wörtern selbst beginnt, und sich in verformelten und eingekapselten Sprüchen fortsetzt, die in den Text eingestreut sind wie in den beiden folgenden Beispielen:

(*Er hat Diese Worte zu !mir gesagt – wie wohl jeder Mann zu jeder Frau –* Die Frau muß dem Manne dienen – *hab damals Ihm an Seinem Grab geschworen – !niemals wieder einen anderen – und hätte ihn – Ich hätte ihn – Ja: !ihn –*)

Daneben in Schaukästen ein Plakat: Fotomontage eines betrunknen Motorradfahrers, das Skelett mit Schnapsflasche in Knochenhand auf dem Sozius; Text: **DER TOD FÄHRT MIT!**

Abb. 33: Zwei Beispiele für den Schriftcode Reinhard Jirgls aus *Die Unvollendeten* (S. 69 und S. 108)

3. Eine wichtige Rolle spielen in diesem vielstimmigen Text, wie bereits angedeutet, auch die *O-Töne*, die gesprochene Sprache in Redefragmenten festhalten. Die Gesprochenheit dieser Sprache, ihre *parole*-Qualität, wird durch die Schreibung hervorgehoben. Die orthographischen und typographischen Besonderheiten tragen deshalb nicht nur zu einer gesteigerten Sichtbarkeit, sondern vor allem auch zu einer gesteigerten Hörbarkeit von Sprache bei: »So ein!BeDeM–Suppjeckt.«[44] Die Schreibweise hebt auch die von Dialekt eingefärbte Rede hervor, wie die folgende Klage aus dem Mund eines Mannes: »ich=all-1 weer nimmer ferdich mibbm Gind meine Frau hads schbäd begomm!Achgoddach!godd wärse dochnoch am Leem meine!Gudegudefrau.«[45] Auf Interpunktion wird in diesem Redefluss vollständig verzichtet, dafür werden die Interpunktionszeichen frei und können wie das Ausrufezeichen verwendet werden zur punktuellen Betonung einzelner gesprochener Worte.

4. Nach diesem Crashkurs über Jirgls Absonderlichkeiten von Schreibweise und Schriftverwendung möchte ich auf die Ikonizität der Buchstaben zu sprechen kommen. In Jirgls Text gibt es nur einen einzigen Buchstaben, der als solcher eine besondere Sichtbarkeit erlangt und dabei zugleich zum Bild wird: das ›O‹. Es ist allerdings nicht das ›O‹ an sich, sondern das ›O‹ in einem einzigen Wort, und dieses Wort wiederum steht in einer bestimmten Phrase, die im dritten Teil des Textes in leitmotivischer Wiederholung wie-

44 Jirgl, *Die Unvollendeten*, S. 105.

45 Jirgl, *Die Unvollendeten*, S. 125.

derkehrt und die verschiedenen Stränge der über vier Generationen verlaufenden Geschichte zusammenbindet.

Der Kontext, in dem diese entscheidende Formel zum ersten Mal auftritt, ist der Tod der Urgroßmutter aus der Perspektive des Urenkels. Dessen Erzählung seiner eigenen Lebensgeschichte (»Eine Menge Leben, von Worten eröffnet«[46]) beginnt mit dem Tod der Urgroßmutter. Es ist für den achtjährigen Jungen die erste Begegnung mit dem Tod, den er noch mit magischen Formeln zu bannen versucht, um die Urgroßmutter zu behalten. Nachdem der Tod dennoch eingetreten ist, wird er ans Bett der Verstorbenen gerufen, um Abschied zu nehmen.

?!Willst du von Oma nicht Abschied nehmen. Ich blick auf das winzige, reglose u mit 1 Mal unbekannte Gesicht, das im Kissen zu versinken droht. Und rühr mich nicht. Da spüre ich Hannas Hand an meinem Hinterkopf, energisch drückt sie mein Gesicht der Unbekannten näher – auf-mich zukommend der offene Mund, groß wie der Buchstabe O *IM SCHWARZEN WORT TOD* – : Und die Hand in meinem Nacken zwingt mein Gesicht nieder auf diese Stirn, meine Lippen berühren die leblose kühle Haut zum Kuß.[47]

Die Begegnung mit dem Tod zieht sich in dem Buchstaben ›O‹ zusammen, der fortan als Chiffre der traumatischen Konfrontation mit dem Tod wiederkehrt.[48] Eine weitere Szene in dieser Reihe ist die Schilderung einer Weihnachtsfeier. In dieser Episode ist es eine geschnitzte Krippenfigur des Jesuskindes, die dem neunjährigen Jungen einen plötzlichen Schock versetzt.

Ich forsche in dem würmerzerstochenen Gesicht –: Beinah hätt ich!aufgeschrieen vor Schreck: Das rechte Auge leer, finster:!Ausgeschlagen von 1 Stein – *denn was du dem Geringsten getan!siehe das hast du mir getan* – leer das rechte Auge das O *IM SCHWARZEN WORT* TOD-:!Auf – !raus aus der Kirche – !fort von *WEIHRAUCH U STAUB* & weg aus dem Korral der Vermummten, Dampfenden (die mich!erkannt haben & meine Schuld), die voller Triumf über mich brüllen GLORIA IN EXCELSIS DEO –[49]

46 Jirgl, *Die Unvollendeten*, S. 169.

47 Jirgl, *Die Unvollendeten*, S. 172 f.

48 Es gibt auch einen Verweis außerhalb der Todessymbolik: In einer Liebesszene der Jetztzeit werden die Augen der Frau als »dunkel, groß wie der *Buchstabe* O« (Jirgl, *Die Unvollendeten*, S. 197) beschrieben.

49 Jirgl, *Die Unvollendeten*, S. 201.

Diese Zeilen und der Grund der Panik werden erst auf den folgenden Seiten verständlich, wenn eine weitere ›O-Episode‹ erzählt wird. Der Junge hatte zuvor einmal auf der Straße folgende Szene beobachtet: Auf einem Viehtransport zum Schlachthof gelang es einem Ochsen, für einige Augenblicke aus seinem Pferch auszubrechen. Dieser Ochse, um dessen Freiheit der Junge bangte, wurde jedoch sofort wieder eingefangen und mit einem Knüppel geschlagen, der ihn blutüberströmt zusammenbrechen ließ. Als der Viehtreiber im Triumphgestus einen Fuß auf das Tier stellte und einen Schnaps trank, ergriff der Junge einen Stein, den er auf den Mann schleuderte und der diesem ein Auge ausschlug: »Dicker Schleim Blut&gallert quillt aus dem *SCHWARZEN* O in seinem Schädel.«[50] Der Junge entkam ungesehen; der Viehtreiber ist kurz darauf an der Verletzung gestorben.

Seine zweite Begegnung mit dem Tod erfährt der Junge als Mörder, der seine tief in sich eingeschlossene Schuld in der Kirche plötzlich offenbart sieht in der Verstümmelung des Christkindes – »denn was du dem Geringsten getan!siehe das hast du mir getan«. Das *SCHWARZE* O wird so zu einer traumatischen Spur, die den Text durchzieht und einen symptomatischen wunden Punkt anzeigt, der auf immer tiefere Schichten der Seele und des Textes durchschlägt. Zusammen mit einer kleinen Anzahl anderer Stich- und Schmerzworte, die durch die Zeilen des Textes geistern, funktioniert die Wiederkehr des *SCHWARZEN* O wie ein »Zeit-Tunnel zwischen Heute u: Damals«. Ein traumatischer Ort, an dem in einer ewigen Gegenwart »alles wiederkehrt«.[51]

Das *SCHWARZE* O ist aber nicht nur die Pforte, durch die das Unbewusste jäh und mit unverminderter Macht zurückkehrt, es ist auch ein Ort des Vergessens und unwiederbringlichen Verlierens. Durch dieses Loch fallen die Zeichen und verschwinden für immer aus unserem Horizont. Zu einer solchen Einsicht gelangt der Junge bereits unmittelbar nach seiner ersten Begegnung mit dem Tod der Urgroßmutter: »Hier war Jemand ohne 1 weiteres Wort *DAVONGEGANGEN. FÜR=IMMER*. Ich begriff damals: Alle Worte wären in diesem *SCHWARZEN* O, lägen auf seinem Grund, doch sie würden ausbleiben ohne Wiederkehr.«[52] Nicht nur alle gesprochenen

50 Jirgl, *Die Unvollendeten*, S. 204.
51 Jirgl, *Die Unvollendeten*, S. 210.
52 Jirgl, *Die Unvollendeten*, S. 173.

Worte, die für immer aus der Welt gefallen sind, sondern auch alle Spuren von ehemaligen Menschen, ihrer Existenz und ihrem Leben, von denen – wie am Beispiel einer alten Frau ausgeführt wird – nach ihrem Tode schon bald kein Indiz mehr übrig bleibt, welches belegen könnte, dass sie überhaupt je existiert haben, sind durch das *SCHWARZE* O auf immer verschwunden.

Der Buchstabe ›O‹ *IM SCHWARZEN WORT* TOD, auf den ich mich hier konzentriert habe, hat in Jirgls Text verschiedene Erscheinungsformen. Er ist ein aus dem Wort ›Tod‹ herausgeklaubter Buchstabe, der die Bedeutung dieses ganzen Wortes sowohl metaphorisch darstellt als auch metonymisch verkörpert. Bei näherer Betrachtung zeigt sich, dass dieser Buchstabe in allen von Peirce identifizierten Zeichentypen auftritt als ikonisches, symbolisches und indexikalisches Zeichen. Auf der metaphorischen Ebene hat das ›O‹ einen ikonischen Charakter, wenn es mit einem offenen Mund oder mit leeren Augenhöhlen verbunden wird. So werden Buchstaben zu Bildern. Es hat aber auch einen sekundären symbolischen Charakter, wenn das ›O‹ zur Null wird und eine Leerstelle bildet, die einen Ausfall im Text anzeigt. Schließlich hat der Buchstabe auch einen indexikalischen Charakter, wenn er gewissermaßen ein Loch auf der Seite anzeigt, an dem das Buchstabengewebe zerreißt und der Text sich selbst auflöst. In diesem Sinne wird das ›O‹ zum Loch im Abguss, durch das die Zeichen in einem letzten Wirbel für immer verschwinden. In der Form des Lochs ist der Buchstabe ›O‹ kein Bild mehr, das etwas imitiert, und keine Ziffer, die etwas signalisiert, sondern lediglich eine Markierung auf dem Papier.

Diese ›Fuge über das O‹ möchte ich mit einem weiteren Buchstaben beschließen. Es handelt sich um ein ›C‹, das Teil eines in Großbuchstaben geschriebenen Namens ist. Die Buchstaben, die im Frühjahr 1988 bei einer Massendemonstration in Bukarest aus lebenden Menschen auf dem Großen Platz vor dem Palast des Volkes gebildet wurden, fügten sich im zum Namen CEAUŞESCU zusammen. Eine rumänische Studentin, die später in Konstanz studierte, erzählte mir, dass sie als 12-jähriges Mädchen ein Pixel des Buchstabens ›C‹ in dieser Menschenschrift war.

Abb. 34: Massendemonstration in Bukarest im Frühjahr 1988

»Lesen ist nicht wie Musik hören, sondern wie Musik machen!«, hat Martin Walser in einem Interview betont. Mit diesem Vergleich hat er auf die innere Bühne der Imagination hingewiesen, auf der das Gelesene als selbst zu inszenierendes Stück aufgeführt wird. »Zum Glück, zum Glück: Lesen ist so schöpferisch wie Schreiben. Lesen ist nicht wie Musik hören, sondern wie Musik machen. Und deswegen muss ich nicht sagen, wie das verstanden werden soll, sondern ich gebe es sehr, sehr, sehr vertrauensvoll an, gestatten Sie, meine Leser, und ich hoffe, die können dann etwas damit anfangen.«[53]

Im ersten Teil dieses Kapitels haben wir den Übergang untersucht, in dem die Schrift als Medium verschwindet und imaginäre Bilder an ihre Stelle treten. Imaginatives Lesen ist eine schöpferische Leistung und beginnt mit diesem Kippmoment, in dem es gelingt, die Sperrigkeit des Mediums zu transzendieren und die Buchstaben zu ›vergessen‹. Diese Transparenz verdanken die Buch-

53 Martin Walser, Christoph Heinemann, »Das ist mein hellstes Buch«, Interview im Deutschlandfunk vom 15.7.2011, ⟨http://www.deutschlandfunk.de/das-ist-mein-hellstes-buch.694.de.html?dram:article_id=70301⟩, letzter Zugriff: 27.3.2014.

staben ihrer Arbitrarität. Sobald das Medium Schrift jedoch selbst zum Gegenstand einer literarischen Inszenierung wird, setzt das Medium diesem Drang zum Transzendieren einen materiellen Widerstand entgegen. Durch Hervorhebung, Umgestaltung und Verbildlichung der Buchstaben entsteht eine Form der Verdichtung, die das Medium aber nicht nur opak macht, sondern auch ganz neue Dimensionen zur sinnlichen Steigerung und semantischen Komplexität des Dargestellten erschließt. Durch den Einsatz ikonischer, selbstreferentieller und indexikalischer Zeichen kann die Schrift zum Bild werden und ergänzt damit die sprachliche Ebene um weitere Schichten, die die Expressivität der Darstellung verstärken. Wie wir noch am Beispiel eines neueren Romans (von Jonathan Safran Foer) sehen werden, machen Gegenwartsautoren heute zunehmend von solchen Möglichkeiten der multimedialen und semiotischen Anreicherung ihrer Texte Gebrauch.

IV. Wilde Leser

10. Deutungswahn

> Im Auslegen seid frisch und munter,
> Legt ihr's nicht aus, so legt was unter.
> Johann Wolfgang von Goethe, »Zahme Xenien II«

Deutungswahn, Deutungsabstinenz, Lektürekompetenz

Wer von Deutungswahn spricht, denkt weniger an ein Fehllesen von Zeichen als an ein verfehltes Zeichenlesen überhaupt.[1] Einem Deutungswahn fällt anheim, wer Zeichen entdeckt, wo es schlechterdings nichts zu deuten gibt. Das Wort »Deutungswahn« qualifiziert solches Verhalten als pathologisch. Als krankhaft wird klassifiziert, was von einem gesellschaftlich als ›normal‹ etablierten Zustand abweicht. In der Tat ist das Zeichenlesen, dieser fundamentale Impuls des *homo interpres*, in der westlichen Kulturgeschichte seit der Neuzeit rigiden Beschränkungen unterworfen worden. Sehr allgemein gesprochen vollzog sich mit der Neuzeit in Westeuropa der Wandel von einer Kultur, die die Welt grundsätzlich durch verstehende Zeichendeutung zu erhellen versuchte, zu einer Kultur, die sich die Welt vorwiegend durch erklärende intellektuelle und technologische Bemächtigung zu unterwerfen und anzueignen versuchte. In dieser Kultur, in der man es vorzog, kosmische Erscheinungen genau auszumessen, anstatt sie auf unmittelbare Botschaften hin zu befragen, sind die Zeichendeuter nicht verschwunden, aber sie rückten vom Zentrum an die Peripherie der Gesellschaft. Die Fähigkeit, in der Umwelt Zeichen zu lesen, wurde in ihrer kulturellen Wertung herabgestuft, marginalisiert und sogar pathologisiert. Sie wurde im Selbstverständnis der Neuzeit und Aufklärung als Lüge und Trugbild entzaubert und allenfalls noch der künstlerischen Imagination zugeordnet. In ebendiesem Aufklärungsbewusstsein sind die Worte des Königs Theseus in Shakespeares *Sommernachtstraum* an einem hellen Sommermor-

1 In seinem Buch *Die Wut des Verstehens* geht Jochen Hörisch der Geschichte der Kritik der Hermeneutik nach. Die wichtigsten Argumente dieser Geschichte lauten: Interpretieren ist eine Form des Willens zur Macht, und das Verstehen verwandelt beständig Fremdes in Eigenes. Jochen Hörisch, *Die Wut des Verstehens. Zur Kritik der Hermeneutik*, Frankfurt/M. 1988.

gen gesprochen, mit denen er die nachhangenden Traumbilder der Nacht verscheucht:

> Verliebte und Verrückte
> Sind beide von so brausendem Gehirn
> So bildungsreicher Phantasie, die wahrnimmt,
> Was nie die kühlere Vernunft begreift.[2]

Die Entwertung einer primär zeichendeutenden Welthaltung hat aber nicht nur mit der Etablierung der neuen Naturwissenschaften samt den ihr korrespondierenden Formen objektiver Rationalität empirischer Beobachtung und kausaler Erklärung zu tun. Auch die Geisteswissenschaften haben zur Einschränkung und Disziplinierung des *homo interpres* beigetragen. In den Geisteswissenschaften wurde der Gestus eines frei schweifenden Zeichenlesens *professionalisiert*, indem er auf Texte eingeschränkt wurde. In einer Welt, in der es immer weniger zu lesen gab, zog sich der Gestus des Zeichenlesens auf Texte zurück; Texte wurden zum unbeschränkten Exerzierfeld der Interpretation, und diese Interpretation wurde durch eine eigene Kunstlehre des Verstehens, die Hermeneutik, methodisch geregelt, diszipliniert und professionalisiert. Mit diesen neuen Formen der Exegese entstand eine neue Zunft von Deutungsspezialisten, wo immer es heilige, normativ verfestigte oder kanonisierte Texte beziehungsweise Bilder gab: in der Theologie, in der Rechtswissenschaft und in der Literatur- und Kunstwissenschaft. Sie verstehen sich als Mittler zwischen Texten und Lesern und weisen diesen den Weg durch das Dickicht der Zeichen. Die wichtigste Prämisse der literarischen Hermeneutik ist allerdings, dass die Welt und der Text ontisch geschiedene Zonen, dass Leben und Lesen ganz unterschiedliche Erfahrungsformen sind, die rein gar nichts mehr miteinander zu tun haben. Gründerfiguren der neuzeitlichen Disziplinierungsgeschichte des Geistes sind die katastrophischen Fallbeispiele einer Lesepathologie. Nach Don Quichote sind es vor allem weibliche Figuren wie Emma Bovary gewesen, die an dieser semiotischen Krankheit litten und den Text

2 William Shakespeare, *Ein Sommernachtstraum*, V, 1, in: Hans Matter (Hg.), *Shakespeares dramatische Werke*, übers. v. August Wilhelm von Schlegel und Ludwig Tieck, Basel 1953, Bd. 5, S. 3-70, hier S. 57.

mit der Welt verwechselten.[3] Sie verkörpern die notorische Gefahr des Lesens als einer Droge und der Ansteckung durch Lektüre. Sie sind damit hoch sichtbare Warnschilder gegen die Gleichsetzung von Text und Leben, zeigen sie doch *ex negativo,* wie wichtig die Fiktions- und Umschaltkompetenz vom Lesen zum Leben in der Moderne geworden ist. Die Welt ist eben nicht mehr textförmig, sie ist nicht mehr das andere Buch der Offenbarung, in dem man bis ins 19. Jahrhundert hinein die Heilsbotschaft mit kreatürlichen Schriftzeichen niedergelegt fand. Mit den Geisteswissenschaften trennt sich die Textlektüre methodisch von der Weltlektüre; Leseerfahrung mündet nicht mehr bruchlos in Lebenserfahrung.

Sowohl die *Deutungsabstinenz* in den Naturwissenschaften als auch die *Deutungskompetenz* in den Geisteswissenschaften haben somit zur Disziplinierung der wilden Semiose beigetragen. Erst vor dem Hintergrund dieser Evolutionsgeschichte des Lesens, die von einem entschränkten Pansemiotismus zum klar eingegrenzten und regelgeleiteten Bezirk der Textinterpretation führt, gewinnt die Pathologie des »Deutungswahns« ihr Profil. Die Verwirrung der geschiedenen Sphären von Welt und Text, Leben und Lesen ist dabei zugleich zu einem beliebten Topos der Literatur und der Literaturkritik geworden. Der Topos ist so geläufig und erfolgreich geworden, dass man sich fast fragt, ob er nicht selbst eine literarische Erfindung ist. Ein interessantes Beispiel für diesen Deutungswahn ist die berühmte Erzählung *The Turn of the Screw* von Henry James. Sie steht in einer literarischen Erzähltradition, die von Figuren handelt, die selber Leser sind und die die Zeichen der Texte und der Welt in komischer, grotesker oder verhängnisvoller Weise verwechseln.

3 Zur geschlechtsspezifischen Lesepraxis gibt es inzwischen eine reiche Literatur; zum Beispiel Elizabeth A. Flynn, Patrocinio P. Schweikart (Hg.), *Gender and Reading. Essays on Readers, Texts, and Contexts*, Baltimore, London 1986. Die männliche Seite des Themas behandelt Ralph-Rainer Wuthenow, *Im Buch die Bücher oder Der Held als Leser*, Frankfurt/M. 1980.

Henry James: *The Turn of the Screw*

Die Textwerdung der Geschichte

Der Erzählung geht ein Vorspann voran, der die Umstände der Narration und der Entstehung des Textes näher erläutert. Der Leser gelangt also nicht direkt zur Geschichte, sondern wird durch eine Rahmenhandlung zu ihr geführt, in der zunächst auf einer Metaebene das Erzählen von Geschichten, die Gattungsmerkmale von Schauererzählungen und die narrativen Steigerungsmöglichkeiten innerhalb dieses Genres erörtert werden. Der Kontext dafür ist der folgende: Eine Gruppe von Bekannten hat sich in der Weihnachtszeit in einem alten englischen Landhaus zum wechselseitigen Geschichtenerzählen versammelt. Aus der Anonymität der kleinen Gruppe treten allmählich drei Gestalten hervor: ein Mr. Griffin, der soeben eine Erzählung beendigt hat, ein Mr. Douglas, der diese Geschichte überbieten möchte, das heißt ihrer Spannung noch eine weitere Drehung geben möchte (»another turn of the screw«), und der Ich-Erzähler, der als erwartungsvoller Beobachter und Hörer all dies registriert und es aus dem inneren Kreis der Beteiligten nach außen an die anonyme Leserschaft vermittelt. Douglas lässt sich provozieren, eine noch schaurigere Geschichte zu erzählen als die, die mit Einsetzen des Textes soeben verklungen ist. Doch obwohl er diese fest in seinem Inneren bewahrt hat, verweigert er die mündliche Erzählung aus dem Gedächtnis und verschafft sich erst ein geheimes Manuskript, das in seiner Obhut 40 Jahre lang in einer Schublade verschlossen lag und das außer ihm und der Verfasserin noch keiner je zu Gesicht bekommen hat. In diesem Heft, nach dem er schicken lässt, hat die Protagonistin ihre Geschichte eigenhändig retrospektiv aufgezeichnet. Douglas, der sie 20 Jahre nach diesen Erlebnissen kennenlernte, war der Erste und Einzige, dem sie ihre Geschichte anvertraut hatte, und er wurde nach ihrem Tod Erbe des Manuskripts. Was Douglas vorträgt, sprengt also den Rahmen der rein mündlichen Erzählgemeinschaft, mit der der Text beginnt, da er die Geschichte nicht aus seiner Erinnerung erzählt, sondern den Text vorliest, den die inzwischen verstorbene Betroffene selbst aufgeschrieben hat. Es wird hier noch eine weitere mediale Brechung vorgenommen, denn die Quelle für die aktuelle

Fassung der Geschichte, die im literarischen Text von Henry James erscheint, entspricht nicht der Originalhandschrift, die Douglas vorgelesen hat, sondern einer Abschrift, die der Ich-Erzähler Jahre später von dem verblassenden Manuskript angefertigt hat, das wiederum Douglas ihm mit seinem Tod überlassen hat. Von Todesfall zu Todesfall wird so die Geschichte tradiert, wobei sich mit wachsender Entfernung von den Betroffenen und Beteiligten die Zeichen zunehmend erhärten und stabilisieren. Sie rückt mit jedem Kontextwechsel weiter aus ihrem lebendigen Milieu heraus und verfestigt sich schließlich als ein anonymer Text. Mit den drei Stufen der materiellen Stabilisierung des Textes von der Mündlichkeit zur Hand-, Maschinen- und schließlich zur Druckschriftlichkeit geht eine wachsende Distanzierung einher, die mit dem Begriff der ›Exkarnation‹ beschrieben werden kann.[4] Auf der letzten Kommunikationsstufe bestehen keinerlei Beziehungen mehr zu den involvierten Personen: Douglas hatte die Verfasserin noch gekannt, der Ich-Erzähler hat Douglas noch gekannt, der Leser kennt niemanden mehr. Der Text ist vollständig aus seinem Ursprungsmilieu entrückt und einem anonymen Lesepublikum überantwortet. Text und Leben, Buch und Welt sind fein säuberlich geschieden. Durch diese literarische Rahmung zeichnet Henry James die schrittweise Textwerdung / Exkarnation einer Lebensgeschichte nach, wobei die Geschichte mit Abschneiden der lebensweltlichen Bezüge zu einem Text »mutiert«, der dann seinerseits zu einem Gegenstand der Interpretation wird.

Déjà vu – déjà lu: Die Heldin als Leserin

Bevor er mit der eigentlichen Verlesung des Manuskripts beginnt, werden die Rahmenbedingungen der Geschichte von Douglas mündlich mitgeteilt. Diese Umstände, die nicht in das Manuskript eingegangen sind, hat er von der Betroffenen selbst erfahren. Dazu gehört die erste Begegnung der Heldin mit ihrem prospektiven Arbeitgeber, dem sie sich auf eine Annonce hin als Gouvernante vorstellte. Sie fand in ihm, wie es heißt, »einen Gentleman, einen Junggesellen in seinen besten Jahren, eine Gestalt wie sie niemals

4 Aleida Assmann, »Exkarnation. Gedanken zur Grenze zwischen Körper und Schrift«, in: Jörg Huber, Alois Martin Müller (Hg.), *Raum und Verfahren. Interventionen*, Basel, Frankfurt/M. u. a. 1993, S. 133-155.

erstanden ist außer in einem Traum oder einem alten Roman in der Wahrnehmung eines erregten, aufgeregten Mädchens aus einem Pfarrhaus in Hampshire«.[5]

Die 20-jährige Heldin, die im behüteten Pfarrhaus in der Provinz aufgewachsen ist, hat offensichtlich ihre gesamte Lebenserfahrung aus dem Paralleluniversum der Romane gewonnen; ihre Lebenserfahrung beruht somit ausschließlich auf Leseerfahrung. Die Wahrnehmungsraster der Heldin sind durch Romanlektüre konditioniert; ihr déjà vu ist durchgängig ein déjà lu. Diese junge Frau sieht überall, was sie gelesen hat, und folglich liest sie die Welt wie einen Romantext.

Die Aufgabe, die ihr von dem Gentleman übertragen wird, besteht darin, die verwaisten Kinder seines verstorbenen Bruders aufzuziehen. Sie nimmt diese Aufgabe an, weil sie sie nicht als ein geschäftliches Engagement, sondern als einen Bund persönlichen Vertrauens mit einem Mann versteht, von dem sie sich vom ersten Augenblick an auf uneingestandene Weise unwiderstehlich angezogen fühlt. Diese Voraussetzungen ihrer Arbeit sind allerdings rein subjektiv, um nicht zu sagen: fiktiv. Sie sind bereits das Produkt einseitiger Deutungsphantasie. Auf ihre ebenso einsame wie einseitige Deutungskunst wird die Heldin noch weiter festgelegt durch eine merkwürdige Auflage, die in den Arbeitsvertrag eingegangen ist. Sie ist von ihrem Arbeitgeber strengstens dazu angehalten, keinerlei Kontakt mit ihm aufzunehmen, alle Probleme in eigener Verantwortung zu lösen und ihn in keiner Weise zu behelligen. Sie nimmt diese Bedingung an und sieht ihn tatsächlich nie wieder in ihrem Leben. Das vertraglich festgelegte Kommunikationsverbot schneidet die Heldin von allen Möglichkeiten der Beratung, Korrektur oder Rückversicherung mit ihrer Umwelt ab; sie ist nunmehr ganz auf sich selbst gestellt. Indem der Weg in die Wechselseitigkeit der Kommunikation ausdrücklich blockiert ist, bewegt sich die Heldin wie eine Leserin im geschlossenen Raum ihrer Imagination.

Ebenso wie diese Heldin von ihrem Arbeitgeber sind auch die Leser von der Möglichkeit einer Interaktion mit dem Autor abgeschnitten. James hat für seine Heldin Lebensbedingungen konstruiert, die den Lesebedingungen zum Verwechseln ähnlich sehen.

5 Henry James, *The Turn of the Screw, The Aspern Papers*, hg. v. Kenneth B. Murdock, London, New York 1973, S. 9 (Übers. A. A.).

Das unterstützt die These, dass Henry James in seiner Erzählung den Laborversuch eines entfesselten Deutungswahns dargestellt hat. Douglas fasst denn auch das ganze Projekt mit folgenden Worten zusammen: »Sie war jung, unerfahren, nervös; es war die Aussicht auf eine ernste Pflicht und wenig Gesellschaft, eine Sache großer Einsamkeit.«[6] Nicht nur durch ihre Anlage und Vorbildung, auch durch die Umstände ihrer Arbeit wird diese einsame Heldin zum Opfer ihrer Lektüre der Welt als Text.

Man braucht gar nicht erst zu spekulieren, welche Romane es sind, die die jugendliche Neugier dieser Heldin anziehen und ihre Wahrnehmung einfärben. Sie werden nämlich ausdrücklich genannt: Anne Radcliffes *Mysteries of Udolpho* und Charlotte Brontës *Jane Eyre*.[7] In der beliebten Gattung romantischer Schauerromane sind reine Jungfrauen auf abgelegenen Landsitzen und Schlössern mächtigen Feudalherren ausgeliefert. Die Schauplätze des Geschehens tragen meist die Bürde eines schrecklichen Geheimnisses, ihre Protagonisten sind von grauenhaften Obsessionen getrieben. In den Schauerroman von Charlotte Brontë ist aber auch ein Bildungsroman eingebaut: die selbstlose Liebe der reinen Heldin kann den schuldbelasteten aristokratischen Schlossherrn endlich erlösen und aus den Verstrickungen der Vergangenheit in eine bürgerliche Zukunft führen. Charlotte Brontë war die Tochter eines Landpfarrers in Yorkshire, die keine Schule besuchte und ihre Bildung weitgehend aus väterlicher Erziehung und einsamer Lektüre bezog. In ihrem Roman *Jane Eyre* lebt die Heldin dieses Namens in einer Welt zwischen Wunschtraum und Alptraum. Ihr Wunsch, eines Tages die Herrin des Landhauses zu werden, in dem sie als Gouvernante angestellt ist, wird im Roman als »Märchen oder [...] Traum« charakterisiert.[8]

Die Heldin in der Erzählung von Henry James steht offensichtlich in dieser Tradition. Auch sie ist eine Gouvernante mit einer besonderen Berufung. In ihrer Phantasie verschmilzt der neue Arbeitsplatz mit den Erinnerungen an gelesene Schauplätze dieser literarischen Tradition. Der Landsitz Bly, auf dem die Geschichte spielt, oszilliert in der Erinnerung der Heldin zwischen einem Mär-

6 James, *The Turn of the Screw*, S. 11 (Übers. A. A.).

7 James, *The Turn of the Screw*, S. 33.

8 Charlotte Brontë, *Jane Eyre. Eine Autobiographie*, übers. v. Bernhard Schindler, Zürich 1988, S. 365.

chenschloss und einem gewöhnlichen alten Haus. Ihre erste Besichtigungstour schildert die Gouvernante mit folgenden Worten:

> Ich habe Bly nie wiedergesehen, seit ich es verlassen habe, aber ich habe das Gefühl, dass es sich meinen älteren und weiseren Augen in einer sehr verminderten Bedeutung zeigen würde. Als jedoch meine kleine Führerin mit ihrem goldenen Haar und blauen Kittel vor mir um die Ecken tanzte und die langen Gänge entlanglief, erschien es mir wie ein romantisches Schloss, das von einem rosigen Geist bewohnt wird, ein Ort, wie er manches Mal in der jungen Phantasie alle Farben der Geschichten- und Märchenbücher annimmt. War es nicht überhaupt ein Märchenbuch, über dem ich eingeschlafen war und träumte? Nein, es war ein großes, hässliches, uraltes, aber bequemes Haus, das noch ältere Schichten in sich einschloss, halb verbaut und kaum noch gebraucht, in dem ich mich fast so verlassen fühlte wie in einer Handvoll Passagiere in einem großen dahintreibenden Schiff. Dennoch, irgendwie war ich am Ruder![9]

In dieser Beschreibung wird das permanente Oszillieren der Wahrnehmung, Stimmung und Darstellungsform zwischen Verzauberung und Entzauberung, Euphorie und Ernüchterung, hochgespannter Erwartung und Enttäuschung, Ohnmacht und Allmacht inszeniert. Es fällt der Heldin offensichtlich außerordentlich schwer, ihren Kurs zwischen diesen beiden konträren Polen zu halten; sie ist das Opfer permanent widerstreitender Empfindungen und Impulse. Der Schlüssel für diese charakteristische Unschärfe der Wahrnehmung ist in der hyperaktiven Lesepraxis von Romanen zu suchen, die der eigenen Erfahrung auf Schritt und Tritt als eine unbewusste Folie unterlegt werden. »Gab es ein ›Geheimnis‹ in Bly – ein ›Mystery of Udolpho‹ oder eine wahnsinnige Verwandte, die hier gefangen gehalten und deren Existenz verschwiegen wurde?«[10] fragt sich die belesene Dame an ihrem neuen Ort.

Die erste Geistererscheinung widerfährt ihr, nachdem sie bis tief in die Nacht gelesen hat; das Buch ist in diesem Fall Henry Fieldings *Amelia*.[11] Stattdessen hätte sie lieber das 25. Kapitel von Jane Austens Romans *Northanger Abbey* lesen sollen. Die Heldin dieses Romans ist durch Romanlektüre verbildet und muss in einem schmerzhaften Ernüchterungsprozess lernen, dass ihre Leseerfahrung sie auf eine überaus destruktive Weise von ihrer eigenen

9 James, *The Turn of the Screw*, S. 18 (Übers. A. A.).
10 James, *The Turn of the Screw*, S. 33 (Übers. A. A.).
11 James, *The Turn of the Screw*, S. 73.

Lebenserfahrung abgeschnitten hat. Austen schildert nämlich nicht nur in aller Ausführlichkeit die Symptome der Lesekrankheit, sondern ausnahmsweise auch die Schritte der Heilung. Im 25. Kapitel ist der Prozess der Desillusionierung abgeschlossen. Sie ist der Droge der Lektüre entwöhnt und hat damit ein Stadium erreicht, das der Heldin von Henry James verwehrt bleibt. Das Kapitel beginnt mit einem klaren Dur-Akkord: »Die Visionen der Romanze waren verflogen. Catherine war ganz und gar aufgewacht.«[12] Der Heldin von Jane Austen ist klargeworden,

> dass alles eine freiwillige, selbstgemachte Täuschung war, wobei jedes banale Detail seine Wichtigkeit zugesprochen bekam von einer Einbildungskraft, die von vornherein zur Angst entschlossen war, und jedes Ding zwanghaft auf eine bestimmte Deutung ausgerichtet worden war von einem Geist, der schon vor Betreten des Landsitzes sich nichts sehnlicher gewünscht hatte, als in Schauer und Schrecken versetzt zu werden. […] Und es schien ihr, als ließe sich das Ganze auf die Art der Lektüre zurückführen, der sie sich [vor ihrer Ankunft an diesem Ort] hingegeben hatte.[13]

Die Grundhaltung des lektüregesteuerten Erlebens führt in der Erzählung von Henry James in die entgegengesetzte Richtung. Die Protagonistin lebt in einem Zustand äußerster Unsicherheit, der danach verlangt, durch einen ebenso starken wie verblendeten Willen überwunden zu werden.

In dem angeführten Zitat von James wird das Bild vom Haus als einem Märchenschloss dem Bild vom Haus als einem Konglomerat unterschiedlicher Bauphasen und -schichten gegenübergestellt. Während das eine Bild die vollständige Macht der Projektion über den Gegenstand verrät, steht das andere für die Fragmentierung und Widerständigkeit des Gegenstands, der sich einer einheitlichen imaginativen Aneignung entzieht. Um hier selbst deutend einzugreifen: Die älteren, überbauten und dysfunktional gewordenen Bauteile stehen für die Macht einer Vorgeschichte, die von der Gegenwart niemals vollständig besetzt werden kann. Es ist ebendiese Vorgeschichte, die in unserer Erzählung als Abspaltungsprodukt des totalisierenden deutenden Zugriffs der Heldin wiederkehrt. Je possessiver die Gouvernante ihre beiden Schützlinge in die absolute

12 Jane Austen, *Northanger Abbey and Persuasion*, London 1970, S. 164 (Übers. A. A.).

13 Austen, *Northanger Abbey*, S. 164f. (Übers. A. A.).

Gegenwart ihrer Beziehung zwingen möchte, desto stärker wird sie dabei zum Opfer halluzinatorischer Wiedergänger, in denen ihre eigene verdrängte unheimliche Vergangenheit zurückkehrt.

Schon der allererste Satz ihrer Erzählung erfasst die permanenten Stimmungsschwankungen der Heldin: »Ich erinnere mich an den ganzen Anfang als eine Folge von Erhebungen und Niederschlägen, ein beständiges Auf und Ab von richtigen und falschen Impulsen.«[14] Diesen Zustand tiefgreifender Verunsicherung sucht sie durch eine heroische Idealisierung der Realität zu überwinden. Damit ist das Gegenteil einer rezeptiven, aufnehmenden, registrierenden Art des Lesens gemeint, die auf Lernen und Erfahrungszuwachs eingestellt ist. Im Fall unserer Heldin handelt es sich vielmehr um ein projektives, imperiales Lesen, bei dem das Ich die Welt mit den Wunschbildern seines Willens überzieht. Bei diesen Bildern könnte man in Anlehnung an Freuds Begriff der ›Deckerinnerungen‹ von ›Deckbildern‹ sprechen. Sie überformen die Erfahrungswelt mit den Idealen der Wunschwelt und ersetzen dabei auch eine undurchsichtige, unvertraute und komplexe Welt durch eine übersichtliche, bekannte und erwartungsgemäße. Flora und Miles, die Kinder, die ihr als Schützlinge anvertraut sind, erscheinen der Gouvernante von Anfang an als die engelhaften Gestalten, die sie auf Raphaels Bildern gesehen hat. Bei der ersten Begegnung mit dem Jungen heißt es: »Was ihn mir sofort unwiderstehlich machte, war etwas Göttliches, das ich in dieser Form noch in keinem Kind gesehen hatte, seine unbeschreibliche kleine Art, die nichts von der Welt wusste außer Liebe.«[15]

Neben der Schönheit sind es vor allem ein »Glanz der Frische« und ein »positiver Duft von Reinheit«,[16] die die Heldin an ihren Schützlingen bewundert. Der Gouvernante erscheint Kindheit als ein paradiesischer Zustand. Sie sieht die Kinder als erfahrungs- und geschichtslose Wesen, die in ihrer vollständigen Reinheit ihrem Projektionswillen keinen Widerstand entgegenzusetzen haben. Die projektive Energie, mit der sie sich in ihr Abenteuer begibt und von der sie in ihrem Abenteuer zehrt, ist ihr Wille zur Liebe, um nicht zu sagen: zum Liebesroman. Leben, Lesen, Lieben sind in dieser Perspektive untrennbare Verhaltensformen, die ineinander überge-

14 James, *The Turn of the Screw*, S. 13 (Übers. A. A.).
15 James, *The Turn of the Screw*, S. 25 (Übers. A. A.).
16 James, *The Turn of the Screw*, S. 15 (Übers. A. A.).

hen. »Sie werden von dem jungen Mann bezaubert sein«, hatte die Haushälterin der neu eingetroffenen Gouvernante prophezeit, die darauf erwidert: »Nun, ich glaube, aus ebendiesem Grund bin ich gekommen, um mich bezaubern zu lassen. Ich fürchte allerdings«, so fügt sie hellsichtig hinzu, »dass ich mich ziemlich leicht bezaubern lasse. In London jedenfalls ist es mir schon einmal passiert!«[17] Was ihr in London ›passiert ist‹, wo die Begegnung mit ihrem Arbeitgeber stattfand, das wird auf Bly ausagiert. Auf diese Weise wird die durch Kommunikationsverbot in die einsame Phantasie verbannte Liebesregung auf ihre beiden Schützlinge übertragen.

Je gewaltsamer die Lektüre der Heldin Komplexität reduziert, je leidenschaftlicher sie unklare Situationen und Unsicherheiten mit Hilfe ihrer Deckbilder in klare Situationen übersetzt, desto üppiger wuchert allerdings auch das Misstrauen an den Rändern des Bewusstseins, desto massiver kehrt das Verdrängte auf einer anderen Ebene wieder. Das Protokoll dieser Spannung ist der Erfahrungsbericht, der beständig zwischen den Ebenen des Bewussten, Halbbewussten und Unbewussten changiert. Unfähig, ihre Erfahrungen miteinander zu vermitteln und auf einer einzigen Ebene zu verarbeiten, oszilliert sie hilflos zwischen den Extremen; Stolz und Angst lösen sich ebenso unvermittelt ab wie Enthusiasmus und Niedergeschlagenheit, Sicherheit und Misstrauen. Vor allem wird aber sehr bald deutlich, dass die Kehrseite der Idealisierung die Dämonisierung ist. Beide Seiten entwickeln und stützen sich gegenseitig; beides sind aus Lektürephantasien übernommene Schemata, die Situationen deuten und Erfahrungen bewerten. Was immer in der Rechnung der heroischen Idealisierung nicht aufgeht, der reichliche Rest an Widersprüchlichem, Fremdem, Unbekanntem und Kontingentem wird auf einem Gegenkonto verbucht. Das, was die Heldin nicht in Erfahrung bringen kann und will, was sich ihrem Lese- und Deutungswillen beständig entzieht, dieses Ungewusste kehrt in der Gestalt des absoluten Bösen wieder, in der es nicht mehr gelesen und gedeutet werden kann, nämlich als schierer Horror, als medusierende Geistererscheinung.

Wie der Landsitz selbst, dieses Haus, das noch ältere Schichten in sich einschießt, haben auch Menschen eine Geschichte oder Vorgeschichte, die sich der unmittelbaren Lesbarkeit allerdings

17 James, *The Turn of the Screw*, S. 16 (Übers. A. A.).

entzieht. Diese Wissenslücke setzt dem Deutungswillen einerseits eine deutliche Grenze, andererseits ist es gerade diese Lücke, aus der der Deutungswahn seine übermächtige Energie bezieht. Der starke Wille der Gouvernante, ihre Schützlinge ganz in die von ihr kontrollierbare Gegenwart zu holen, geht mit einer Tabuisierung der Vorgeschichte einher. Diese abgeschnittene Vergangenheit kehrt jedoch als Trauma zurück. Sie bildet eine Krypta, einen fremden Einschluss in der Gegenwart, eine latente, unheimliche Präsenz, die, weil sie zum Schweigen verurteilt ist, immer vernehmlicher mitspricht. Es sind die Geister der verstorbenen Betreuer aus der Vorgeschichte ihrer Schützlinge, über die sie so wenig in Erfahrung bringen kann, die unvermittelt in die idyllische Gegenwart einbrechen; sie begegnen ihr in der Gestalt von Wiedergängern, als dämonische, deutungslose Schemen, die in dunkler Doppelgängerei zum absoluten Guten das absolute Böse verkörpern. Der engelhafte Knabe Miles erscheint ihr bedroht durch den Schatten des abstoßenden Dieners Quint; das engelhaften Mädchen Flora durch den Schatten der unheimlichen Miss Jessel. Beides sind zugleich die anderen Hälften des von der Heldin angeschwärmten ›gentleman‹ und ihrer selbst; die Abspaltungsprodukte ihrer papierenen Romanze. Die ganze Sorge der Erzieherin besteht darin, ihre Schützlinge könnten von der Macht des Bösen bereits kontaminiert sein, denn sie sieht ihre »ernste Pflicht« nicht in der praktischen Erziehung und Ausbildung, sondern in der metaphysischen Seelenführung, ja Rettung der kleinen Seelen aus der Hand des Bösen. Sie imaginiert sich als eine Heilandsfigur und ist bereit, ein Sühneopfer zu bringen, indem sie dem Bösen begegnet und es auf sich lädt, wenn dadurch nur die Reinheit ihrer Zöglinge bewahrt werden kann.[18]

Kriminalistische Lektüre: »durch einen Umweg auf den Weg [...] kommen«[19]

Je weniger die Gouvernante über die Vergangenheit weiß, desto überschwänglicher wird ihre Phantasie. Aus der tabuisierten Vergangenheit schießen unaussprechliche Schreckbilder hervor. Um noch einmal in der Sprache des *Sommernachtstraums* zu sprechen:

18 James, *The Turn of the Screw*, S. 48 (Übers. A. A.).

19 »By indirections find directions out« ist das Motto des Polonius, der in Shakespeares *Hamlet* sich als Spion betätigt.

dieses »luftge Nichts« (*airy nothing*) findet keinen sprachlichen Ausdruck (»benennt […] und gibt ihm festen Wohnsitz«, »*a local habitation and a name*«)[20] und verwandelt sich in einen Wahn, der sich daher umso besser ausdehnen kann. »Da sind Abgründe, Abgründe!«, ruft sie aus. »Je mehr ich mich damit befasse, desto mehr sehe ich darin, und je mehr ich darin sehe, desto mehr fürchte ich mich.«[21] Ihre Aufmerksamkeit ist permanent gespannt: »Ich muss warten und wachsam sein!« ist eine wiederkehrende Formel, in der sie ihre Pflicht zur ununterbrochenen Wachheit und Wachsamkeit zum Ausdruck bringt.[22]

In der düsteren Phantasie der Heldin schließen sich die Kinder mit ihren Schattenhälften zu einem verruchten Komplott zusammen. Sie offenbart ihre Entdeckungen der Haushälterin, ihrem reinen Gegenbild: diese ist nämlich Analphabetin und, wie es ausdrücklich heißt, »ein wunderbares Monument für den segensreichen Mangel an Imagination«:[23]

> Ihre mehr als irdische Schönheit, ihre absolut übernatürliche Reinheit – alles nur Spiel, Strategie, Lüge! […] Sie waren gar nicht gut, sie waren nur abwesend. Es war so leicht, mit ihnen zu leben, weil sie einfach ihr eigenes Leben führten. Sie gehören nicht mir, sie gehören nicht uns. Sie gehören ihm und ihr! Sie wollen zu ihnen, weil sie von all dem Bösen angezogen sind, das die beiden ihnen ehemals eingeprägt haben. Und um sie weiterhin im Bösen zu erhalten, um das dämonische Werk fortzusetzen, kommen sie immer wieder [von den Toten] zurück![24]

Die Erzieherin ist tief gekränkt, dass sie ihren totalen Besitzanspruch auf die Kinder nicht vollständig geltend machen kann. Ihre Schützlinge sollen ihr mit Leib und Seele gehören, doch diesem Anspruch steht die Vergangenheit entgegen, deren sie sich nicht bemächtigen kann. Ihr Beziehungsideal ist das der vollkommenen Lesbarkeit und Transparenz, der symbiotischen Fusion der Personen zu einem einzigen Ganzen. Deshalb nimmt das für sie Unbekannte, Unerreichbare immer stärker den Charakter des Bösen an, das in der Gestalt ihrer eigenen Verdrängungen wiederkehrt. Ihre

20 Shakespeare, *Sommernachtstraum*, V, 1, S. 58.
21 James, *The Turn of the Screw*, S. 57 (Übers. A. A.).
22 James, *The Turn of the Screw*, S. 68; 155 (Übers. A. A.).
23 James, *The Turn of the Screw*, S. 82 (Übers. A. A.).
24 James, *The Turn of the Screw*, S. 89 (Übers. A. A.).

quälendsten Augenblicke hat die Erzieherin, wenn sie die dunkle Ahnung überfällt, dass die ihr anvertrauten Kinder eine ihr abgewandte Seite haben, »dass sie einer Sache ausgesetzt sind, von der sie ausgeschlossen ist«.[25] Bloße Alterität erfährt sie automatisch als Verheimlichung, als ein Geheimnis, dem sie unbedingt durch Techniken der Entzifferung auf die Spur kommen muss. Das Misstrauen wird so zum Motor ihrer Deutungsarbeit: sind die Kinder nun Komplizen der dämonischen Gestalten, oder sind sie es nicht? Sind sie vom Bösen kontaminiert, oder sind sie noch die reinen Geschöpfe, als die sie sie liebt? In dieser Situation der Unentscheidbarkeit reagiert sie ähnlich wie der Stratege Polonius, Spion und Meister der Entzifferung von Zeichen am dänischen Hof in Shakespeares *Hamlet*, der auf indirekte Weise an die Wahrheit herankommen möchte (»durch einen Umweg auf den Weg [...] kommen«).[26] In der unscheinbarsten Geste kann sich der Verdächtige verraten. Während der Knabe ihr mit dem Rücken zugewandt am Fenster steht, versucht die Gouvernante, diese Haltung zu entziffern:

> Ein außergewöhnliches Gefühl befiel mich, als ich eine Bedeutung von der Rückseite des Jungen abzulesen suchte, der sich verlegen abgewandt hatte [as I extracted a meaning from the boy's embarrassed back]. Das Gefühl, dass nicht ich es war, die ausgeschlossen war, [...] sondern er. Die Rahmen und Rechtecke des Fensters waren ihm eine Art Bild einer Art Niederlage. Ich fühlte, dass ich ihn jedenfalls eingeschlossen oder ausgeschlossen sah.[27]

Die Deutungen, die hier umstandslos auf die Innenperspektive des Jungen übergreifen, sind von einer außerordentlichen Vagheit. Das kommt daher, dass die unausgesetzten Entzifferungen einem Gefühl tiefer Unsicherheit entspringen und dieses Gefühl wiederum nur fortlaufend bestätigen können. Umso mehr steigert sich die Sehnsucht nach Gewissheit. Die letzte Stufe – oder Drehung – der Erzählung beschreibt den Versuch der Erzählerin, ihre Ungewissheit mit Gewalt in Gewissheit zu überführen. Sie ist auf der Suche nach dem fehlenden Beweisstück, das die verworrene Situation schlagartig ins Licht hellster Klarheit versetzen soll. Allerdings sind in diesem Fall die Rollen von Detektiv und Delinquent nicht

25 James, *The Turn of the Screw*, S. 149 (Übers. A. A.).
26 Shakespeare, *Hamlet*, II, 1, S. 133.
27 James, *The Turn of the Screw*, S. 149 f. (Übers. A. A.).

eindeutig verteilt. Deshalb braucht die Gouvernante die Zeichen der Gewissheit ebenso sehr für ihre eigene Rechtfertigung. Die Wiederkehr der Vision gewinnt für sie den Status eines Beweises. »Sie [Miss Jessel] war da, also war ich gerechtfertigt; sie war da, folglich war ich weder grausam noch verrückt.«[28] Ausgerechnet die Geistererscheinungen werden bei ihr zu Tatsachen, wie man sie bei Gericht oder im Krankenhaus vorlegt, um Unschuld oder geistige Zurechnungsfähigkeit zu beweisen. Der Versuch, das kleine Mädchen Flora der Vision zu überführen, schlägt fehl. Statt die erwartete unheimliche Komplizenschaft zu bestätigen, bekommt das Kind Angst vor der Gouvernante, fällt in ein Fieber und wird traumatisiert aus dem Haus geschafft. Mit dieser Entfremdung tritt das Mädchen aus dem Deutungsnetz der Gouvernante und aus der Geschichte heraus. Übrig bleibt der Knabe Miles, der nun das alleinige und letzte Opfer ihrer Deutungskunst wird. Die Möglichkeit, dass er unschuldig sein könnte, lässt die Gouvernante kurz erbeben:

> Ich schien nicht ins Klare zu treiben, sondern in immer tiefere Dunkelheit, und plötzlich stieg aus meinem reinen Mitleid der abstoßende Schrecken auf, dass er vielleicht unschuldig sein könnte. Es war ein Augenblick tiefster Verwirrung, denn wenn er wirklich unschuldig war, was auf Erden war dann ich?[29]

Um der Anerkennung ihrer hier als Ahnung aufblitzenden eigenen Schuld zu entgehen, schafft sich die Gouvernante ein neues Deckbild für die Situation: der Knabe ist belastet von einer geheimnisvollen Schuld, und die Gouvernante hat die Mission, ihn vor der Macht des Bösen zu retten. Sein Geständnis soll das trennende Böse zwischen ihnen vernichten und die verlorene Intimität und Transparenz wiederherstellen. Während dieser Versuch fehlschlägt, kehrt die Erscheinung des Geistes wieder, vor der sie den Knaben retten zu müssen glaubt. Diesmal ist die Heldin fest entschlossen, den ihr mangelnden Beweis für die Komplizität zwischen Knaben und bösem Geist zu erpressen. In einer Szene wahrer Psychomachie, in der sie mit den Mächten Satans um die Seele des Knaben ringt, drückt sie ihn leidenschaftlich an ihren Busen. Ihre triumphierenden Worte »Ich habe dich, aber er hat dich für immer ver-

28 James, *The Turn of the Screw*, S. 129 (Übers. A. A.).
29 James, *The Turn of the Screw*, S. 158 (Übers. A. A.).

loren« kann der Junge allerdings nicht mehr hören, weil er in ihrer Umklammerung zu Tode gedrückt worden ist.[30]

Die Erzählung als eine Allegorie des Lesens

Auf der Ebene der Handlung ist die Heldin eine Leserin, deren Tragödie darin besteht, dass sie, durch Romanlektüre konditioniert, aus dem Lesen nicht herauskommt und so das Leben schrecklich verfehlt. Abgeschnitten von der Außenwelt, wird ihr die Welt zu einem Zeichenkosmos, dessen einsame und überforderte Leserin sie ist. In diesem geschlossenen Zeichenkosmos erfüllt sich alles, worauf ihr misstrauisches Auge blickt, mit Signifikanz. Jede Wahrnehmung geht ins Netz ihres Deutungsrahmens, ein Netz, das fortschreitend engmaschiger wird und sich zusammenzieht bis zum vollständigen Weltverlust. Wenn man die Erzählung von James als eine psychopathologische Studie über die paranoiden Züge des Deutungswahns liest, werden dabei drei Aspekte dieses Wahns sichtbar:

– *die Geschlossenheit des Zeichensystems*; das Individuum bewegt sich im Käfig seiner Projektionen, der luftdicht gegen die Außenwelt abgeschottet ist. Dieses System stabilisiert sich zunehmend und wird dabei immer zerstörerischer;
– *der Allmachtswahn*; das Individuum schafft die Welt nach seinem Bilde beziehungsweise überzieht sie mit den Deckbildern seiner Phantasie. Es ist getrieben von dem Wunsch, alles zu wissen und zu besitzen. Kurz vor dem Ende notiert die Heldin: »Ich fühlte, dass mir der Sieg bestimmt war und ich gewiss alles erhalten würde«;[31]
– *die Vernichtung des Anderen*; die phantasmatische Expansion des Ich geht auf Kosten des Anderen, der von dieser Expansion nur einverleibt werden kann, was gleichbedeutend ist mit einem Verlust als Person.

Die Heldin macht offensichtlich einen kategorialen Fehler, indem sie das Leben wie einen Text liest, der sich ihr vollständig erschließen muss. Während der literarische Text einen Zeichenkosmos dar-

30 James, *The Turn of the Screw*, S. 160 (Übers. A. A.).
31 James, *The Turn of the Screw*, S. 156 (Übers. A. A.).

stellt, in dem alles potentiell bedeutungshaltig ist und immer wieder neu und anders gedeutet werden kann, ist das Leben nicht in toto von dieser semiotischen Stringenz. Denn es konfrontiert den Menschen beständig gerade auch mit kontingenten Erfahrungen, die sich der Deutung entziehen. Die wichtigste Kontingenzerfahrung ist die Begegnung mit dem Anderen. Diese Geschichte, in der Henry James einen geradezu klinischen Fall des Deutungswahns inszeniert hat, scheint motiviert zu sein von einer Ethik, die den Verzicht auf die Transparenz und vollständige Lesbarkeit des anderen fordert.

Sie könnte aber auch als eine Allegorie des Lesens gelesen werden. Die Geschichte zeigt nämlich nicht nur, dass man so nicht leben darf, sie zeigt auch, dass man so nicht lesen darf. Die Heldin stellt den Prototyp eines Fehllesens dar, das auf eine verifizierbare Wahrheit aus ist. Diese Form der Hermeneutik spannt über den Zeichen des Textes ein Deutungsnetz auf, um darin deren Sinn einzufangen. Wer so liest, begegnet dem Text strategisch; er ist darauf aus, ihm sein Geheimnis zu entreißen. Im Gegensatz aber zum Jäger, der mit einem Beutestück heimkehrt, oder einem Detektiv, der einen Verbrecher überführt, hat der Leser, der den Sinn eines Textes entschlüsselt hat, das Ziel verfehlt. Dafür kann der Fall der Gouvernante ein eindringliches Beispiel abgeben. Wahrnehmungen werden bei ihr durch Deckbilder ersetzt, mit denen sie ihre Umwelt überzieht; sie kann keinen neuen Gestalten begegnen, ohne sie umgehend in Fiktionen ihrer Phantasie zu verwandeln. Fremdheit wird sofort in Bekanntheit, eine unübersichtliche Situation unversehens in die klare Struktur von Schwarz und Weiß übersetzt. Das Ergebnis dieser Übersetzung des Fremden in Bekanntes ist, dass sich das Ich auf diese Weise uneingeschränkt ausbreiten und über die Welt regieren kann. Im Wort ›Gouvernante‹ steckt das Wort ›steuern‹; sie selbst sieht sich wiederholt am Steuerruder eines Schiffes.[32] Es ist auch ein anschauliches Bild für den Willen, der sich die Zeichen zur uneingeschränkten Lesbarkeit anordnet. In der Schlussszene führt ihre Inquisition, ihre Entschlossenheit, dem Knaben sein Geheimnis zu entreißen, zu seinem Ersticken.

32 James, *The Turn of the Screw*, S. 18; 144 (Übers. A. A.). Diesen Hinweis übernehme ich von Shoshana Felman, »Turning the Screw of Interpretation«, in: dies. (Hg.), *Literature and Psychoanalysis. The Question of Reading: Otherwise*, Baltimore, London 1982, S. 94-207, hier S. 169 f.

Der Augenblick des vermeintlichen Triumphs ist die Besiegelung ihrer Niederlage.

Die Strukturalisten behandelten den literarischen Text als stringenten semiotischen Zusammenhang. Innerhalb des geschlossenen Kosmos der Zeichen konstruierten sie Netze von Beziehungen und Bedeutungen, durch deren Maschen nichts hindurchfiel. Ihr Anspruch und ihre Begrenzung war die erschöpfende, die totalisierende Strukturanalyse, die alle Zeichen irgendwie zu erfassen versprach. Die Poststrukturalisten lösten sich von diesem Modell der Ganzheit und Geschlossenheit des Textes; sie entdeckten in den Zeichen eine innere Dynamik der Semiose, die das Verstehen überfordert; sie entdeckten darüber hinaus den Rest der Unlesbarkeit, den jeder literarische Text dem Verstehen als Widerstand entgegensetzt. Von dieser Position aus gesehen fallen die erste und die zweite Lektüre dieser Geschichte zusammen. Beide enthalten ein Ethos der Alterität, das das Geheimnis des anderen in seiner Andersheit schützt vor dem Willen zur Liebe, zur Reinheit, zur Wahrheit, zum Sinn. Denn all diese Willensäußerungen erweisen sich als Varianten eines einzigen Willens, des Willens zur Macht. Auch für das Lesen muss also beansprucht werden, was für das Leben gilt: es wird zerstört, wo nicht ein Rest von Unlesbarkeit respektiert wird.

Das ist das Thema eines Briefes, den R.M. Rilke im Juli 1903 an einen jungen Dichter richtete, aus dem ich hier als Abschluss dieses Kapitels einige Zeilen zitieren möchte:

> Sie sind so jung, so vor allem Anfang, und ich möchte Sie, so gut ich es kann, bitten lieber Herr, Geduld zu haben gegen alles Ungelöste in Ihrem Herzen und zu versuchen, *die Fragen selbst* liebzuhaben wie verschlossene Stuben und wie Bücher, die in einer sehr fremden Sprache geschrieben sind. Forschen Sie jetzt nach den Antworten, die Ihnen gegeben werden könnten. Und es handelt sich darum, alles zu leben. *Leben* Sie jetzt die Fragen. Vielleicht leben Sie dann allmählich, ohne es zu merken, eines fernen Tages in die Antwort hinein.[33]

33 Rainer Maria Rilke, »Brief an Franz Xaver Kappus, Worpswede bei Bremen, am 16. Juli 1903«, in: ders., *Briefe an einen jungen Dichter*. Herausgegeben und eingeleitet v. Franz Xaver Kappus, Frankfurt/M. 1989, S. 27-35, hier: 28-29. Für diesen Hinweis danke ich Alexandra Jaeger.

11. Das Kryptogramm des Lebenstextes

> Wann liest der Falter,
> was auf seinen
> Flügeln im Flug geschrieben steht?
> Pablo Neruda, *Buch der Fragen*

Das Leben als Skript und Roman

In der Beichte ist das eigene Leben Gegenstand der Selbstenthüllung und Selbstkontrolle, in der Psychotherapie ist es Gegenstand der Selbsterforschung. In diesem Fall kann das Geheimnis des Selbst nicht einfach gelüftet werden, sondern bleibt dem Ich in bestimmten Dimensionen verschlossen. Denn auch das Unbewusste spricht in diesem Fall mit als ein Zeichengenerator, auf den sich das Subjekt mit seinen Deutungsversuchen bezieht. Aber nicht nur das notorisch kryptische Unbewusste, auch das eigene Leben selbst ist in seinem mäandernden, von Zufällen, Unfällen, Glücksfällen und Überraschungen durchschossenen Verlauf immer wieder zu einem Gegenstand der Entzifferung und Sinndeutung geworden. Nicht selten wurde dabei eine Krise oder Katastrophe zum Auslöser für Anstrengungen einer deutenden Sinngebung. Hier gibt es kollektive und individuelle Sinndeutungen. Für die Toten der Kriege zum Beispiel hält die Gesellschaft meist ein legitimierendes Narrativ bereit, indem sie zu Helden oder Opfern einer Mission erklärt werden und betont wird, dass sie nicht umsonst gestorben sind. Aber auch Unfälle können ein rückwirkendes Verfahren der Sinndeutung anstoßen. Ein Beispiel dafür ist der christlich orientierte Roman *The Bridge of San Luis Rey* des amerikanischen Autors Thornton Wilder, der die Lebensgeschichten einer Gruppe tödlich Verunglückter zurückverfolgt und aus dieser Rekonstruktion die Zuversicht einer providentiell gelenkten Lebenslinie gewinnt. Das erste von fünf Kapiteln ist überschrieben: »Perhaps an Accident«, das letzte: »Perhaps an Intention«.[1]

Unter ganz anderen Voraussetzungen stehen die biographischen

1 Thornton Wilder, *The Bridge of San Luis Rey*, London, New York u. a. 1931.

Deutungsversuche, wenn das Leben nicht abgeschlossen und die Sinngebung nicht vom Ende her eine Summe ziehen kann. So sind in der Psychotherapie, die professionell mit der Deutung von Lebensgeschichten befasst ist, gerade die unabgeschlossenen, in ihrem Verlauf noch veränderbaren Lebenslinien zum Gegenstand der Deutung geworden. Eines dieser therapeutischen Konzepte fasst den Lebenstext als eine Art von Schrift auf. Der Transaktionstheoretiker Eric Berne hat dafür den Begriff »Skript« geprägt.[2] Darunter versteht er eine Art Drehbuch, das aber nicht eine bestimmte Sequenz von Ereignissen fixiert, sondern als eine Lesehilfe für verschlossene Handlungsmöglichkeiten eines Individuums eingesetzt wird. Im Falle eines problematischen Skripts wird das Drama, das durch elterliche Programmierung oder Umwelteinflüsse in der frühkindlichen Erfahrung festgeschrieben ist, in späteren Lebensjahren immer wieder in wechselnden Konstellationen und mit wechselnden Akteuren aufgeführt; es sei denn, dass das Skript mit Hilfe des Analytikers zum Bewusstsein gebracht werden kann und damit seine gebieterische Macht über das Individuum verliert. Ausgehend von der Prämisse, dass jeder Mensch von seinem Lebensskript programmiert wird, will diese Theorie sozialer Interaktion die Autonomie des Menschen, so weit dies möglich ist, wiederherstellen, indem sie dazu verhilft, destruktive Skripts aufzulösen und umzuschreiben. Die therapeutische Hoffnung lautet: »Skripte sind nur möglich, weil Menschen nicht wissen, was sie sich und anderen antun. Zu wissen, was man tut, ist die Befreiung von der Macht des Skripts.«[3] Nicht nur, dass die Menschen ihre Skripte nicht kennen, sie geben sich auch die größte Mühe, sie vor sich selbst und anderen verborgen zu halten. Dieses unbewusste und verborgene Geheimnis aufdecken zu helfen ist das Ziel der Therapie, denn im

2 Eric Berne, *Beyond Games and Scripts*, hg. v. Claude M. Steiner und Carmen Kerr, New York 1977.

3 Berne, *Beyond Games and Scripts*, S. 246 (Übers. A. A.). Der Psychoanalytiker Ronald D. Laing spricht in diesem Zusammenhang von ›*projections*‹, die allerdings ähnlich definiert werden wie die ›Skripte‹ von Berne. Die Aufnahme von Projektionen führt dazu, dass wir gezwungen sind, »to enact, unbeknown to ourselves, a shadow play, as images, of images of images [...] of the dead, who have in their turn embodied and enacted such dramas projected upon them, and induced in them, by those before them« (Ronald D. Laing, *The Politics of the Family*, Toronto 1969, S. 11).

Gegensatz zu den biologischen Programmierungen sind die psychischen Programmierungen veränderbar.

Wenn Berne von »Skript« spricht, bedient er sich dabei einer Metapher für »Programm«, das weder textuell verfasst noch schriftlich materialisiert ist. Im Folgenden soll diese Metapher der Lebensschrift beziehungsweise des Lebenstextes anhand literarischer Beispiele auf solche Fälle ausgedehnt werden, wo der materiale oder metaphorische Zusammenhang von Schrift, Entzifferung und Deutung selbst im Mittelpunkt steht. Die Frage nach dem Zusammenhang von Zeichen, Geheimnis und Entzifferung soll in diesem Kapitel in verschiedenen Schritten entfaltet werden.

»Jedes Menschenleben hat [...] seinen eigenen Roman«, schrieb Johann Gottlieb Meißner im Jahre 1786 in einem Werk mit dem Titel *Menschenkenntnis*.[4] Diese Einsicht hat sich in einer literarischen Gattung niedergeschlagen, die knapp 20 Jahre später in Goethes *Wilhelm Meister* ihren Prototyp fand und weitere 20 Jahre später ihren Namen empfing.[5] Der Bildungsroman, denn von ihm ist hier die Rede, zeichnet sich durch eine doppelte Bewegung aus: Bildung ist allgemein ästhetisch und näherhin literarisch vermittelte Erziehung, die sich im Verlauf des Lebens für den Helden und – parallel dazu – im Prozess der Lektüre für den Leser aufbaut. Mit anderen Worten: der Bildungsroman, der die Bedeutung und Unvergleichlichkeit des individuellen Lebensweges affirmiert, schafft selbst die Voraussetzungen für die Erzähl- und Lesbarkeit dieses Lebensweges. Ähnlich schrieb noch Henry James in einem Vorwort über diese Gattung: »In der Erzählung vermittelt sich das erzählte mit dem erzählenden Ich. So wird aus Erinnerungsbruchstücken ein Prozess. Dieser Prozess ist kein anderer als der der eigenen Bewusstwerdung [the growth of his whole operative consciousness].«[6] Während literarische Gattungen wie der Bildungsroman oder vor ihm die spirituelle Autobiographie die erfolgreiche Les- und

4 Johann Gottlieb Meißner, *Menschenkenntnis*, Breslau 1787, Bd. II, S. 23 f. Diesem alten Zusammenhang ist inzwischen eine neue Studie gewidmet worden: Bernd Scheffer, *Interpretation und Lebensroman*, Frankfurt/M. 1992.

5 Der Name ›Bildungsroman‹ geht auf Karl Morgenstern zurück. Vgl. dazu Georg Stanitzek, »Bildung und Roman als Momente bürgerlicher Kultur. Zur Frühgeschichte des deutschen Bildungsromans«, in: *Deutsche Vierteljahrsschrift für Literaturwissenschaft und Geistesgeschichte* 62 (1988), S. 416-150.

6 Henry James, »Preface to ›Roderick Hudson‹«, in: ders., *The Art of the Novel. Critical Prefaces*, New York, London 1962, S. 3-19, hier S. 4.

Erzählbarkeit der (eigenen) Lebensgeschichte affirmierten, gibt es Gegenstimmen, die die Schwer- oder gar Unlesbarkeit des Lebenstextes geltend machen. Zwei Gründe sind es hier vor allem, die den Lebenstext zu einem Kryptogramm werden lassen: die Unabgeschlossenheit dieses ›Textes‹ sowie die mangelnde Distanz gegenüber dem Lesestoff. Auf diesen Sachverhalt ist die Formulierung vom »Kryptogramm des Lebenstextes« gemünzt. Sie unterstreicht ein Paradox, indem sie eine grundsätzliche Inkongruenz von Leben und Lesen voraussetzt. Auf diese Weise verdunkelt sich der Lebenstext, während gleichzeitig ein Entzifferungsanspruch aufrechterhalten wird. Die romantische Kunsttheorie hat in diesem Sinne immer wieder die Unergründlichkeit des Lebens betont und das Geheimnis als Erfahrungsform privilegiert. Was die Aufklärung einer »Compendienphilosophie« und der Materialismus einer zergliedernden Wissenschaft verfehlte, sollte zur vornehmsten Aufgabe der Poesie werden: eine kongeniale Darstellung der Geheimnisse des Lebens. August Wilhelm Schlegel hat in seinen Berliner Vorlesungen zur Geschichte der klassischen Literatur von 1802-1803 diese Geheimnisqualität von Leben und Poesie gegen die Ansprüche der Aufklärung verteidigt: »Auch das Spiel hat man zu einer nützlichen Arbeit umzuwandeln gesucht, alles hat man ihnen frühzeitig verständlich machen wollen, da doch der Reiz des Lebens auf der Unbegreiflichkeit, auf dem Geheimnis beruht.«[7] Und wenig später heißt es:

> Eben auf dem Dunkel, worein sich die Wurzel unseres Daseyns verliert, auf dem unauflöslichen Geheimniß beruht der Zauber des Lebens, dieß ist die Seele aller Poesie. Die Aufklärung nun, welche gar keine Ehrerbietung vor dem Dunkel hat, ist folglich die entschiedenste Gegnerin jener und thut ihr allen möglichen Abbruch.[8]

Nach Schlegel ist dem Komplexitätsgrad des Lebens allein die Dichtung, insbesondere die romantische Dichtung gewachsen, womit eine Homologie zwischen dem Geheimnis des Lebens und dem Geheimnis der Dichtung hergestellt ist. Die Dichtung, die et-

7 August Wilhelm Schlegel, »Vorlesungen über schöne Literatur und Kunst«, in: Ernst Behler (Hg.), *August Wilhelm Schlegel. Kritische Ausgabe der Vorlesungen. Bd. I: Vorlesungen über Ästhetik 1798-1803*, Paderborn, München u. a. 1989, S. 179-781, hier S. 521.

8 Schlegel, »Vorlesungen über schöne Literatur und Kunst«, S. 525.

was von der Unbegreiflichkeit des Lebens zu erfassen beansprucht, muss sich dieser Geheimnisqualität anverwandeln und Einsichten durch den »durchsichtigen Schleier schöner Geheimnisse« vermitteln.[9] Die romantische Ästhetik der Goethezeit verpflichtet die Dichtung aufs Geheimnis; sie hat teil an der Unerforschlichkeit des Lebens und der Natur durch ihren Charakter als Kryptogramm.

Das Kryptogramm des Unbewussten (E. M. Forster)

Hundert Jahre später ist in einer Erzählung von E. M. Forster mit dem Titel »Der violette Umschlag« die Rede von Howard, einem jungen Mann, der auf einem Landsitz in England seinen 21. Geburtstag feiert. An diesem Tag endet die Vormundschaft eines ihm wesensfremden Onkels über sein Leben, doch das gewünschte Erbe des Landsitzes darf er noch nicht antreten; dieses liegt weiterhin in der Hand des ungeliebten Onkels. Die Geschichte und der neue Lebensabschnitt des Protagonisten beginnen mit einer besonders sorgfältigen Rasur an einem kalten Morgen, in deren Verlauf der beschlagene Rasierspiegel einen zuvor mit dem Finger auf das Glas geschriebenen Schriftzug preisgibt. Zwei Worte werden auf diese Weise zufällig lesbar, wobei der Zusammenhang der Mitteilung ebenso unklar bleibt wie der Sender oder der Adressat der geheimnisvollen Botschaft. An den folgenden Morgen erscheinen weitere Satzfragmente auf dem angehauchten Spiegel; doch die Wortkette, die sich nach vier Tagen ergibt, steigert die Rätselhaftigkeit eher, als dass sie sie beseitigt: »Unerbittlich – Ring mein eigenes Leben – humanitär – Prinzipien der vio [The Inexorable – Ring my own life – Humanitarian – Principles the pur]«.[10]

Die Bewohner des Hauses, eine Anzahl von Verwandten, beschäftigen sich von nun an systematisch mit der Entzifferung des Kryptogramms unter Anleitung einer älteren Tante, deren Leitsatz

9 August Wilhelm Schlegel, »Einleitung«, in: Edgar Lohner (Hg.), *Kritische Schriften und Briefe. Bd. 4: Geschichte der romantischen Literatur*, Stuttgart 1965, S. 11-39, hier S. 13. Vgl. Bernd Brunemeier, *Vieldeutigkeit und Rätselhaftigkeit. Die semantische Qualität und Kommunikativitätsfunktion des Kunstwerks in der Poetik und Ästhetik der Goethezeit*, Amsterdam 1983, S. 63 ff.

10 E. M. Forster, »The Purple Envelope«, in: ders., *The Life to Come and other Stories*, London 1972 [1908], S. 36-54, hier S. 65 (Übers. A. A.).

lautet: »Wir leben in einer Welt des Geheimnisses, und wir dürfen keinen möglichen Hinweis übersehen.«[11] Das rein spielerische Vergnügen am Silbenrätseln gewinnt jedoch eine düstere Note, nachdem der Onkel eines weiteren Morgens triumphierend mit einem neuen Satzfragment des Rasierspiegels begrüßt wird. Die drei Worte »Der violette Umschlag« lösen bei ihm eine Ohnmacht aus. Dieser Umschlag, das enthüllt schließlich der Plot der phantastischen Kriminalgeschichte, birgt das Testament der Großmutter, das den Enkel als rechtmäßigen Erben ausweist, ein Erbe, das der usurpierende Onkel seinem Neffen vorenthalten hat.

In markantem Gegensatz zum Helden, einem schlichten und vitalen, ja brutalen Naturburschen, verkörpert der Onkel einen dekadenten Intellektuellen mit humanitären Prinzipien. Hinter einer Attitüde aus Sanftheit, Rhetorik und Kunstsinn verbergen sich allerdings Missgunst, Lebensfeindlichkeit und Egoismus. Dieser Widerspruch zwischen Schein und Sein erzeugt einen Druck, der ihn für eine unkontrollierte Wiederkehr des Verdrängten disponiert und damit unbewusste Selbstoffenbarungen hervortreibt. Er, der seinem Neffen sein Recht streitig macht, doziert beim Frühstück über das Prinzip der Gerechtigkeit:

> Was ich besonders bewundere, ist Maeterlincks Konzept von Gerechtigkeit. Er glaubt, dass Gerechtigkeit in uns allen einen Wohnsitz hat. Wenn wir Böses tun, dann handeln wir oberflächlich und widersprechen unserem wahren Selbst, das das Wirkliche tut und sich nicht irren kann. Und der unerbittliche [...].[12]

Die Satzteile des Kryptogramms treiben verräterisch auf der Oberfläche seiner Suada dahin. Sein wahres Selbst bringt sich wider seinen Willen in der Spiegelschrift zum Ausdruck, wobei der Spiegel hier nicht nur die sichtbare Physiognomie des Gesichts, sondern auch noch die verborgene Physiognomie des »wahren Selbst« offenbart. Die innere Wahrheit zwingt den schlafwandelnden Onkel allnächtlich zu Akten der Selbstoffenbarung, die sich im Kryptogramm der geheimnisvollen Spiegelschrift niederschlagen. Neben dem Spiegel gibt es in der Erzählung noch ein weiteres Medium, das die verworrenen Lebensverhältnisse in deutlichen Zügen of-

11 Forster, »The Purple Envelope«, S. 37 (Übers. A. A.).
12 Forster, »The Purple Envelope«, S. 37 (Übers. A. A.).

fenbart: den Traum. Auf andere Weise als das Kryptogramm des Spiegels chiffriert und dechiffriert der Traum den Lebenstext. Er bietet nicht geheimnisvolle Zeichen, sondern deutliche Bilder. Im Traum sieht Howard »deutlich das Gesicht seines Onkels, und es war verzerrt von Hass. Endlich waren die Dinge einfach. Sie waren hier, um sich gegenseitig umzubringen.«[13] In der symbolischen Handlung des Traumes bringt der Neffe, zur äußersten Gegenwehr getrieben, den Onkel mit einem Gewehrschuss um, dem keine Explosion folgt, der aber dennoch den Rasierspiegel zerschlägt. Am nächsten Morgen ist der Onkel tot, und der Neffe tritt sein rechtmäßiges Erbe an.

In Forsters 1908 geschriebener Erzählung verdichtet sich das Verdrängte in einer Schreibenergie, die den verborgenen Seelengrund an die Oberfläche treibt. Dass die Züge solcher Schrift zwar lesbar sind, aber dennoch unverständlich bleiben, ist auf die Gegenenergie der ›Verstellungskraft‹ zurückzuführen, die die Schrift zum Kryptogramm verdunkelt. Die Dunkelheit des Kryptogramms wie des Traumes geht weniger auf opake Zeichen zurück als auf die Inkongruenz zwischen Schein und Sein beziehungsweise zwischen Bewusstem und Unbewusstem. Die Zeichen, die Inhalte von der einen Ebene in die andere ›übersetzen‹, können diese Heterogenität gar nicht anders vermitteln als in Form einer rätselhaften Geheimschrift.

Die Geschichte beginnt am 21. Geburtstag des Protagonisten. In seiner Erzählung hat Forster den Wendepunkt des Mündigwerdens dramatisiert. Seine ödipale Konstellation zwischen Onkel und Neffen hat ihr prototypisches Vorbild in Shakespeares *Hamlet.* Hamlet inszeniert bekanntlich ein Stück im Stück, mit dem er seinem Onkel einen Spiegel vorhalten möchte, der die verborgene Wahrheit dessen mutmaßlichen Verbrechens an die Oberfläche zwingen soll. Quer zur Ebene des bewussten und kontrollierten Verhaltens, das den Abgrund des Verbrechens verdeckt, sollen unwillkürliche Regungen die Wahrheit vom Grund der Seele an die Oberfläche spiegeln. Von dieser Deutung, die Shakespeares Tragödie zu einem strategischen Instrument in der Hand eines Detektivs macht, weicht Stanley Cavells Lektüre des Dramas signifikant ab. Er liest das Stück im Stück als einen Traum Hamlets, in dem nicht die

13 Forster, »The Purple Envelope«, S. 51 (Übers. A. A.).

Wahrheit des Claudius, sondern seine eigene konfiguriert ist. Seine Hypothese ist, »dass Hamlet seinen Traum geschrieben hat, oder sagen wir besser, dass er die Erinnerung einer Fantasie geschrieben hat«.[14] Mit anderen Worten: Cavell liest das Stück im Stück als Traum und diesen Traum wiederum als Kryptogramm seines eigenen Lebenstextes. Jede Traumschrift ist kryptogrammatisch aufgrund der nicht arretierbaren Beweglichkeit der Signifikanten, wozu auch deren Inversion und Ersetzbarkeit gehört. Hamlet, der sich eine Verhaltensmaske aufsetzt, die ihn für andere enigmatisch macht, bleibt, wie Cavell betont, vor allem sich selbst verborgen. Oder, in der Terminologie Eric Bernes: Hamlet ist unfähig, sein eigenes Skript zu lesen. Als Schlüssel für seine Lektüre dient Cavell die Grammatik der frühkindlichen Phantasien, wie er sie bei Freud und, im Anschluss an diesen, bei Laplanche und Pontalis findet.[15] Diese primären Phantasien umhüllen das Problem des Ursprungs des Individuums. Cavell zitiert Laplanche und Pontalis: »Wie Mythen beanspruchen sie, eine Darstellung und Lösung der zentralen Rätsel zu geben, mit denen sich das Kind konfrontiert sieht.«[16] Hamlets Traum oder primäre Phantasie, die das Stück im Stück verschlüsselt, ist nach Cavell keine andere als die Urszene. Der Subtext, der durch den Königsmord des Usurpators hindurchscheint, ist die Urszene, die den Geschlechtsakt seiner Eltern verschlüsselt und bei dem die als bedrohlich, ja als potentiell tödlich phantasmatisierte Macht der Mutter im Mittelpunkt steht. Die Urszene, von der die Geschichte des Individuums nach Freud ihren Anfang nimmt, ist eine Szene, die die kindliche Phantasie ähnlich dramatisiert wie Hamlet sein Stück im Stück; gleichzeitig wird das Kind zum Zeugen eines Dramas, dessen Bedeutung abgeschnitten ist und die ihm erst nachträglich hinzugefügt werden kann. Was Cavell somit in das Stück im Stück hineinliest, ist die Urszene als paradigmatisches Kryptogramm des Lebenstextes, das einer nachträglichen Entzifferung harrt.

14 Stanley Cavell, »Hamlet's Burden of Proof«, in: ders., *Disowning Knowledge. In Six Plays of Shakespeare*, Cambridge, New York 1987, S. 179-191, hier S. 183. Übersetzt und wiederabgedruckt in: Aleida Assmann (Hg.), *Texte und Lektüren. Perspektiven in der Literaturwissenschaft*, Frankfurt/M. 1996, S. 215-228.

15 Jean Laplanche, Jean-Bertrand Pontalis, »Fantasme originaire, fantasmes des origines, origine de fantasme«, in: *Les Temps Modernes* 215 (April 1964), S. 1833-1863.

16 Cavell, »Hamlet's Burden of Proof«, S. 186 f.

Was nie geschrieben wurde, lesen (R.M. Rilke, H. v. Hofmannsthal)

Um die Jahrhundertwende ist die Frage nach dem Kryptogramm des verborgenen Lebenstextes nicht nur ein Thema von Forster und Freud, sondern auch von Rilke und Hofmannsthal. Diesen beiden Autoren möchte ich mich in einem weiteren Schritt zuwenden und abschließend versuchen, einige allgemeinere Aspekte dieses Themas festzuhalten.

In dem Gedicht »Requiem für Wolf Graf von Kalkreuth« hat Rilke einem jungen Dichter ein Denkmal gesetzt, den er selbst nicht persönlich gekannt hat, dessen früher Selbstmord ihn jedoch nachhaltig beschäftigt hat. Die lange, in Blankversen geschriebene Elegie spürt dem Ruck nach, der den Entschluss zum Selbstmord besiegelte und der als ein jäher, übereilter Moment des Zorns und der Ungeduld rekonstruiert wird. Diese Ungeduld ließ den behutsam lesenden Blick nicht zu, der eine aufmerksame Empfänglichkeit fürs Nebensächliche, um nicht zu sagen: eine »Andacht zum Unbedeutenden« voraussetzt und mit der Gunst plötzlicher Erleuchtung rechnet. Die Gelegenheiten, die den Verstorbenen auf diese Fährte hätten setzen können, werden ihm im Irrealis nachgereicht. Dabei wird mit einem leisen Ton des Vorwurfs eingemahnt, was dieser durch seinen zu heftigen und hastigen Abschied versäumt hat, nämlich die unermüdliche Arbeit der Entzifferung am Kryptogramm des Lebenstextes:

du hättest jäh bei einem hellen Einsehn
die Schrift gelesen, deren Zeichen du
seit deiner Kindheit langsam in dich eingrubst,
von Zeit zu Zeit versuchend, ob ein Satz
dabei sich bilde: ach, er schien dir sinnlos.
Ich weiß; ich weiß: du lagst davor und griffst
die Rillen ab, wie man auf einem Grabstein
die Inschrift abfühlt. Was dir irgend licht
zu brennen schien, das hieltest du als Leuchte
vor diese Zeile; doch die Flamme losch,
eh du begriffst, vielleicht von deinem Atem,
vielleicht vom Zittern deiner Hand; vielleicht
auch ganz von selbst, wie Flammen manchmal ausgehn.

Du lasest's nie. Wir aber wagen nicht,
zu lesen durch den Schmerz und aus der Ferne.[17]

Der Mensch wird hier als eine Schreibfläche vorgestellt, in die das Leben seine Zeichen eingraviert. Diese Zeichen bilden eine wachsende und bleibende Schrift, die sich nicht nach den Regeln einer bekannten Hermeneutik entziffern lässt. Die Lesbarkeit dieser Schrift wird dadurch so gut wie unmöglich gemacht, dass man diese Schrift nicht hat, sondern selber ist.[18] Es gibt hier keinen räumlichen Abstand, keine geregelte Proportion der Augenhöhe, wie sie visuelle Lesbarkeit und kognitive Erkenntnis voraussetzen. Nicht stehend oder sitzend, sondern schutzlos und verletzlich auf der Erde liegend wird mit den Händen gelesen, wie man die Inschrift eines Grabsteins abtastet.

Das fühlende Begreifen von Spuren, Rillen ist zu nah, um gelesen werden zu können, man hat immer nur unzusammenhängende Einzelheiten vor sich und tappt im Dunkeln, weil kein stetiges Licht diesen Lektüreprozess erleuchtet. Leben und Lesen scheinen sich hier auszuschließen; der Atem selbst und die geringste Bewegung verunmöglichen das Begreifen. Die Zeichen dieser Dauerspur, die sich als Lebenstext im Menschen niederschlägt, sind als Schrift wahrnehmbar, doch bleibt diese in ihrer Bedeutung grundsätzlich unzugänglich, verborgen.

Für die Romantiker bestand noch ein enger Bezug zwischen Hermeneutik, Kryptographie und Divination. Novalis hat den Philologen einen »Letternaugur« genannt.[19] Diese hermetische Seite der Hermeneutik hat sich um 1900 von ihr abgespalten und in Randbereiche neben der disziplinierten und disziplinären Philologie zurückgezogen: in die Traumdeutung, die Deutung der Weltschrift, des Kryptogramms des Lebenstextes. Um zu Letzte-

17 Rainer Maria Rilke, »Requiem für Wolf Graf von Kalckreuth«, in: ders., *Gedichte. Zweiter Teil: Das Buch der Bilder – das Stundenbuch – das Marienleben – Requiem*, Leipzig 1942, S. 335-343, hier S. 340.

18 Hier drängt sich Kafkas Parabel *In der Strafkolonie* (Leipzig 1919) auf, die den Folterakt einer Körperbeschriftung zum Gegenstand hat. Der blutig eingravierte Text des Gesetzes bleibt für den Zeichenträger ein Kryptogramm und wird erst in der Stunde des Todes mit einem Schlag lesbar.

19 Novalis (1960), »Teplitzer Fragmente«, in: Samuel, Richard u. a. (Hg.), *Novalis. Schriften. Die Werke Friedrich von Hardenbergs. Zweiter Band: Das philosophische Werk I*, Stuttgart, S. 596-622, hier S. 598.

rem zurückzukehren: Die Unlesbarkeit des Lebenstextes hat auch Hofmannsthal beschäftigt. Er hat das Thema in einem Mysterienspiel zu Beginn des 20. Jahrhunderts allegorisch inszeniert. In *Der Tor und der Tod* begegnen wir Claudio, der als ein dekadentes Gegenbild zu Faust seine Beziehungslosigkeit zu Lust und Schmerz, Freude, Trauer und allem, was Leben heißt, beklagt. Von dieser Krankheit des Ennui wird er in der Todesstunde geheilt. Er, der sich als Beobachter aufs Lesen verlegt hatte, hat dafür den Preis des ewigen Ausgeschlossenseins aus der Gemeinschaft der Mitmenschen gezahlt. Wer jenseits des Lebens verharrt, dem wird jedoch auch kein Sinn zuteil, dem fehlt der Geist, »der diesem Chaos toter Sachen/Beziehung einzuhauchen heißt«.[20] Sein ungelebtes Leben, »Mit halbem Herzen, unterbundnen Sinnen«, war folglich nur ein bloßer Schein, »Ohn Sinn, ohn Glück, ohn Schmerz, ohn Lieb, ohn Haß«.[21] Die Mutter, die Geliebte und der Freund erinnern ihn an ein vertanes Leben, von dem sie immerhin den Schmerz zurückbehalten haben, er dagegen gar nichts.

Er, der nie gelebt hat, lernt das Leben schließlich in der Abschiedsstunde kennen. »Da tot mein Leben war, sei du mein Leben, Tod!«[22] Und wiederum im Gegensatz zu Goethes *Faust*, der den Tod in glücklicher Verblendung erlebt, erlebt Hofmannsthals Claudio den Tod als ersten wirklich lebendigen Augenblick. »Und so nenn ichs gut! […] Erst, da ich sterbe, spür ich, dass ich bin!«[23] Das Kryptogramm seines Lebenstextes ist für ihn in dieser Todesstunde lesbar geworden. Dass Claudio die Lektion seiner letzten Stunde erfasst und sich ihm vom Ende her sein Leben in Lektüre verwandelt, ist die Botschaft dieses säkularen Mysterienspiels mit einer vitalistischen Botschaft. Sie wird durch die berühmten Schlussworte des Todes bestätigt, die dem schwierigen Zusammenhang von Leben, Sterben und Lesen gelten und die sich, das sei hier nebenbei vermerkt, seit den 1920er Jahren immer wieder in Friedhöfen finden, wo sie auf Grabsteine graviert worden sind:

Wie wundervoll sind diese Wesen,
Die, was nicht deutbar, dennoch deuten,

20 Hugo von Hofmannsthal, *Der Tor und der Tod*, Leipzig 1902, S. 20.
21 Hofmannsthal, *Der Tor und der Tod*, S. 22.
22 Hofmannsthal, *Der Tor und der Tod*, S. 31.
23 Hofmannsthal, *Der Tor und der Tod*, S. 31.

Was nie geschrieben wurde, lesen,
Verworrenes beherrschend binden
Und Wege noch im Ewig-Dunkeln finden.[24]

Kryptogramm und Monogramm (S. Kracauer)

Mein letzter Anhaltspunkt ist ein Text Siegfried Kracauers, der das Motiv vom Kryptogramm des Lebenstextes von der Schrift ins Bild übersetzt hat. Er trägt den Titel »Die Photographie« und beschäftigt sich mit dem Erinnerungswert des neuen Mediums. Darin kann man ihn als genaues Pendant zu Platons Diskussion im *Phaidros* lesen; was Platons Text für die Problematik von Schrift und Gedächtnis ist, ist Kracauers Text für die Problematik von Bild und Gedächtnis. Wie im Falle Platons gilt auch für Kracauer, dass ein neues Medium einen Reflexionsprozess auslöst, in dessen Zentrum ein Verlust konstatiert wird. Man könnte auch sagen: mit der polemischen Abwertung des neuen Mediums wird ein Gegenwert erfunden, der im Zustand des Mangels in die Existenz tritt. Diese reichlich kryptischen Andeutungen sollen im Folgenden etwas expliziter entwickelt werden.

Die Photographie wird von Kracauer mit dem Historismus in der Geschichtswissenschaft parallel gesetzt. Was die eine für den Raum leistet, leistet der andere für die Zeit. Beide sind in seinen Augen Aufzeichnungsmedien, die ein lückenloses, totales Kontinuum zu erfassen beanspruchen. Im Gegensatz dazu verfährt das Gedächtnis sprunghaft. Die Lücke ist sein Element. Im Filter, in der Auswahl, die das Wesentliche vom Unwesentlichen trennt, besteht aber das *humanum*. In der Gegenüberstellung von Erinnerung und Photographie sieht Kracauer eine Rivalität zwischen Mensch und Maschine: »Gleichviel, welcher Szenen sich ein Mensch erinnert: sie meinen etwas, das sich auf ihn bezieht, ohne daß er wissen müßte, was sie meinen. Im Hinblick auf das Gemeinte werden sie aufgehoben.«[25] Während die Photographie transparent und flach ist, sind die Gedächtnisbilder geheimnisvoll. Da ihre Aufnahme nicht von einem kalten technischen Apparat, sondern von unkon-

24 Hofmannsthal, *Der Tor und der Tod*, S. 32.

25 Siegfried Kracauer, *Das Ornament der Masse*, Frankfurt/M. 1963, S. 24.

trollierbaren menschlichen Affekten gesteuert ist, haben sie etwas Geheimnisvolles an sich: »Sie sind matt wie Milchglas, durch das kaum ein Lichtschimmer dringt.«[26] Ihre Lesbarkeit ist durch das Triebleben verstellt; das freigesetzte Bewusstsein dagegen ist in der Lage, das Kryptogramm der Gedächtnisbilder zu entziffern beziehungsweise zu bilden. Es nimmt im Gegensatz zu den Zufallsbildern der Photographie Wesensbilder auf, die »in einer Beziehung zu dem als wahr Erkannten« stehen. Mit diesem existentiell lesbar gemachten Gedächtnisbild gehen wir vom Kryptogramm zum Monogramm über.

Zu diesem Bilde, das mit gutem Recht das letzte heißen darf, müssen sich sämtliche Gedächtnisbilder reduzieren, da nur in ihm das Unvergeßliche dauert. Das letzte Bild eines Menschen ist seine eigentliche Geschichte. [...] Sie gleicht einem *Monogramm*, das den Namen zu einem Linienzug verdichtet, der als Ornament Bedeutung hat.[27]

Das letzte Bild des Lebensfilms, das Monogramm, verdichtet die Individualität eines menschlichen Lebens ebenso, wie der Autograph, die Signatur, die Hand- und Unterschrift eines Menschen den Namen als Bild erstarren lässt. Hier sind wir noch einmal mit dem physiognomischen Lesen konfrontiert. In der Tat perspektivieren die Graphologen um; sie widerstehen der Transparenz der Buchstaben und lesen die Handschrift wie ein ›Ornament‹, in dem sie gegen den Inhalt der Buchstaben den Abdruck der Persönlichkeit entdecken. Während diese »eigentliche Geschichte« des Menschen von den vom Triebleben beeinflussten Gedächtnisbildern verdunkelt wird, die aber das Unvergessliche dabei bewahren, wird sie von der Photographie »wie unter einer Schneedecke begraben«.[28]

Wie bei Platon und der Schrift haben wir es bei Kracauer und der Photographie mit der Bewertung eines neuen Mediums zu tun, das kraft seiner innovativen Akkuratesse Vergessen produziert. Für Kracauer ist die Photographie voraussetzungslos und zeitunabhängig; das Gedächtnisbild dagegen, und das letzte zumal, ist der Gunst einer bestimmten Stunde, und zwar der allerletzten Stunde, geschuldet. Kracauers Polemik gegen die Photographie, so wird aus diesem Vergleich deutlich, ist in unverkennbar ›sokratischem Ton‹

26 Kracauer, *Das Ornament der Masse*, S. 25.

27 Kracauer, *Das Ornament der Masse*, S. 26.

28 Kracauer, *Das Ornament der Masse*, S. 26.

gehalten: »Der künstlerische Photograph ist ein dilettantischer Künstler, der eine Kunstweise unter Abzug ihres Gehaltes nachahmt«, die Photographiekünstler sind »am Schein des Geistigen interessiert, weil sie den wirklichen Geist fürchten«.[29] Den Kern dieser Thesen können wir in Anlehnung an Platons *Phaidros* so zusammenfassen: Photographien sind allenfalls *hypomnesis*, Stützen einer Erinnerung. Als ein optisches Zeichen leisten sie Vermittlerdienste, doch können sie eine Erinnerung, wo diese fehlt, niemals herstellen. Im Gegensatz dazu ist das letzte Gedächtnisbild reine *mneme*.[30] Die Photographie überdauert nicht kraft ihres Affekts, sondern lediglich kraft ihrer Materialität. Damit wird sie zu einem Gespenst, das abgetrennt von menschlichem Leben zombiehaft durch die Zeit geistert.[31]

> Diese gespenstische Realität ist unerlöst. Wir sind in nichts enthalten, und die Photographie sammelt Fragmente um ein Nichts. Die Photographie vernichtet [den Menschen] indem sie ihn abbildet, und fiele er mit ihr zusammen, so wäre er nicht vorhanden. Die Züge der Menschen sind allein in ihrer ›Geschichte‹ enthalten.[32]

Von den photographischen Bildern ist die Realität und Wahrheit des Menschen abgeglitten; sie leugnen und vergessen das Monogramm der unvergesslichen Geschichte. Die Gedächtnisbilder wurden von Kracauer mit einem intransparenten Glas verglichen, was ich gleichsetzen möchte mit einem Kryptogramm, das unter besonderen Bedingungen als ›Geschichte‹ lesbar wird. Anders die photographischen Bilder, die, bedeutungsfremd und opak, die Unordnung des Abfalls spiegeln. Sie sind durch keine Lektüre erlesbar / erlösbar. Ihr »Spiel mit der zerstückelten Natur [gemahnt] an den Traum, in dem die Fragmente des Taglebens sich verwirren. Das Spiel zeigt an, daß die gültige Organisation unbekannt ist« – und bleiben wird.[33]

29 Kracauer, *Das Ornament der Masse*, S. 28.
30 Kracauer, *Das Ornament der Masse*, S. 24.
31 Kracauer, *Das Ornament der Masse*, S. 31.
32 Kracauer, *Das Ornament der Masse*, S. 32.
33 Kracauer, *Das Ornament der Masse*, S. 39.

Alzheimer: Das Ende aller Zeichen (E. Jelinek)

Nichts mehr weist hin, alles weist aus.
Elfriede Jelinek, *Winterreise*

In einem Theaterstück, das 2011 in München uraufgeführt wurde, hat sich Elfriede Jelinek von Wilhelm Müllers Liedtexten und Franz Schuberts Musik inspirieren lassen.[34] Ihr Theaterstück mit dem übernommenen Titel *Winterreise* ist eine Reflexion über aktuelle Themen wie Medieninszenierungen (Natascha Kampusch) oder Bankenrettung (Hypo Alpe Adria), durchzogen von einem durchlaufenden Selbstgespräch. Thema dieses Selbstgesprächs ist die Selbstdarstellung der Autorin als einer Fremden.

Fremd bin ich eingezogen,
Fremd zieh ich wieder aus.

Dieses Grundmotiv des Zyklus der Müller-Lieder und ihrer kongenialen romantischen Musik bildet zugleich den Rahmen von Elfriede Jelineks Stück. Das Motiv der Fremdheit wird von der Autorin dabei aus der Dimension des Raums in die Dimension der Zeit übersetzt. Es wird präsentiert als ein Herausgefallensein aus der Zeit, als ein Mangel an Zukunft, Gegenwart und Zeitgenossenschaft.

Der Standpunkt, von dem aus gesprochen ist, ist die Stimme aus dem Off. Mit ihrem Leben und ihrem Werk befindet sich die Sprecherin in einem Strom der Zeit, der sie abschneidet von ihrer Vergangenheit und ihrer Zukunft, sowie ihren Möglichkeiten sozialer und künstlerischer Teilhabe. Aus diesem Werk ist hier im Zusammenhang der Frage nach dem Kryptogramm des Lebenstextes der siebte und bei weitem längste von acht Abschnitten des Textes von Bedeutung. In diesem Teil geht die Autorin auf die letzte Phase im Leben ihres Vaters ein.[35] Die Demenz des Vaters wird in diesem

34 Elfriede Jelinek, *Winterreise. Ein Theaterstück*, Reinbek 2012, S. 100.

35 Elfriede Jelineks Vater war ein Jude, der nach dem Anschluss Österreichs in einer ›Mischehe‹ lebte und für die nationalsozialistische Rüstungsindustrie arbeiten musste. Er war ein begeisterter Wanderer, dem sie in ihrem Stück *Macht Nichts.*

Stück aus der Innenperspektive heraus dargestellt. Dieser lange und eindringliche Monolog des aus der Familie, aus der Gesellschaft und aus der Welt Vertriebenen zeigt, wie der Gedächtnisverlust unausweichlich mit einem fortschreitenden Weltverlust einhergeht. Jelineks Auseinandersetzung mit dem gesamtgesellschaftlichen Problem der Alzheimer-Erkrankung enthält noch eine weitere Dimension, die uns hier besonders interessiert: eine grundsätzliche Reflexion über die Bedeutung von Zeichen, Identität und Kultur.

Das Leitmotiv der Müller-Lieder ist das Wandern. Mit dem Wandern sind nicht nur Bewegung und Landschaft, Liebe und Enttäuschung, Ruhe- und Ortlosigkeit aufgerufen, sondern auch Isolation, Fremdheit und Tod. Im Mittelpunkt des Wanderns selbst steht aber auch die Suche nach Wegen, die Frage der Orientierung und die Entscheidung für die eine oder die andere Richtung. Die richtigen Wege werden an Zeichen und Spuren erkannt, was in der Dunkelheit nicht immer leicht ist: »Muss selbst den Weg mir weisen / In dieser Dunkelheit« (Nr. 1); »Und auf den weißen Matten / Such ich des Wildes Tritt« (Nr. 1); »Ich such' im Schnee vergebens / Nach ihrer Tritte Spur« (2). Ein Müller-Lied mit dem Titel »Der Wegweiser« (Nr. 20) ist ausschließlich diesem Thema gewidmet. Jelinek hat es dem siebten Abschnitt ihres Textes über den dementen Vater unterlegt.

Was vermeid' ich denn die Wege,
Wo die andren Wandrer gehn,
Suche mir versteckte Stege
Durch verschneite Felsenhöhn?

Habe ja doch nichts begangen,
Dass ich Menschen sollte scheun –
Welch ein törichtes Verlangen
Treibt mich in die Wüstenein?

Weiser stehen auf den Straßen,
Weisen auf die Städte zu,
Und ich wandre sonder Maßen,
Ohne Ruh', und suche Ruh'.

Eine kleine Trilogie des Todes, Reinbek 1999, bereits einen langen Monolog mit dem Titel »Der Wanderer« gewidmet hat.

Einen Weiser seh' ich stehen
Unverrückt vor meinem Blick;
Eine Straße muss ich gehen,
Die noch keiner ging zurück.

Der Vater erscheint in Jelineks *Winterreise* als der fremde Wanderer, der am Ende seiner Lebensreise auch und am Ende seiner geistigen Klarheit angekommen ist: »Ich bin am Ende, aber das Ende bekomme ich nie zu sehen. Keiner sieht das Ende.«[36] Diese existentielle Situation teilt er mit allen Menschen: keiner vermag sein Ende zu sehen, deshalb rundet sich das Leben nicht zu einem Text. Da es als Ganzes nicht zu übersehen ist, bleibt es ein Kryptogramm. Im Spital, im Gitterbett, im Stillstand erinnert er sich an seine frühere Existenz als begeisterter Wanderer: »Ich ging so fröhlich einst, grub spitze Steine aus, bestimmte den Gehalt an Mineral im Stein, bestimmte Pflanzen, Berggipfel [...].«[37] Wie Adam im Paradies war er mit der Natur vertraut und kannte die Namen und Beschaffenheit von Steinen, Pflanzen und Bergen. Mit der Krankheit hat sich das Bild radikal verändert: »Ich rutsche aus mir heraus, doch was mich tragen sollte, das ist jetzt fort, kein Halten mehr, kein Halt mehr, kein Halt an Frau und Kind, ich erinnere mich nicht, in welcher Krankheit ich gefangen bin, aber es ist eine Krankheit, es muss eine sein, denn so habe ich mich nie zuvor gefühlt.«[38] Die genauere Symptomatik der Alzheimer-Krankheit folgt einige Seiten später: »[...] das Leben hat mich abgestumpft, nichts mehr lässt sich in mein Gedächtnis graben, es verabschiedet sich von der Zukunft, die es nicht mehr wird verarbeiten können, aber auch das Ende werde ich nicht erreichen, da ich den Anfang nicht mehr seh, es wird nichts mehr seine Ordnung haben, es wird alles abgeworfen, wie ihr mich abgeworfen habt, Frau, Tochter!«[39] Das Wandern gibt der Vater in dieser Situation aber nicht auf, im Gegenteil wird es jetzt zu einem neuen Problem: »Aber der war doch immer ein tüchtiger Wanderer, der rennt Ihnen weg, wir warnen Sie, wir kennen Ihn, sperren Sie nur immer gut ab vor und hinter ihm!«[40]

36 Jelinek, *Winterreise*, S. 73.
37 Jelinek, *Winterreise*, S. 74.
38 Jelinek, *Winterreise*, S. 78.
39 Jelinek, *Winterreise*, S. 81.
40 Jelinek, *Winterreise*, S. 89.

In dieser Situation des Gedächtnis- und Orientierungsverlusts erhält »der Wegweiser« als Zeichengeber eine ganz neue Bedeutung. Der Vater hat den Eindruck, dass ihm sein Gehen »unter den Füßen weggezogen (ist), das ist nicht nett. Frau und Tochter haben mir mein Gehen weggenommen, die waren das!«[41] Er fühlt sich beraubt, entmündigt, ausgeschlossen, eingesperrt. Das Bild dafür sind die Wegweiser, die von Frau und Tochter absichtlich umgedreht wurden. Mit dieser List, so die paranoide Sicht des Kranken, verhindern sie, dass er selbst umkehren und wieder nach Hause finden kann: »Ich soll gar nichts mehr dürfen, nicht mehr gehen, nichts mehr wollen, nicht mehr wandern, nichts mehr sehen, nur das Weiß des irren Hauses. Endstation.« In der folgenden Reflexion wird das Verrücken der Wegweiser zur Ursache des Zustands des Verrücktseins: »Da denkt man, dieser Weiser ist unverrückbar, und das nächste Mal wird der Verrückte schon wieder wissen wollen, wohin es mit ihm geht. Doch der Weiser ist es, der verrückt ist, und jetzt weiß der Verrückte überhaupt nichts mehr, weil ja auch sein Weiser verrückt ist, und nicht mehr so weise, wie er sein sollte.«[42]

Die Endstation einer Welt ohne Halt, Orientierung und Zeichen ist das Weiß des Irrenhauses. Die Alzheimer-Krankheit wird von Jelinek auch mit dem Winter verglichen, der eine Schneedecke über die Natur legt und unter ihrem einheitlichen Weiß alle Zeichen auslöscht.

> Es ist nichts als der Winter, den sie mir bereitet haben, obwohl der doch ohnedies von selber kommt, jedes Jahr von neuem kommt, es ist nichts als der Winter, der Winter kalt und wild! Vorbei die Zeichen, die ich noch kannte, doch ich erinnere mich nicht, vorbei die Zeichen, die Wegmarken, Flursteine, die Signale der Straßenampeln, die Lichter, die Fahnen an den Häusern, einmal die, einmal jene, kräftige Signale für einen, der sie zu lesen versteht, sind eh nur drei Farben, ich versteh nichts mehr, erinnere mich nicht mehr [...].[43]

Aus der Sicht des dementen Vaters entsteht auf diese Weise eine eindrucksvolle Reflexion über die soziale Bedeutung von Zeichen. Jelinek klopft in dieser Passage den Gehalt der Worte akribisch ab und erschließt den Hörern und Lesern ihres Textes dabei durch

41 Jelinek, *Winterreise*, S. 102.
42 Jelinek, *Winterreise*, S. 103.
43 Jelinek, *Winterreise*, S. 97.

gleitende Variation der Signifikanten immer wieder neue und überraschende Bedeutungskonfigurationen.

> Ich bin verwiesen worden, wie jedes dieser Zeichen ein Verweisen ist, die Zeichen haben mir etwas zugewiesen, was ich jetzt nicht mehr erkennen würde, diese Zeichen, die haben nur einen Zweck: zu zeigen. Aber was zeigen sie einem, der nichts hat, an dem er sie erkennen könnte? [...] Weiser stehen auf den Gängen, den Korridoren, dort ist überall was angeschrieben, und versteht man es, ist man gut angeschrieben hier. Doch ich verstehe sie nicht, ich werde des Raums verwiesen, des Hauses, des Orts, ich erkenne nichts mehr, das waren doch einmal Zeichen, Wegmarken, Gipfelkreuze, Ampeln, Gebäude, Zeichen waren das doch alle, oder? Die hätte ich doch nur lesen müssen! Aber ich bin daraus verwiesen worden, aus dem Reich verwiesen, wo die Zeichen standen, sogar aus meinem eigenen Sterben verwiesen worden, aus dem Ende, das ich fast schon erreicht hatte, wieder verwiesen worden, denn das Ende ist nicht erreichbar, trotz der Weiser, die drauf zuführen, die aber nur der Weise versteht, bitte um Entschuldigung. Keine Zeichen mehr, keine Stichhaltigkeit für meine Existenz.[44]

Dem dementen Vater ist der Text seines Lebens und die Welt zu einem Kryptogramm geworden; wie im Motto einer Kurzgeschichte von Poe, von der im folgenden Kapitel die Rede ist, gilt hier der Satz: »Es lässt sich nicht lesen.« Allerdings handelt Jelineks Text nicht von der Neugier eines Lesers, der hinter das Geheimnis eines anderen Menschen kommen möchte. Hier sind kein Deutungswahn und kein kriminalistischer Spürsinn im Spiel. Es geht vielmehr um die Entzifferung des Lebenstextes und die Begegnung mit dem eigenen Tod unter der erschwerten Bedingung des Ausbleichens aller Zeichen. Wer aus dem Reich der Zeichen verwiesen ist, wer nicht mehr in der Lage ist, die performative Zeichenkraft der Weiser und die identifizierende Zeichenkraft der Bilder zu lesen, der wird zu Lebzeiten aus dem Raum des Sozialen ausgeschlossen und in ein Heim eingeschlossen. Auch aus dem Beziehungssystem Familie fällt ein solcher Mensch heraus, der mit dem Gebrauch von Zeichen zugleich sein eigenes Ich und den Kern seiner Existenz verliert:

> Welches Ich? Ich verbinde nichts mehr damit, auch nicht meine vom Wandern wunden Füße, meine übers Leben verwunderten Füße, ich verbinde nichts mehr mit nichts. Mit diesem Weg verbinde ich nichts mehr. Ich

44 Jelinek, *Winterreise*, S. 98 f.

kann keinen Verbund mehr herstellen, keine Verbindung, keinen Verband mehr wickeln, kann nichts mehr.[45]

Im langen Monolog des dementen Vaters, der mit Wilhelm Müllers Lied »Der Wegweiser« unterlegt ist, entwickelt Jelinek *ex negativo* eine Theorie der Zeichen in ihrer orientierenden, sozialen, ich-bildenden und metaphysischen Dimension. Dabei zeigt sie in ihrer sondierenden und kalauernd-gleitenden Sprache präzise auf, worin die zentrale Bedeutung des Zeichenlesens besteht, nämlich darin, Verbindungen herzustellen und sich die Welt damit anzuverwandeln. Wer von dieser menschlichen Ressource der Zeichen abgeschnitten ist, der findet keinen Halt mehr im Strom der Zeit, dem ist wahrlich der Boden unter den Füßen weggezogen, der wird sich selbst fremd und befindet sich in einer ultimativen Fremde.

45 Jelinek, *Winterreise*, S. 103.

12. Leser der Großstadt Sinn- und Spurensuche im zeitgenössischen New York

> Er fragte sich, wie die Landkarte aller Schritte,
> die er jemals gemacht hatte, aussehen würde
> und welches Wort man daraus würde lesen können.
> Paul Auster, *City of Glass*

Flaneure und Flaneurinnen

Die moderne Großstadt hat einen neuen Typ des Welt- und Zeichenlesers hervorgebracht: den Flaneur. Edgar Allan Poe hat die erste Flaneur-Geschichte geschrieben. Sie heißt »The Man of the Crowd« und handelt von den Möglichkeiten und Grenzen des Zeichenlesens im urbanen Raum. Der Erzähler ist ein junger Mann, der gerade von einer Krankheit genesen ist, was ihn in einen erwartungsvollen Zustand erhöhter Neugier und Aufmerksamkeit versetzt. Im ersten Teil der Geschichte sitzt der Erzähler in einem Londoner Kaffeehaus und blickt durch die großen Glasscheiben auf den wogenden Strom der Menge wie auf einen Film. Er ist von der Vielfalt der Menschen, die sich auf so engem Raum zusammendrängen, beeindruckt und versucht, die vielen anonymen Menschen anhand ihrer Gestalt, Kleidung und ihres Ausdruck in soziale Gruppen zu ordnen. Ihm fällt zunächst die Einsamkeit der Menschen in der Masse auf und die Höflichkeit, mit der sie aneinander vorbeikommen. Zwei Gruppen kann er in der Masse ausmachen: die Unternehmer und die Angestellten. Viele von ihnen sind kahlköpfig und haben ein abstehendes rechtes Ohr, hinter dem während der Arbeit der Bleistift klemmt. Ihre Kleidung zeigt den Wunsch, als respektabel zu gelten. Weitere Menschentypen, die der Erzähler an ihrem Äußeren erkennen kann, sind Taschendiebe und Spieler, Dandies und jüdische Bettler, junge Arbeiterinnen und Frauen jeglichen Alters. Der Erzähler erweist sich dabei als ein virtuoser Weltleser, der in der Lage ist, von der Kleidung und dem äußeren Auftreten auf sozialen Stand, Beruf und Charakter zu schließen.

Im zweiten Teil des Textes ändert sich das Dispositiv. Der Erzähler, dessen Blick auf einen älteren Mann fällt, wird von dieser Person magisch angezogen. »Was für eine wilde Geschichte mag sich in diesem Menschen verstecken?«,[1] fragt er sich und verlässt seinen Beobachterposten, um die Spur des Mannes aufzunehmen und hinter sein Geheimnis zu kommen. Er folgt ihm im Sicherheitsabstand und gibt eine genaue Beschreibung der Kleidung, die sowohl heruntergekommen als auch kostbar ist. Durch Regen und Dunkelheit folgt er dem Mann stundenlang durch die nächtlichen Straßen und kommt dabei durch erleuchtete und dunkle, belebte und einsame Gegenden. Zu seiner Überraschung macht der Mann plötzliche Wendungen, kehrt wieder um und schreitet mehrmals dieselben Stecken ab. Er wendet sich unentschlossen mal hierhin, mal dorthin. Einmal wird er leicht angerempelt. Er ergreift darauf die Flucht und eilt weiter, vorbei an dem Hotel, von dem die Verfolgung ihren Anfang nahm. Die ganze Nacht durchquert der Mann ruhelos die Straßen bis in den Morgen hinein. Am Abend des zweiten Tages gibt der Erzähler, der noch einen Blick in das Gesicht des Mannes geworfen hat, auf. »Er ist der Mann der Masse. Es ist vergebens, ihm zu folgen. Ich werde weder etwas über ihn noch über seine Taten in Erfahrung bringen. Das schlimmste Herz der Welt ist ein gröberes Buch als das Gärtchen der Seele, und vielleicht ist es eine der großen Gnaden Gottes, dass es sich nicht lesen lässt.«[2] Die Stadt, so erfahren wir durch den Text, hat die Zeichen vermehrt, und es gehört zur neuen Kompetenz des Großstadt-Spaziergängers, sie lesen zu können. Gleichzeitig sind dieser Lesefähigkeit aber auch Grenzen gesetzt. Das Innere eines anonymen Menschen ist tiefer verschlossen als je zuvor, hier gibt es keine Chance, von der Oberfläche in die Tiefe vorzudringen und dem Fremden durch gesteigerte Aufmerksamkeit und Techniken der Entschlüsselung sein Geheimnis zu entreißen.

In seinem Buch *Ein Flaneur in Berlin* (1929) hat Franz Hessel den Flaneur als einen modernen Weltleser beschrieben: »Flanieren ist eine Art Lektüre der Straße, wobei Menschengesichter, Auslagen, Schaufenster, Café-Terrassen, Bahnen, Autos, Bäume zu lauter gleichberechtigten Buchstaben werden, die zusammen Worte,

1 Edgar Allan Poe, »The Man of the Crowd«, in: Patrick F. Quinn (Hg.), *Edgar Allan Poe. Poetry and Tales*, New York 1984, S. 388-396, hier S. 392 (Übers. A. A.).

2 Poe, »The Man of the Crowd«, S. 396 (Übers. A. A.).

Sätze und Seiten eines immer neuen Buches ergeben.«[3] Die Geschäfte annoncierten ihre Namen und Waren in Großbuchstaben, die die Passanten aufgrund ihrer beschleunigten Bewegung jedoch nur noch schemenhaft und fragmentiert wahrnahmen. Diese gleitende Bewegung des Blicks im Modus einer gleichschwebenden Aufmerksamkeit ist das Markenzeichen des Flaneurs geworden. Er lässt sich nicht hineinziehen in Gespräche, Betriebsamkeit und Geschäftigkeit, sondern bleibt auf Distanz als ein Beobachter, der im Ornament der Oberflächen zugleich etwas Größeres und Abstraktes, nämlich die Stadt selbst in den Blick fasst.

Als die Flaneurin Virginia Woolf gleichzeitig ihre Rundgänge durch die Großstadt London machte, hatten sich gegenüber dem 19. Jahrhundert die von Hessel beschriebenen ›Buchstaben‹ im öffentlichen Raum erheblich vermehrt. Zum Flanieren gehört eine neue Form der Aufmerksamkeit, die ausschließlich auf Oberflächen fokussiert und die materielle Außenseite der Wirklichkeit abtastet. Der bewegte Blick der Flaneurin gleitet an den Fassaden der Häuser, den Auslagen der Geschäfte, den Strömen der eilenden Passanten, den roten Omnibussen, den Aufschriften der Werbung entlang. Im Mittelpunkt steht dabei die Metapher des Fließens: »Wir gleiten nur sachte auf der Oberfläche dahin. Das Auge gräbt nicht, es taucht nicht, es sucht nicht nach verborgenen Schätzen. Es trägt uns sachte auf dem Strom davon; wir ruhen, wir entspannen uns dabei, das Gehirn schläft gewissermaßen unter diesem Blick.«[4] Das Faszinierende am pulsierenden Großstadtleben bestand für eine Künstlerin wie Virginia Woolf in der Einsicht, dass die Dynamik der Großstadt und der Strom des Bewusstseins in eine gewisse Übereinstimmung gebracht werden können. Fließen, Gleiten, Strömen charakterisieren den modern-urbanen Aufmerksamkeitsstil, der nicht nur in den europäischen Großstädten, sondern ebenso sehr an den neuen Medien der Photographie und des Films geschult wurde.

3 Franz Hessel, *Flaneur in Berlin*, Berlin 1984 S. 145. Matthias Keidel, *Die Wiederkehr der Flaneure. Literarische Flanerie und flanierendes Denken zwischen Wahrnehmung und Reflexion*, Würzburg 2006, S. 12. Harald Neumeyer, *Der Flaneur. Konzeption der Moderne*, Würzburg 1999, S. 12. Vgl. in diesem Band S. 203.

4 Virginia Woolf (1967 [1930]), »Street Haunting. A London Adventure«, in: dies., *Collected Essays*, 4 Bde., London 1966-1967, Bd. 4, S. 155-166, hier S. 156 (Übers. A. A.).

Paul Auster, City of Glass

In seinem Roman *City of Glass* (1985) hat der amerikanische Autor Paul Auster einen Flaneur zum Protagonisten seines Romans gemacht. Von seiner Vorgeschichte ist wenig bekannt. Daniel Quinn hat vor fünf Jahren durch einen Unfall Frau und Kind verloren. Seither ist er aus der realen Welt gefallen und lebt nun in vollkommener Einsamkeit in New York. Um dem Schmerz dieses Verlusts zu entgehen, hat er sich entschieden, sein Innenleben aufzugeben. Als eine Therapie dafür hat er das Flanieren durch die Straßen der Großstadt entdeckt.

New York war ein unerschöpflicher Raum, ein Labyrinth endloser Schritte, und wie weit er auch ging, wie gut er die Gegend auch kannte, die Stadt gab ihm immer das Gefühl, sich zu verlieren. Er verirrte sich nicht nur in der Stadt, sondern verlor dabei auch sich selbst. Jedes Mal wenn er unterwegs war, kam es ihm vor, als ließe er sich zurück, als übergäbe er sich an die Bewegung der Straßen, als reduzierte er sich auf ein sehendes Auge, das ihm die Bürde des Denkens abnahm und ihm ein gewisses Maß an Ruhe und willkommener innerer Leere einbrachte.[5]

Der Protagonist Daniel Quinn hat dieselben Anfangsbuchstaben wie Don Quichote.[6] Damit reiht er sich auch in die Tradition derer ein, die sich aus der Welt zurückziehen, um Bücher zu lesen, und die anschließend die Welt nach den Regeln ihrer Lieblingsgattung lesen. Was für Don Quichote die Ritterromane waren, sind für Quinn die Kriminalromane. Da er seine literarische Karriere abgebrochen hat, verdient er sich unter einem Pseudonym seinen Unterhalt mit dem Schreiben von Kriminalromanen, ein Handwerk, das er versteht, weil er ein passionierter Leser dieser Gattung ist. Was ihn an dieser Gattung besonders reizt, ist die Ökonomie eines geschlossenen Sinnsystems.

Was er an diesen Büchern liebte, war ihr Sinn für Fülle und Sparsamkeit. In einem guten Kriminalroman gibt es nichts Überflüssiges, keinen Satz,

5 Paul Auster, *City of Glass*, in: ders., *The New York Trilogy*, London, Boston 1985, S. 1-132, hier S. 3 f. (Übers. A. A.).

6 Vgl. Ines Detmers, »Erlesene Bilder des Don Quijote: Zur gattungsreflexiven Funktion von Interfiguralität in post-modernen Graphic Novels«, in: Ines Detmers und Wolfgang G. Müller (Hg.), *Don Quijotes intermediale Nachleben/Don Quixote's Intermedial Afterlives*, Trier 2010, S. 289-328, hier: S. 302-307.

kein Wort, das nicht bedeutsam ist. Und wenn etwas nicht bedeutsam ist, dann hat es auch kein Potential, es zu werden, was auf dasselbe hinausläuft. Die Welt des Buches fängt an zu leben, sie vibriert mit Möglichkeiten, mit Geheimnissen und Widersprüchen. Da alles, was gesehen oder gesagt wird, auch das unscheinbarste, triviale Detail, eine Verbindung zur Auflösung der Geschichte haben kann, darf nichts übersehen werden. Alles wird hier zur Essenz; das Zentrum des Buches verlagert sich mit jedem Ereignis, das die Handlung vorwärtstreibt. Deshalb ist hier das Zentrum überall, und kein Kreis kann darum gezogen werden, bis das Buch an sein Ende gelangt ist.[7]

Auster bedient sich hier einer mystischen Sprache, um das Geheimnis des Kriminalromans zu beschreiben. Bei einem Mystiker des 17. Jahrhunderts findet sich der Satz: »Gott ist ein Kreis, dessen Zentrum überall und dessen Begrenzungslinie nirgendwo ist.«[8] Die Rolle des Detektivs wiederum ist so attraktiv, weil er eine besondere Sensibilität für die Welt mitbringt und die Dinge zu ihm sprechen. »Er ist den Dingen gegenüber wachsam, als ob er erwarten würde, dass sie zu ihm sprechen, als ob sie aufgrund der Aufmerksamkeit, die er ihnen entgegenbringt, über die einfache Tatsache ihrer Existenz hinaus auch noch Träger von Bedeutung sein könnten.«[9]

Bei Quinn bleibt es nicht beim Schreiben von Kriminalromanen, er wird bald auch selbst in einen Fall verwickelt. Der Klient, den er zu vertreten hat, ist in jeder Hinsicht eine Ausnahmeerscheinung. Sein Vater hat an ihm ein Experiment vollzogen, das in der Geschichte schon mehrfach wiederholt worden ist. Er wollte die göttliche Ursprache wiedergewinnen, die die Menschen auf der Erde verloren haben. Dafür musste er aus seinem kleinen Sohn die wenigen Worte, die er schon aufgeschnappt hatte, herausprügeln und ihn in einer dunklen Kammer in absoluter Isolation aufziehen. Der Klient Peter Stillman besitzt kein Innenleben und kein Ich, weshalb er eher einer Marionette ähnelt als einem Menschen. Seine Sprache klingt fremd und bizarr, sie ist mechanisch und angelernt. Er spricht von sich ausschließlich in der dritten Person: »Peter kann jetzt wie andere Leute sprechen. Aber er hat auch noch die anderen Worte in seinem Kopf. Es sind die Worte der Gottessprache, die keiner sprechen kann. Sie können nicht übersetzt werden.

7 Auster, *City of Glass*, S. 8 (Übers. A. A.).

8 Sir Thomas Browne, *Religio Medici*, in: Norman Endicott (Hg.), *The Prose of Sir Thomas Browne*, New York, London 1968, S. 1-89, hier S. 15 (Übers. A. A.).

9 Auster, *City of Glass*, S. 8 (Übers. A. A.).

Deshalb lebt Peter so dicht bei Gott. Deshalb ist er ein berühmter Dichter.«[10] Der Sohn Peter Stillman fürchtet die Rückkehr des Vaters Peter Stillman, von dem er annimmt, dass er ihn wieder in seine Gewalt bringen möchte. Um das zu verhindern, wird Quinn von der Frau des Klienten angestellt, um den anreisenden Vater Stillman zu beschatten.

Nachdem er ihn (nicht zweifelsfrei) am Bahnhof identifiziert hat, folgt Quinn inkognito dem Vater durch die Straßen von New York. Dabei registriert er skrupulös dessen Wanderrouten und Verhalten in seinem roten Notizbuch. Stillman senior hat die Augen auf den Boden geheftet, sammelt auf seinen mäandernden Gängen allerlei Zerbrochenes und achtlos Weggeworfenes vom Boden auf und trägt diesen sorgfältig inspizierten Müll in einer Tasche in sein Hotel zurück: »[...] ein kaputter Schirm, der Kopf einer Puppe, ein schwarzer Handschuh, die Fassung einer Glühbirne, aufgeweichte Zeitschriften und zerknitterte Zeitungen, eine zerrissene Photographie, Maschinenteile und anderes nicht identifizierbares Zeug.«[11] Quinn, der sich ganz dem Beobachten und Aufschreiben hingibt, kann dieses Verhalten nicht deuten. Die Interpretationskunst des Krimiautors stößt hier an ihre Grenzen. Die Welt ist für ihn nicht mehr lesbar – im Dickicht der Zeichen verliert er alle *clues*. Es geht ihm also ähnlich wie dem Erzähler in Poes Geschichte »The Man of the Crowd«.

Quinn war zutiefst enttäuscht. Er hatte immer geglaubt, dass die genaue Beobachtung der Details der Schlüssel zur guten Detektivarbeit sei. Je genauer die Beobachtung, desto sicherer das Resultat. Die Voraussetzung dabei war, dass menschliches Verhalten verstanden werden kann, dass es unter der ewigen Fassade von Gesten, Ticks und Schweigen doch so etwas gab wie Kohärenz, eine Ordnung, eine Quelle der Motivation. Aber nachdem er alle Oberflächeneffekte aufgenommen hatte, fühlte sich Quinn Stillman um keinen Schritt näher. Er hatte sein Leben gelebt, war seinen Gang gegangen, hatte gesehen, was er gesehen hatte, und das Einzige, was er nun fühlte, war die Undurchdringlichkeit dieses Menschen.[12]

Dann kommt er dem Rätsel doch einen Schritt näher. Er zeichnet den zurückgelegten Weg eines Tagesmarschs nach und erhält in

10 Auster, *City of Glass*, S. 20 (Übers. A. A.).
11 Auster, *City of Glass*, S. 59 (Übers. A. A.).
12 Auster, *City of Glass*, S. 67 (Übers. A. A.).

seinem Notizbuch Figuren, mit denen er zunächst nichts anfangen kann, die sich dann aber in der Reihe der Figuren plötzlich als Buchstaben erweisen.

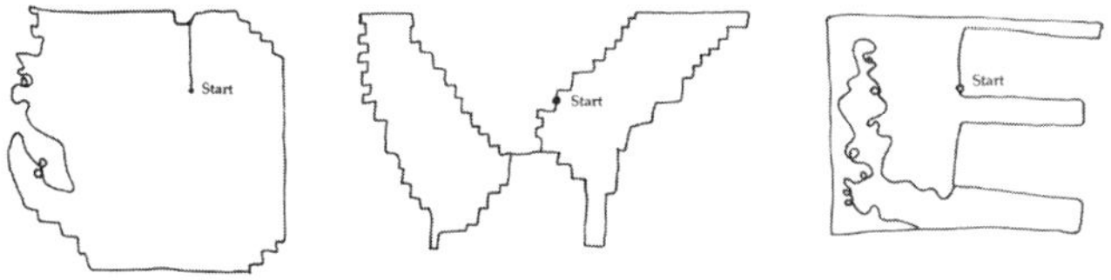

Abb. 35: Hieroglyphen in Paul Auster, *City of Glass* (S. 67-69)

Der erste Buchstabe, den er entziffert, ist ein O; es folgen weitere, die ihn schließlich das Codewort erkennen lassen: THE TOWER OF BABEL. An diesem Punkt springt Quinn von den Buchstaben zu den Hieroglyphen, und der postmoderne Autor Auster tut dies mit einer expliziten Hommage an Edgar Allan Poe:

Quinns Gedanken flogen zu den letzten Seiten des Romans über A. Gordon Pym und dessen Entdeckung der seltsamen Hieroglyphen an einer Felswand – Buchstaben, die in die Erde selbst graviert waren, als ob sie etwas zu sagen versuchten, das nicht mehr verstanden werden kann. [...] Stillman dagegen hatte nichts aufgeschrieben. Seine Hieroglyphe war eher wie ein Bild, das man mit dem Finger in die Luft zeichnet. Das Bild vergeht in dem Moment, wo es entsteht. Es gibt hier kein Ergebnis, keine Spur, die markiert, was man gemacht hat.[13]

Im Zustand seiner völligen Verwirrung oszilliert Quinn zwischen der scharfsinnigen Lösung seines Rätsels, dem entdeckten Kodewort, und der Absurdität und Unsicherheit des ganzen Unterfangens. Der Meisterdetektiv und Entzifferer der Hieroglyphen hat keinen Boden mehr unter den Füßen und hängt in der Luft. Zwischen Müll und Bedeutung, zwischen Chaos und sublimer Botschaft kann nicht mehr mit Sicherheit unterschieden werden.

13 Auster, *City of Glass*, S. 71 (Übers. A. A.).

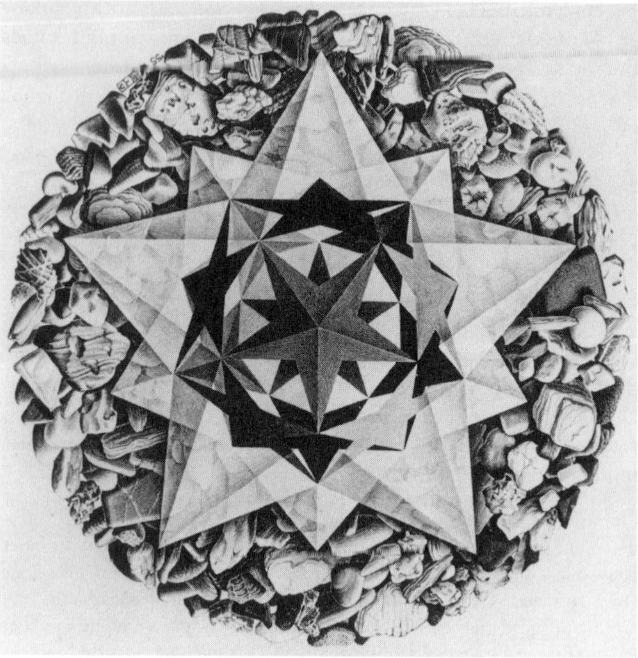

Abb. 36: M.C. Escher, *Ordnung und Chaos*, Lithographie (1950)

Nachdem er das Codewort wie ein guter Detektiv geknackt hat, ist die Welt, in die ihn der Stillman-Fall verstrickt hat, für Quinn wieder erwartbar geworden, aber verständlicher wurde sie deshalb nicht.

Zwei Buchstaben waren noch übrig – das E und das L. Quinns Geist löste sich langsam auf. Er war in einem Niemandsland der Bruchstücke, an einem Ort der wortlosen Dinge und der dinglosen Worte angekommen. Dann nahm er noch einmal alle Kraft zusammen, um seine Stumpfheit zu überwinden, und sagte sich, dass El das alte hebräische Wort für Gott ist.[14]

14 Auster, *City of Glass*, S. 72 (Übers. A. A.).

Es folgt noch ein Gespräch, in dem Stillman senior Gelegenheit erhält, sein Projekt der Ursprache zu erläutern. Er ist unterwegs, um die Differenz zwischen der vollkommenen Sprache und der gefallenen Welt zu vermessen. Er stellt fest, dass das, was ursprünglich einmal deckungsgleich war, inzwischen heillos auseinanderstrebt. In einer solchen gefallenen Welt können die Worte die Dinge nicht mehr bezeichnen. Sie sind ungenau geworden und verfehlen das, wofür sie stehen. »Das Wort [...] kann die Sache nicht mehr ausdrücken. Es ist ungenau; es ist falsch; es verbirgt die Sache, die es zeigen sollte.«[15] Und er fügt hinzu: »Sie sehen, mein Herr, die Welt ist zerbrochen, und es ist meine Aufgabe, sie wieder zusammenzusetzen.«[16] Er bezieht sich damit nicht auf Hamlet, der glaubt, die aus den Fugen geratene Welt wieder einrenken zu müssen, sondern lässt den englischen Kindervers über Humpty Dumpty anklingen. Das Ei, das, nachdem es von der Mauer gefallen und zerbrochen war, auch von der gesamten königlichen Kavallerie nicht mehr gerettet werden konnte, möchte Stillman wieder zusammensetzen – er möchte den Sündenfall rückgängig machen. Mit diesem Projekt ist er nach New York gereist, »denn diese Stadt ist die verlorenste und erbärmlichste. Die Zerbrochenheit ist überall, die Unordnung universal. Schau sie dir nur an: die gebrochenen Menschen, die gebrochenen Dinge, die gebrochenen Gedanken. Die ganze Stadt ist ein Müllhaufen.«[17]

In diesem überaus unterhaltsamen Gespräch, in dem Quinn seinen Namen und seine Identität dreimal wechselt, werden unterschiedliche Sprachtheorien diskutiert. Der Versuch Stillmans, durch einen Kraftakt und eine Geste der Macht Sprache und Dinge wieder in ein Verhältnis der Ähnlichkeit und Kongruenz zu bringen, wird konfrontiert mit dem Prinzip des gleitenden Signifikanten, bei dem Sprache nicht auf einer metaphysisch ›wahren‹ Verbindung von Wort und Sache beruht, sondern über die Ähnlichkeiten und minimalen Unterschiede der Zeichen einen Strom von Assoziationen in Gang setzt. Entweder versucht man, sich die Sprache untertan zu machen, oder man überlässt sich dem gleitenden Fluss ihres Wandels. Auster hat im Spiegel der so anspielungsreichen und spielerischen Handlung seines Romans über die

15 Auster, *City of Glass*, S. 77 (Übers. A. A.).
16 Auster, *City of Glass*, S. 76 (Übers. A. A.).
17 Auster, *City of Glass*, S. 78 (Übers. A. A.).

Grundlagen des Schreibens, Lesens und Erzählens sowie über Sprache, Zeichen und die Anstrengungen des Deutens reflektiert. Die Lesbarkeit der Welt, diese zentrale Prämisse des Kriminalromans, geht bei Auster allerdings von Anfang an verloren, weil er in seinen Text überall Doubles einbaut. Wie in dem Gespräch mit Stillman senior, in dem Quinn nacheinander drei verschiedene Namen und Rollen annimmt, vervielfältigen sich die Figuren im Roman beständig, womit jegliche Orientierung auf Identität und Beständigkeit in diesem postmodernen Roman strategisch unterlaufen wird. Die Leser dieses Textes können gar nicht anders, als sich im Dickicht dieser Zeichen zu verhaken. Sie sehen sich – ähnlich wie in dem roten Notizbuch des Protagonisten – einem »verworrenen und unleserlichen Palimpsest« gegenüber, »in dem zwei oder drei Zeilen übereinander geschrieben sind«.[18]

Man könnte annehmen, dass dieser Roman, der nicht nur eine spannende Geschichte erzählt und brillant über die Logik postmodernen Schreibens reflektiert, sondern auch ein geistesgeschichtliches Thema auf hohem Niveau entfaltet, von Umberto Ecos Buch über die Theorie der Ursprache inspiriert worden ist. Ecos Buch erschien jedoch erst ein Jahrzehnt nach Austers Roman.[19] Auster konnte dagegen auf Sacvan Bercovitch, *The Puritan Origins of the American Self*, zurückgreifen, das ein Jahrzehnt vor dem Roman erschien.[20] Der aktuelle Stand dieser historischen Forschung ist in das sechste Kapitel des Romans in fiktionalisierter Form eingegangen. In diesem Kapitel wird die Ebene der Erzählung unterbrochen: Quinn begibt sich in die Bibliothek der Columbia-Universität, steigt hinab in das Archiv der Geistesgeschichte und referiert die talmudischen, christlichen und puritanischen Interpretationen zweier biblischer Mythen, der Geschichte des Paradieses und des Turmbaus von Babel. Für diejenigen, die im 16. und 17. Jahrhundert das Wagnis der Emigration auf sich nahmen, weil sie ihr Heil in der Neuen Welt suchten, wurden diese biblischen Mythen zu orientierenden Landkarten, die dabei aus der Vergangenheit in die Zukunft projiziert wurden. Der Aufbruch in die Neue Welt war

18 Auster, *City of Glass*, S. 62 (Übers. A. A.).

19 Umberto Eco, *Die Suche nach der vollkommenen Sprache*, übers. v. Burkhart Kroeber, München 1994.

20 Sacvan Bercovitch, *The Puritan Origins of the American Self*, New Haven, London 1975.

mit der Vision verbunden, den Fall der Menschheitsgeschichte rückgängig zu machen und ein zweites Eden aufzubauen. Die Puritaner fühlten sich als das zweite dafür auserwählte Volk, das die Menschheit in den Zustand ihrer Unschuld zurückholen sollte. In diesen Kontext gehört das Sprachexperiment, das Stillman senior an seinem Sohn vollzogen hat: man ging davon aus, dass Kinder, die von der Sprache der Menschen abgeschnitten werden, von selbst das Hebräische als die Sprache Gottes sprechen würden. Diese Utopie enthielt auch das Programm einer Generalreinigung der Zeichen, die durch den Sündenfall und die Sprachverwirrung als Folge des Turmbaus von Babel verunstaltet worden waren. Adam zum Beispiel, den wir bereits als ersten Leser der Welt kennengelernt haben, weil er im Paradies allen Geschöpfen und Dingen ihre richtigen Namen gab, spielt in Quinns geistesgeschichtlichem Crashkurs auch eine bedeutende Rolle.

Im Stand der Unschuld traf seine Zunge direkt ins Zentrum der Welt. Seine Worte waren nicht nur Anhängsel an die Dinge, die er sah, sondern offenbarten ihre innere Essenz und brachten sie Wort für Wort zum Leben. Sache und Name waren austauschbar. Nach dem Fall galt das nicht mehr. Die Namen lösten sich von den Sachen ab; Worte verfielen in eine Ansammlung arbiträrer Zeichen; [nicht nur der Mensch, auch] die Sprache war von Gott abgefallen.[21]

Die Unterscheidung zwischen prälapsarischer und postlapsarischer Sprache (vor beziehungsweise nach dem Sündenfall gesprochener Sprache) entspricht ganz offensichtlich der in diesem Buch eingeführten Begrifflichkeit von ›unmittelbarer‹ und ›mittelbarer Signifikation‹. Das ist zugleich der Kontext für eine neue Aufmerksamkeit in Bezug auf den Gebrauch von Zeichen und ein neuer Ansatz für eine Diskussion über die Bedeutung von Sprache.

Wenn der Sündenfall der Menschen also den Verfall der Sprache einschloss, war es dann nicht folgerichtig anzunehmen, dass es möglich ist, diesen Fall rückgängig zu machen und seine Wirkung aufzuheben, indem man den Verfall der Sprache rückgängig macht, indem man die Ursprache des Paradieses wiederherstellt? Wenn der Mensch in der Lage ist, die Ursprache wieder zu erlernen, wird er dann nicht auch in den Zustand der Unschuld zurückkehren?[22]

21 Auster, *City of Glass*, S. 43 (Übers. A. A.).
22 Auster, *City of Glass*, S. 47 (Übers. A. A.).

Aus der Einsicht in den gefallenen Charakter der Sprache ergab sich in der Renaissance das Projekt der Suche nach der vollkommenen Ursprache, das viele zum Teil sehr unterschiedliche Gruppen ergriff. Darunter waren auch die Puritaner, die mit dieser Vision eine genuin amerikanische Geschichte geschrieben haben, die Paul Auster mit seinem Roman noch einmal in Erinnerung gerufen hat.

Jonathan Safran Foer, Extremely Loud and Incredibly Close

Von Austers Roman über den Turmbau zu Babel und die Bedeutung dieses Mythos für die amerikanische Geschichte ist es nur ein Schritt zu Jonathan Safran Foers Roman über den gewaltsamen Einsturz der beiden Türme des World Trade Center und die Bedeutung dieses kollektiven Traumas für die amerikanische Gesellschaft. Beides sind New-York-Romane, beide handeln von Traumata, beide haben Flaneure als Protagonisten, und beide beschäftigen sich mit Zeichen und den Möglichkeiten und Grenzen ihrer Deutung.

Foers Roman erschien vier Jahre nach dem 9. September 2001 und zwanzig Jahre nach Paul Austers *City of Glass*. Was Auster in der Perspektive von Stillman Sernior über die Zerbrochenheit von New York zu Protokoll gegeben hat: »diese Stadt ist die verlorenste und erbärmlichste. Die Zerbrochenheit ist überall, die Unordnung universal. Schau sie dir nur an: die gebrochenen Menschen, die gebrochenen Dinge, die gebrochenen Gedanken«[23] – das erscheint in Foers Roman als Gebrochenheit der Stadt im Zustand einer kollektiven posttraumatischen Störung. Hier ist es nicht der junge Familienvater, der nach dem Tod von Frau und Kind weiterleben muss, sondern Mutter und Kind, die nach dem Tod des Vaters weiterleben müssen. Der Roman wird aus der Perspektive des neunjährigen Oskar Schell erzählt, der von dem Verlust seines Vaters gezeichnet ist.

Wie es in Austers Roman direkte Anspielungen auf Erzählungen von Poe gibt, gibt es in Foers Roman direkte Anspielungen auf den Roman von Auster. Oskar hat gewisse Ähnlichkeiten mit Peter Stillman junior: auch er spricht eine außergewöhnliche Spra-

23 Auster, *City of Glass*, S. 78 (Übers. A. A.).

che und ist ebenfalls nur in weiß gekleidet. Er hat aber auch Ähnlichkeiten mit Peter Stillman senior, der die Straßen New Yorks auf bedeutsame Fundstücke hin absuchte. Oskar ist ebenfalls auf solchen Erkundungsgängen unterwegs, die er »Reconnaissance Expeditions«[24] nennt. Dieses Archäologie-Spiel hat er mit seinem Vater öfters im Central Park gespielt. Die Fundstücke wurden anschließend zu Hause gesäubert und unter dem Mikroskop besichtigt. Das Problem war allerdings, dass sich aus den Objekten keinerlei Hinweis auf irgendeine Geschichte ergab. Nach dem Tod des Vaters, der beim Anschlag auf das World Trade Center umgekommen ist, wartet Oskar überall auf Zeichen. Deshalb nimmt er auch seine Erkundungsgänge im Central Park wieder auf.

Ich grub eine Haarspange, eine Rolle Pfennige, eine Reißzwecke, einen Kleiderbügel, eine 9V-Batterie, ein Schweizer Armeemesser, einen kleinen Bilderrahmen, eine Hundemarke mit dem Namen Turbo, ein Stück Aluminium, einen Ring, einen Rasierer und eine sehr alte Taschenuhr aus, die um 5 Uhr 37 stehengeblieben war. Ich wusste nicht, ob früh morgens oder nachmittags. Aber ich konnte nicht herausfinden, was das alles zu bedeuten hatte. Je mehr ich fand, desto weniger verstand ich.[25]

Vor allem hat Oskar aber Ähnlichkeiten mit Quinn, der Detektiv spielt, ohne dafür einen Gewerbeschein zu haben. Genau wie Quinn glaubt Oskar an die exakte Beobachtung und führt ein Notizbuch. Mit Hilfe einer Landkarte versucht er, Zeichen zu generieren, indem er die Fundorte seiner Objekte einzeichnet und dann diese Punkte miteinander verbindet. Auf diese Weise entstehen Worte wie ›fragil‹ oder ›Tür‹, ›porte‹ und sogar ›Oskar‹. »Ich konnte sie so verbinden, dass fast alles herauskam, was ich wollte, was bedeutete, dass ich keiner Sache näher kam.«[26] Oskar spielt virtuos Detektiv, nachdem er einen Schlüssel gefunden hat und das passende Schloss dazu sucht. Meist ist es andersherum: Man steht vor etwas Verschlossenem, das ein Rätsel birgt, und sucht dafür den passenden Schlüssel. Oskars Schlüssel passt in New York auf eines von 162 Millionen Schlössern, was ihn auf viele Fährten und in die Rolle eines Flaneurs der Großstadt versetzt.

24 Jonathan Safran Foer, *Extremely Loud and Incredibly Close*, Boston, New York 2005, S. 8.

25 Foer, *Extremely Loud and Incredibly Close*, S. 10 (Übers. A. A.).

26 Foer, *Extremely Loud and Incredibly Close*, S. 10 (Übers. A. A.).

Oskar teilt auch die Einsamkeit Quinns, obwohl er beständig auf der Suche nach Menschen ist und neue Verbindungen eingeht. Vor allem teilt er aber die innere Leere Quinns. Diese Leere wird in Foers Text elaboriert und zum zentralen Motiv dieses Trauma-Romans. Beide Protagonisten verbindet ein posttraumatischer Zustand. Sie können in der realen Welt und der Gegenwart nicht ankommen, sie fliehen in Phantasiewelten und verharren in einer emotionalen Erstarrung, die sie vor ihrer psychischen Wunde schützt. »Ich habe mich bis oben hin in den Schlafsack meines Selbst eingeschlossen«, sagt Oskar wiederholt von sich.[27] Der Trauma-Spezialist Jonathan Shay beschreibt diesen Habitus des Traumatisierten als ein »Herunterfahren des Systems« (*shutting down the system*).[28] Die Wunde des Traumas als Quelle der Verletzung wird auf diese Weise mit einer dicken Hornhaut überzogen.

Diese innere Leere, von der bei Auster bereits die Rede ist, wird in Jonathan Safran Foer zur Leerstelle und zum Leitmotiv dieses Trauma-Romans. Ihre erste Erscheinungsform im Text ist der Sarg des Vaters, der ohne den Vater bestattet wird, weil es keine Leiche gibt: sie ist im Schutt des zusammenstürzenden Gebäudes mit untergegangen. Diese Leere wird am Schluss gefüllt – mit den Briefen des Großvaters, die den Sohn nie erreicht haben. Eine weitere Leerstelle ist im Stadtbild selbst zu sehen. Oskar kann vom Dach des Empire State Building »das gigantische Loch sehen, wo das World Trade Center war«.[29] Sowohl die Stadt New York als auch Oskar haben ein Loch in ihren Namen. Hier werden Buchstaben wieder zu Bildern. »Es gab ein Geheimnis, das war ein Loch in meiner Mitte, in das alle fröhlichen Dinge hineinfielen.«[30] Dieses schwarze Loch, das Oskar mit sich herumträgt, ist zugleich das Geheimnis,

27 Foer, *Extremely Loud and Incredibly Close*, S. 37 (Übers. A. A.).

28 Jonathan Shay, *Achilles in Vietnam. Combat Trauma and the Undoing of Character*, New York 1994. In einer weiteren Studie schreibt Shay: »Reexperiencing symptoms of PTSD are varied outcomes of the capacity to learn about danger, so as to be able to anticipate it, to prepare for it, or to avoid it. The mobilization of the mind and body to meet danger, and the shutting down of mental and bodily functions not required to survive in mortal danger, become harmful and dysfunctional if they persist long after danger has passed.« Jonathan Shay, *Odysseus in America. Combat Trauma and the Trials of Homecoming*, New York 2002, S. 194.

29 Foer, *Extremely Loud and Incredibly Close*, S. 245 (Übers. A. A.).

30 Foer, *Extremely Loud and Incredibly Close*, S. 71 (Übers. A. A.).

dem er als Detektiv auf der Spur ist. Er findet endlich das Schloss, in das sein Schlüssel passt, indem er die Person findet, der er dieses Geheimnis am Ende des Romans anvertrauen kann. Es geht dabei um die unaussprechliche Wahrheit der letzten Nachricht seines Vaters auf dem Anrufbeantworter, der er sich verweigerte. Die traumatische Lücke des verfehlten Abschieds kann erst nachträglich gefüllt werden. Mit der Preisgabe dieses Geheimnisses löst sich endlich die emotionale Blockade, und Oskars verzweifelte Suche nach Zeichen und Botschaften kann ein Ende finden.

Zeichen, Signale und Botschaften spielen eine große Rolle in den besprochenen Romanen. Sie entstehen in verschiedenen Kontexten und nehmen ganz unterschiedliche Bedeutung an. Der Flaneur liest die Zeichen der Großstadt. Anders als die anderen Passanten, die jeweils mit ihren eigenen Vorhaben beschäftigt und auf konkrete Ziele ausgerichtet sind, sieht der Flaneur die Stadt als Ganzes. Oskars Radius als Flaneur umfasst die fünf Stadtteile von New York; seine Marschrouten werden ergänzt durch Weitblicke über die gesamte Stadt aus der Vogelperspektive. Der Detektiv dagegen fokussiert auf kleinste Details. Er entwickelt eine besondere Aufmerksamkeit für das Unscheinbare und versucht, aus Fragmenten bedeutungsvolle Informationen zu gewinnen, um eine zusammenhängende Geschichte zu konstruieren. Der Therapeut ist ebenfalls ein Zeichenleser und -deuter, der diese Impulse der Orientierung, des Verstehens und der Sinnsuche auf einer weiteren Ebene organisiert. Wie Oskars Mutter, die das Detektivspiel als eine belebende Aufgabe für ihren Sohn erfunden hat, so komponiert der Autor die Zeichen und Symbole einer signifikanten Handlung, die als eine Trauma-Therapie lesbar und erlebbar wird. Flaneur, Detektiv und Heiler – alle diese Zeichenspezialisten müssen im Prozess des Lesens zusammenarbeiten. Wie Oskar nach seinen Reconnaissance-Expeditionen müssen die Leser das, was sie ›auflesen‹, beachten, identifizieren und mit anderem Aufgelesenen in Beziehung setzen. Die Verbindungen, die sie dabei herstellen, werden im Laufe der Lektüre immer wieder aufgelöst und durch neue ersetzt. Oskar erklärt: »Ich löschte die Linien und verband die Punkte auf eine neue Weise«[31] – genauso gestaltet sich das Navigieren im Text, das in Foers Roman obendrein von auffallenden

31 Foer, *Extremely Loud and Incredibly Close*, S. 10 (Übers. A. A.).

Zeichen und Signalen geleitet wird. Hier gibt es nicht nur den homogenen Vorhang der Buchstaben, sondern zusätzlich jede Menge ikonischer Elemente, die ihm fast das Aussehen eines persönlichen Sammelalbums geben: Photographien, aber auch (fast) leere Seiten sowie unterschiedliche Schrifttypen, farbige Markierungen, Zahlenreihen und Einschwärzungen. Diese »hyperaktive Oberfläche«[32] rastert den Text auf, unterbricht ihn, führt ihn gelegentlich an die Grenze der Lesbarkeit und fokussiert die Aufmerksamkeit immer wieder um.

Die Frage bleibt, wohin man auf dieser Lesereise gelangt. Oskar boten sich bei der Verbindung seiner Punkte zu Schriftzeichen Bedeutungsimpulse wie ›fragil‹ oder ›Tür‹ an. Seine große Hoffnung war, dass diese Tür ein Schloss haben möge, in das sein Schlüssel passen würde. So denken Detektive, die Probleme lösen müssen, auf die es nur eine richtige Antwort gibt. Das Lesen schafft dagegen weit größere Freiräume der Kombination. Wie man sich das vorzustellen hat, darüber gibt der folgende kleine Dialog zwischen dem Vater Schell und seinem Sohn Aufschluss. »Kannst du mir nicht jedenfalls sagen, ob ich auf dem rechten Wege bin?«, fragt der ungeduldige Oskar seinen Vater, der gerade beim Korrekturlesen ist und deshalb nur beiläufig mit den Schultern zuckt. »Wenn du mir nichts sagst, wie kann ich dann überhaupt wissen, ob ich richtigliege?« Die Antwort des Vaters lautet: »Man könnte es auch anders sehen und fragen: wie kann man überhaupt falschliegen?«[33]

32 John Updike, »Mixed Messages. ›Extremely Loud and Incredibly Close‹«, in: *The New Yorker* (14. März 2005), ⟨http://www.newyorker.com/archive/2005/03/14/050314crbo_books1⟩, letzter Zugriff 24.3.2014.

33 Foer, *Extremely Loud and Incredibly Close*, S. 9 (Übers. A. A.).

V. Metamorphosen des Lesens

13. Strategien des Lesens

> Während man nicht weiß, wie ein Leser zu einem Buch spricht, ist der Kritiker gezwungen, einen bestimmten ›Ton‹ anzuschlagen, und alles in allem kann der nur gebieterisch klingen.
>
> Roland Barthes, *Kritik und Wahrheit*

Schreibendes Lesen

Anders als die normale Lektüre, die ins Gespräch, ins Handeln, in Gedanken, Gedächtnis und natürlich auch das Vergessen mündet, mündet die professionelle Lektüre wieder in einen Text. Professionelle Leser schreiben, wenn sie lesen. Dieser besondere Umstand findet sich sinnfällig dargestellt auf einem Titelkupfer vom Ende des 17. Jahrhunderts, welches eine Allegorie der Ars critica zeigt.

Abb. 37: Jean LeClerc, *Ars critica*, Frontispiz (1697)

Zu sehen ist eine Person, die auf den ersten Blick wie eine weibliche Leserin aussieht. Dieser Eindruck ist doppelt trügerisch, denn erstens handelt es sich um die Personifikation einer Disziplin, von der die Frauen bis ins 20. Jahrhundert kategorisch ausgeschlossen waren, und zweitens handelt es sich dabei keineswegs um neugieriges, sondern um professionelles Lesen. Professionelles Lesen ist, wie man hier sieht, schreibendes Lesen. Die am Tisch sitzende Dame liest ein Buch, das sie in der linken Hand hält, während sie gleichzeitig mit der rechten schreibt. Dabei ist ihr der Gott Hermes behilflich, der an seinen Insignien leicht erkennbar ist. Dazu gehören neben einem besonderen Helm, der hier nicht zu sehen ist, ein Flügelpaar und ein besonderer Hirtenstab, Kerykeion genannt. Hermes hält hier der Leserin zur besseren Be- und Erleuchtung eine Öllampe neben das offene Buch. Lampe, Buch und Schreibfeder bilden eine Einheit im Zentrum des Bildes; offenbar handelt es sich dabei um die drei Komponenten, die in der Ars critica zusammenwirken. Die Szene enthält weitere allegorische Merkmale: Im Hintergrund gibt ein zurückgezogener Vorhang den Blick auf eine reich bestückte Bibliothek frei. Diese Bibliothek ist nicht eine beliebige Ansammlung von Büchern, vielmehr suggeriert sie die Ehrwürdigkeit und Geschlossenheit einer kanonisierten Tradition. Sie deutet an, dass nicht jedes beliebige Buch zum Objekt des dargestellten Akts werden kann, sondern nur solche, die eine normative und formative Rolle im kulturellen Kanon spielen. Im linken unteren Bereich des Bildes findet sich eine Sphinx. Sie deutet auf die Dunkelheit der Texte hin und repräsentiert damit gewissermaßen das Problem, als dessen Lösung die Ars critica auftritt; im rechten Bereich weisen Totenschädel und eine mit Lorbeer umwundene Trompete auf ein weiteres Ziel dieser Kunst hin, welches darin besteht, dem Vergessen zu trotzen und bestimmten Texten und Autoren einen festen Platz im kulturellen Gedächtnis und damit eine säkulare Form von Unsterblichkeit zu verleihen.

Abb. 38a und b: Hermes als Götterbote und Psychopompos

›Ars critica‹ dürfen wir mit ›Philologie‹ oder noch allgemeiner mit ›Hermeneutik‹ übersetzen. Der Sonderfall des schreibenden Lesens kennzeichnet die Hermeneutik, der die Institution der Literaturwissenschaft als methodisch disziplinierte, professionalisierte Lektüre verpflichtet ist. Die allegorische Darstellung von 1697 bezieht sich aber nicht auf die Literaturwissenschaft, sondern auf ihre ältere Schwester, die Bibelkritik. Die Anwesenheit ihres Patrons, des griechischen Gottes Hermes, macht jedoch die Kontinuität der Hermeneutik über unterschiedliche historische Epochen hinweg deutlich. Von Haus aus ist er der Gott der Händler und Dolmetscher, ein *go-between* und *trickster*, dem man auch zutraut, dass er seine Vermittlerrolle und Sonderkompetenz für listige Täuschungsmanöver missbrauchen kann. Von dieser Zwielichtigkeit des Gründungspatrons ist in unserem Bild freilich nichts zu spüren. An die Stelle des trickreichen Gesellen ist ein beflissener Lakai getreten, der zuverlässig Licht spendet. Dieses Titelkupfer ist aufschlussreich, weil es das implizite Selbstverständnis einer Hermeneutik illustriert, die soeben in den Rang einer akademischen Institution erhoben wurde. Das Eindringen neuer Prinzipien der Schriftauslegung in den Bereich religiöser Texte markiert eine neuzeitliche Wende im Umgang mit der fundierenden Überlieferung, die damit tendenziell einer kritischen Historisierung ausgesetzt wird. Nachdem die Kunst der Hermeneutik an den Texten des religiösen Kanons entwickelt und erprobt worden war, konnte sie im 19. Jahrhundert im Zuge der Institutionalisierung der Geisteswissenschaften an den Universitäten auch auf literarische Texte angewendet werden.

Das stolze Selbstverständnis der Hermeneutik, das aus diesem Bild spricht, ist inzwischen gründlich erschüttert worden. Die Kritik hat auch die *Ars critica* nicht verschont. Wir haben den Niedergang des hermeneutischen Anspruchs erlebt, der darin bestand, Unverständliches und Fremdes in helle Bedeutungen, dunkle Zeichen in Klartext zu überführen. Hermeneutik präsentiert sich heute nicht mehr als Fanal der Aufklärung, sondern ist mit der Sphinx in ein neues Bündnis eingetreten, bei dem es darauf ankommt, den Geheimnischarakter des Textes zu bewahren, anstatt ihn aufzulösen. Darüber hinaus haben wir einen tiefgreifenden Umbau des kulturellen Kanons erlebt, der auch das soziale und institutionelle Gefüge erfasst hat. Im Zuge dieser kulturgeschichtlichen Erschütterungen haben wir erlebt, dass sich im hermeneutischen Zwischenraum zwischen gedrucktem Text und lesendem Blick die Stimmen derer zu Wort melden, die bislang aus der Kommunikation kultureller Texte als stumm ausgegrenzt waren, was die Wahrnehmung und Perspektiven der Lesenden erheblich verschoben hat. Was sich in dem Zwischenraum zwischen Leser und Text ebenfalls breitgemacht hat, ist das Bewusstsein von der Präsenz und konstruktiven Kraft der materiellen Medien Buch und Schrift, die die Formen der Lektüre entscheidend beeinflussen. Im Folgenden nehmen wir schon einmal in abgekürzter Form drei historische Metamorphosen der Hermeneutik vorweg, die im abschließenden Kapitel dieses Buches ausführlicher dargestellt werden sollen.

Deuten und Dolmetschen

Seit der Antike gibt es ein Bewusstsein dafür, dass ebenso wie das Hören einer fremden Sprache auch das Lesen eines geschriebenen Textes eines Dolmetschers bedarf. Der Interpret hatte eine dem Übersetzer analoge Funktion: er verwandelte fremd gewordene, unverständliche Zeichen in verständliche und tat dies nicht nur kraft seiner Sprachkompetenz, sondern auch kraft seiner Deutungskompetenz. Es gibt nämlich ebenso wie die Fremdheit der

Sprache auch eine Fremdheit der Schrift, die durch die Erstarrung der Zeichen in Texten einerseits und ihre Umbettung in immer neue historische und kulturelle Kontexte andererseits entsteht. Während der Übersetzer eine Brücke zwischen zwei Anwesenden schlägt, die wechselseitig ihre Sprachen nicht kennen, schlägt der Interpret eine Brücke zwischen dem Text und einem späteren Leser. Er navigiert nicht zwischen zwei Sprachen, die er auf einen gemeinsamen Sachverhalt zu beziehen weiß, sondern zwischen den Doppel- und Mehrfachbedeutungen der Zeichen, aus denen der Text gemacht ist. Der Interpret übersetzt nicht von einer Sprache in die andere, wohl aber von einer Sinnebene der Worte in eine andere.

Ein wichtiger Unterschied zwischen Dolmetschen und Deuten ist dabei allerdings festzuhalten: während der Übersetzer die getrennten Kommunikationspartner zusammenbringt, stellt sich der Interpret zwischen den Text und seinen Leser und dehnt so den Abstand zwischen beiden. Solches Dazwischentreten ist niemals unproblematisch; es muss sich anders als das Übersetzen, dessen praktische Notwendigkeit allgemein anerkannt ist, eigens rechtfertigen. Die älteste Grundfigur solcher Rechtfertigung des Interpreten ist die ›helfende Wegweisung im Dickicht der Zeichen‹. Den ›Hodeget‹ (wie der Wegweiser auf Griechisch heißt) werden wir im folgenden Kapitel noch genauer kennenlernen. Er legitimiert sich damit, dass ohne seine kompetente Führung und Begleitung der Leser in die Irre geht. Ja, der Leser muss in diesem hierarchisch-institutionellen Deutungsrahmen überhaupt erst einmal erkennen, dass er allein blind, hilflos und unmündig ist, dass er der Hilfe bedarf und dass er, wenn er etwas begriffen zu haben glaubt, noch weit davon entfernt ist, richtig verstanden zu haben.

Der Vorwurf, den sich dieser Interpret gefallen lassen muss, ist der, dass sein Dazwischentreten nicht nur vermittelt, sondern auch trennt, indem es einen zusätzlichen Text hervorbringt, der den unmittelbaren Zugang zum Ausgangstext verstellt. Auch die professionelle Praxis der literaturwissenschaftlichen Interpretation war wiederholt mit dem Vorwurf einer parasitären Tätigkeit konfrontiert, die den Zugang zu Texten nicht öffnet, sondern im Gegenteil verstellt. Dagegen hat sich die Zunft mit einer Selbstbeschreibung gewappnet, die den ephemeren Charakter der eigenen Tätigkeit betont. Wie die Wittgensteinsche Leiter, die man umstößt, wenn man auf der oberen Ebene angelangt ist, solle man die Arbeit der

Interpretation vergessen, nachdem sie den Leser ins Licht gesetzt und auf neue Höhen des Einblicks versetzt hat. Die professionalisierte Lektüre stellt damit ihre Aufgabe als eine untergeordnete Tätigkeit und Hilfsfunktion dar, was jedoch nichts an der Tatsache ändert, dass sie den Zwischenraum zwischen Text und Leser aufsperrt, erobert, kolonisiert.

Die Prämisse von der unerschöpflichen Bedeutungsfülle

Für die Bereitschaft, Texte zu deuten, gibt es immer wieder neue Anlässe und Motivationen. Deuten muss man erstens Texte, wenn man sie aus einem kulturellen Kontext in einen anderen übernehmen möchte. Auf diese Weise ist die kosmologische oder moralische Homer-Allegorese oder die christliche Deutung der hebräischen Bibel entstanden, die das Alte Testament dem Neuen Testament angepasst hat. Deuten muss man zweitens wichtige Texte, die mit wachsendem historischen Abstand immer dunkler werden. In diesen Fällen kommt die Philologie mit ihren Erläuterungen der Lektüre zu Hilfe. Deuten muss man drittens solche Texte, die als ›klassisch‹ eingestuft werden; denn die Qualität des ›klassischen‹ (wie auch des ›heiligen‹) Textes besteht unter anderem darin, dass sie eine dauerhafte Deutungsanstrengung erfordert und immer neue Kommentare produziert.

Seit Kant hat sich eine Auffassung durchgesetzt, die bis heute das Fundament der literaturwissenschaftlichen Praxis bildet. Es ist seine Beschreibung der ästhetischen Idee. Darunter versteht Kant »diejenige Vorstellung der Einbildungskraft, die viel zu denken veranlasst, ohne dass ihr doch irgendein bestimmter Gedanke, d. i. Begriff, adäquat sein kann, die folglich keine Sprache völlig erreicht und verständlich machen kann«.[1] Was Kant von der ästhetischen Idee sagt, gilt generell für die Kunst und eben auch für den literarischen Text. Er ist ein Anlass, um viel zu denken und dies in immer neuen Annäherungen und Deutungen auch auszusprechen und niederzuschreiben: die Auffassung von der unerschöpflichen Bedeutungsfülle literarischer Texte. Die ästhetische Komplexität

1 Immanuel Kant, *Kritik der Urteilskraft*, § 49, in: Wilhelm Weischedel (Hg.), *Werke in zehn Bänden. Bd. 8: Kritik der Urteilskraft und Schriften zur Naturphilosophie*, Darmstadt 1975 [1790], S. 237-620, hier S. 413 f.

dieser Texte wird verzeitlicht als kontinuierliche Deutungsarbeit, die an kein Ende gelangt. Kant gelangte zu dieser folgenreichen Bestimmung literarischer Texte, indem er die Produktionsästhetik der Genielehre in eine Werk- und Wirkungsästhetik ummünzte und die ursprünglich in der Seele des Genies verankerte überschüssige Bedeutung in die geschichtliche Dimension verlagerte. Damit öffnete er die historische Dimension der Rezeption, in der sich die literarische Hermeneutik entfalten konnte. Das Werk galt als ein Koloss, der als solcher nie voll sichtbar ist, sondern erst an den verschiedenen Schatten, die er durch die Geschichte hindurch wirft, erkannt wird.

Die durch die Institution der Literaturwissenschaft professionalisierte Lektüre ist aber auch selbst zu einem Schatten geworden, der die literarische Produktion als ihr geheimer Doppelgänger begleitet. Wie es heute Kunstwerke gibt, die direkt fürs Museum hergestellt werden, gibt es auch Texte, die für die Sekundärliteratur geschrieben wurden. Mit einer höchst voraussetzungsreichen oder absichtlich verdunkelten Literatur hält eine akademische Deutungsarbeit Schritt. Das eine ermöglicht und bestätigt das andere. T. S. Eliot etwa hat Anfang des letzten Jahrhunderts die Schwierigkeit zu einer verbindlichen Norm für die Kunst erhoben:

> Die Dichter in unserer Zivilisation, wie sie gegenwärtig existiert, müssen schwierig sein. Unsere Zivilisation umfasst große Vielheit und Komplexität, die sich der Sensibilität des Dichters aufprägt und verschiedene und komplexe Wirkungen hat. Der Dichter muss immer umfassender, immer anspielungsreicher, indirekter werden, um die Sprache in die von ihm intendierte Bedeutung zu zwingen oder, wenn nötig, zu verzerren.[2]

Mit seinem Gebot der Schwierigkeit für die moderne Dichtung hat Eliot zugleich Generationen professioneller Leser ins Brot gesetzt, die fleißig nach seinen Maßstäben an den Universitäten Curricula einrichteten, um das rechte Lesen von Texten zu lehren, die sich nicht leicht erschließen lassen oder als unverständlich gelten. ›Unverständlichkeit‹ ist geradezu zu einem Epochenmerkmal der künstlerischen Moderne ab 1900 geworden. Solche ›Texte‹ verwan-

2 Thomas S. Eliot »Metaphysical Poets«, in: Dennis Joseph Enright, Ernst de Chickera (Hg.), *English Critical Texts. 16th Century to 20th Century, Edited, with Notes and an Appendix of Classical Extracts,* London 1962 [1921], S. 302-311, hier S. 309 (Übers. A. A.).

deln sich in ›Texturen‹, deren Sinn nicht mehr zentral von einem Subjekt oder einer Bedeutung aus kontrolliert wird.[3] Charakteristisch für solche Unverständlichkeit ist eine Verselbständigung der Textelemente, die sich durch den Verzicht auf erfahrungslogische Kohärenz und narrative Zusammenhänge ergibt.[4] Der Deutungsauftrag der Zunft wird, wie ein Blick auf einschlägige Bibliotheksregale zeigt, durch solche Herausforderungen keineswegs mit seinem eigenen Scheitern konfrontiert, sondern zu stetig erneuerter Anstrengung angehalten. Die Zunft weiß ihrerseits, was sie gerade diesen Texten verdankt, die die Notwendigkeit professioneller, akademisch geschulter Lektüre so sinnfällig macht.

Es besteht ein deutlicher konzeptioneller Unterschied zwischen der hermeneutischen Prämisse von der unerschöpflichen Bedeutungsfülle im Rahmen eines abgeschlossenen und stimmigen Textganzen einerseits und der poststrukturalen Prämisse des radikal uneindeutigen Zeichens, das zu einer Explosion und Proliferation der Zeichen in einem Kunstwerk führt, das an den Rändern zu anderen Texten hin offen ist. Die Prämisse von einer eindeutigen Bedeutung dagegen, die manche Anti-Hermeneuten nicht müde werden zu bekämpfen, scheint mir eher eine Ad-hoc-Konstruktion und die eigene Arbeit legitimierende Fiktion als eine historisch relevante Strömung zu sein.[5] Eindeutige Bedeutungen gibt es nur im Falle einer funktionierenden Zensur, wo Institutionen Deutungsmacht ausüben und mit einer politischen Durchsetzungskraft ausgestattet sind, die es ihnen erlaubt, alternative Deutungen zu unterdrücken.

3 Vgl. Moritz Baßler, *Die Entdeckung der Textur. Unverständlichkeit in der Kurzprosa der emphatischen Moderne 1910-1916*, Diss. Tübingen 1993.

4 Siehe dazu Gotthart Wunberg, »Unverständlichkeit. Historismus und literarische Moderne«, in: *Hofmannsthal. Jahrbuch zur Europäischen Moderne* 1 (1993), S. 309-350.

5 Als eine (seriöse) Richtung der Hermeneutik, die in dieser Richtung verstanden werden kann, wäre allenfalls die Position von Eric Donald Hirsch Jr. zu nennen: *Validity in Interpretation*, New Haven, London 1967.

Von der Unverständlichkeit zur Unlesbarkeit

Wenn am Beginn des 20. Jahrhunderts das Stichwort von der ›Unverständlichkeit‹ stand, so steht am Ende dieses Jahrhunderts das Stichwort von der ›Unlesbarkeit‹. Beides ist keineswegs dasselbe. Während das Wort ›Unverständlichkeit‹ anzeigt, dass sich die Herstellungsverfahren des künstlerischen Textes nachhaltig in Richtung gesteigerte Komplexität verschoben haben, zeigt das Wort ›Unlesbarkeit‹ an, dass sich die hermeneutischen Verfahren im Umgang mit diesen Texten tiefgreifend verändert haben. Die gesteigerte Hermetik der modernen Literatur hat nicht zu einem Zusammenbruch der Hermeneutik geführt, sondern dieser neue Impulse vermittelt. Interpretationen waren nicht zuletzt deshalb gefragt, weil sie genau das supplementierten, worauf die Texte selbst verzichteten; sie boten im Paratext die Rekonstruktion abwesender Kohärenz, Logik und Kontinuität an. Das ist auch nicht weiter verwunderlich, denn der hermeneutische Deutungsrahmen ist ja schließlich auf Sinnfindung, um nicht zu sagen: auf Sinnproduktion angelegt. Mit diesem Instrumentarium lässt sich Nicht-Sinn in Sinn übersetzen. Sehr viel schwieriger ist es dagegen, Nicht-Sinn als Nicht-Sinn zu markieren. Wer hermeneutisch liest, kann eigentlich gar nicht anders, als harmo-neutisch zu verfahren. So wie das Auge nach Platon sonnenhaft ist, ist das Auge des Hermeneuten sinnhaft.

Mit dem Stichwort ›Unlesbarkeit‹ wurde dieser blinde Fleck der Hermeneutik zu Bewusstsein gebracht. Auf der Basis dieser Einsicht kam es zu einer kopernikanischen Wende in der Praxis des professionellen Lesens. An die Stelle der traditionellen Deutungen trat eine Strategie der Lektüre, die den hermeneutischen Drang zum Sinn auf Schritt und Tritt durchkreuzte, blockierte, frustrierte. Nicht die Unauffindbarkeit von Sinn im Text, sondern die Verweigerung von Sinn motiviert diese Lesehaltung.

Dieses Projekt erscheint auf den ersten Blick selbst unverständlich. Wie lässt sich eine derartig paradoxe Motivation und Orientierung der Lektüre erklären? Dazu lässt sich mehreres anführen. Als einen ersten Punkt ist die ›Markierung des Nicht-Sinns‹ zu nennen. Texte auf ihre Unlesbarkeit hin zu lesen würde bedeuten, gegen den Verstehenszwang, der als eine immanente oder angelernte Tendenz im menschlichen Geist selbst angelegt ist, anzugehen und auf diese Weise aufmerksam zu machen auf all das, was mit der unreflektierten Sinnproduktion notwendig verstellt wird: das Sinnlose, Unzusammenhängende, Fragmentarische, die Brüche, das Beziehungslose, Entzogene, Verlorene. Die herkömmliche Hermeneutik hat viele Möglichkeiten, genau diese Erfahrungen zu überspringen und zu überspielen, doch keine, um von ihnen Rechenschaft abzulegen.

Als zweiter Punkt ist ›das Ethos der Alterität‹ anzuführen. Was damit gemeint ist, lässt sich an einer kleinen Episode aus Shakespeares *Hamlet* verdeutlichen. In einer Szene wird Hamlet von seinen Studienfreunden Rosencrantz und Guildenstern aus Wittenberg, die sich von seinem Vater als Spione gegen ihn anheuern ließen, mit Fragen bedrängt. Er möge ihnen doch endlich eine ›vernünftige Antwort‹ geben, fordern sie. Hamlet verweigert sich. Zu einer vernünftigen Antwort fühle er sich außerstande, sein Geist sei krank. Doch sie lassen nicht locker und wollen den genaueren Grund wissen für sein absonderliches Verhalten. Als Hamlet sieht, dass er sie mit Redewendungen nicht abschütteln kann, ergreift er eine Blockflöte, auf der die Schauspieler musizierten, und hält sie Guildenstern vor die Nase. Er solle doch versuchen, der Flöte ein paar Töne zu entlocken, was dieser, der noch nie auf diesem Instrument gespielt hat, verweigert. Daraufhin erläutert Hamlet den übertragenen Bedeutungsgehalt dieser kleinen Inszenierung. Seine Worte können allgemeiner als eine Verweigerung gegen die Strategien der Lesbarkeit und damit als Grundsätze einer Anti-Hermeneutik gelesen werden:

> Nun, seht ihr, welch ein nichtswürdiges Ding Ihr aus mir macht? Ihr wollt auf mir spielen; […] Ihr wollt in das Herz meines Geheimnisses dringen; Ihr wollt mich von meiner tiefsten Note bis zum Gipfel meiner Stimme hinauf prüfen: und in dem kleinen Instrument hier ist viel Musik, eine vortreffliche Stimme, dennoch könnt Ihr es nicht zum Sprechen bringen. Wetter! denkt ihr, daß ich leichter zu spielen bin als eine Flöte? Nennt mich was für ein Instrument Ihr wollt, Ihr könnt mich zwar verstimmen, aber nicht auf mir spielen.[6]

Auf einem Mensch kann man nicht spielen wie auf einem Instrument; er ist auch nicht so einfach lesbar wie ein offenes Buch. Wer

6 William Shakespeare, *Hamlet, Prinz von Dänemark*, III, 2, in: Hans Matter (Hg.), *Shakespeares dramatische Werke,* übers. v. August Wilhelm von Schlegel und Ludwig Tieck, Basel 1950, Bd. 1, S. 101-226, hier S. 170.

den Texten ihre Unlesbarkeit zurückgibt, gibt ihnen damit etwas von jener unhintergehbaren Alterität zurück, die Hamlet in dieser Szene für sich einfordert. Er insistiert auf seiner Autonomie und schützt sie vor dem aneignenden Zugriff und Übergriff des Durchschauens und Verstehens.

Als dritter Punkt für die Prämisse der Unlesbarkeit wäre schließlich ›die Widerständigkeit des Textes‹ zu nennen. Unlesbarkeit zu markieren heißt, das hervorzuheben, was in jeder totalisierenden Gesamtdeutung beseitigt und aufgehoben wird: das Sperrige, Widersprüchliche, Unvereinbare. Sich diesem vergessenen Potential der Texte zuzuwenden setzt eine andere Art der Lektüre in Gang. Unlesbarkeit kann im Deutungsrahmen der Dekonstruktion selbst totalisiert werden im Sinne einer radikalen und unaufhebbaren Differenz. Sie kann aber auch auf bestimmte Aspekte der Texte ausgerichtet sein und als selbstkritisches Korrektiv einer sinnorientierten hermeneutischen Lektüre eingesetzt werden.

Vom Interpretieren zum Lesen

Neben die deutende Einstellung zum Text, die sich um möglichst große Transparenz bemühte und die dunklen Stellen zum Sprechen bringen wollte, ist gegen Ende des 20. Jahrhunderts im Namen der Dekonstruktion eine andere getreten, die sich als ihr Gegenteil verstand. Diese Form des Lesens wollte vor allem eines, nämlich Sinnverweigerung. Es galt, die konstitutive Dunkelheit der Texte auszuhalten und ihr gerecht zu werden. An die Stelle des Aufhellungs-Ethos ist ein Abdunkelungs-Ethos getreten. Die Motivation zu dieser Umorientierung ist, wie mir scheint, in einer semiotischen Wende zu suchen. So wie es zu Beginn des 20. Jahrhunderts einen ›*linguistic turn*‹, eine sprachphilosophische Wende, gab, die Wahrheit nicht mehr unabhängig von den Bedingungen ihres sprachlichen Gegebenseins denken wollte, kann man für das Ende des 20. Jahrhunderts von einem ›*literalistic turn*‹, einer schriftphilosophischen Wende, sprechen, die Wahrheit und Texte nicht mehr unabhängig von ihrem medialen Gegebensein als Buchstaben und Schrift zu denken vermag. Die Buchstaben des Textes, seine irreduzible Materialität ist es, was das hermeneutische Verlangen nach Sinn und Transparenz von jeher übersehen und verdrängt hat.

Nachdem der Geist den Buchstaben jahrhundertelang unterjocht hat, dreht sich dieses Verhältnis um: das Medium ist nun die Botschaft.[7] Die neue Aufmerksamkeit für den Buchstaben verbindet sich mit einer Suche nach dem Anderen des subjektiv vermeinten Sinns, nach etwas, was den Text überhaupt erst konstituiert: die materiale Form seines Gegebenseins, seine mediale und technische Konstruktion und deren kulturelle Implikationen. Die Medialität des Textes ist nicht nur der Widerstand, an dem sich das Sinnbegehren des Lesers bricht, sondern auch die Basis für jede Form der Sinnerzeugung.

Diese Wende hin zu einem Bewusstsein der medialen Konstitution von Literatur lässt sich auch an der veränderten Nomenklatur der literaturwissenschaftlichen Praxis ablesen. Diese bestand bis in die 1970er Jahre hinein in dem, was man allgemein und unkontrovers ›Interpretieren‹ nannte. Das Wort ›Interpretieren‹ ist seit den 80er Jahren immer öfter dem Wort ›Lesen‹ gewichen. ›Lesen‹ wurde zum neuen Schlüsselbegriff der Literaturwissenschaft.[8] Im Wort ›Interpretieren‹ war das Lesen natürlich immer mit eingeschlossen gewesen als eine ebenso selbstverständliche wie unscheinbare Voraussetzung und Vorbereitung auf Interpretation. Abgeblendet und übersprungen wurde der Vorgang des Lesens selbst, betont wurde das Resultat dieses Vorgangs, das Interpretieren, Erklären, Deuten und Verstehen. Aus diesem provisorischen und propädeutischen Status ist das Lesen befreit worden und zur zentralen literaturwissenschaftlichen Kategorie akademischer Praxis avanciert. Nicht mehr das Ziel, sondern der Weg selbst steht nunmehr im Mittelpunkt der Aufmerksamkeit. Das Lesen als zentrale, unhintergeh-

7 Vgl. Marshall McLuhan, *Das Medium ist die Botschaft. The Medium is the Message*, hg. v. Martin Baltes u. a., Dresden 2001.

8 Diese These habe ich vor annähernd zwei Jahrzehnten formuliert. Hier ist inzwischen Widerspruch angemeldet worden. Simone Winko sieht in der Akzentuierung des Lesens »lediglich eine Signalwirkung« und »keine sachliche Differenz zur Interpretation« (dies., »Lektüre oder Interpretation?«, in: *Mitteilungen des Deutschen Germanistenvebandes* 49/2 (2002), S. 128-141, hier: S. 139). Auch Andreas Kablitz hat die Plausibilität dieser Begrifflichkeit in Frage gestellt: Lesen, so schreibt er, »ist zum einzig möglichen Zugang zum literarischen Text erklärt worden. Indessen erscheint es als äußerst zweifelhaft, dass sich im Zeichen dieses Begriffs *de facto* eine alternative Kultur mit dem literarischen Text etabliert hat.« (Ders., *Kunst des Möglichen. Theorie der Literatur*, Freiburg, Berlin u. a. 2013, S. 253 f.)

bare Tätigkeit wiederzuentdecken hieß unter anderem: es gibt kein Transzendieren der Lektüre mehr, keine Flucht von der Materialität der Zeichen in den Geist, kein behänder und selbstvergessener Aufstieg vom Buchstabieren zum Deuten.

Lesen findet statt, indem es sich ständig über sich selber aufklärt, indem es sich Rechenschaft ablegt über seine medialen Grundlagen, die Formen der Bedeutungsbildung und die gesellschaftlichen Operationen, die solcher Bedeutungsbildung zugrunde liegen. Durch eine Radikalisierung von Sprache und Schrift werden die Konventionen und Schematismen der Sinnbildung durchleuchtet, wird der sich bemächtigende Charakter von Sinn offenbart und de- oder rekonstruiert. Lesen zum Grundbegriff der Literaturwissenschaft erheben heißt also vor allem eines: Verlangsamung, Radikalisierung und Absolutsetzung ihrer Basisaktivität, die als solche ebenso grundsätzlich und unhintergehbar ist wie das Leben selbst. Nicht mehr darauf scheint es anzukommen, wie man mit Sinn und Verstehen beladen aus den Texten wieder aufsteigt, sondern wie man immer tiefer in diese eindringt und sich im Dickicht der Zeichen verstrickt.

An die Stelle der in der 1960er und 1970er Jahren so beliebten Gattung der ›beispielhaften Interpretation‹ mit normativer Geltung, an der man sich zu orientieren hatte, sind Lektüren getreten, die den Leser einladen, in den Prozess des Lesens als einen dynamischen Prozess einzusteigen. Interpretationen produzieren Deutungen, die man festhalten und auf die man sich berufen kann, Lektüren sind mögliche Erfahrungsformen, auf die man sich einlässt oder auch nicht. Der Rückzug auf die Lektüre zerstört die Illusion einer objektiv gültigen, vorbildlichen, beliebig übertragbaren Interpretation. Anders als die Interpretation deutscher Prägung steht der Diskurs der angelsächsischen Literaturkritik auf halbem Wege zwischen Kunst und Wissenschaft; er nimmt eine Zwischenposition ein, deren wichtigstes Merkmal nach Geoffrey Hartman darin besteht, dass sie sich nicht vereinnahmen lässt. Er spricht in diesem Zusammenhang von einer ›Hermeneutik der Unentscheidbarkeit‹. Der Diskurs dieser Art von Literaturkritik

> stellt einen Typ von Analyse dar, der den Ehrgeiz hinter sich gelassen hat, seinen Gegenstand (Text oder Psyche) zu beherrschen oder zu durchschauen mittels technokratischer, voraussagender oder autoritärer Formeln. Diese Kritik hat keinen Namen und bildet keine Bewegung. Dazu ist sie zu

verbreitet, verschiedenartig und ohne Programm. Ihr einziges Programm besteht in einer Umwertung ihrer selbst.[9]

Lektüren vermitteln nicht abschließende Ergebnisse, die den Text stillstellen, sondern bilden die prozesshafte Auseinandersetzung des Lesers mit dem Text auf seinen vielen Ebenen ab: der Sprache und der Semiotik, der Medialität und der Gattung sowie der Geschichte, des Diskurses und der Thematik. Solche methodisch angeleiteten Suchbewegungen und Standortbestimmungen in einem *terrain vague* sind kein müßiger Zeitvertreib, sondern bilden die Chance einer besonderen Erfahrungsform, die Selbstbegegnung, Selbstbildung und Selbstaufklärung ermöglicht.

9 Geoffrey H. Hartman, *Criticism in the Wilderness. The Study of Literature Today*, New Haven, London 1980, S. 41 (Übers. A. A.).

14. Im Dickicht der Zeichen
Hodegetik – Hermeneutik – Dekonstruktion

> Kunstwerke sind nicht von der Ästhetik als hermeneutische Objekte zu begreifen; zu begreifen wäre, auf dem gegenwärtigen Stand, ihre Unbegreiflichkeit.
>
> Theodor W. Adorno, *Ästhetische Theorie*

Literaturwissenschaftler sind zum Lesen geboren, zum Deuten bestellt. Der Deutungswahn, dem in der Gesellschaft enge Grenzen gezogen sind, wird in dieser Fachdisziplin als Kunst und Handwerk gelernt, praktiziert, vervollkommnet. Das können wir uns am besten an einem Beispiel klarmachen. Nehmen wir eine Erzählung von James Joyce aus dem Zyklus der *Dubliner* mit dem Titel »Arabien«. Darin kommt ein verlassenes Haus in Dublin vor, zu dem auch ein heruntergekommener Garten gehört. Der Erzähler ist ein Schulbub, der diesen Ort mit folgenden Worten beschreibt: »Der verwilderte Garten hinter dem Hause wies einen zentralen Apfelbaum und ein paar wuchernde Büsche auf, unter einem davon fand ich die verrostete Fahrradpumpe des verstorbenen Mieters.«[1]

Stellen wir uns nun eine Literaturwissenschaftlerin vor, die sich den Kopf darüber zerbricht, ob sie die Fahrradpumpe – zumal in Verbindung mit dem zentralen Apfelbaum – als ein Symbol für die Schlange im Paradies deuten soll oder ob diese nicht doch eher als ein Phallussymbol zu bewerten ist. Nehmen wir an, dass dieselbe Person an diesem Punkt ihre Arbeit abbricht und vom Schreibtisch aufsteht. Sie verlässt das Haus, um noch einige dringende Einkäufe zu machen. Ihr Weg zum Einkaufen führt sie an einem verwilderten Grundstück vorbei. Dabei fällt ihr Blick auch auf eine verrostete Luftpumpe, die ein Stück weit unter einem Busch hervorragt. Sie wird sich bei diesem Anblick vielleicht kurz überlegen, ob diese Luftpumpe noch zu gebrauchen ist oder ob es sich um reinen Schrott handelt. Schwerlich wird sie sich jedoch fragen, ob es sich hier wohl eher um eine verkappte Paradiesschlange oder um ein Phallussymbol handelt. Denn nur wenn wir lesen und in

1 James Joyce, *Dubliners*, Harmondsworth 1976, S. 27 (Übers. A. A.)

das Gehege eines literarischen Textes eintreten, bewegen wir uns in einem Dickicht der Zeichen. Der Deutungswahn der Literaturwissenschaftler macht an dieser Grenze halt. Die Mitglieder dieser Zunft verfügen deshalb über eine Umschaltkompetenz, die erst mit der Ausdifferenzierung unterschiedlicher kultureller Wertsphären möglich geworden ist und eine neuere Errungenschaft in der Disziplinierungsgeschichte des menschlichen Geistes darstellt. Wer heute angesichts einer Luftpumpe ins Grübeln verfällt und sich fragt, was sie ihm zu sagen hat, macht sich seinen Mitmenschen gegenüber verdächtig und kann im Extremfall in einer psychiatrischen Anstalt landen.

Gegenüber solchen Exzessen ist der literaturwissenschaftliche Deutungswahn doppelt gesichert, zum einen durch seine Einschränkung auf den literarischen Text, zum anderen durch die Orientierung an festen, erlernbaren Deutungsregeln.[2] Mit solchen Deutungsregeln steht und fällt diese Zunft. Literaturwissenschaftler sind ebenso wie Theologen oder Juristen professionelle Leser mit einem gesellschaftlichen Auftrag für Texte, die innerhalb der Kultur als zentral wichtig und bedeutungsvoll eingestuft werden. Ihre Aufgabe ist es, diese Texte nach den Regeln ihrer besonderen Kunst zu kommentieren und sie deshalb anders zu lesen als andere Menschen. Diese Kunst, die aus einem normalen Leser einen professionellen Leser macht, nennen wir Hermeneutik. Im Folgenden sollen einige Stationen in der Geschichte dieser Hermeneutik in Erinnerung gerufen werden. In radikaler Vereinfachung wird diese Geschichte des Lesens dabei als eine Abfolge dreier Deutungsrahmen rekonstruiert.

Den Begriff des »Rahmens« hat der Soziologe Erving Goffman nicht als Erster verwendet, aber er hat ihn zu theoretischen Ehren gebracht.[3] Den Rahmen bestimmt Goffman als eine implizite

2 Den Gegenbegriff des ›wilden Lesens‹ habe ich eingeführt in: »Die Domestikation des Lesens. Drei historische Beispiele«, in: *Zeitschrift für Literaturwissenschaft und Linguistik* 57/58 (1985), S. 95-110.

3 Erving Goffman, *Rahmenanalyse. Ein Versuch über die Organisation von Alltagserfahrungen*, Frankfurt/M. 1977 [1974]. Eine Parallele zum Begriff des Deutungsrahmens stellt das Konzept der ›reading formation‹ dar, wie es Tony Bennett und Janet Woollacott definiert haben in *Bond and Beyond. The Political Career of a Popular Hero*, London 1987, S. 64: »Text and reader are conceived as being co-produced within a reading-formation, gridded on to one another in a determinate compact unity. Of course, such a reading formation is not self-generating. Rather,

Situationsdefinition. Bevor Menschen überhaupt etwas wahrnehmen, lokalisieren, identifizieren, einschätzen, benennen, bewerten, verstehen und darauf reagieren können, muss zunächst einmal ein diffuses Reizfeld durch Fokussierung von Aufmerksamkeit, Spielregeln und Orientierungsmarken – kurz: durch *Rahmung* in eine Struktur überführt werden. In solche Rahmen geht das Vorwissen der an der Kommunikation Beteiligten ein, in ihnen sind konkrete Erwartungen vorgeprägt, die für das Wahrnehmen und Handeln ebenso wichtig sind wie für das Lesen. Unter Deutungsrahmen verstehe ich hier kulturgeschichtliche Voraussetzungen, die den Vorgang des Lesens steuern. Es geht dabei um weit mehr als subjektiv verankerte Vorurteilsstrukturen. In einen Deutungsrahmen gehen unter anderem kulturelle Grundorientierungen wie die Frage, ob der Text faktenbezogen oder fiktiv ist, und Gattungsregeln mit ein. Der Deutungsrahmen gibt vor, um was für einen Text es sich handelt und wie er gelesen werden kann, welche Sinnbildungsverfahren zu einem gegebenen Zeitpunkt möglich, plausibel und zulässig sind. Wenn es zutrifft, dass Lesen immer innerhalb solcher vorgegebener Deutungsrahmen stattfindet, dann sind wesentliche Entscheidungen über den Prozess des Lesens bereits gefallen, bevor ein Buch aufgeschlagen wird. Diese im Akt des Lesens nicht mehr zur Disposition stehenden Vorgaben sind angelernt und eingeübt und damit sowohl internalisiert also auch institutionalisiert. Drei solcher Deutungsrahmen sollen im Folgenden näher beleuchtet werden. Nach ihnen gliedert sich das Kapitel in drei Teile, die mit drei Begriffen überschrieben sind: Hodegetik, Hermeneutik, und Dekonstruktion.

Hodegetik

Der erste Deutungsrahmen kann an einem Beispieltext aus der christlichen Bibel illustriert werden. In der Apostelgeschichte werden verschiedene Bekehrungsgeschichten erzählt. Eine von ihnen handelt von einem reichen Mann, dessen Name nicht erwähnt

it is the product of definite social and ideological relations of reading composed, in the main, of those apparatuses – schools, the press, critical reviews, fanzines – within and between which the socially dominant forms for the superintendence of reading are both constructed and contested.«

wird. Luther hat ihn den »Kämmerer aus dem Morgenland« genannt (Apg. 8,27ff.). Man hat ihn sich vorzustellen als einen dunkelhäutigen Juden, der als Schatzmeister im Dienst der Königin Kandake von Äthiopien steht. Sein Titel ist im griechischen Text mit »Eunuch« wiedergegeben. Er ist zu einem der Wallfahrtsfeste nach Jerusalem gereist und befindet sich mit seinem Wagen auf der Heimreise irgendwo auf der Straße zwischen Jerusalem und Gaza. Von ihm heißt es: »Er war gekommen gen Jerusalem, anzubeten, und zog wieder heim, und saß auf seinem Wagen, und las den Propheten Jesaia.« Dieser Leser bleibt nicht lange mit dem Text allein. Denn ein Engel hat den Apostel Philippus auf ebendiese Straße geschickt, wo er dem Wagen begegnet und hört, wie der Kämmerer den Propheten Jesaia liest. In der Tat, Philippus hört den Kämmerer lesen. In der Frühgeschichte des Lesens wurde laut gelesen, denn Lesen ging unmittelbar über in Memorieren. Man las, wie ein Schauspieler seine Rolle liest. Im Text heißt es weiter: »Da lief Philippus hinzu und hörte ihn den Propheten Jesaia lesen. Und er sprach: Verstehest du auch, was du liesest? Er aber sprach: Wie kann ich, so mich nicht jemand anleitet?« (Apg. 8,30-31) Darauf klettert Philippus zu dem Kämmerer auf den Wagen, und es kommt zu einem exegetischen Grundkurs. Die Jesaia-Verse über den leidenden Gottesknecht (Jes. 53,7f.) werden wiederholt, und der Kämmerer darf anschließend seine Frage stellen. Er will wissen, von wem denn hier die Rede sei; vom Propheten Jesaia selber oder von jemand anderem? Bis heute sind sich die Exegeten nicht einig, wer mit dem leidenden Gottesknecht ursprünglich gemeint war, ob der Prophet selbst oder das im Exil leidende Volk Israel. Diese gewissermaßen textimmanente Frage interessiert Philippus allerdings nicht, der sie zum Anlass nimmt für eine Stegreifpredigt über das Evangelium Jesu, die in unserer Geschichte jedoch nicht weiter ausgeführt wird.

Wer auf der Suche nach einer Gründungslegende der Hermeneutik als einer Kunst des Deutens ist, dem bietet sich diese Geschichte des Kämmerers an. Die Frage »Verstehest du auch, was du liesest?«[4] wird mit der Gegenfrage beantwortet »Wie kann ich, so mich nicht jemand anleitet?«. Was hier mit ›anleiten‹ übersetzt

4 Im griechischen Text sind die Worte ›Verstehen‹ und ›Lesen‹ nur durch eine Präposition voneinander getrennt; *gignoskein* und *anagignoskein*. Wörtlich übersetzt fragt demnach Philippus: »Erkennst du auch, was du wiedererkennst?«.

wird, heißt wörtlich ›wegweisen‹ (*hodegesein*). In einem ersten Schritt markiert der Wegweiser oder Hodeget eine Wissenslücke zwischen Lesen und Verstehen, die er dann umgehend in einem zweiten Schritt auffüllt. Er ist verantwortlich dafür, dass Lesen in Verstehen münden kann.

Philippus und der Kämmerer lesen zusammen einen Text, der etwa 600 Jahre alt ist. Dieses hohe Alter konnte er erreichen, weil er nicht nur aufgeschrieben, sondern obendrein kanonisiert wurde. Damit gehört er zu jenen Texten, die von einer Gruppe für den Bestand ihrer Identität als unverzichtbar ausgewählt und kontinuierlich gelesen werden. Die Kanonisierung kann aber nur den Wortlaut eines Textes fixieren und nicht seinen Sinn, der sich im Laufe der Geschichte immer wieder ändert. Durch die Diskrepanz zwischen dem auf Dauer gestellten Text und der im Wandel begriffenen Geschichte kommt es unweigerlich zu Wissenslücken. Aber nicht nur historischen Wandel hatte das Verstehen in diesem Fall zu überbrücken, sondern, viel entscheidender, den Übergang von der jüdischen auf die christliche Auslegungsgemeinschaft. Im Lichte der Evangelien, der *neuen* kanonischen Texte, kam es zu einem Wechsel der Deutungsrahmen. Das nunmehr so genannte ›Alte Testament‹ las sich jetzt anders. Die älteren Texte erhielten eine Sinnorientierung, von der sie sich bislang nichts hatten träumen lassen. Dafür brauchte kein Buchstabe umgeschrieben zu werden, es mussten sozusagen lediglich die Zwischenräume zwischen den Zeilen neu aufgefüllt werden. Der Hodeget wurde nach dieser Wende unentbehrlich als derjenige, der den Weg durch das Dickicht der Zeichen weist und dem Leser zur ›verstehenden Lektüre‹ verhilft.[5] Die Geschichte des Kämmerers zeigt den Akt der einsamen Lektüre als problematisch und unvollständig. Leser und Text bilden hier keine autarke Einheit. Die unvollständige Konstellation von Text und Leser muss durch einen Dritten im Bunde ergänzt werden. *Lesen*, so können wir die hermeneutische Moral dieser Geschichte verallgemeinern, reduziert sich in der zweistelligen Relation von Text und Leser auf ein Artikulieren der geschriebenen Worte, Verstehen dagegen ist nur in der dreistelligen Relation von Text – Leser – Wegweiser möglich.

5 Der Hodeget ist auch schon im frühen Judentum unentbehrlich, wie die Szene in Nehemia 8 zeigt, wo die Thora von den Leviten dem Volk abwechselnd vorgelesen und ausgelegt wird.

Diese misstrauische Haltung gegenüber der einsamen Lektüre war keineswegs auf das frühe Christentum beschränkt. Dieselbe Haltung – das kann hier nur am Rande angedeutet werden – herrschte in so verschiedenen Kontexten wie der griechischen Philosophie, wo man die Schrift als unvollständig und ›unterdeterminiert‹ geringschätzte, und in der jüdischen Tradition des Talmud, wo man sie als ›überdeterminiert‹ und heilig verehrte. Platon hat seinen kritischen Vorbehalt gegenüber der Schrift am Ende des Dialogs *Phaidros* in einer berühmten Fabel formuliert. Der Kern dieses Vorbehalts ist, dass die gesprochene Rede leblos, dunkel und falsch wird, wenn sie in unveränderliche Buchstaben eingesperrt wird und dabei erstarrt. Schrift macht uns damit ein Versprechen, das sie gar nicht halten kann: man kann zwar lesen, aber doch niemals verstehen; Schrift ist deshalb für Platon Scheinkommunikation. Die in Buchstaben geronnenen Reden sind wie gemalte Bilder, die den Eindruck der Lebendigkeit erzeugen: »Wenn du sie aber etwas fragst, schweigen sie vornehm. Geradeso auch die Reden: du könntest meinen, sie sprechen, als verständen sie etwas, wenn du aber in der Absicht, dich zu belehren, nach etwas von dem Gesprochenen fragst, zeigen sie immer nur eines und dasselbe an.«[6]

Schrift ist nach Platon nicht Kommunikation, sondern simuliert lediglich Kommunikation, denn die Buchstaben sind ja selbst ahnungslos und wissen ebenso wenig, wovon sie sprechen, wie ein Papagei, der ein paar Sätze nachplappert, oder ein Tonband, das mechanisch Sprachlaute reproduziert. In scheinbarem Widerspruch zu diesem Schriftvorbehalt Platons steht die Tatsache, dass er seine Dialoge aufgeschrieben hat. Hielt er also doch etwas von diesem verachteten Medium? Dazu ist zu sagen, dass Platon keineswegs ein Schriftgegner war, kein ›Grammatoklast‹ (in Analogie zum Ikonoklast), sondern nur ein Gegner der einsamen Lektüre. Schrift ist für Platon keineswegs verderblich oder unbrauchbar, sondern nur unzulänglich, weil sie ausschließlich Sprache zu codieren vermag, niemals aber Gedanken und Ideen. Wer das weiß, der wird nicht bei den Buchstaben stehenbleiben, sondern sich im mündlichen Gespräch zusätzlichen Rat holen. Das Problem der Schrift entsteht für Platon erst, wenn gelesene Schrift und beratende Stimme institutionell voneinander getrennt werden und die

6 Platon, *Phaidros,* 275 D, in: Löwenthal (Hg.), *Sämtliche Werke,* Bd. II, S. 409-481, hier S. 476.

Schrift dabei die erläuternde Stimme verdrängt. Der aufgeschriebenen Rede wohnt eine Tendenz zur Verselbständigung inne, gegen die Platon ankämpft. Sie hat »immer ihren Vater als Helfer nötig; denn selbst vermag sie weder sich zu wehren noch sich zu helfen«.[7] Da die niedergeschriebene Rede sich vom Vater der Rede löst und in der Lage ist, diesen um Jahrhunderte und Jahrtausende zu überleben, folgt daraus, dass andere als Stellvertreter dieser Vaterfigur in deren Fußstapfen treten. Genau das ist die Aufgabe des Hodegeten als eines mündlichen Wegweisers, der die schriftliche Scheinkommunikation zurückführt in tieferes Verstehen.

Platons Schriftvorbehalt, der genauer besehen nur ein Vorbehalt gegen die neue Praxis der einsamen Lektüre ist, gilt auch fürs Judentum. Seinen Ausdruck findet er dort in der talmudischen Lehre von der doppelten Thora. Nach dieser Lehre hat Moses am Sinai zwei Offenbarungen empfangen: einer schriftliche und eine mündliche. Die schriftliche Thora ist der heilige Text, die mündliche Thora ist die Summe des Sinns, der in der rabbinischen Auslegungsgeschichte über die Generationen und Jahrhunderte hinweg in der Zeit entfaltet wird. Diese zunächst rein mündliche Auslegungstradition wurde in der Diaspora verschriftlicht. Dabei wurde jedoch großer Wert darauf gelegt, dass das Merkmal der Mündlichkeit nicht verloren ging. Jeder einzelne Kommentar wurde als ein konkreter Sprechakt gekennzeichnet nach dem Muster »Rabbi Izchak sagte«. Die Stimme wurde also in der Schrift neben der heiligen Schrift erhalten und mit ihr parallelgeführt. Das Wort Thora selbst heißt ja so viel wie Weisung; es bezieht sich also ebenfalls auf einen Text, der nicht zur einsamen Lektüre freigegeben ist, sondern der in wegweisender mündlicher Auslegungspraxis mit einem oder mehreren anderen zu ›erlernen‹ ist. Lesen geht hier immer in Lernen über, wobei der Ausleger aber dafür zu sorgen hat, dass sich das Auswendiggelernte nicht vom Verstehen absetzt.

Das hodegetische Dreieck von Text, Leser und Wegweiser bleibt auch dort noch erhalten, wo die Person des Auslegers verschwindet und durch hermeneutische Regeln ersetzt wird. Das sind Regeln, die über den Text hinaus weitreichende semantische Vorgaben machen und auch Anweisungen zur Bewertung des Gelesenen geben.

7 Platon, *Phaidros,* 275 D, S. 476. Vgl. dazu Wolfgang Raible, »Vom Text und seinen vielen Vätern. Oder: Hermeneutik als Korrelat der Schriftkultur«, in: Aleida Assmann u. a. (Hg.), *Schrift und Gedächtnis,* München 1993, S. 20-23.

Ein christliches und ein jüdisches Beispiel dafür möchte ich anführen, die sich beide auf die Erzählung vom Turmbau zu Babel beziehen. Von Origenes, Leiter einer christlichen Lehrakademie, stammt die christliche Deutungsregel: »Wo immer du in der heiligen Schrift auf Ausdrücke wie Vielheit, Trennung, Bruch, Dissonanz und ähnliches triffst, sind sie als schlecht bewertet. Wo immer du von Einheit und Einmütigkeit liest, sind solche Ausdrücke gleichbedeutend mit dem Guten.«[8]

Der jüdische Genesis-Kommentar erläutert den zweiten Satz der Erzählung, der mit den Worten endet »und sie ließen sich dort nieder« (Gen. 11.2). Das Niederlassen und die gesamte Turmbauerzählung werden dabei negativ gedeutet. Vor dieser Negativfolie erscheint dann die Wanderschaft Abrahams in einem umso positiveren Licht, die im darauf folgenden Kapitel beginnt. Die entsprechende jüdische Deutungsregel lautet: »[...] überall, sagte Rabbi Jizchak, wo du das Wort ›Sitzen‹ findest, da treibt der Satan sein Spiel, und überall, wo du eine Spur von Wohlbehagen (Gemütsruhe) findest, da treibt auch der Satan sein Spiel.«[9] Solche hermeneutischen Faustregeln ersetzen den Dritten im Bunde, den zum Text und seinem Leser hinzutretenden Ausleger. Wer diese Regeln anwendet, hat den Hodegeten verinnerlicht und sich so als Leser gleichsam verdoppelt. Ohne direkte persönliche Intervention bleibt damit die triadische Konstellation der Lektüre erhalten.

Das System der Allegorese ist im Grunde nichts anderes als eine besonders elaborierte Form verbindlicher Deutungsregeln. Dabei handelt es sich um ein Lektüreverfahren, das gewissermaßen die Zwischenräume des Textes aus fremden Quellen auffüllt. Auf diese Weise wird die einer späteren Auslegungsgemeinschaft plausible oder lebenswichtige Wahrheit den Texten einer früheren Zeit nachträglich zugeordnet, um nicht zu sagen: untergeschoben. Gegenstand allegorischer Lektüreverfahren sind allerdings nur kanonisierte Texte, die sich höchster kultureller Wertschätzung erfreuen und die lesbar gehalten werden müssen, weil sie die Tradition einer

8 Origenes, *Patrologia Graeca*, 12, 111 f., zit. nach Christoph Uehlinger, *Weltreich und ›eine Rede‹. Eine neue Deutung der so genannten Turmbauerzählung (Gen. 11 1-9)*, hg. v. Othmar Kehl, Freiburg/Schweiz, Göttingen 1990, S. 264 f.

9 Genesis Rabba, 38, zit. nach *Bibliotheca Rabbinica. Eine Sammlung alter Midraschim. Zweite Lieferung: Der Midrasch Bereschit Rabba*, übertr. v. August Wünsche, Leipzig 1880 [Nachdruck Hildesheim 1967], S. 170.

Gruppe ausmachen und deren Identität fundieren.[10] Eine allegorische Lektüre ist somit das exklusive Privileg eines kulturellen Textes. Als Boccaccio Vorlesungen über Dantes *Divina Commedia* hielt, die er allegorisch ausdeutete, erhob er damit zum ersten Mal einen literarischen Text in den Rang eines kulturellen Textes. Im Talmud werden heiligen und profanen Texten ausdrücklich unterschiedliche Formen der Lektüre zugeordnet. Es sei durchaus möglich, so heißt es dort, auch Homer zu lesen, vorausgesetzt, dass man in ihm »wie in einem Brief« liest.[11] Homer darf also gar nicht anders als in einsamer Lektüre gelesen werden, während die Thora nur ›institutionell‹ gelesen werden darf. Nach der Kulturrevolution der Reformation wurden die Fundamente institutioneller Lektüre in Frage gestellt. Sie gipfelte in der Forderung, so könnte man zuspitzen, jeder sei von nun an autorisiert, in einsamer Lektüre die Bibel ›wie einen Brief‹ zu lesen.

Da allerdings die Absender dieser Briefe keine dem Leser vertrauten Personen sind, lief diese Forderung auf längere Sicht nicht nur auf die Alternative zwischen hermeneutischer Lektüre und dem direkten Empfang einer persönlichen Botschaft hinaus. Gedeutet werden mussten die biblischen Texte weiterhin, allerdings in einem neuen Rahmen, dem der philologischen Hermeneutik.

Hermeneutik

Der wichtigste Punkt, in dem sich die neue Hermeneutik von der älteren Hodegetik unterscheidet, ist das Axiom von der Ganzheit und Geschlossenheit des Textes. Die hodegetische Lektüre konzipierte den Text als ein Gewebe mit großen, luftigen Maschen, in das man an jedem beliebigen Punkte einhaken, aussteigen und Sinn einfüllen konnte. Die Mediävistin Beryl Smalley hat in diesem Zusammenhang von einer »durchlöcherten Lektüreweise« (»peirced technique«) gesprochen: »[…] wir sind eingeladen, nicht auf den Text zu schauen, sondern durch ihn durchzuschauen.«[12]

10 Vgl. Aleida Assmann, »Was sind kulturelle Texte?«, in: Andreas Poltermann (Hg.), *Literaturkanon – Medienereignis – Kultureller Text. Formen interkultureller Kommunikation und Übersetzung,* Berlin 1995, S. 232-244.

11 Vgl. A. Assmann, »Was sind kulturelle Texte?«.

12 Beryl Smalley, *The Study of the Bible in the Middle Ages,* Oxford 1941, zit. nach

Im neuen Deutungsrahmen der philologischen Hermeneutik wird demgegenüber auf der internen Konsistenz und Kohärenz des Textes bestanden. Um den Hodegeten als Dritten im Bunde überflüssig zu machen, musste zweierlei nachgewiesen werden: die Autarkie des Lesers und die Vollständigkeit der Schrift. Die Autarkie des Lesers wurde durch die Lehre des inneren Lichts begründet. Der Glaube wurde im Protestantismus über die kirchliche Lehre gestellt und galt als die sicherere Orientierung. Die Autarkie des Textes wurde auf das Vertrauen in die Selbstevidenz der Bibel gegründet. »Die Schrift legt sich selber aus« (»sacra scriptura sui ipsius interpres«) lautete die Formel Melanchthons, verkürzt bekannt als: »sola scriptura, sola fide«.[13]

Auf die protestantische Herausforderung antwortete die Gegenreformation 1546 auf dem Konzil von Trient mit der Formel ›Schrift und Tradition‹. Diese Formel war ein Bekenntnis zur *Insuffizienz des Textes*, zur komplementären Bezogenheit von Text und Stimme, und das hieß in diesem Fall: kirchlich autorisierter Auslegung. Während also von katholischer Seite das hodegetische Dreieck von Text, Leser und Wegweiser re-installiert und festgeschrieben wurde, entwickelte sich auf protestantischer Seite ein *zweistelliges* Interpretationsmodell von Text und Leser, das die Figur des Hodegeten ausschloss und für religiöse Texte zum ersten Mal die einsame Lektüre legitimierte.[14] Die Emanzipation des Lesers und die damit verbundene Nobilitierung der einsamen Lektüre sind weit mehr

Hartman, *Criticism in the Wilderness. The Study of Literature Today*, New Haven, London 1980, S. 236.

13 Dazu hat sich ausführlich Milton in seiner *De Doctrina Christiana* in einem Kapitel über »De scriptura sacra« geäußert: »Every believer has a right to interpret the Scriptures for himself, inasmuch as he has the Spirit for his guide, and the mind of Christ is in him; nay, the expositions of the public interpreter can be of no use to him, except so far as they are confirmed by his own conscience.« In: Frank Allen Patterson u. a. (Hg.), *The Works of John Milton. Bd. XVI: De Doctrina Christiana. Christian Doctrine. Book I Chapters 21-33*, New York 1934, S. 265. Zu einem etwas älteren deutschen Vertreter der Auffassung von der Selbstevidenz der Schrift, Johann Gerhard (1582-1637), vgl. Reinhard Kirste, *Das Zeugnis des Geistes und das Zeugnis der Schrift*, Göttingen 1976.

14 Wolf-Daniel Hartwich hat in einer Diskussion des Vortrags die Unterscheidung zwischen philologisch reinem ›Urtext‹ und traditionsbestimmtem ›Rezeptionstext‹ vorgeschlagen, eine Differenz, die er zugleich auf den unterschiedlichen Status der Bibel als Vulgata (= Urtext) und Septuaginta (= Rezeptionstext) anwandte.

als nur kirchengeschichtlich bedeutsame Ereignisse; es handelt sich dabei um höchst folgenschwere Modernisierungsschritte. Hier wurde die kulturgeschichtliche Weiche gestellt, über die der Zug des gerade anbrechenden Druckzeitalters fahren konnte.[15] Hundert Jahre nach dem Konzil von Trient nahm der im englischen Bürgerkrieg für die Sache der Puritaner engagierte Dichter John Milton auf dieses Ereignis Bezug. In seiner Rede für Pressefreiheit setzte er Trient mit der autoritären Zensurpolitik der katholischen Kirche gleich. Dagegen richtete Milton sein flammendes Plädoyer für die Freiheit des Geistes und die Würde des Buches. Der folgende Satz aus Miltons Rede steht heute über dem Eingang zum Katalogsaal der Public Library von New York, dem institutionellen Ort einer längst nicht mehr strittigen einsamen Lektüre: »Ein gutes Buch ist das kostbare Lebensblut eines Meisterdenkers, einbalsamiert und sorgsam aufbereitet für ein Leben nach dem Leben.«[16]

Das Prinzip der Selbstauslegung der Schrift setzt ganz andere Deutungsregeln voraus und in Kraft, die Wilhelm Dilthey, der Historiker dieses Abschnitts der Hermeneutik-Geschichte, im 19. Jahrhundert als ›Verwissenschaftlichung der Hermeneutik‹ bezeichnet hat. Grundlage dieses Deutungsrahmens war die Herkunft, Integrität und Echtheit des Textes, die nunmehr mit philologischen Prinzipien der Textkritik geprüft wurde. Die neue Aufmerksamkeit für die Überlieferungsgeschichte und Beschaffenheit tradierter Texte war ein Prozess, der sich über mehrere Jahrhunderte erstreckte. Die Durchsetzung des Programms einer philologisch basierten Hermeneutik erfolgte erst im 18. und 19. Jahrhundert mit der Institutionalisierung der historischen Geisteswissenschaften.[17]

15 Historische Evolution, das sollte man in Erinnerung behalten, vollzieht sich nicht allein über technologische Erfindungen; es bedarf auch eines entsprechenden Klimas der kulturellen Akzeptanz, um solchen Innovationen zur gesellschaftlichen Durchsetzung zu verhelfen. Weder in China vor dem 19. noch im Islam vor dem 18. Jahrhundert hat der Buchdruck aufgrund mangelnder kultureller Akzeptanz seine Modernisierungskraft entfalten können.

16 John Milton, *Areopagitica*, in: Malcolm W. Wallace (Hg.), *Milton's Prose*, London 1963 [1644], S. 275-324, hier S. 280.

17 So die These von Glenn W. Most, »Rhetorik und Hermeneutik. Zur Konstitution der Neuzeitlichkeit«, in: *Antike und Abendland* 30 (1984), S. 62-79, hier S. 78. Dilthey selbst hat an diesem Prozess entscheidenden Anteil, insofern er mit seiner Hermeneutik-Geschichte der neuen Disziplin ihr historisches Fundament gegeben hat.

Der Anstoß dazu ging jedoch auf die humanistische und reformatorische Bewegung der Renaissance zurück. Bei der methodischen Disziplinierung der Hermeneutik konnten die Humanisten und protestantischen Theologen ihrerseits auf antike Ansätze zurückgreifen.[18] Eine Regel hellenistischer Philologie, die allerdings nicht immer beachtet wurde, hieß: »Homeron ex Homerou saphenizein« (Homer aus Homer verdeutlichen). Ebenso wichtig ist die »caput et membra«-Regel, die im System der Rhetorik tradiert wurde.[19] Sie besagt, dass alle einzelnen Zeichen eines Textes aus dem Ganzen und das Ganze aus seinen Teilen zu verstehen ist. Dahinter steht die Überzeugung, dass Haupt und Glieder einem einzigen Textkörper angehören, der nicht mehr beliebig durchbrochen, zergliedert und neu aufgefüllt werden darf. Die Deutungspraxis, die aus dieser Einsicht folgte, datierte Dilthey in die frühe Neuzeit: »in dem Begreifen und Durchleben des inneren Zusammenhangs, welcher unter und zwischen allen einzelnen Teilen lebendig besteht, lag das reformatorische Erlebnis.«[20]

In der Begeisterung über die Organizität und Lebendigkeit des Textes vergaß man fast, dass die Buchstaben ja eigentlich tot sind. Der tote Buchstabe, die *littera mortua*, findet in den hermeneutischen Traktaten der Renaissance ihren Gegenpol in der *vox viva*, der lebendigen Stimme. Während in Gegenwart der lebendigen Stimme keine Verstehensprobleme auftauchen, macht die tote Buchstabenschrift eine Hermeneutik notwendig. Das betonte der pietistische Theologe Johann Jacob Rambach am Anfang des 18. Jahrhunderts in seiner mit lateinischen Floskeln durchsetzten Gelehrtensprache:

> Es ist allerdings eine wichtige und schwere Sache, aus dem Text eines fremden Schreibers (ex sermone alieni scriptoris) dessen echtes Gefühl (verum eius adfectum) und den wahren Sinn (sensum) mit völliger Gewissheit zu eruieren, und zwar ist es schwer wegen des Fehlens der lebendigen Stimme

18 Most, »Rhetorik und Hermeneutik«, S. 65.

19 Melanchthon wandte rhetorische Grundbegriffe auf das Studium der Bücher an, die Regel führte ihn zum hermeneutischen Zirkel. Wilhelm Maurer, »Melanchthon«, in: Kurt Galling (Hg.), *Religion in Geschichte und Gegenwart. Bd. 4: I-K*, Tübingen 1960, S. 834-841.

20 Wilhelm Dilthey, *Leben Schleiermachers. Bd. 2: Schleiermachers System als Philosophie und Theologie*, hg. v. Martin Redeker, Berlin 1966, S. 600.

(propter defectum vivae vocis). Denn die Menschen pflegen ihren Affekt durch die Stimme an den Tag zu legen und durch Gestik (gestus).[21]

Sein hermeneutisches Programm zielte darauf, durch die Buchstaben hindurch den »intimum animum auctoris«, den inneren Geist des Autors, zu erforschen und den hinter den Worten stehenden Affekt aufzuspüren, »denn der Affekt ist gleichsam die Seele der Rede«.[22]

Für Platon lag der Sündenfall der Schrift ja in der Trennung von Schrift und Stimme; ein Problem, das im Judentum dadurch gelöst wurde, dass eine mündliche Tradition neben der Schrift eingeführt und mit ihr verknüpft wurde. Auch in der Gegenreformation wurde eine Traditionslinie mündlicher Autorität neben der Schrift erneuert, deren Deutungshoheit sich als eine Filiationskette lebendiger Überlieferung von den Jüngern Jesu und seinen Aposteln bis zu den Päpsten als den legitimierten Trägern der Wahrheit zieht. Auf dem Boden der neuen Hermeneutik, die die einsame Lektüre autorisierte, wurden diese Hodegeten entmächtigt und das Verhältnis von Schrift und Stimme neu gefasst. Denn was Platon auseinanderdividiert hatte, das fügten die Renaissance-Humanisten wieder zusammen. Die Stimme wurde dabei zum Inneren der Schrift. An die Stelle der Schriftskepsis, die vom Verlust der Stimme in den erstarrten Buchstaben ausging, trat ein positives Schriftkonzept, das die Buchstaben als Schutz und Bewahrer der lebendigen Stimme auffasste. »Nicht gänzlich werde ich sterben (non omnis moriar)«, so schrieb bereits Horaz in einer seiner Oden, »solange meine Texte noch gelesen werden.«[23] Diese Vorstellung von der Konservierungskraft der Stimme in der Schrift hat die Renaissance beflügelt. Deshalb konnte eine neue Hermeneutik entstehen, deren Ziel es war, zu dieser inneren Stimme der Schrift im Text zu gelangen. Es galt, hinter den scheintoten Buchstaben des lebendigen Autors ansichtig zu werden. Ein Jahrhundert vor Luther hatte bereits der Humanist Petrarca die unverminderte Lebendigkeit antiker Autoren entdeckt und an einige von ihnen sogar familiäre Briefe geschrieben. Dieser

21 Johann Jacob Rambach, zit. nach Hans-Georg Gadamer, Gottfried Boehm (Hg.), *Seminar. Philosophische Hermeneutik*, Frankfurt/M. 1976, S. 67.

22 Rambach, zit. nach Gadamer/Boehm (Hg.), *Seminar*, S. 65.

23 Zit. nach Aleida Assmann, *Erinnerungsräume. Formen und Wandlungen des kulturellen Gedächtnisses*, München 2006, S. 182.

Briefverkehr fand nicht im synchronen Kommunikationsraum der Post statt, sondern im diachronen, über Jahrhunderte zerdehnten Kommunikationsraum schriftlicher Texte. In diesem schriftgestützten Raum der Dauer, der auch der Kommunikationsraum der Bibliotheken ist, vermochte er sich mit den Geistesgrößen einer unwiederbringlich vergangenen Epoche zu unterhalten. Livius zum Beispiel fand er in dessen Handschrift gespiegelt, von denen er eine sogar selbst erworben hat: »Nun aber sehe ich dich«, schrieb Petrarca an Livius, »soweit es eben möglich ist: in deinen Büchern, freilich nicht ganz, sondern nur soweit du nicht infolge der Trägheit unseres Zeitalters untergegangen bist.«[24] Das ist der Teil des Livius, der nicht gänzlich gestorben ist, weil er in die Spur des Textes eingegangen ist und aus dieser immer wieder zu neuem Leben erweckt werden kann.

Dem Epochenbewusstsein der Renaissance liegt nämlich genau genommen kein organisches Wiedergeburtsmodell zugrunde, sondern ein medientechnisches Reaktivierungsmodell. Schrift gilt als ›Zwischenspeicher‹ oder – mit einem Begriff des Kulturwissenschaftlers Aby Warburg – als eine ›Energiekonserve‹, aus der etwas Vergangenes zu neuem geistigen Leben erweckt werden kann. In ebendiesem Sinne spricht Milton vom einbalsamierten, gehorteten, ja gepökelten (»season'd«) Geist. Das Buch nimmt für Milton in der Welt der materiellen Objekte deshalb eine Sonderstellung ein: »Denn Bücher sind nicht vollkommen tote Gegenstände, sondern bergen in sich eine Lebenskraft, die so aktiv ist wie die Seele, aus der sie abstammt.«[25] Dieser emphatische Glaube an die Konservierungskraft der Schrift ist die materielle und mediale Grundlage des Glaubens an die Unsterblichkeit des Geistes. Letzterer bildet die Grundlage von Kanonisierungsprozessen, die im Raum des unüberschaubaren Schrifttums Zeitgenossenschaften ermöglichen, die den historischen Wandel überdauern. Solche Zonen normativer Wertbeständigkeit gibt es in der Religion und in der Kunst. »Klassisch ist, was seine Historisierung aushält«, hat der Gräzist

24 Brief Petrarcas an Titus Livius vom 22. Februar 1352, in: ders., *Briefe des Francesco Petrarca. Eine Auswahl,* übers. v. Hans Nachod und Paul Stern, Berlin 1931, S. 141.

25 »For Books are not absolutely dead things, but doe contain a potencie of life in them to be as active as that soule was whose progeny they are.« Milton, *Areopagitica*, S. 280 (Übers. A. A.).

Karl Reinhardt einmal gesagt.[26] Mit Historisierung sind alle Texte konfrontiert, aber einige von ihnen bestehen diesen Test und sind in der Lage, sich dagegen zu behaupten. Das ist möglich, weil es den Deutungsrahmen der kanonischen und klassischen Texte gibt und damit Lesestrategien und -praktiken, die von vornherein auf ihr überzeitliches Potential ausgerichtet sind. Die wissenschaftliche Disziplin, der Karl Reinhardt angehört, hat eine Doppelbezeichnung; sie wird sowohl ›Altphilologie‹ als auch ›Klassische Philologie‹ genannt. Das sagt viel über das Spannungsverhältnis von Kanonisierung und Historisierung aus, die die entgegengesetzten Pole der philologischen Hermeneutik bilden. Texte können im philologischen Deutungsrahmen sowohl auf Kanonisierung – die transhistorische Wertbeständigkeit der Texte – als auch auf Historisierung – ihre Zeitgebundenheit und historischen Besonderheiten – hin gelesen werden. Zum Konzept des Klassikers als eines Texts, der seinen Epochenhorizont überdauert, bekennen sich Humanisten von der Renaissance bis heute. Das Buch und die Konservierungskraft der Schrift sind eine notwendige, aber nicht hinreichende Bedingung dafür, dass ein Text nicht nur seine Zeit, sondern auch noch kulturellen Wandel *überlebt.* »Was bleibet aber, stiften die Dichter«, schrieb Hölderlin in seinem Gedicht *Andenken*. Die Schrift wird als einziges kulturelles Artefakt nicht zur Ruine, das versichert Shakespeare wiederholt in seinen Sonetten,[27] und das versichert noch Hans-Georg Gadamer in *Wahrheit und Methode*:

Keine sonstige Überlieferung, die aus der Vergangenheit auf uns kommt, ist ihr [der Schrift, A. A.] gleich. Die Überreste vergangenen Lebens, Reste von Bauten, Werkzeuge, der Inhalt der Gräber sind verwittert durch die Stürme der Zeit, die über sie hingebraust sind – schriftliche Überlieferung dagegen, sowie sie entziffert und gelesen ist, ist so sehr reiner Geist, wie sie gegenwärtig zu uns spricht. [Im Schriftlichen] scheint Raum und Zeit aufgehoben.[28]

26 Karl Reinhardt, »Die Klassische Philologie und das Klassische«, in: ders., *Vermächtnis der Antike. Gesammelte Essays zur Philosophie und Geschichtsschreibung*, Göttingen 1966, S. 334-360, hier S. 336.

27 William Shakespeare, Sonette Nr. 55, 60, 63, 64, 65, in: Hanno Helbling (Hg.), *Shakespeare. Sonette. Englisch und deutsch,* Zürich 1994, S. 69; 73; 77; 78.

28 Hans-Georg Gadamer, *Wahrheit und Methode. Grundzüge einer philosophischen Hermeneutik*, Tübingen 1960, S. 156.

Funktioniert die Spur der Schrift also ähnlich wie die Berührung der Nadel, die in der Rille der Schallplatte die verklungenen Stimmen reaktivieren kann? Der Vergleich der Schrift mit der Schallplatte ist trügerisch, denn was hier mechanisch der Apparat leistet, muss dort verstehend die Lektüre leisten. Lesen, so hat sich Martin Walser ausgedrückt, »ist nicht wie Musik hören, sondern wie Musik machen.«[29] Lesen ist keine Beschallung; es erfordert eine aktive Rezeption und den Aufbau von imaginativen Bildern, mentaler Bedeutung und Sinnperspektiven. Diesen Punkt hat auch Gadamer deutlich hervorgehoben: »Nichts ist so sehr reine Geistspur wie Schrift«, so schreibt er, »nichts aber auch so auf den verstehenden Geist angewiesen wie sie.«[30] Um die in der Schrift verstummte Stimme wiederzuerwecken, bedarf es deshalb des imaginativen Einsatzes von einsamen Lesern, die aus den toten Buchstaben den Funken geistiger Wiederbelebung schlagen und, wie wir das am Beispiel der Kippfigur des Lesens gesehen haben, den Schleier der Buchstaben durchdringen. Wenn Gadamer über Schrift schreibt, oszilliert seine Sprache zwischen technischer Präzision und Kälte bei der Beschreibung medialer Konservierung (»Geistspur«) und der emotionalen Hitze eines gnostischen Mythos, wenn er dabei die »Fremdheit der Schrift« betont: »Es gibt nichts so Fremdes und zugleich Verständnisforderndes wie Schrift. […] Schrift […] ist die ins Fremdeste entäußerte Verständlichkeit des Geistes. […] Das Verstehen von Schriftlichem hat ein Extrem der Sinnentfremdung zu überwinden.«[31] Der Begriff der Entfremdung findet seinen Gegenpol in der Utopie der Ent-Entfremdung; Fremdheit wird im gnostischen Mythos nur in dem Maße wahrgenommen, in dem auch schon das Heilmittel zu ihrer Überwindung in Reichweite ist. Das Heilmittel für die Fremdheit der Schrift ist die Hermeneutik der inneren Stimme und deren Wiederbelebung.

Diese Hermeneutik der Wiederbelebung – das kann hier nur

29 Martin Walser, Christoph Heinemann, »Das ist mein hellstes Buch«, Interview im Deutschlandfunk vom 15.7.2011, ⟨http://www.deutschlandfunk.de/das-ist-mein-hellstes-buch.694.de.html?dram:article_id=70301⟩, letzter Zugriff: 27.3.2014. (Siehe oben Kapitel 13, S. 230).

30 Gadamer, *Wahrheit und Methode*, S. 156.

31 Gadamer, *Wahrheit und Methode*, S. 156, sowie Gadamer/Boehm (Hg.), *Seminar*, S. 22; vgl. auch S. 8: »Schrift ist entfremdeter Geist, und dessen Erweckung und Belebung aufgrund der überlieferten erstarrten Zeichen ist eine besondere erlernbare Kunst.«

am Rande vermerkt werden – ist in der Hegelschen Semiotik tief verankert. Die Doppelstruktur des Zeichens als Signifikant und Signifikat und damit das Verhältnis von Außen und Innen deutet Hegel metaphorisch in der radikalen Dichotomie von steinerner Pyramide und lebendiger Seele. Derrida, der der Hegelschen Metaphorik einen eindringlichen Aufsatz gewidmet hat, paraphrasiert die Verschränkung der irreduziblen Anteile von Sinnlichem und Intelligiblem, von Fremdheit und reiner Innerlichkeit als »Monument-des-Lebens-im-Tod, Monument-des-Todes-im-Leben«.[32] Vor diesem Hintergrund ist die freie Arbeit des Geistes als Aufhebung, Negation, ›Wiederbelebung‹ zu sehen.[33] Phänomenologen und Hermeneuten haben die Kommunikationssituation des Lesens und den Prozess des Deutens in dieser Metaphorik als den Weg der Schrift vom lebendigen Geist eines Autors zum lebendigen Geist eines Lesers beschrieben. Wie im gnostischen Mythos, der von der Entfremdung der Seele von ihrem Ursprung und der Möglichkeit ihrer Heimkehr zu diesem Ursprung handelt, macht bei ihnen die Schrift einen ähnlichen Wandel zwischen Verinnerlichung und Entäußerung durch. Bernhard Waldenfels hat in diesem Sinne Husserl wie folgt paraphrasiert:

> Die Talsohle des Abstiegs ist erreicht, wenn das […] Gemeinte dasteht, wenn es in ein Medium eingeht, in dem es über den Augenblick hinaus als Gesagtes festgehalten wird. […] Doch das eigentliche Ziel der Niederschrift ist erst erreicht, wenn der Sinn im Wiederlesen eigener oder im Lesen fremder Aufzeichnungen emporsteigt, wiederaufersteht und sich zurückverwandelt in lebendige Einsichten und Entschlüsse.[34]

Husserl unterscheidet im Lesen also zwei Ebenen, die sich zueinander verhalten wie die passive Retentionskraft der Buchstaben und das aktive Rückverwandlungsvermögen des Lesers: »Es scheidet sich also das passive Verstehen des Ausdrucks und sein den Sinn aktivierendes Evidentmachen.«[35] Die erste Ebene beschreibt Hus-

32 Jacques Derrida, »Der Schacht und die Pyramide. Einführung in die Hegelsche Semiologie«, in: Peter Engelmann (Hg.), *Randgänge der Philosophie*, Wien 1988, S. 85-118, hier S. 97.

33 Vgl. Derrida, »Der Schacht und die Pyramide«.

34 Bernhard Waldenfels, »Die Fremdheit der Schrift«, in: *Archivio di Filosofia. Religione, Parola, Scrittura* 60/1-3 (1992), S. 49-59, hier S. 53.

35 Edmund Husserl, *Die Krisis der europäischen Wissenschaften und die transzenden-*

serl als ein passives Wecken, die zweite als Reaktivierung einer der Niederschrift vorausliegenden ursprünglichen Evidenz. Während das bloße Lesen nur die Schrift aktiviert, aktiviert das Verstehen durch die Schrift hindurch den ihr vorausliegenden Sinn und stellt ihn verlustlos wieder her. Schrift ist auch hier ein Zwischenspeicher und eine Energiekonserve, die den Anstoß gibt für das Wunder der Wiederauferstehung von Sinn im Geist der Leser. Im Deutungsrahmen der philologisch neuzeitlichen Hermeneutik gehört also beides aufs engste zusammen: das Erstarren und Erkalten von Sinn im Medium der Buchstaben und die Reaktivierung von subjektiv konstruiertem Sinn im dialogischen Rahmen von Intersubjektivität.

Dekonstruktion

Als Jacques Derrida im Jahre 1961 einen ausführlichen Kommentar zur Beilage III der Husserlschen *Krisis*-Schrift schrieb, aus der soeben zitiert wurde, machte er am Ende seines Buches einen radikalen Strich durch diese phänomenologische Rechnung.[36] Auf den letzten drei Seiten seines Buches blitzten für die damaligen Leser erstmals und noch recht unvermittelt Begriffe auf, die wir etwas später als das begriffliche Arsenal eines neuen Deutungsrahmens kennengelernt haben: ›Verspätung‹, ›Aufschiebung‹ und ›ursprüngliche Differenz‹.[37] Derrida hat in seiner Lektüre Husserls die von ihm beschriebene Bewegung des Schreibens und Lesens gewissermaßen auf der Talsohle angehalten und diesen Moment dabei ver-

tale Phänomenologie. Eine Einleitung in die phänomenologische Philosophie, Beilage III, zu § 9a, in: Walter Biemel (Hg.), *Husserliana. Edmund Husserl. Gesammelte Werke,* Den Haag 1962 [1936], Bd. VI, S. 1-516, hier S. 372.

36 Jacques Derrida, *Husserls Weg in die Geschichte am Leitfaden der Geometrie. Ein Kommentar zur Beilage III der ›Krisis‹*, übers. v. Rüdiger Hentschel und Andreas Knop, eingel. v. Rudolf Bernet, München 1987.

37 Derrida, *Husserls Weg in die Geschichte*, S. 201-203. Der Schluss der Studie, der keimhaft den Impuls eines neuen Denkens einschließt, lautet (bezeichnenderweise noch im Konjunktiv): »Transzendental wäre die Differenz. Transzendental wäre die reine und endlose Unruhe eines Denkens, das sich darum bemüht, die Differenz zu ›reduzieren‹, indem es die faktische Unendlichkeit auf eine Unendlichkeit des Sinns und der Geltung hin übersteigt, d. h. die Differenz beibehält.« (S. 203)

ewigt. Auf diese Weise hat er den gnostischen Mythos halbiert, so dass er die Fremdheit behält und auf die Heimkehr verzichtet. Das ist – in maximaler Verkürzung – *eine* historische Genese des Deutungsrahmens der Dekonstruktion, der die *vox viva*, die lebendige Stimme, durchstreicht und die *littera mortua*, den toten Buchstaben, behält.

Was sich daraus ergibt, ist eine weitere Engführung der Lesesituation. Wir begannen in einem ersten Schritt mit der Trias von Text, Leser und hinzutretender Stimme, wir gelangten in einem zweiten Schritt zur Dyade von Text und Leser, wobei wir nachvollziehen konnten, wie die Stimme in die Schrift hineinwanderte, und stehen jetzt vor dem Einen – das ist die unbegrenzbare Schrift, in deren Buchstaben nun die Lebendigkeit hineingewandert ist. Es ist inzwischen tatsächlich üblich geworden, nach der Austreibung der inneren Stimme vom ›lebendigen Buchstaben‹ zu sprechen. »Die Rollen von Buchstabe und Geist sind umgedreht: Buchstabe und Text leben fort und untergraben die Idealisierungen, die den Buchstaben loswerden wollen. [...] Es gibt keine Transparenz einer Sache oder eines Gedankens. Die Bedeutung kann das Medium nicht verdrängen.«[38] Die Bewegung des Verstehens, die sich in der philologischen Hermeneutik auf die Reaktivierung von Sinn richtete, wird durchkreuzt; Unbestimmtheit (*indeterminacy*) und Unentscheidbarkeit (*undecidability*) verdichten den Text und machen ihn opak. Fremdheit und Intransparenz waren ein wichtiger Teil der wiedererweckenden Hermeneutik, aber sie waren nur als Übergangsstadium zugelassen. Im Deutungsrahmen der Dekonstruktion werden Fremdheit und Intransparenz als unhintergehbare Qualitäten des Textes verabsolutiert. Damit ist aus der Kunstlehre des Textverstehens eine Kunstlehre der Unlesbarkeit geworden, deren erstes Gebot lautet: »Widerstehe der Wut des Verstehens!«[39] Die Figur solcher Unlesbarkeit heißt ›Allegorie‹. Noch einmal Hartman:

Lesen wird als ein ›allegorischer‹ Prozess beschrieben. Die Allegorie, die von denen, die das Bild und Symbol favorisierten, als blutleer und abstrakt verworfen wurde, erlebt ihr Comeback als eine Struktur, die sowohl das

38 Geoffrey H. Hartman, *Easy Pieces,* New York 1985, S. 194.

39 Das Schleiermacherzitat hat Jochen Hörisch zum Titel eines Buches über dekonstruktive Hermeneutik gemacht: *Die Wut des Verstehens. Zur Kritik der Hermeneutik,* Frankfurt/M. 1988.

Schreiben als auch das Deuten reguliert. Die Allegorie war schon immer mit dem Rätsel verbunden, sodass ihre Verbindung mit ›Unlesbarkeit‹ offensichtlich ist.[40]

Es ist zu fragen, ob es sich hier überhaupt noch um eine Hermeneutik handelt, wo doch das Ziel des Verstehens gerade aufgegeben wird. Dazu ist zu sagen, dass mit dem Verstehen jedoch keineswegs das Deuten aufgegeben wurde und dass weiterhin eine Kunst des Lesens im Mittelpunkt des neuen Deutungsrahmens steht. Diese Kunst besteht nun allerdings weitgehend darin, dem »Kommunikationszwang« (Geoffrey Hartman spricht von »communication compulsion«[41]) zu widerstehen. Dahinter steht nicht nur eine hermeneutische Ethik, die den Text vor dem stets reduktiven und aneignenden Zugriff des verstehenden Lesers schützt, um ihm sein Eigenrecht zu bewahren. Dahinter steht vor allem auch eine Verschiebung der Aufmerksamkeit von Kommunikationsprozessen auf Sinnbildungsprozesse. Das vor allem an den Texten Paul de Mans geschulte allegorische Lesen ist ein de-semantisierendes Lesen, das Bedeutungen nicht mehr einsammelt, sondern in ihre Bestandteile zerlegt. Literatur gilt dabei als der vorzügliche Ort, »an dem sich das negative Wissen von der Verlässlichkeit sprachlicher Äußerung« zeigt.[42]

So gibt es im Prozess des Lesens von der Talsohle der materiellen Buchstaben keinen behänden Sprung mehr zu den immateriellen Bedeutungen. Mit der schriftorientierten literalistischen Wende der dekonstruktiven Hermeneutik erkaltet die Wut beziehungsweise die Glut des Verstehens. Schrift fällt beim Lesen aber nicht mehr ab wie Schlacke. Der Schleier der Buchstaben lässt sich nicht mehr aufziehen, es führt kein Weg mehr zurück zur Reaktivierung der Evidenz eines intersubjektiven Sinnes. Das ist zugleich das Ende der unterschiedlichen Interaktionsmodelle von Text und Leser, wie sie im Deutungsrahmen der philologischen Hermeneutik entwickelt worden sind. Der Leser ist nicht mehr das Gegenüber des Textes.

40 Hartman, *Easy Pieces*, S. 198 (Übers. A. A.).

41 Hartman, *Criticism in the Wilderness*, S. 271 (Übers. A. A.).

42 Vgl. Bettine Menke, »Die Ver-Stellung und die schöne Stimme. Zum Konzept eines dekonstruktiven Feminismus«, in: Jörg Huber, Alois Martin Müller (Hg.), *Raum und Verfahren. Interventionen*, Basel, Frankfurt/M. u. a. 1993, S. 65-88, hier S. 68. Bei Jamblich verbindet sich die fehlende Semantik der Wörter mit ihrer magischen Aufladung.

Aus der zweistelligen Deutungsrelation ist eine *einstellige* geworden. Übrig geblieben ist der Text, der zum einzigen und letzten Subjekt geworden ist. Der solchermaßen isolierte und verabsolutierte Text bricht grundsätzlich mit der Auffassung vom Text als sedimentierter Kommunikation und »virtuell gewordener Mitteilung«.[43] Sein Modell und Vorbild findet er eher in Texten, die gar nicht darauf angelegt sind, verstanden zu werden: dem heiligen Text und dem Traum. Im Traum fallen Sender und Empfänger der Botschaft zusammen; der Träumende steht seinem Traumtext nicht gegenüber, sondern geht in ihn ein und in ihm unter. Die autonome Produktivität des Traumtextes kann mit der autonomen Schriftenergie des heiligen Textes verglichen werden, wie er von jüdischen Mystikern der Kabbala gelesen wird. Diese Schriftdeuter suspendieren die semantische Schicht des Textes, um an die theurgisch-operative Energie der Worte als Gottesnamen heranzukommen.[44] Der Textbegriff der Dekonstruktion hat eine gewisse Affinität zu diesen beiden Textmodellen. Wie sich im Traum das Unbewusste und im heiligen Text eine göttliche Energie ausspricht, so spricht sich im dekonstruktiv gelesenen Text die Sprache selbst aus. Diese Sprache hat nichts mehr mit einem subjektiven Ausdruckswillen zu tun, wie Paul de Man nicht müde wurde zu betonen. In diesem Deutungsrahmen wird der Text zum Schauplatz – ich zitiere de Man – der »sprachliche[n] Strukturen, [des] Spiel[s] der Spannungen in der Sprache, [von] Sprach-Ereignisse[n], Möglichkeiten, die in der Sprache stecken – unabhängig von jeglicher Intention, Zielrichtung, Wunsch, Begehren, das wir vielleicht haben mögen«.[45] Die dekonstruktive Hermeneutik löst sich damit von einem Kommunikationsmodell ab und konzentriert sich auf das, was dem zwanghaft verstehenden Lesen verborgen blieb: auf Widerständiges, Dissonanzen, Verschiebungen, Brüche und den Subtext des Unbewussten.

*

43 Husserl, *Die Krisis der europäischen Wissenschaften*, S. 371.

44 Daniel Krochmalnik hat mich darauf aufmerksam gemacht, dass in talmudischer Tradition die Verfahren der Thora-Deutung aufs engste mit denen der Traumdeutung verknüpft sind.

45 Paul de Man, *The Resistance to Theory*, Minneapolis 1986, S. 96 (Übers. A. A.).

Das für die Literaturwissenschaft so zentrale Geschäft des Lesens, Deutens, Auslegens sehen wir nach diesem historischen Durchgang in einem weiteren Horizont. Die lange Geschichte der Theorie und Praxis des Textverstehens wurde – mit dem vollen Risiko entstellender Verkürzungen – auf drei verschiedene ›Deutungsrahmen‹ reduziert. Die historische Abfolge dieser Deutungsrahmen entspricht einer inneren Logik der polemischen Absetzung und Durchstreichung des jeweils Vorangegangenen, was jedoch nicht ausschließt, dass die Modelle als unterschiedliche Optionen nebeneinander stehenbleiben. Es ist dabei zu betonen, dass Deutungsrahmen ihre Verbindlichkeit und Verbreitung erst gewinnen, wenn sie mit kulturellen Institutionen gekoppelt sind. Die Hodegetik verbindet sich mit Lehrhäusern und anderen mündlichen Institutionen charismatischer oder autorisierter Lehre; die Wertschätzung der einsamen Lektüre war eine entscheidende Voraussetzung für den Buchdruck und den Buchmarkt sowie für die an Universitäten etablierten historischen Geisteswissenschaften; die Dekonstruktion hat innerhalb der Universitäten Fuß gefasst und von dort aus die Voraussetzungen des Schreibens und Lesens verändert.

Einen neuen Vorstoß zur Ehrenrettung der Hermeneutik hat jüngst Andreas Kablitz vorgelegt. In seinem Buch *Kunst des Möglichen* geht er dafür auf die Grundregeln sprachlicher Konversation zurück, wie sie der Philosoph H. Paul Grice herausgearbeitet hat, und adaptiert diese für die literarische Kommunikation.[46] Als wichtigste Interpretationsregel der literarischen Textinterpretation »im Sinne unserer disziplinären Praxis« führt er dabei das ›Kohärenz-Prinzip‹ ein, das in der sprachlichen Alltagskommunikation vorausgesetzt wird und in der literarischen Kommunikation allererst herzustellen ist. Eine Interpretation kann sich nicht an einer textexternen Wahrheit messen lassen, sondern einzig an der Frage, ob sie die im Text angelegten Kohärenzen zur Erscheinung bringt. Kohärenz entsteht durch das Auffinden von internen Beziehungen und Ähnlichkeiten, die dem kreativen Leser zur Entdeckung aufgegeben sind. Nach Paul Valéry gehen solche Ähnlichkeiten »aus der Übereinstimmung einander zugewandter Beobachtungen und Verrichtungen hervor [...], die in die Form des Ganzen eine stän-

46 Kablitz, *Kunst des Möglichen*, S. 149 f.

dig sich mehrende Vielheit von Bezogenheiten der einzelnen Teile speichern, die der Künstler wahrgenommen hat.«[47]

Kablitz unterscheidet zwei Formen der Interpretation, die Allegorese und die Hermeneutik, die sich sehr gut mit den hier vor gestellten Deutungsrahmen der Hodegetik und der Hermeneutik korrelieren lassen. Eine Interpretation im Rahmen der Allegorese, so Kablitz, ist auf eine *Wahrheit* ausgerichtet, die von der Lektüre vorausgesetzt wird; diese Wahrheit besitzt eine vom Text unabhängige Geltung, die vom Text nur bestätigt werden kann. Eine Interpretation im Rahmen der Hermeneutik ist dagegen auf *Bedeutung* angelegt. Sie weist einem Text eine Bedeutung zu, deren Wahrheitswert belanglos bleibt und deren Pertinenz sich allein aus dessen Beziehung zum Text und seiner Kohärenzleistung ergibt.[48] Kablitz geht auch auf die Dekonstruktion ein, zeigt sich aber unbeeindruckt von diesem Deutungsrahmen und hält ihn nicht für eine echte Alternative zur Hermeneutik. Post- und anti-hermeneutische Positionen und Verfahren sieht er lediglich als Varianten von Interpretation und nicht als grundsätzliche Verweigerung von Interpretation. Deshalb spielt er auch den absoluten Gegensatz herunter zwischen Lesern, die den Text als ein abgeschlossenes Sinnganzes lesen, und Lesern, die in ihm den privilegierten Ort semantischer Dispersion erkennen: »Die Suche nach Inkohärenzen in einem Text distanziert sich nämlich nur scheinbar von Kohärenzerwartungen. Denn sie sucht nach Inkohärenzen als einem *Prinzip* des Textes und unterstellt ihm soweit *heuristisch* ebenfalls Kohärenz.«[49]

Ob Kohärenzbildung oder Brüche und Sinndispersion – letztlich ist es die Erwartung an den Text aufgrund einer vorausgesetzten Prämisse, die die Interpretation lenkt. Diese Einsicht verweist uns noch einmal auf die Bedeutung des Deutungsrahmens als grundlegender Voraussetzung jeglicher Lektüre und Interpretation. Was in der weiteren kulturgeschichtlichen Perspektive ebenfalls auffällt, so könnte man ebenfalls argumentieren, sind gewisse Ähnlichkeiten zwischen dem Deutungsrahmen der Dekonstruktion und dem der Hodegetik. Beide negieren das Axiom von der Konsistenz und Geschlossenheit des Textes, beide durchlöchern den Text, wenn

47 Paul Valéry, »Mein Bildnis«, in: ders., *Über Kunst. Essays*, übers. v. Carlo Schmid, Frankfurt/M. 1959, S. 166-180, hier S. 176.

48 Kablitz, *Kunst des Möglichen*, S. 233.

49 Kablitz, *Kunst des Möglichen*, S. 257.

auch mit gegensätzlicher Absicht. Während das auffüllende Verfahren der *Allegorese* dem Text Sinnfülle attestiert, kehrt das ausleerende Verfahren der *Allegorie* (im Sinne von Walter Benjamin oder Paul de Man) Brüche, Differenz und Unlesbarkeit hervor. Beide leugnen die im Deutungsrahmen der Hermeneutik vorausgesetzte zwischenmenschliche Kommunikationskraft der Schrift als ›Energiekonserve‹, die zur Reaktivierung bereitsteht. Die Schrift hat im prä-hermeneutischen und post-hermeneutischen Rahmen keinen instrumentellen und transparenten Charakter, sondern ist als Medium frei verfügbar oder gänzlich opak. Daraus ergeben sich ähnliche Einstellung zum Lesen; beide wenden sich ab von der einsamen Lektüre; die Hodegetik tut dies, indem sie die wegweisende menschliche Stimme neben der Schrift einfordert, die Dekonstruktion tut dies, indem sie die Stimme im Text zum Schweigen bringt.

So finden wir uns am Ende im Dickicht der Zeichen wieder, in dem uns die unterschiedlichen Deutungsrahmen der Hodegetik, der Hermeneutik und der Dekonstruktion verschiedene Orientierungen anbieten, aus dem sie uns aber nicht herausführen. Wir können ein Buch beenden und es zuschlagen, aber es gibt keinen roten Faden, der aus dem Dickicht der Zeichen herausführt. Dieses Labyrinth hat keinen Ausgang. Wir bleiben in Texte verstrickt, von Schrift umgeben und mit Spurenlesen beschäftigt. Das gilt gerade auch für die Literaturwissenschaft, die aus dem Lesen eine Disziplin und eine Passion gemacht hat. Der Schutzpatron dieser Zunft ist nicht zufällig der Götterbote Hermes, von dem man sich erhofft, dass er auch dort noch Wege findet, wo die Wege der Kultur sich verlieren, wie in der Rolle als Seelenführer im Übergang über die Grenze zwischen Lebenden und Toten, in der Rolle als Dolmetscher im Übergang zwischen den Sprachen und in der Rolle als deutender Wegweiser im Dickicht der Zeichen. Aber Achtung, wem vertrauen wir uns da eigentlich an, denn dieser Hermes ist auch ein Meister der Verwandlungen, ein Trickster und listiger Betrüger. In einer Episode aus Grimmelshausens *Simplicissimus* berichtet der Held von einer wunderlichen Erfindung, die er gemacht hat und die an die paranoide Vorstellung in einem Text Elfriede Jelineks erinnert, in dem der demente und ohnmächtige Vater Frau und Tochter verdächtigt, ihm die Wegweiser ›verrückt‹ zu haben. Es geht in diesem Fall um Schuhe, die man hinderst zu vorderst anziehen konnte, also die Absätz unter den Zehen stunden. [...] Damit sah es aus, als ob ich erst hingangen wäre, wo ich schon gewesen; oder als ob ich von dem Ort herkäme, dahin ich erst gienge: So waren ohnedas meine Gäng, wann es eine Spur hatte, viel verwirrter als in einem Irrgarten, also daß es denjenigen, die mich vermittelst der Spur hätten auskündigen, oder sonst nachjagen wollen, unmöglich gefallen wäre, mich zu kriegen.[50]

Was der pikarische Held hier als seine neue Erfindung anpreist, ist ein uralter Trick, der auf keinen Geringeren als den griechischen Gott Hermes zurückgeht. Der homerische Hymnus erzählt, wie er als Kleinkind aus der Wiege gesprungen sei und fünfzig heilige Rinder aus der Herde des Apollon gestohlen habe.

Als er sie dann auf täuschenden Pfaden durch sandigen Boden
Trieb, vergaß er nicht seiner pfiffigen Kunst.
Denn die Spuren drehte er um, die Vorderhufe kamen nach hinten
Und was hinten, nach vorn; auch ging er rückwärts herunter.[51]

Auch das also ist der Patron der Hermeneutik: ein ingeniöser Erfinder und Vermittler, ein Führer, Deuter und Übersetzer, aber auch ein Wilderer, ein Spurenfälscher und Virtuose der Verwirrung! Kein Wunder, dass ein Ausweg aus dem Dickicht der Zeichen nicht in Sicht ist.

Abb. 39: Ausschnitt aus Johannes Lencker, *Perspectiva Literaria,* Frontispiz (1567)

50 Hans Jakob Christoph von Grimmelshausen, *Der abenteuerliche Simplicissimus Teutsch*, III, 1, eingl. v. Volker Meid, Stuttgart 1986, S. 267.

51 Homer, »An Hermes«, in: Anton Weiher (Hg.), *Homerische Hymnen. Griechisch und deutsch*, München 1961, S. 63-93, hier S. 67.

Publikationsnachweise früherer Textfassungen

Die Beiträge dieses Buches sind grundlegend überarbeitet und durch einen Originalbeitrag ergänzt worden.

Kap. 1 »Einleitung: Der lange Blick und die wilde Semiose« basiert auf »Die Sprache der Dinge. Der lange Blick und die wilde Semiose«, in: Hans Ulrich Gumbrecht, K. Ludwig Pfeiffer (Hg.), *Materialität der Kommunikation*, Frankfurt/M. 1988, S. 237-251.

Kap. 2 »Die Welt als Text« basiert auf
»Geschmack an Zeichen. Homo interpres und die Welt als Text«, in: *Zeitschrift für Semiotik* 12 (1990), S. 359-373.

Kap. 3 »Außen und Innen – Die Doppelstruktur des Zeichens« basiert auf »Zeichen – Allegorie – Symbol«, in: Jan Assmann (Hg.), *Die Erfindung des inneren Menschen. Studien zur religiösen Anthropologie*, Gütersloh 1993, S. 28-50.

Kap. 4 »Die Wiederkehr der Hieroglyphen« basiert auf
»Alte und neue Voraussetzungen der Hieroglyphen-Faszination«, in: Aleida Assmann, Jan Assmann (Hg.), *Hieroglyphen. Stationen einer anderen abendländischen Grammatologie*, München 2003, S. 261-280.

Kap. 5 »Adam als erster Leser der Welt« basiert auf
»Die Weisheit Adams«, in: Aleida Assmann (Hg.), *Weisheit*, München 1991, S. 305-324.

Kap. 6 »Hieroglyphen der Moderne: Hofmannsthals Chandos-Brief« basiert auf
»Hofmannsthals Chandos-Brief und die Hieroglyphen der Moderne«, in: *Hofmannsthal Jahrbuch zur Europäischen Moderne* 11 (2003), S. 267-279.

Kap. 7 »Die Wiedererfindung der Hieroglyphen im Stummfilm« basiert auf »Die Wiedererfindung der Hieroglyphen in der frühen Film- und Medientheorie«, in: Anton Escher, Thomas Koebner (Hg.), *Mythos Ägypten. West-Östliche Medienperspektiven II*, Remscheid 2005, S. 9-28.

Kap. 8 »Vom Bild zum Buchstaben und zurück zum Bild« basiert auf
»Die Ent-Ikonisierung und Re-Ikonisierung der Schrift«, in: *Kunstforum International* 127 (1994), S. 135-139.

»Wie Buchstaben zu Bildern werden«, in: Susanne Strätling, Georg Witte (Hg.), *Die Sichtbarkeit der Schrift*, München 2006, S. 191-202.

Kap. 9 »Lesen und Schauen« basiert auf
»Lesen als Kippfigur. Buchstaben zwischen Transparenz und Bildlichkeit«, in: Sybille Krämer u. a. (Hg.), *Schriftbildlichkeit. Wahrnehmbarkeit, Materialität und Operativität von Notationen*, Berlin 2012, S. 235-244.
»Wie Buchstaben zu Bildern werden«, in: Susanne Strätling, Georg Witte (Hg.), *Die Sichtbarkeit der Schrift*, München 2006, S. 191-202.

Kap. 10 »Deutungswahn« basiert auf
»Deutungswahn. Zur Pathologie des Lesens in Henry James' *The Turn of the Screw*«, in: Josef Simon (Hg.), *Distanz im Verstehen*, Frankfurt/M. 1995, S. 164-180.

Kap. 11 »Das Kryptogramm des Lebenstextes« basiert auf
»Das Kryptogramm des Lebenstextes«, in: Cornelia Bohn, Herbert Willems (Hg.), *Sinngeneratoren. Fremd- und Selbstthematisierung in soziologisch-historischer Perspektive*, Konstanz 2001, S. 217-230.

Kap. 12 »Leser der Großstadt« ist ein Originalbeitrag.

Kap. 13 »Strategien des Lesens« basiert auf
»Einleitung. Metamorphosen der Hermeneutik«, in: Aleida Assmann (Hg.), *Texte und Lektüren. Perspektiven in der Literaturwissenschaft*, Frankfurt/M. 1996, S. 7-28.

Kap. 14 »Im Dickicht der Zeichen« basiert auf
»Im Dickicht der Zeichen. Hodegetik – Hermeneutik – Dekonstruktion«, in: *Deutsche Vierteljahrsschrift für Literaturwissenschaft und Geistesgeschichte* 70 (1996), S. 535-551.

Literaturverzeichnis

Adorno, Theodor W. (1994), *Minima Moralia*, Frankfurt/M.

Adorno, Theodor W. (1997), *Ästhetische Theorie*, in: Tiedemann, Rolf u. a. (Hg.), *Theodor W. Adorno. Gesammelte Schriften*, Frankfurt/M., Bd. 7, S. 7-569.

Agamben, Giorgio (2009), *Signatura rerum. Zur Methode*, Frankfurt/M.

Alanus ab Insulis (1844), »Omnis mundi creatura«, in: Migne, Jacques Paul (Hg.), *Patrologia Latina*, Paris, Bd. 210, Sp. 579-580.

Alighieri, Dante (1952), *Die Göttliche Komödie*, übers. v. Hermann Albert Prietze, Heidelberg.

Assmann, Aleida (1980), *Die Legitimität der Fiktion. Ein Beitrag zur Geschichte der literarischen Kommunikation*, München.

Assmann, Aleida (1985), »Die Domestikation des Lesens. Drei historische Beispiele«, in: *Zeitschrift für Literaturwissenschaft und Linguistik* 57/58, S. 95-110.

Assmann, Aleida (1993), »Exkarnation. Gedanken zur Grenze zwischen Körper und Schrift«, in: Huber/Müller (Hg.), *Raum und Verfahren*, S. 133-155.

Assmann, Aleida (1995), »Was sind kulturelle Texte?«, in: Poltermann, Andreas (Hg.), *Literaturkanon – Medienereignis – Kultureller Text. Formen interkultureller Kommunikation und Übersetzung*, Berlin, S. 232-244.

Assmann, Aleida (Hg.) (1996), *Texte und Lektüren. Perspektiven in der Literaturwissenschaft*, Frankfurt/M.

Assmann, Aleida/Assmann, Jan (Hg.) (2003), *Hieroglyphen. Stationen einer anderen abendländischen Grammatologie*, München.

Assmann, Aleida (2006), *Erinnerungsräume. Formen und Wandlungen des kulturellen Gedächtnisses*, München.

Assmann, Aleida (2008), *Einführung in die Kulturwissenschaft. Grundbegriffe, Themen, Fragestellungen*, Berlin.

Assmann, Jan (1991), *Stein und Zeit. Mensch und Gesellschaft im alten Ägypten*, München.

Assmann, Jan (1991), »Gebrauch und Gedächtnis. Die zwei Kulturen des pharaonischen Ägypten«, in: ders., *Stein und Zeit*, S. 24-27.

Assmann, Jan (1991), »Sprachbezug und Weltbezug der Hieroglyphenschrift«, in: ders., *Stein und Zeit*, S. 76-92.

Assmann, Jan (1997), *Das kulturelle Gedächtnis. Schrift, Erinnerung und politische Identität in frühen Hochkulturen*, München.

Assmann, Jan (1998), *Moses der Ägypter. Entzifferung einer Gedächtnisspur*, München.

Augustinus, Aurelius (1954), *Selbstgespräche. Zweites Buch*, in: Fuchs, Harald/Müller, Hanspeter (Hg.), *Augustinus, Aurelius. Werke. Selbstgespräche über Gott und die Unsterblichkeit der Seele. Lateinisch und deutsch*, Zürich, Bd. 2, S. 116-201.

Austen, Jane (1970), *Northanger Abbey and Persuasion*, London.

Auster, Paul (1985), *City of Glass*, in: ders., *The New York Trilogy*, London, Boston, S. 1-132.

Austin, John L. (1992), *How to Do Things with Words. The William James Lectures Delivered at Harvard University in 1955*, London.

Avrin, Leila (1979), »Note on Micrography. A Jewish Art Form«, in: *Journal of Jewish Art* 6, S. 112-117.

Bachmann, Ingeborg (1961), »Alles«, in: dies., *Das dreißigste Jahr. Erzählungen*, München, S. 77-104.

Bacon, Francis (1974 [1605]), *The Advancement of Learning and New Atlantis*, hg. v. Arthur Johnston, Oxford.

Bacon, Francis (1984 [1603]), *Valerius Terminus. Von der Interpretation der Natur mit den Anmerkungen von Hermes Stella (englisch-deutsch)*, hg. und eingel. v. Franz Träger, übers. v. Franz Träger und Hildegard Träger, Würzburg.

Bacon, Francis (1999 [1609]), *The Wisdom of the Ancients*, Kila/MT.

Balázs, Béla (2001 [1924]), *Der sichtbare Mensch oder die Kultur des Films*, Frankfurt/M.

Barasch, Moshe (2003), »Renaissance Hieroglyphics«, in: Assmann, A./Assmann, J. (Hg.), *Hieroglyphen*, S. 165-190.

Barthes, Roland (1967), *Kritik und Wahrheit*, Frankfurt/M.

Baßler, Moritz (1993), *Die Entdeckung der Textur. Unverständlichkeit in der Kurzprosa der emphatischen Moderne 1910-1916*, Tübingen.

Bayer, Oswald (1986), *Schöpfung als Anrede. Zu einer Hermeneutik der Schöpfung*, Tübingen.

Bayle, Pierre (1820), »Adam«, in: ders., *Dictionnaire historique et critique. Bd. I: A-AM*, 16 Bde., Paris, S. 198-219.

Bellamy, Edward (1996 [1887]), *Looking Backward 2000-1887*, New York.

Belsey, Catherine (2002), »Shakespeare's *Hamlet* and the Controversies of Self (review)«, in: *Shakespeare Quarterly* 53/4, S. 553-557.

Benjamin, Walter (1961), *Illuminationen*, Frankfurt/M.

Benjamin, Walter (1963 [1928]), *Ursprung des deutschen Trauerspiels*, Frankfurt/M.

Bennett, Tony/Woollacott, Janet (1987), *Bond and Beyond. The Political Career of a Popular Hero*, London.

Bercovitch, Sacvan (1975), *The Puritan Origins of the American Self*, New Haven, London.

Berne, Eric (1977), *Beyond Games and Scripts*, hg. v. Claude M. Steiner und Carmen Kerr, New York.

Blumenberg, Hans (1981), *Die Lesbarkeit der Welt*, Frankfurt/M.
Böhme, Jakob (1832-1860), *Jakob Böhme's sämmtliche Werke*, hg. v. Karl Wilhelm Schiebler, 7 Bde., Leipzig.
Böhme, Jakob (1832), »Das 8. Kapitel. Von dem ganzen Körper eines englischen Königreichs, das große Geheimniß«, in: *Jakob Böhme's sämmtliche Werke*, Bd. 2, S. 67-83.
Böhme, Jakob (1832), »Das 20. Kapitel. Von dem zweiten Tage«, in: *Jakob Böhme's sämmtliche Werke*, Bd. 2, S. 227-237.
Böhme, Jakob (1842), *De Signatura Rerum. Oder: von der Geburt und Bezeichnung aller Wesen*, in: *Jakob Böhme's sämmtliche Werke*, Bd. 4, S. 269-462.
Böhme, Jakob (1843), »Das 11. Kapitel. Von Heimlichkeit der Schöpfung«, in: *Jakob Böhme's sämmtliche Werke*, Bd. 5, S. 55-60.
Böhme, Jakob (1847), »Der zehnte Sendbrief. An Hrn. Abraham von Sommerfeld und Falckenheim auf Wartha«, in: *Jakob Böhme's sämmtliche Werke*, Bd. 7, S. 389-397.
Bohrer, Karl Heinz (1981), *Plötzlichkeit. Zum Augenblick des ästhetischen Scheins*, Frankfurt/M.
Bolz, Norbert/Witte, Bernd (Hg.) (1984), *Passagen. Walter Benjamins Urgeschichte des neunzehnten Jahrhunderts*, München.
Borsche, Tilman (1990), *Wilhelm von Humboldt*, München.
Borsche, Tilman u. a. (Hg.) (1993), *Zeit und Zeichen*, München.
Borst, Arno (1957-1963), *Der Turmbau zu Babel*, 7 Bde., Stuttgart.
Braungart, Georg (1955), »Die Rückseite der Sprachskepsis. Variationen der Körpersprache um 1900«, in: ders., *Leibhafter Sinn. Der andere Diskurs der Moderne*, Tübingen, S. 219-230.
Bredekamp, Horst (2002), »Leibniz' ideale Akademie«, in: Voßkamp, Wilhelm (Hg.), *Ideale Akademie. Vergangene Zukunft oder konkrete Utopie?*, Berlin, S. 159-164.
Brontë, Charlotte (1988), *Jane Eyre. Eine Autobiographie*, übers. v. Bernhard Schindler, Zürich.
Browne, Sir Thomas (1964), *The Works of Sir Thomas Browne*, hg. v. Geoffrey Keynes, 5 Bde., London.
Browne, Sir Thomas (1964 [1646]), »Of the Hieroglyphical Pictures of the Egyptians«, in: *The Works of Sir Thomas Browne*, Vol. II, S. 379-381.
Browne, Sir Thomas (1964 [1643]), »Of the Same«, in: *The Works of Sir Thomas Browne*, Vol. II, S. 59-62.
Browne, Sir Thomas (1968), *The Prose of Sir Thomas Browne*, hg. v. Norman Endicott, New York, London.
Browne, Sir Thomas (1968 [1646]), *Pseudodoxia Epidemica*, in: *The Prose of Sir Thomas Browne*, S. 91-240.
Browne, Sir Thomas (1968 [1643]), *Religio Medici*, in: *The Prose of Sir Thomas Browne*, S. 1-89.

Brunemeier, Bernd (1983), *Vieldeutigkeit und Rätselhaftigkeit. Die semantische Qualität und Kommunikativitätsfunktion des Kunstwerks in der Poetik und Ästhetik der Goethezeit*, Amsterdam.

Brunschwig, Hieronymus (1512), *Liber de Arte Destillandi de Compositis*, Straßburg.

Butler, Samuel (1864 [1663-1678]), *Hudibras*, hg. v. Treadway Russell Nash, New York.

Cats, Jacob (1618), *Silenus Alcibiadis, sive Proteus*, Middelburg.

Cavell, Stanley (1987), »Hamlet's Burden of Proof«, in: ders., *Disowning Knowledge. In Six Plays of Shakespeare*, Cambridge, New York, S. 179-191.

Chardin, Teilhard de (1959): »An Marguerite Teillard-Chambon«, in: Aragonnès, Claude (Hg.), *Pierre Teilhard de Chardin. Pilger der Zukunft. Neue Reisebriefe 1939-1955*, Freiburg, München, S. 54-55.

Comenius, Johann Amos (1964 [Faksimiledruck der Ausgabe von 1658]), *Orbis sensualium pictus*, hg. v. Hellmut Rosenfeld und Otto Zeller, Osnabrück.

Coudert, Allison (1978), »Some Theories of a Natural Language from the Renaissance to the Seventeenth Century«, in: Müller, Kurt u. a. (Hg.), *Magia Naturalis und die Entstehung der modernen Naturwissenschaften. Symposion der Leibniz-Gesellschaft Hannover, 14. und 15. November 1975. Studia Leibnitiana Sonderheft 7*, Wiesbaden, S. 56-118.

Crollius, Oswaldus (1657), *Discovering the Great and Deep Mysteries of Nature*, in: Pinnell, Henry (Übers.), *Philosophy Reformed and Improved in Four Profound Tractates*, London, S. 1-226.

Crollius, Oswaldus (1996), *De signaturis internis rerum. Die lateinische Editio princeps (1609) und die deutsche Erstübersetzung (1623)*, hg. und eingel. v. Wilhelm Kühlmann und Joachim Telle, Stuttgart.

Debus, Allen G. (1977), *The Chemical Philosophy. Paracelsian Science and Medicine in the Sixteenth and Seventeenth Centuries*, New York, Bd. 1.

Dehio, Georg (1881), »Zur Geschichte der Buchstabenreform in der Renaissance«, in: *Repertorium für Kunstwissenschaft* 4/3, S. 269-279.

Derrida, Jacques (1974), *Grammatologie*, Frankfurt/M.

Derrida, Jacques (1987), *Husserls Weg in die Geschichte am Leitfaden der Geometrie. Ein Kommentar zur Beilage III der ›Krisis‹*, übers. v. Rüdiger Hentschel und Andreas Knop, eingel. v. Rudolf Bernet, München.

Derrida, Jacques (1988), »Der Schacht und die Pyramide. Einführung in die Hegelsche Semiologie«, in: Engelmann, Peter (Hg.), *Randgänge der Philosophie*, Wien, S. 85-118.

Detmers, Ines (2010), »Erlesene Bilder des Don Quijote: Zur gattungsreflexiven Funktion von Interfiguralität in post-modernen Graphic Novels«, in: Detmers, Ines/Müller, Wolfgang G. (Hg.), *Don Quijotes intermediale Nachleben/Don Quixote's Intermedial Afterlives*, Trier, S. 289-314.

Diderot, Denis (1968 [1751]), »Brief über die Taubstummen«, in: Bassenge, Friedrich (Hg.), *Ästhetische Schriften*, übers. v. Friedrich Bassenge und Theodor Lücke, Frankfurt/M., Bd. 1, S. 27-97.

Dilthey, Wilhelm (1966), *Leben Schleiermachers. Bd. 2: Schleiermachers System als Philosophie und Theologie*, hg. v. Martin Redeker, Berlin.

Donne, John (1971 [1611]), »An Anatomy of the World. Wherein, by Occasion of the Untimely Death of Mistress Elizabeth Drury, the Frailty and the Decay of the Whole World is Represented«, in: Smith, Albert J. (Hg.), *John Donne. The Complete English Poems*, New York, S. 269-283.

Dorn, Gerhard (1583), *Liber de naturae luce physica, ex Genesi desumpta, Iuxta Sentintiam Theophrasti Paracelsi, Germani Philosophi ac Medici prae cunctis excellentissimi, Tractatus*, Francoforti [1525].

Dürer, Albrecht (1972) *Unterweysung der Messung*, hg. v. Theodore Besterman, Portland/OR.

Eco, Umberto (1987), *Semiotik. Entwurf einer Theorie der Zeichen*, München.

Eco, Umberto (1994 [1993]), *Die Suche nach der vollkommenen Sprache*, übers. v. Burkhart Kroeber, München.

Eichendorff, Joseph von (1925 [1833]), »Dichter und ihre Gesellen«, in: Amelung, Heinz (Hg.), *Gesammelte Werke*, Berlin, Bd. 5, S. 85-418.

Eichendorff, Joseph von (1958 [1857]), »Geschichte der poetischen Literatur Deutschlands«, in: Baumann, Gerhart/Grosse, Siegfried (Hg.), *Neue Gesamtausgabe der Werke und Schriften in vier Bänden*, Stuttgart, Bd. IV, S. 9-420.

Eisenstein, Sergej M. (2005), *Jenseits der Einstellung. Schriften zur Filmtheorie*, hg. v. Felix Lenz und Helmut H. Diederichs, Frankfurt/M.

Eisenstein, Sergej M. (2005 [1929]), »Dramaturgie der Filmform. Der dialektische Zugang zur Filmform«, in: *Jenseits der Einstellung*, S. 88-111.

Eisenstein, Sergej M. (2005 [1929]), »Jenseits der Einstellung«, in: *Jenseits der Einstellung*, S. 58-74.

Eliot, T. S. (1962 [1921]), »Metaphysical Poets«, in: Enright, Dennis Joseph/Chickera, Ernst de (Hg.), *English Critical Texts. 16th Century to 20th Century, Edited, with Notes and an Appendix of Classical Extracts*, London, S. 302-311.

Eliot, T. S. (1963), »East Coker«, in: ders., *Four Quartets*, London, S. 15-23.

Emerson, Ralph Waldo (1965 [1836]), »Nature«, in: Gilman, William H. (Hg.), *Selected Writings of Ralph Waldo Emerson*, New York, Toronto u. a., S. 186-226.

Enzensberger, Hans Magnus (1988), »Das Nullmedium oder Warum alle Klagen über das Fernsehen gegenstandslos sind«, in: ders., *Mittelmaß und Wahn. Gesammelte Zerstreuungen*, Frankfurt/M., S. 89-103.

Ernst, Ulrich (1985), »Lesen als Rezeptionsakt. Textpräsentation und Text-

verständnis in der manieristischen Barocklyrik«, in: *Zeitschrift für Literaturwissenschaft und Linguistik LiLi* 15/57, S. 67-94.
Ernst, Ulrich (1991), *Carmen figuratum. Geschichte des Figurengedichts von den antiken Ursprüngen bis zum Ausgang des Mittelalters*, Köln.
Felman, Shoshana (1982), »Turning the Screw of Interpretation«, in: dies. (Hg.), *Literature and Psychoanalysis. The Question of Reading: Otherwise*, Baltimore, London, S. 94-207.
Fenollosa, Ernest (1967 [1920]), »The Chinese Written Character as a Medium for Poetry«, in: Pound, Ezra, *Instigations of Ezra Pound together with an Essay on the Chinese Written Character by Ernest Fenollosa*, Freeport, New York, S. 357-388.
Ferber, Stanley (1976/77), »Micrography. A Jewish Art Form«, in: *Journal of Jewish Art* 3/4, S. 12-24.
Flynn, Elizabeth A./Schweikart, Patrocinio P. (Hg.) (1986), *Gender and Reading. Essays on Readers, Texts, and Contexts*, Baltimore, London.
Foer, Jonathan Safran (2005), *Extremely Loud and Incredibly Close*, Boston, New York.
Forster, Edward Morgan (1972 [1908]), »The Purple Envelope«, in: ders., *The Life to Come and Other Stories*, London, S. 36-54.
Foucault, Michel (1974), *Die Ordnung der Dinge. Eine Archäologie der Humanwissenschaften*, Frankfurt/M.
Franckenberg, Abraham von (1920), »Lebensbeschreibung Jakob Böhmes«, Abschnitt 11, in: Kayser, Hans (Hg.), *Schriften Jakob Böhmes*, Leipzig, S. 19-52.
Frank, Manfred (1992), *Der unendliche Mangel an Sein. Schellings Hegelkritik und die Anfänge der Marxschen Dialektik*, München.
Freud, Sigmund (1982 [1913]), »Das Motiv der Kästchenwahl«, in: ders., *Studienausgabe. Bd. X: Bildende Kunst und Literatur*, Frankfurt/M., S. 181-193.
Freud, Sigmund (1994), *Das Unbehagen in der Kultur*, in: ders., *Das Unbehagen in der Kultur und andere kulturtheoretische Schriften*, eingel. v. Alfred Lorenzer und Bernhard Görlich, Frankfurt/M., S. 29-108.
Funk, Gerald u. a. (Hg.) (2001), *Ästhetik des Ähnlichen. Zur Poetik und Kunstphilosophie der Moderne*, Frankfurt/M.
Gadamer, Hans-Georg (1960), *Wahrheit und Methode. Grundzüge einer philosophischen Hermeneutik*, Tübingen.
Gadamer, Hans-Georg/Boehm, Gottfried (Hg.) (1976), *Seminar. Philosophische Hermeneutik*, Frankfurt/M.
Gandelman, Claude (1997), »Sign Conceptions in the Judaic Tradition«, in: Posner, Roland u. a. (Hg.), *Semiotik/Semiotics. Ein Handbuch zu den zeichentheoretischen Grundlagen von Natur und Kultur/A Handbook on the Sign-Theoretic Foundations of Nature and Culture*, 4 Bde., Berlin, New York 1997-2004, Bd. 1, S. 1183-1198.

Genesis Rabba, 38, zit. nach *Bibliotheca Rabbinica. Eine Sammlung alter Midraschim. Zweite Lieferung: Der Midrasch Bereschit Rabba* (1880 [Nachdruck Hildesheim 1967]), übertr. v. August Wünsche, Leipzig.

Gesta Romanorum. Das älteste Märchen- und Legendenbuch des christlichen Mittelalters (1978), übers. v. Johann G. T. Graesse, ausgew. und eingel. v. Hermann Hesse, Frankfurt/M.

Ginzburg, Carlo (1983), *Spurensicherung. Die Wissenschaft auf der Suche nach sich selbst,* Berlin.

Goethe, Johann Wolfgang von (1951), »Das Allgemeinste über Farben«, in: Matthaei, Rupprecht (Hg.), *Goethe. Die Schriften zur Naturwissenschaft. Abt. 1, Bd. 3: Beiträge zur Optik und Anfänge der Farbenlehre: 1790-1808*, Weimar, S. 433-444.

Goethe, Johann Wolfgang von (1961-1989), *Goethes Werke. Hamburger Ausgabe in 14 Bänden*, hg. v. Erich Trunz, München.

Goethe, Johann Wolfgang von (1965 [1827]), »Zahme Xenien VI«, in: ders., *Poetische Werke. Gedichte und Singspiele. Berliner Ausgabe*, Berlin, Weimar, Bd. 1, S. 704-713.

Goethe, Johann Wolfgang von (1975 [1791-1832]), »Zur Farbenlehre. Didaktischer Teil«, in: *Goethes Werke*, Bd. XIII, S. 314-523.

Goethe, Johann Wolfgang von (1981 [1833]), »Maximen und Reflexionen«, in: *Goethes Werke*, Bd. XII, S. 365-547.

Goethe, Johann Wolfgang von (1989 [1827]), »Epirrhema«, in: *Goethes Werke.* Bd. I, S. 358.

Goethe, Johann Wolfgang von (1989 [1828]), »Erläuterungen zu dem aphoristischen Aufsatz ›Die Natur‹«, in: Engelhardt, Wolf von/Wenzel, Manfred (Hg.), *Sämtliche Werke. Frankfurter Ausgabe. I. Abt, Bd. 25: Schriften zur allgemeinen Naturlehre, Geologie und Mineralogie*, Frankfurt/M.

Goethe, Johann Wolfgang von (1989 [1789]), »Willkommen und Abschied. Spätere Fassung«, in: *Goethes Werke*, Bd. I, S. 28-30.

Goffman, Erving (1977 [1974]), *Rahmenanalyse. Ein Versuch über die Organisation von Alltagserfahrungen*, Frankfurt/M.

Gomringer, Eugen (1995), »Schweigen«, in: ders., *Vom Rand nach innen. Die Konstellationen 1951-1995*, Wien, Bd. 1. S. 19.

Gomringer, Eugen, (Hg.) (1996), *Visuelle Poesie. Anthologie*, Stuttgart.

Goodbody, Axel (1984), *Natursprache. Ein dichtungstheoretisches Konzept der Romantik und seine Wiederaufnahme in der modernen Naturlyrik (Novalis – Eichendorff – Lehmann – Eich),* Neumunster.

Goodman-Thau, Eveline/Schulte, Christoph (Hg.) (1993 [1830]), *Das Buch Jezira*, übers. v. Johann Friedrich Meyer, Berlin.

Gracyk, Annette (2015), *Die Hieroglyphe im 18. Jahrhundert. Theorien zwischen Aufklärung und Esoterik*, Berlin u. a.

Graevenitz, Gerhart von (1994), *Das Ornament des Blicks. Über die Grund-*

lagen des neuzeitlichen Sehens, die Poetik der Arabeske und Goethes ›West-östlichen Divan‹, Stuttgart.

Greene, Thomas (2005), *Poetry, Signs, and Magic*, Cranbury/NJ.

Grimmelshausen, Hans Jakob Christoph von (1986 [1668/1669]), *Der abenteuerliche Simplicissimus Teutsch*, eingel. v. Volker Meid, Stuttgart.

Groh, Dieter (2003), *Schöpfung im Widerspruch. Deutungen der Natur und des Menschen von der Genesis bis zur Reformation*, Frankfurt/M.

Groh, Ruth (2005), »Buch der Natur«, in: Jaeger, Friedrich (Hg.), *Enzyklopädie der Neuzeit*, 16 Bde., Stuttgart 2005-2012, Bd. 2, Sp. 478-485.

Gutmann, Aegidius (1675 [1619]), *Offenbarung göttlicher Majestät*, Amsterdam, Frankfurt/M.

Hadot, Pierre (1982), *Zur Idee der Naturgheimnisse beim Betrachten des Widmungsblattes in den Humboldtschen ›Ideen zur einer Geographie der Pflanzen‹*, in: *Akademie der Wissenschaften und der Literatur* 8, Mainz.

Hamann, Johann Georg (1950), »Kreuzzüge des Philologen«, in: Nadler, Josef (Hg.), *Sämtliche Werke. Bd. II: Schriften über Philosophie/Philologie/Kritik*, Wien, S. 113-240.

Hamann, Johann Georg (1988), *Briefe. Ausgewählt von Arthur Henkel*, Frankfurt/M.

Handke, Peter (1978), *Die Stunde der wahren Empfindung*, Frankfurt/M.

Hartman, Geoffrey H. (1980), *Criticism in the Wilderness. The Study of Literature Today*, New Haven, London.

Hartman, Geoffrey H. (1985), *Easy Pieces*, New York.

Hegel, Georg Wilhelm Friedrich (1978), »(Jesus trat nicht lange …) [Der Geist des Christentums und sein Schicksal]«, in: Hamacher, Werner (Hg.), *Der Geist des Christentums. Schriften 1798 -1800*, Berlin, S. 420-516.

Helmont, Franciscus Mercurius van (1916 [1667]), *Kurtzer Entwurff des eigentlichen Natur-Alphabets der Heiligen Sprache*, hg. v. Wilhelm Viëtor, Berlin, Hamburg.

Henkel, Arthur (1987), »Zu einem Emblem des Julius Wilhelm Zincgref«, in: *Orbis Litterarum* 42, S. 236-247.

Henkel, Arthur/Schöne, Albrecht (Hg.) (1967), *Emblemata. Handbuch zur Sinnbildkunst des XVI. und XVII. Jahrhunderts*, Stuttgart.

Herder, Johann Gottfried (1920 [ca. 1879]), *Zerstreute Blätter. Fünfte Sammlung 1793*, in: Dünker, Heinrich (Hg.), *Herder's Werke. Nach den besten Quellen revidirte Ausgabe. Fünfzehnter Theil: Zerstreute Blätter*, Berlin, S. 217-378.

Hessel, Franz (1984), *Ein Flaneur in Berlin*, Berlin.

Hirsch, Eric Donald Jr. (1967), *Validity in Interpretation*, New Haven, London.

Hofmannsthal, Hugo von (1902), *Der Tor und der Tod*, Leipzig.

Hofmannsthal, Hugo von (1935), *Briefe. Bd. I: 1890-1901*, Berlin.

Hofmannsthal, Hugo von (1959 [1902]), »Ein Brief«, in: Steiner, Herbert (Hg.), *Hugo von Hofmannsthal. Gesammelte Werke in Einzelausgaben. Prosa II*, Frankfurt/M., S. 7-20.

Hölderlin, Friedrich (1977 [1800-1803]), *Die Bedeutung der Tragödien*, in: Sattler, Dietrich E. (Hg.), *Friedrich Hölderlin. Sämtliche Werke. Frankfurter Ausgabe*, Basel, Frankfurt/M., Bd. 14, S. 379-383.

Hölpel, Ingrid (1987), *Emblem und Sinnbild. Vom Kunstbuch zum Erbauungsbuch*, Frankfurt/M.

Homer (1961), »An Hermes«, in: Weiher, Anton (Hg.), *Homerische Hymnen. Griechisch und deutsch*, München, S. 63-93.

Horapollon (2001), *Des Niloten Horapollon Hieroglyphenbuch*, hg. und übers. v. Heinz Josef Thissen, München.

Hörisch, Jochen (1988), *Die Wut des Verstehens. Zur Kritik der Hermeneutik*, Frankfurt/M.

Huber, Jörg/Müller, Alois Martin (Hg.) (1993), *Raum und Verfahren. Interventionen*, Basel, Frankfurt/M. u. a.

Huntley, Frank L. (1979), *Bishop Joseph Hall, 1574-1656. A Biographical and Critical Study*, Cambridge/MA.

Husserl, Edmund (1962 [1936]), *Die Krisis der europäischen Wissenschaften und die transzendentale Phänomenologie. Eine Einleitung in die phänomenologische Philosophie*, Beilage III, zu § 9a, in: Biemel, Walter (Hg.), *Husserliana. Edmund Husserl. Gesammelte Werke*, Den Haag, Bd. VI, S. 1-516.

Iamblich (1966), *Les Mystères D'Égypte*, in: Édouard des Places (Hg.), *Jamblique, Les Mystères D'Égypte*, Paris, S. 38-215.

James, Henry (1962 [1934]), »Preface to ›Roderick Hudson‹«, in: ders., *The Art of the Novel. Critical Prefaces*, New York, London, S. 3-19.

James, Henry (1973 [1898]), *The Turn of the Screw, The Aspern Papers*, hg. v. Kenneth B. Murdock, London, New York.

Jameson, Frederick (1997 [1991]), »Postmoderne. Zur Logik der Kultur im Spätkapitalismus«, in: Huyssen, Andreas/Scherpe, Klaus R. (Hg.), *Postmoderne. Zeichen eines kulturellen Wandels*, Reinbek, S. 45-102.

Jaspers, Karl (1973 [1932]), *Philosophie*, Berlin, Göttingen u. a.

Jauß, Hans Robert (1968), »Entstehung und Strukturwandel der allegorischen Dichtung«, in: ders. u. a. (Hg.), *Grundriß der romanischen Literaturen des Mittelalters*, Heidelberg, S. 146-244.

Jauß, Hans Robert (1977), »Allegorische Dichtung als Poesie des Unsichtbaren«, in: ders. (Hg.), *Alterität und Modernität der mittelalterlichen Literatur. Gesammelte Aufsätze 1956-1976*, München, S. 28-34.

Jauß, Hans Robert (1989 [1979]), »Baudelaires Rückgriff auf die Allegorie«, in: ders. (Hg.), *Studien zum Epochenwandel der ästhetischen Moderne*, Frankfurt/M., S. 166-188.

Jelinek, Elfriede (1999), *Macht Nichts. Eine kleine Trilogie des Todes*, Reinbek.

Jelinek, Elfriede (2012), *Winterreise. Ein Theaterstück*, Reinbek.

Jirgl, Reinhard (2003), *Die Unvollendeten*, Wien.

Joyce, James (1976 [1914]), *Dubliners*, Harmondsworth.

Kablitz, Andreas (2013), *Kunst des Möglichen. Theorie der Literatur*, Freiburg, Berlin u. a.

Kafka, Franz (1919), *In der Strafkolonie*, Leipzig.

Kant, Immanuel (1975 [1790]), *Kritik der Urteilskraft*, in: Weischedel, Wilhelm (Hg.), *Werke in Zehn Bänden. Bd. 8: Kritik der Urteilskraft und Schriften zur Naturphilosophie*, Darmstadt, S. 237-620.

Kany, Roland (1987), *Mnemosyne als Programm. Geschichte, Erinnerung und die Andacht zum Unbedeutenden im Werk von Usener, Warburg und Benjamin*, Tübingen.

Kayser, Wolfgang (1930), »Böhmes Natursprachenlehre und ihre Grundlagen«, in: *Euphorion* 31, S. 521-562.

Keidel, Matthias (2006), *Die Wiederkehr der Flaneure. Literarische Flanerie und flanierendes Denken zwischen Wahrnehmung und Reflexion*, Würzburg.

Kelber, Werner H. (2013), »The History of the Closure of Biblical Texts«, in: ders., *Imprints, Voiceprints, and Footprints of Memory. Collected Essays*, Atlanta, S. 413-440.

Kirste, Reinhard (1976), *Das Zeugnis des Geistes und das Zeugnis der Schrift*, Göttingen.

Klages, Ludwig (1951 [1926]), *Grundlagen der Charakterkunde*, Bonn.

Klibansky, Raymond u. a. (1964), *Saturn and Melancholy. Studies in the History of Natural Philosophy, Religion and Art*, London.

Kopp-Oberstebrink, Herbert/Treml, Martin (Hg.) (2013), *Hans Blumenberg. Jacob Taubes. Briefwechsel 1961-1981 und weitere Materialien*, Berlin.

Koschorke, Albrecht (2012), *Wahrheit und Erfindung. Grundzüge einer allgemeinen Erzähltheorie*, Frankfurt/M.

Kotzinger, Susi/Rippl, Gabriele (1994) (Hg.), *Zeichen zwischen Klartext und Arabeske. Konferenz des Konstanzer Graduiertenkollegs »Theorie der Literatur«, veranstaltet im Oktober 1992*, Amsterdam, Atlanta.

Kracauer, Siegfried (1963), *Das Ornament der Masse*, Frankfurt/M.

Krämer, Sybille (1996), »Sprache und Schrift. Oder: Ist Schrift verschriftete Sprache?«, in: *Zeitschrift für Sprachwissenschaft* 15/1, S. 92-112.

Krämer, Sybille u. a. (Hg.) (2007), *Spur. Spurenlesen als Orientierungstechnik und Wissenskunst*, Frankfurt/M.

Krämer, Sybille u. a. (Hg.) (2012), *Schriftbildlichkeit. Wahrnehmbarkeit, Materialität und Operativität von Notationen*, Berlin.

Kretschmer, Ernst (1921), *Körperbau und Charakter*, Berlin.

Kronauer, Brigitte (1987), *Aufsätze zur Literatur*, Stuttgart.

Kruse, Christiane (2003), *Wozu Menschen malen. Historische Begründungen eines Bildmediums*, München.

Küpper, Joachim (2008), »Mimesis und Fiktion in Literatur, Bildender Kunst und Musik«, in: *Zeitschrift für Ästhetik und Allgemeine Kunstwissenschaft* 53/2, S. 169-190.

Laing, Ronald D. (1969), *The Politics of the Family*, Toronto.

Lamb, Charles (1903), »Readers against the Grain«, in: MacDonald, William (Hg.), *Critical Essays*, London, S. 237-240.

Langer, Susanne K. (1951), *Philosophy in a New Key. A Study in the Symbolism of Reason, Rite, Art*, Cambridge/MA.

Laplanche, Jean/Pontalis, Jean-Bertrand (April 1964), »Fantasme originaire, fantasmes des origines, origine de fantasme«, in: *Les Temps modernes* 215, S. 1833-1863.

Ledderose, Lothar (1979), *Mi Fu and the Classical Traditon of Chinese Calligraphy*, Princeton.

Lehr, Thomas (1993), *Zweiwasser oder Die Bibliothek der Gnade*, Berlin.

Lessing, Gotthold Ephraim (1987), »489. An Friedrich Nicolai«, in: Barner, Wilfried u. a. (Hg.), *Gotthold Ephraim Lessing. Werke und Briefe in zwölf Bänden. Bd. 11,1: Briefe von und an Lessing 1743-1770*, Frankfurt/M., S. 608-611.

Lewis, C. S. (1964), *The Discarded Image. An Introduction to Medieval and Renaissance Literature*, Cambridge/UK.

Lindsay, Nicholas Vachel (1915), *The Art of the Moving Picture*, New York.

Lotman, Jurij (2010), *Die Innenwelt des Denkens. Eine semiotische Theorie der Kultur*, Berlin.

Luther, Martin (1854), »2067. (131.) Erasmus achtet Gottes Werk und Creaturen nicht«, in: ders., *Dr. Martin Luther's Sämmtliche Werke. Bd. 61: Vierte Abteilung. Vermischte deutsche Schriften. Neunter Band*, bearb. v. Johann Konrad Irmischer, Frankfurt/M., Erlangen, S. 110-111.

Luther, Martin (1983), *Martin Luther. Ausgewählte Schriften in sechs Bänden*, hg. v. Karin Bornkamm und Gerhard Ebeling, Frankfurt/M.

Luther, Martin (1983), »An die Ratsherrn aller Städte deutschen Landes, dass sie christliche Schulen aufrichten und halten sollen«, in: *Ausgewählte Schriften in sechs Bänden*, Bd. 5, Frankfurt/M., S. 40-72.

Luther, Martin (1983), »Sermon von dem neuen Testament, das ist von der Heiligen Messe«, in: *Ausgewählte Schriften in sechs Bänden*, Bd. 2, Frankfurt/M., S. 78-114.

Maier, Michael (1617), *Symbola aureae mensae duodecim nationum*, Frankfurt/M.

Man, Paul de (1986), *The Resistance to Theory*, Minneapolis/MN.

Massa, Ann (1970), *Vachel Lindsay. Fieldworker for the American Dream*, Bloomington, London.

Maul, Stefan M. (2013), *Wahrsagekunst im Alten Orient. Zeichen des Himmels und der Erde*, München.

Maurer, Wilhelm (1960), »Melanchthon«, in: Galling, Kurt (Hg.), *Religion in Geschichte und Gegenwart. Bd. 4: I-K*, Tübingen, S. 834-841.

McLuhan, Marshall (2001), *Das Medium ist die Botschaft. The Medium is the Message*, hg. v. Martin Baltes u. a., Dresden.

Meiss, Millard (1957), *Andrea Mantegna as Illuminator. An Episode in Renaissance Art, Humanism and Diplomacy*, Gleichstadt, Hamburg, S. 52-78.

Meißner, Johann Gottlieb (1787), *Menschenkenntnis*, Breslau, Bd. II.

Mendelssohn, Moses (1989 [1783]), »Jerusalem oder über religiöse Macht und Judentum«, in: Thom, Martina (Hg.), *Moses Mendelssohn. Schriften über Religion und Aufklärung*, Darmstadt, S. 351-458.

Menke, Bettine (1993), »Die Ver-Stellung und die schöne Stimme. Zum Konzept eines dekonstruktiven Feminismus«, in: Huber/Müller (Hg.), *Raum und Verfahren*, S. 65-89.

Menninghaus, Winfried (1987), *Unendliche Verdoppelung. Die frühromantische Grundlegung der Kunsttheorie im Begriff absoluter Selbstreflexion*, Frankfurt/M.

Milton, John (1963 [1644]), *Areopagitica*, in: Wallace, Malcolm W. (Hg.), *Milton's Prose*, London, S. 275-324.

Milton, John (1968 [1643-1645]), *The Divorce Tracts, Areopagitica and of Education*, Menston.

Most, Glenn W. (1984), »Rhetorik und Hermeneutik. Zur Konstitution der Neuzeitlichkeit«, in: *Antike und Abendland* 30, S. 62-79.

Neumeyer, Harald (1999), *Der Flaneur. Konzeption der Moderne*, Würzburg.

Niefanger, Dirk (2006), *Barock*, Stuttgart, Weimar.

Nietzsche, Friedrich (1955-1962), *Friedrich Nietzsche. Werke in drei Bänden*, hg. v. Karl Schlechta, München.

Nietzsche, Friedrich (1955 [1887]), »Zur Genealogie der Moral«, in: *Werke in drei Bänden*, Bd. II, S. 761-900.

Nietzsche, Friedrich (1962 [1881]), *Morgenröte. Gedanken über die moralischen Vorurteile*, in: *Werke in drei Bänden*, Bd. I, S. 1009-1279.

Nietzsche, Friedrich (1962 [1874]), »Schopenhauer als Erzieher«, in: *Werke in drei Bänden*, Bd. I, S. 287-366.

Nietzsche, Friedrich (1962 [1874]), »Vom Nutzen und Nachteil der Historie für das Leben«, in: *Werke in drei Bänden*, Bd. I, S. 209-285.

Novalis (1960 [1798]), »Teplitzer Fragmente«, in: Samuel, Richard u. a. (Hg.), *Novalis. Schriften. Die Werke Friedrich von Hardenbergs. Zweiter Band: Das philosophische Werk I*, Stuttgart, S. 596-622.

Novalis (1943 [1800]), »Hymnen an die Nacht. Druckfassung im Athenäum«, in: ders., *Briefe und Werke. Bd. 2: Die Dichtungen*, Berlin, S. 278-292.

Novalis (1957 [1799]), »Die magische Wissenschaft«, in: Wasmuth, Ewald

(Hg.), *Werke, Briefe, Dokumente. Bd. II: Fragmente I*, Heidelberg, S. 435-467.
Olender, Maurice (1995 [*Les langues du Paradis. Aryens et Sémites, un couple providentiel*, Paris 1989]), *Die Sprachen des Paradieses. Religion, Philologie und Rassentheorie im 19. Jahrhundert*, übers. v. Peter D. Krumme, Frankfurt/M., New York.
Paech, Joachim (2003), »Zur filmtheoretischen Hieroglyphendiskussion«, in: Assmann, A./Assmann, J. (Hg.), *Hieroglyphen*, S. 367-383.
Paracelsus (Theophrast von Hohenheim) (1929), *Sämtliche Werke. 1. Abteilung: Medizinische, naturwissenschaftliche und philosophische Schriften*, hg. v. Karl Sudhoff, München, Berlin u. a., Bd. XII.
Patterson, Frank Allen u. a. (Hg.) (1934), *The Works of John Milton. De Doctrina Christiana. Christian Doctrine. Book I Chapters 21-33*, Bd. XVI, New York.
Paul, Jean (1995 [1804]), *Vorschule der Ästhetik. Nebst einigen Vorlesungen in Leipzig über die Parteien der Zeit*, in: Miller, Norbert (Hg.), *Jean Paul. Sämtliche Werke*, Darmstadt, Abt. I, Bd. 5, S. 7-456.
Petrarca, Francesco (1931), *Briefe des Francesco Petrarca. Eine Auswahl*, übers. v. Hans Nachod und Paul Stern, Berlin.
Platon (1982), *Platon. Sämtliche Werke. Berliner Ausgabe*, 3 Bde., hg. v. Erich Löwenthal, Heidelberg.
Platon (1982), »Das Gastmahl«, in: *Sämtliche Werke*, Bd. I, S. 657-727.
Platon (1982), *Phaidros*, in: *Sämtliche Werke*, Bd. II, S. 409-481.
Platon (1982), *Der Staat*, in: *Sämtliche Werke*, Bd. II, S. 5-407.
Poe, Edgar Allan (1984 [1840]), »The Man of the Crowd«, in: Quinn, Patrick F. (Hg.), *Edgar Allan Poe. Poetry and Tales*, New York, S. 388-396.
Posner, Roland (1991), »Kultur als Zeichensystem. Zur semiotischen Explikation kulturwissenschaftlicher Grundbegriffe«, in: Assmann, Aleida/Harth, Dietrich (Hg.), *Kultur als Lebenswelt und Monument*, Frankfurt/M., S. 37-74.
Pound, Ezra (1913), »A Few Don'ts by an Imagiste«, in: *Poetry* 1/6, S. 200-206.
Quecke, Kurt (1955), »Die Signaturenlehre im Schrifttum des Paracelsus«, in: Beßler, Otto (Hg.), *Beiträge zur Geschichte der Pharmazie und ihrer Nachbargebiete*, Berlin, Bd. 1, S. 41-51.
Raible, Wolfgang (1993), »Vom Text und seinen vielen Vätern. Oder: Hermeneutik als Korrelat der Schriftkultur«, in: Assmann, Aleida u. a. (Hg.), *Schrift und Gedächtnis*, München, S. 20-23.
Reinhardt, Karl (1966), »Die Klassische Philologie und das Klassische«, in: ders., *Vermächtnis der Antike. Gesammelte Essays zur Philosophie und Geschichtsschreibung*, Göttingen, S. 334-360.
Rice, Eugene F. (1958), *The Renaissance Idea of Wisdom*, Cambridge/MA.

Rilke, Rainer Maria (1908), »Brief an Franz Xaver Kappus, Worpswede bei Bremen, am 16. Juli 1903«. in: ders. *Briefe an einen jungen Dichter*, hg. v. Franz Xaver Kappus, Frankfurt/M. 1989, S. 27-35.

Rilke, Rainer Maria (1942 [1908]), »Requiem für Wolf Graf von Kalckreuth«, in: ders., *Gedichte. Zweiter Teil: Das Buch der Bilder – das Stundenbuch – das Marienleben – Requiem*, Leipzig, S. 335-343.

Rippl, Gabriele (2003), »Hieroglyphen-Faszination in der anglo-amerikanischen Moderne«, in: Assmann, A./Assmann, J. (Hg.), *Hieroglyphen*, S. 327-352.

Rosa, Hartmut (2012), *Weltbeziehungen im Zeitalter der Beschleunigung. Umrisse einer neuen Gesellschaftskritik*, Frankfurt/M.

Roth-Scholtz, Friedrich (Hg.) (1732), *Theatrum chemicum*, Nürnberg.

Rothacker, Erich (1948), *Probleme der Kultur-Anthropologie*, Bonn.

Rupescissas, Johannes von (1497), *De Consideratione quintae essentiae*, Basel.

Scheffer, Bernd (1992), *Interpretation und Lebensroman*, Frankfurt/M.

Schlegel, August Wilhelm (1965), »Einleitung«, in: Lohner, Edgar (Hg.), *Kritische Schriften und Briefe. Bd. 4: Geschichte der romantischen Literatur*, Stuttgart, S. 11-39.

Schlegel, August Wilhelm (1989), »Vorlesungen über schöne Literatur und Kunst«, in: Behler, Ernst (Hg.), *August Wilhelm Schlegel. Kritische Ausgabe der Vorlesungen. Bd. I: Vorlesungen über Ästhetik 1798-1803*, Paderborn, München u. a., S. 179-781.

Schlegel, Friedrich (1890), »233. Wien, den 27ten April 1825«, in: Walzel, Oskar F. (Hg.), *Friedrich Schlegels Briefe an seinen Bruder August Wilhelm*, Berlin, Bd. 2, S. 642-645.

Schöne, Albrecht (1987), *Goethes Farbentheologie*, München.

Schopenhauer, Arthur (1988), *Werke in fünf Bänden. Bd. 1: Die Welt als Wille und Vorstellung. Erster Band. Vier Bücher, nebst einem Anhange, der die Kritik der Kantischen Philosophie enthält*, hg. nach den Ausgaben letzter Hand v. Ludger Lütkehaus, Zürich.

Schröder, Gerhart (1991), »Weisheit und Gelächter. Zum Begriff der Weisheit in der frühen Neuzeit«, in: Assmann, Aleida (Hg.), *Weisheit*, München, S. 501-512.

Schultz, H. Stefan (1961), »Hofmannsthal and Bacon. The Sources of the Chandos Letter«, in: *Comparative Literature* 13/1, S. 1-15.

Sebald, W. G. (2001), *Austerlitz*, München, Wien.

Shakespeare, William (1950-1954), *Shakespeares dramatische Werke*, 10 Bde., hg. v. Hans Matter, übers. v. August Wilhelm von Schlegel und Ludwig Tieck, Basel.

Shakespeare, William (1950 [1603]), *Hamlet, Prinz von Dänemark*, in: *Shakespeares dramatische Werke*, Bd. 1, S. 101-226.

Shakespeare, William (1953 [1605]), *Der Kaufmann von Venedig*, in: *Shakespeares dramatische Werke*, Bd. 5, S. 71-155.

Shakespeare, William (1953 [1605]), *Ein Sommernachtstraum*, in: *Shakespeares dramatische Werke*, Bd. 5, S. 3-70.

Shakespeare, William (1954 [1600]), *König Heinrich der Fünfte*, in: *Shakespeares dramatische Werke*, Bd. 10, S. 1-105.

Shakespeare, William (1954 [1623]), *Das Wintermärchen*, in: *Shakespeares dramatische Werke*, Bd. 7, S. 117-219.

Shakespeare, William (1994), *Sonette. Englisch und deutsch*, hg. v. Hanna Helbing, Zürich, S. 69; 73; 77; 78.

Shay, Jonathan (1994), *Achilles in Vietnam. Combat Trauma and the Undoing of Character*, New York.

Shay, Jonathan (2002), *Odysseus in America. Combat Trauma and the Trials of Homecoming*, New York.

Simmel, Georg (1983 [1896]), »Das Geld in der modernen Kultur«, in: Dahme, Jürgen/Rammstedt, Otthein (Hg.), *Schriften zur Soziologie*, Frankfurt/M., S. 78-94.

Smalley, Beryl (1941), *The Study of the Bible in the Middle Ages*, Oxford.

St. Victor, Hugo von (1844 ff.), »De sacramentis Christianae fidei«, in: Migne, Jacques Paul (Hg.), *Patrologia Latina*, Paris, Bd. 176, 35A.

Staiger, Emil (1954), *Grundbegriffe der Poetik*, Zürich.

Stanitzek, Georg (1988) »Bildung und Roman als Momente bürgerlicher Kultur. Zur Frühgeschichte des deutschen Bildungsromans«, in: *Deutsche Vierteljahresschrift für Literaturwissenschaft und Geistesgeschichte* 62, S. 416-150.

Strauß, Botho (1977), *Die Widmung. Eine Erzählung*, München.

Szondi, Leopold (1963), *Schicksalsanalytische Therapie. Ein Lehrbuch der passiven und aktiven analytischen Psychotherapie*, Bern.

Taubes, Jacob (1983 [1966]), »Noten zum Surrealismus«, in: Iser, Wolfgang (Hg.), *Immanente Ästhetik. Ästhetische Reflexion. Lyrik als Paradigma der Moderne*, München, S. 139-143.

Thomas von Aquin (1941), *Summa Theologiae. Vollständige deutsch-lateinische Ausgabe*, München, Heidelberg, Bd. 7.

Thomas von Aquin (1955), *In Aristotelis Libros Peri Hermeneias et Posteriorum Analyticorum Expositio*, hg. v. P. Fr. Raymundi M. Spiazzi, Rom.

Trabant, Jürgen (1986), *Apeliotes oder der Sinn der Sprache*, München.

Trabant, Jürgen (1993), »Memoria, Fantasia, Ingegno«, in: Renate Lachmann, Anselm Haverkamp (Hg.), *Memoria. Vergessen und Erinnern*, München, S. 406-424.

Uehlinger, Christoph (1990), *Weltreich und ›eine Rede‹. Eine neue Deutung der so genannten Turmbauerzählung (Gen. 11 1-9)*, hg. v. Othmar Kehl, Freiburg/Schweiz, Göttingen.

Updike, John, »Mixed Messages. ›Extremely Loud and Incredibly Close‹«, in: *The New Yorker* (14. März 2005), ⟨http://www.newyorker.com/archive/2005/03/14/050314crbo_books1⟩, letzter Zugriff 24.03.2014.

Utz, Peter (1990), *Das Auge und das Ohr im Text. Literarische Sinneswahrnehmung in der Goethezeit*, München.

Valéry, Paul (1959), »Mein Bildnis«, in: ders., *Über Kunst. Essays*, übers. v. Carlo Schmid, Frankfurt/M., S. 166-180.

Vinci, Leonardo da (2011 [1550]), »Malerei, Musik und Dichtung«, in: Chastel, André (Hg.), *Leonardo da Vinci. Schriften zur Malerei und sämtliche Gemälde*, München, S. 138-146.

Voßkamp, Wilhelm (2000), »Medien – Kultur – Kommunikation. Zur Geschichte emblematischer Verhältnisse«, in: Huber, Martin/Lauer, Gerhard (Hg.), *Nach der Sozialgeschichte. Konzepte für eine Literaturwissenschaft zwischen Historischer Anthropologie, Kulturgeschichte und Medientheorie*, Tübingen, S. 317-334.

Voßkamp, Wilhelm/Weingart, Brigitte (Hg.) (2005), *Sichtbares und Sagbares. Text-Bild-Verhältnisse*, Köln.

Wagner-Egelhaaf, Martina (1989), *Mystik der Moderne. Die visionäre Ästhetik der deutschen Literatur im 20. Jahrhundert*, Stuttgart.

Waldenfels, Bernhard (1992), »Die Fremdheit der Schrift«, in: *Archivio di Filosofia. Religione, Parola, Scrittura* 60/1-3, S. 49-59.

Walser, Martin/Heinemann, Christoph, »Das ist mein hellstes Buch«, Interview im Deutschlandfunk vom 15. 7. 2011, ⟨http://www.deutschlandfunk.de/das-ist-mein-hellstes-buch.694.de.html?dram:article_id=70301⟩, letzter Zugriff: 27. 3. 2014.

Warburton, William (1980), *Versuch über die Hieroglyphen der Ägypter*, hg. v. Peter Krumme, Frankfurt/M., Berlin u. a.

Weininger, Otto (1980), *Über die letzten Dinge*, München.

Wilder, Thornton (1931), *The Bridge of San Luis Rey*, London, New York u. a.

Wind, Edgar (1984), *Heidnische Mysterien in der Renaissance*, Frankfurt/M.

Winko, Simone (2002), »Lektüre oder Interpretation?«, in: *Mitteilungen des Deutschen Germanistenvebandes* 49/2, S. 128-141.

Wittgenstein, Ludwig (1989), *Logisch-philosophische Abhandlung. Tractatus Logico-Philosophicus. Kritische Edition*, hg. v. Brian McGuinness und Joachim Schulte, Frankfurt/M.

Wittkower, Rudolf (1984), *Allegorie und der Wandel der Symbole in Antike und Renaissance*, Köln.

Woolf, Virginia (1967 [1930]), »Street Haunting. A London Adventure«, in: dies., *Collected Essays*, 4 Bde., London 1966-1967, Bd. 4, S. 155-166.

Wunberg, Gotthart (1961/62), »Francis Bacon, der Empfänger des ›Lord-Chandos-Briefes‹ von Hugo von Hofmannsthal«, in: *German Life and Letters* 15, S. 194-201.

Wunberg, Gotthart (1993), »Unverständlichkeit. Historismus und literarische Moderne«, in: *Hofmannsthal. Jahrbuch zur Europäischen Moderne* 1, S. 309-350.

Wuthenow, Ralph-Rainer (1980), *Im Buch die Bücher oder der Held als Leser*, Frankfurt/M.

Yates, Frances (1964), *Giordano Bruno and the Hermetic Tradition*, Chicago, London.

Yates, Frances (1966), *The Art of Memory*, Chicago, London.

Yates, Frances (1972), *The Rosicrucian Enlightenment*, London.

Zaunschirm, Thomas (1996), »Das Rätsel der verschwundenen Sphinx«, in: Norbert Bolz u. a., *Riskante Bilder. Kunst – Literatur – Medien*, München.

Zeiser, Rainer (1995), *Die Epiphanie in der französischen Literatur. Zur Entmystifizierung eines religiösen Erfahrungsmusters*, Tübingen.

Zincgref, Julius Wilhelm (1986 [Emblematum Ethico-Politicorum Centuria Facsimile der Edition Ultima Heidelberg 1664]), *Hundert Ethisch-Politische Embleme mit den Kupferstichen des Matthaeus Merian*, Heidelberg.

Zöckler, Otto (1877-79), *Geschichte der Beziehungen zwischen Theologie und Naturwissenschaft*, 2 Bde., Güthersloh.

Abbildungsverzeichnis

Abb. 1: Pablo Picasso, *Guernica* (1937), Detailreproduktion: Pferd. © Succession Picasso/VG Bild-Kunst, Bonn 2014.

Abb. 2: Julius Wilhelm Zincgref, *Hundert Ethisch-Politische Embleme mit den Kupferstichen des Matthaeus Merian*, Heidelberg 1986 [*Emblematum Ethico-Politicorum Centuria*, Faksimile der Edition Ultima Heidelberg 1664].

Abb. 3: Darstellungen des Uroboros aus drei Jahrtausenden. Von oben links nach unten rechts: »Uruboros«, in: Alexandre Piankoff, *The Shrines of Tut-Ankh-Amon*, hg. v. Natacha Rambova, New York 1955; Zeichnung von Theodoros Pelecanos aus dem alchemistischen Traktat *Synopsios* (1648); spätantike Illustration aus der *Crysopoeia der Kleopatra* (100 n. Chr.); Albrecht Dürer, »Uroboros«, in: *The Hieroglyphics of Horapollon*, übers. v. George Boas, Princeton 1993, Tafel 3.

Abb. 4: Reichenauer Evangeliar Heinrichs II. (ca. 11. Jahrhundert). Bayerische Staatsbibliothek München, Clm 4454, VD. Abdruck mit freundlicher Genehmigung der Bayerischen Staatsbibliothek München.

Abb. 5: Ägyptische Hieroglyphen nach Sinnklassen.

Abb. 6: Drei Varianten der Hieroglyphe für den Lautwert ›M‹.

Abb. 7: Griechische Eule auf einem attisch-rotfigurigen Gefäß (2. Hälfte des 5. Jahrhunderts v. Chr.), Kunsthistorisches Museum Wien.

Abb. 8: Auswahl altägyptischer und Renaissance-Hieroglyphen sowie Wittgensteins Hasen-Enten-Kopf, in: Pierio Valeriano, *Hieroglyphica*, Basel 1556 und Ludwig Wittgenstein, *Philosophische Untersuchungen*, hg. v. Joachim Schulte, Frankfurt/M. 2001, § xi a7, S. 1025.

Abb. 9: Prachthandschrift aus dem Codex in scrinio 6, Kloster St. Pantaleon, Köln (um 1150-1170), Pergament, 290 Blätter, 43,5 x 30 cm, Staats- und Universitätsbibliothek Carl von Ossietzky, Hamburg.

Abb. 10: Elihu Vedder, *Der Befrager der Sphinx* (1863), Boston Photo Museum of Fine Arts.

Abb. 11: Hieroglyphe ›set‹ (Thronsitz).

Abb. 12: Hieroglyphe ›N‹ (Wasserlinie).

Abb. 13: Nicholas Vachel Lindsay, *The Art of the Moving Picture* (1915), S. 205.

Abb. 14: Mark Tansey, *Geheimnis der Sphinx* (1984) © Gagosian Gallery, New York.

Abb. 15: Zwei Hieroglyphen für ›Haus‹, altägyptisch und als Mac-Symbol.

Abb. 16: Hieroglyphe ›Haus‹ (Lautwert ›per‹) und hebräisch ›beth‹ (= Haus).

Abb. 17: Hebräisch ›beth‹.

Abb. 18a und 18b: Buchstabenkonstruktionen von Albrecht Dürer, In: Albrecht Dürer, *Unterweysung der Messung*, hg. v. Theodore Besterman, Portland/OR, 1972 [1525].

Abb. 19: Hebräisch ›lamed‹ = ›L‹.

Abb. 20: Hebräisch ›P‹.

Abb. 21: McDonald's-Logo. ⟨http://www.burgerbusiness.com/?s=shake+shake+fries⟩, letzter Zugriff 30.05.2014.

Abb. 22: Duty-free-Tüte vom Flughafen Schiphol, Amsterdam (Photo: Aleida Assmann).

Abb. 23: Regionalbahn THUR(gau)-BO(densee) (Photo: Aleida Assmann).

Abb. 24: Klaus Stuttmann, »Bildung« (06.01.2004). Abdruck mit freundlicher Genehmigung des Künstlers ⟨http://www.stuttmann-karikaturen.de/archiv2.php#⟩, letzter Zugriff 02.06.2014.

Abb. 25: Piktogramme in Leitsystemen (Zusammenstellung aus Photos: Aleida Assmann).

Abb. 26: Piktogramme zu Bibelvers: »Und Gott schuf alles Getier des Wassers, und alle Vögel, einen jeden nach seiner Art« (1 Mose 1,21) von Juli Gudehus, in: »Themen der Zeit«, in: *Die Zeit* 1 (1. Januar 1993), S. 38. Abdruck mit freundlicher Genehmigung der Gestalterin.

Abb. 27: Eugen Gomringer und sein Figurengedicht »Schweigen« (2007), Kunstakademie Karlsruhe ⟨http://www.kvsha.de/kunstverein/24⟩, letzter Zugriff 28.05.2014.

Abb. 28: Unlesbare Mail (Screenshot: Aleida Assmann)

Abb. 29: Computerschrift mit Steuerzeichen (Screenshot: Aleida Assmann).

Abb. 30: Die Null im europäischen und arabischen Zahlensystem (Graphik: Aleida Assmann).

Abb. 31: Die Entwicklung des Buchstabens ›O‹ (Graphik: Aleida Assmann).

Abb. 32: Albrecht Dürers drei Elemente der Schrift, in: Albrecht Dürer, *Unterweysung der Messung*, hg. v. Theodore Besterman, Portland/OR, 1972 [1525].

Abb. 33: Seitenauszüge aus Reinhard Jirgls Roman *Die Unvollendeten*, Wien 2003, S. 69; 108.

Abb. 34: Massendemonstration in Bukarest im Frühjahr 1988 (Photo aus Privatbeständen; Urheber möchte ungenannt bleiben).

Abb. 35: Hieroglyphen in Paul Austers *City of Glass*, in: ders., *The New York Trilogy*, London, Boston 1985, S. 67-69.

Abb. 36: M.C. Escher, »Order and Chaos« © 2014 The M.C. Escher Company – The Netherlands. All rights reserved.

Abb. 37: Jean LeClerc, *Ars Critica*, 3 Bde., Amstelaedami 1700 [1697], Frontispiz.

Abb. 38a: Alexander S. Murray, *Manual of Mythology*, Philadelphia 1895, Abb. 37.

Abb. 38b: Hermes als Götterbote und Psychopompos, Münchener Friedhof (um 1900; Photo: Aleida Assmann).

Abb. 39: Ausschnitt aus Johannes Lencker, *Perspectiva Literaria*, Frankfurt/M. 1972 [1567], Frontispiz.

Namenregister

50 Jahre suhrkamp taschenbuch wissenschaft 1973-2023 Das Jubiläumsprogramm

Aleida Assmann. Im Dickicht der Zeichen. stw 2429. 360 Seiten

Judith Butler. Die Macht der Geschlechternormen und die Grenzen des Menschlichen. Übersetzt von Karin Wördemann und Martin Stempfhuber. stw 2422. 414 Seiten

Esther Duflo. Kampf gegen die Armut. Übersetzt von Andrea Hemminger. stw 2428. 182 Seiten

Philippa Foot. Die Natur des Guten. Übersetzt von Michael Reuter. stw 2421. 162 Seiten

Eva Illouz. Gefühle in Zeiten des Kapitalismus. Übersetzt von Martin Hartmann. stw 2423. 170 Seiten

Rahel Jaeggi. Kritik von Lebensformen. stw 2424. 451 Seiten

Karin Knorr Cetina. Die Fabrikation von Erkenntnis. Zur Anthropologie der Wissenschaft. Mit einem Vorwort von Rom Harré. stw 2427. 372 Seiten

Martina Löw. Raumsoziologie. stw 2425. 320 Seiten

Beate Rössler. Autonomie. Ein Versuch über das gelungene Leben. stw 2426. 443 Seiten

Lucie Varga. Zeitenwende. Mentalitätshistorische Studien 1936-1939. Herausgegeben, übersetzt und eingeleitet von Peter Schöttler. stw 2430. 247 Seiten

NF 185/1/1.23

›Kulturwissenschaft‹
im Suhrkamp Verlag
Eine Auswahl

NF 141/1/6.03

Norbert Elias. Über den Prozeß der Zivilisation. Soziogenetische und psychogenetische Untersuchungen. Zwei Bände
- Band 1. Wandlungen des Verhaltens in den weltlichen Oberschichten des Abendlandes. stw 158. 334 Seiten
- Band 2. Wandlungen der Gesellschaft. Entwurf zu einer Theorie der Zivilisation. stw 159. 492 Seiten

Norbert Elias/Eric Dunning. Sport und Spannung im Prozeß der Zivilisation. (Gesammelte Schriften. Band 7. Herausgegeben im Auftrag der Norbert Elias Stichting, Amsterdam, von Reinhard Blomert, Heike Hammer, Johan Heilbron, Annette Treibel und Nico Wilterdink.) Übersetzt von Detlef Bremecke, Wilhelm Hopf und Reinhardt Peter Nippert. Bearbeitet von Reinhard Blomert. 528 Seiten. Leinen

Michael Giesecke
- Sinnenwandel, Sprachwandel, Kulturwandel. Studien zur Vorgeschichte der Informationsgesellschaft. stw 997. 374 Seiten
- Von den Mythen der Buchkultur zu den Visionen der Informationsgesellschaft. Mit CD-Rom. stw 1543. 464 Seiten

Ernst H. Gombrich/Julian Hochberg/Max Black. Kunst, Wahrnehmung, Wirklichkeit. Übersetzt von Max Looser. es 860. 156 Seiten

Jack Goody. Die Logik der Schrift und die Organisation von Gesellschaft. Übersetzt von Uwe Opolka. 323 Seiten. Gebunden

Jack Goody (Hg.). Literalität in traditionellen Gesellschaften. Übersetzt von Friedhelm Herboth und Thomas Lindquist. 502 Seiten. Leinen

NF 141/2/6.03

Jack Goody/Ian Watt/Kathleen Gough. Entstehung und Folgen der Schriftkultur. Übersetzt von Friedhelm Herboth. Einleitung Heinz Schlaffer. stw 600. 161 Seiten

Hans Ulrich Gumbrecht. 1926. Ein Jahr am Rand der Zeit. Übersetzt von Joachim Schulte. 514 Seiten. Gebunden

Hans-Ulrich Gumbrecht/Ursula Link-Heer (Hg.) Epochenschwellen und Epochenstrukturen im Diskurs der Literatur- und Sprachhistorie. stw 486. 536 Seiten

André Leroi-Gourhan. Hand und Wort. Die Evolution von Technik, Sprache und Kunst. Übersetzt von Michael Bischoff. Mit 153 Zeichnungen des Autors. stw 700. 532 Seiten

Claude Lévi-Strauss
- Strukturale Anthropologie I. Übersetzt von Hans Naumann. Mit Bildtafeln. stw 226. 453 Seiten
- Strukturale Anthropologie II. Übersetzt von Eva Moldenhauer u.a. stw 1006. 426 Seiten.

Rudolf Maresch/Niels Werber (Hg.). Raum – Wissen – Macht. stw 1603. 309 Seiten

Winfried Menninghaus. Ekel. Theorie und Geschichte einer starken Empfindung. 592 Seiten. Gebunden

Robert Pfaller. Die Illusionen der anderen. Das Lustprinzip in der Kultur. es 2279. 352 Seiten

K. Ludwig Pfeiffer. Das Mediale und das Imaginäre. Dimensionen kulturanthropologischer Medientheorie.
624 Seiten. Gebunden

NF 141/3/6.03

Philipp Sarasin. Reizbare Maschinen. Eine Geschichte des Körpers 1765-1914. stw 1524. 512 Seiten

Philipp Sarasin/Jakob Tanner (Hg.). Physiologie und industrielle Gesellschaft. Studien zur Verwissenschaftlichung des Körpers im 19. und 20. Jahrhundert. stw 1343. 529 Seiten

Thomas Schlich/Claudia Wiesemann (Hg.). Hirntod. Zur Kulturgeschichte der Todesfeststellung. stw 1525. 352 Seiten

Georg Simmel
- Philosophie des Geldes. (Gesamtausgabe Band 6). Leinen und stw 806. 787 Seiten
- Hauptprobleme der Philosophie. Philosophische Kultur. Leinen und stw 814. 530 Seiten

Michael Tomasello. Die kulturelle Entwicklung des menschlichen Denkens. Zur Evolution der Kognition. Übersetzt von Jürgen Schröder. 288 Seiten. Gebunden

Robert Weimann (Hg.). Ränder der Moderne. Repräsentation und Alterität im (post)kolonialen Diskurs.
stw 1311. 356 Seiten

Alfred North Whitehead
- Kulturelle Symbolisierung. Herausgegeben und übersetzt von Rolf Lachmann. stw 1497. 147 Seiten
- Denkweisen. Herausgegeben und übersetzt von Stascha Rohmer. stw 1532. 208 Seiten

NF 141/4/6.03